促进残疾人就业　全面建成小康社会

2013

中国劳动力市场发展报告

——全面建成小康社会进程中的残疾人就业

赖德胜　李长安　孟大虎　等　著

北京师范大学出版集团
BEIJING NORMAL UNIVERSITY PUBLISHING GROUP
北京师范大学出版社

图书在版编目(CIP)数据

2013中国劳动力市场发展报告／赖德胜，李长安，孟大虎等
著.—北京：北京师范大学出版社，2013.11
ISBN 978-7-303-17252-8

Ⅰ．①2… Ⅱ．①赖…②李…③孟… Ⅲ．①劳动力市
场－研究报告－中国－2013 Ⅳ．① F249.212

中国版本图书馆CIP数据核字（2013）第260056号

营 销 中 心 电 话	010-58802181 58805532
北师大出版社高等教育分社网	http://gaojiao.bnup.com
电 子 信 箱	gaojiao@bnupg.com

2013 ZHONGGUO LAODONGLI SHICHANG FAZHAN BAOGAO

出版发行：北京师范大学出版社 www.bnupg.com
　　　　　北京新街口外大街19号
　　　　　邮政编码：100875
印　　刷：北京京师印务有限公司
经　　销：全国新华书店
开　　本：184 mm × 260 mm
印　　张：19
字　　数：360千字
版　　次：2013年11月第1版
印　　次：2013年11月第1次印刷
定　　价：50.00元

策划编辑：马洪立　　　责任编辑：高　玲
美术编辑：王齐云　　　装帧设计：王齐云
责任校对：李　菌　　　责任印制：孙文凯

课题总顾问

赵人伟（中国社会科学院荣誉学部委员，中国社会科学院经济研究所前所长）

课题顾问（以姓氏音序排序）

陈新民（中国残疾人联合会政策研究室主任）

冯乃林（国家统计局人口与就业统计司司长）

柯春晖（教育部政策法规司副司长）

莫　荣（人力资源和社会保障部国际劳动保障研究所所长）

施子海（国家发展和改革委员会政策研究室主任）

杨宜勇（国家发展和改革委员会社会发展研究所所长）

张车伟（中国社会科学院人口与劳动经济研究所党委书记、副所长）

张新龙（中国残疾人联合会教育就业部主任）

张　莹（人力资源和社会保障部就业促进司副司长）

课题负责人

赖德胜（北京师范大学经济与工商管理学院院长
　　　　北京师范大学劳动力市场研究中心主任）

报告撰稿人（以姓氏音序排序）

常欣杨（北京师范大学研究生）

胡仲明（中国残疾人联合会处长）

纪雯雯（北京师范大学博士生）

赖德胜（北京师范大学教授）

李　坤（中国残疾人联合会副处长）

李欣怡（北京师范大学研究生）

李　耘（中国残疾人联合会副教授）

李长安（对外经济贸易大学副教授）

廖　娟（首都师范大学讲师）

卢连才（河北省残疾人联合会副巡视员）

孟大虎（北京师范大学副编审）

乔尚奎（国务院研究室社会发展司副司长）

石丹淅（北京师范大学博士生）

苏丽锋（对外经济贸易大学讲师）

孙丽君（对外经济贸易大学研究生）

王　琦（北京师范大学博士生）

王晓倩（北京师范大学研究生）

序

中国残联第六次代表大会明确提出，要努力实现残疾人与全国人民一道同步进入小康社会的目标。这一目标不仅具体践行了"十八大"提出的"健全残疾人社会保障和服务体系，切实保障残疾人权益"的要求，也为残疾人过上有尊严的好日子明确了方向。"同步小康"的关键在增加残疾人家庭及本人的收入，核心在残疾人更多地实现就业。

《2013 中国劳动力市场发展报告——全面建成小康社会进程中的残疾人事业》突出残疾人就业，同时涉及残疾人教育、康复、社会保障、无障碍建设等方面的工作。以北京师范大学经济与工商管理学院院长赖德胜教授为主编的团队，以实事求是、严谨科学的治学态度，围绕国家就业优先战略和我国残疾人事业"十二五"规划，参阅大量的国内外研究文献，以客观翔实的数据为佐证，针对残疾人面临的突出问题，提出了一系列有价值的意见和建议，值得各有关部门和机构以及残联系统重视和借鉴。

我国现有残疾人约 8 500 万人，就业年龄段内（男 16～59 岁，女 16～54 岁）约 3 200 万人，其中城镇约 800 万人，农村约 2 400 万人。残疾人和健全人一样，同样拥有劳动就业权利和创造物质、精神财富的巨大潜能，他们是有着特殊比较优势的人力资源。中国宪法明确规定，国家和社会帮助有残疾的公民的劳动、生活和教育。我国政府高度重视残疾人就业，通过颁布实施《残疾人保障法》、《残疾人就业条例》和其他行政法规、政策文件，推动地方贯彻出台残疾人就业法律法规以及各项优惠政策，将残疾人就业逐步纳入法制化、制度化轨道；通过制定六个国家残疾人事业五年发展规划纲要，将残疾人就业纳入国家计划并成为社会发展重要目标，形成了政府主导、依法推进的残疾人就业机制；通过用人单位按比例安排、集中安置和扶持个体从业等形式促进残疾人就业。近年来，随着国家经济社会不断发展，残疾人就业渠道进一步拓展，公益性岗位就业、社区就业、居家就业、辅助性就业等就业形式正日益成为残疾人就业新的增长点。目前，中国残疾人就业呈现出多种形式并存、多种渠道并进的鲜明特点。

中国仍是一个发展中国家，经济社会发展水平还不高。在国家总体就业形势依然严峻的情况下，残疾人就业面临着更多新的问题和困难。残疾人就业的总体状况与社会平均水平仍然存在较大差距，突出表现为：残疾人就业质量不高，稳定性差，工资收入水平和劳动保障水平较低，不同地区、不同类别、不同等级的残疾人就业状况也很不平衡，社会对残疾人的歧视和偏见以及同工不同酬的现象仍然存在，残疾人职业培训缺乏有效性，残疾人就业服务针对性不强、覆盖面不广等。

当前和今后相当长一段时期，我国政府实施就业优先战略，这将为残疾人就业提供新的机遇和良好的环境。中国残联将把促进残疾人就业放在残疾人事业各项业务工作的优先位置进行部署，作为优先发展目标进行考核，以完善残疾人就业保护和就业促进法规政策为重点，积极推动残疾人就业进一步纳入国家就业大局，切实保障残疾人公平就业的权利。

促进残疾人就业，需要政府部门、残联、高校、用人单位以及全社会的群策群力。相信这份报告的发布必将进一步推动全社会更加关心和支持残疾人的事业发展，更加有效地促进残疾人就业和改善残疾人就业状况。

程凯于石家庄

2013 年 11 月 15 日

目　录

导　论

国务院副总理张高丽在中国残疾人联合会第六次全国代表大会上的祝词中指出，目前我国已进入全面建成小康社会决定性阶段，中国将坚持和完善中国特色残疾人工作机制，广泛动员全社会力量积极参与，不断提高各级残联的服务能力和水平，支持帮助广大残疾人创造更加幸福美好的生活，努力实现残疾人与全国人民同步小康。就业是民生之本，做好就业工作也是衡量小康社会标准的核心指标。对于残疾人而言，就业不仅意味着经济收入，更重要的是，它是残疾人获得自我认同和社会认同的重要途径。正如中国残疾人联合会名誉主席邓朴方所说的，促进残疾人就业是维护残疾人劳动权益、改善残疾人和残疾人家庭生活状况、保障残疾人平等参与社会的基础①。

>> 一、实现残疾人小康是全面建成小康社会进程中的重要组成部分 <<

我国现有 8 500 多万残疾人，涉及 2.8 亿个家庭人口。实现残疾人的小康是全面建成小康社会进程中的重要组成部分。可以说，没有残疾人的小康，就不可能顺利实现全面建成小康社会的宏伟目标。作为全体社会成员的一个特殊群体，在全社会的共同努力下，改革开放以来，我国残疾人的小康实现程度逐年提高。中国残疾人联合会最新发布的《2012 年度全国残疾人状况及小康进程监测报告》显示，2012 年，全国残疾人小康实现程度达到 68.4%，比上年度提高 5.3 个百分点，比 2007 年首次发布的小康进程实现程度指数 46.5% 提高了 21.9 个百分点。应该说，我国残疾人的小康社会进程进展顺利，成效显著。

但是，应该清醒地看到，中国残疾人的小康程度与全国平均水平相比，仍处在较低的水平。《2012 年度全国残疾人状况及小康进程监测报告》就发现，全国残疾人总体生活水平与全社会平均水平差距仍然较大，残疾人的生活状况需进一

---

① 邓朴方致全国残疾人技能与就业高层研讨会的贺信，中国残疾人联合会官方网站：http://www.cdpf.org.cn/wxzx/content/2011-06/11/content_30353895.htm。

步改善。比如 2012 年度残疾人家庭人均可支配收入仅为全国居民家庭人均可支配收入的 56.2%，残疾人家庭恩格尔系数为 48.5%，比全国居民家庭恩格尔系数高出 10.8 个百分点。

就业是民生之本，做好就业工作也是衡量小康社会标准的核心指标。目前我国残疾人就业率不高、就业能力较弱、就业政策执行不到位等问题突出，制约了残疾人就业水平的进一步提高。残疾人是弱势群体中的一部分，他们的就业和基本生活问题得不到妥善解决，势必产生不稳定的因素。因此，应切实做好安排残疾人就业在内的各项残疾人工作，进一步修改和制定保护残疾人就业的政策，从根本上加大对残疾人就业的保护力度。

>>二、中国残疾人就业的十大变动趋势<<

一直以来，中国政府都高度重视残疾人就业工作。那么，近些年来，我国残疾人的就业总体上展现了一种怎样的发展变化趋势？基于这样的发展变化趋势，又该做出怎样的政策选择？本报告将基于 2006 年以来的残疾人抽样调查数据和监测数据，力图做到"用数据说话"，呈现残疾人就业的客观事实，并给出我们有关残疾人就业政策制定的一些建议。

概括来讲，目前中国残疾人就业呈现出了十大变化。

(一)残疾人就业政策体系不断完善

近些年来，我国各级政府出台了一系列促进和保障残疾人就业的法律法规和措施办法，残疾人的就业政策体系已初步形成。在《中华人民共和国宪法》中，就已经赋予了残疾人劳动就业的权利，并且明确规定"国家和社会帮助安置盲聋哑和其他有残疾的公民的劳动、生活和就业。"2008 年开始实施的《劳动合同法》，对包括残疾人在内的全体劳动者在劳动权益、公平就业等方面给予了保障。而专门针对残疾人群体就业工作的法制化进程，则始于 1990 年 12 月颁布、1991 年实施的《中华人民共和国残疾人保障法》，该法案对我国残疾人地位、义务、权利和福利保障有了清晰的标准，对残疾人的康复、教育、劳动就业等诸多重要方面作出了明确的规定。2007 年 2 月 14 日国务院第 169 次常务会议通过了我国第一部专门规范残疾人就业的行政法规——《残疾人就业条例》，并于当年 5 月 1 日正式实施。随后，8 月 30 日第十届全国人大常委会第二十九次会议通过了《中华人民共和国就业促进法》，将残疾人就业工作纳入就业工作的总体部署，进一步明确了政府在促进残疾人就业方面的责任，统筹安排，制定了一系列配套的政策，形成了比较完整的促进残疾人就业的法律体系和政策体系。该法案的实施为实现残疾人的平等就业提供了法律保障。在中共中央、国务院颁布的《关于促进残疾人事业发展的意见》(中发[2008]7号)中，提出了要"认真贯彻促进残疾人就业的法律法规和政策措施，保障残疾人平等就业的机会和权利"的要求。除了法律法规的就业保障政策外，国家还出台了对残疾人就业的财政、税收、金融等方面的扶持鼓励性政策，如经国务院批准，财政部、国家税务总局联合下发的《关于促进残疾人就业税收优惠政策的通知》(财税字[2007]92号)，是自2007年7月1日起在全国范围内统一实行调整后的促进残疾人就业的税收政策。除了全国性的或中央层面的法律法规外，各地还结合本地的实际情况，出台了一系列的配套规定和措施办法，将残疾人就业保障工作具体化和本地化。这样，以《宪法》为统领、以《劳动合同法》和《就业促进法》为两翼、以《残疾人保障法》和《残疾人就业条例》为主要内容、以地方配套政策为辅助的残疾人就业政策体系，就初步形成了。

(二)残疾人就业率稳中有升

2007—2012年，我国残疾人就业率基本保持稳定，6年间维持在45%左右。而使用2006年第二次残疾人抽样调查数据测算表明，残疾人就业率为41.6%，非残疾人口对应比例约为78.7%。可见，近些年残疾人就业率整体上有较大提升，在全球金融危机和后金融危机时代，残疾人就业率依旧保持较稳定的水平，这离不开国家对残疾人就业工作的积极支持。

(三)残疾人就业形式日趋多样化

目前我国残疾人就业形式有以下八种，即集中就业、按比例就业、辅助性就业、公益性就业岗位、扶贫基地就业、个体就业创业、居家就业和网上就业。监测数据表明，2010年之前，残疾人就业形式以集中就业、按比例就业和个体就业为主，2011年之后，残疾人就业形式呈现多元化特点，公益性岗位就业、辅助性就业、居家就业、网上就业等逐渐涌现。

(四)残疾人就业能力大幅度提高

近些年，残疾人文盲率持续下降，六成以上的残疾人具有小学和初中学历，拥有高中文化程度的残疾人比例不断增加，这与国家这些年对残疾人受教育权的大力改善紧密相关。2008—2012年，全国有3.5万名残疾人被普通高等院校录取，5 296名残疾人进入特殊教育学院学习。拥有大专及以上学历的残疾人比率增幅较大，由2007年的0.9%增至2012年的1.5%。在职业培训方面，残疾人接受职业技能培训的比例均呈上升趋势，其中2008年、2009年和2010年残疾人接受职业培训的增幅显著。残疾人康复状况影响残疾人就业能力，继而影响着残疾人就业规模和就业质量。数据显示，2007—2012 年，除听力残疾和言语残疾之外，其他类别残疾人的职业康复训练与指导状况均呈上升趋势，其中，视力残疾人中接受康复训练与指导的比例由 2007 年的 13.9% 升至 2012 年的 16.6%，肢体残疾人对应比例则由 2007 年的 37.5% 增至 2012 年的 41.5%，智力残疾人、精神残疾人对应比例增幅显著，分别由 2007 年的 25.2% 和 22.1% 增至 2012 年的 46.6% 和 44.1%。

(五)残疾人就业渠道有所拓宽

就业渠道(途径)在一定程度上影响就业状况的优劣。依靠熟人介绍、残联就业服务机构等求职就业是当前残疾人工作搜寻时的主要途径。进一步考察后发现，残疾人个人或家庭的社会网络结构和规模更是非常显著地影响着残疾人就业渠道的选择。具体而言，2010—2012 年，依靠熟人介绍工作搜寻的比例分别为 50%、51.2% 和 42.3%，有所下降；借助残疾就业服务机构的比例对应为 18.7%、27.2% 和 32.3%，呈不断上升趋势；通过网络就业信息搜寻到工作的比例依次为 2.4%、7.7% 和 13.3%，增幅比较显著。

(六)残疾人家庭收入稳步提升

2007—2012 年，残疾人家庭工薪年收入呈显著上升趋势，由 2007 年的 5 694.16 元增至 2012 年的 13 949.93 元，增幅约为 150%。6 年间残疾人家庭工薪年收入分别为 5 694.16 元、6 830.14 元、7 816.97 元、9 478.97 元、12 828.72 元和 13 949.93 元。残疾人家庭财产性年收入也呈现出类似趋势，由 2007 年的 446.54 元增至 2012 年的 1 578.41 元，增加了 3.6 倍。6 年间残疾人家庭财产性年收入对应为 446.54 元、542.63 元、755.07 元、633.93 元、1 525.44 元和 1 587.41 元。与此同时，残疾人家庭转移性年收入整体上处于明显上升趋势，由 2007 年的 3 931.72 元升至 2012 年的 7 604.27 元，增加了 1.9 倍。6 年间残疾人家庭转移性年收入依次为 3 931.72 元、3 815.78 元、4 208.71 元、4 865.06 元、6 645.51 元和 7 604.27 元，这些数据表明，近些年来，残疾人的就业与生活状况在不断提高，残疾人家庭整体的富裕程度也在稳步提升。

(七)残疾人社会保障日趋完善

2007—2012 年，残疾人纳入最低生活保障的规模总体上呈稳步上升趋势，由 2007 年的 635.9 万人增至 2012 年的 1 070.5 万人，6 年间残疾人纳入最低生活保障的人数分别为 635.9 万、738.6 万、853.6 万、927.1 万、1 031.4 万和 1 070.5 万。城镇残疾职工参加社会保险的人数整体保持稳定，2007—2012 年依次为 260.7 万、297.6 万、287.6 万、283.2 万、299.3 万和 280.9 万。城镇居民参加基本医疗保险规模则明显提升，2009 年为 283.6 万、2010 年为 355.9 万、2011 年为 433.1 万、2012 年为 498.6 万人。残疾人在各类福利院、养老院享受集中供养、五保供养规模稳步增加，2007—2012 年，残疾人集中供养与五保供养人数分别为 60.8 万、62.7 万、69.4 万、71.1 万、80.5 万和 80.7 万，其中 2009 年城镇集中供养残疾人 10.5 万，农村五保供养 58.9 万；2010 年城市集中供养残疾人 10.6 万，农村对应为 60.5 万；2011 年城市集中供养残疾人 12.0 万，农村对应为 68.5 万；2012 年城市集中供养残疾人 12.2 万，农村对应为 68.5 万。残疾人托养服务机构建设成效显著，残疾人托养服务机构从 2007 年的 1 056 个增至 2012 年的 3 903 个，托养残疾人数由 2007 年的 2.9 万人增至 2012 年的 11.3 万人。此外，尽管新型农村和城镇居民社会养老是国家新近出台的社会保障政策文件，尚处于试点到全面推广阶段，但对残疾人就业与发展起到显著作用。2012 年，在新型农村社会养老保险方面，共有 1 333.8 万残疾人参加了新型农村社会养老保险，参保率 63.8%。在 60 周岁以下的参保残疾人中有重度残疾人 236.6 万，其中 224.6 万得到了政府的参保扶助（全部代缴 188.2 万人，部分代缴 36.4 万人），有 150.0 万非重度残疾人也享受了全额或部分代缴的优惠政策。享受养老金待遇的残疾人数达到 507.4 万人。参加城镇居民社会养老保险的残疾人数共有 325.3 万人。

（八）残疾人就业质量不断提高

就业质量是反映劳动者就业状况的一个综合性指标。在政府、企业和残疾人劳动者的共同努力下，残疾人的就业质量有了较大的提高。这集中表现在：就业率有了稳定的增长、社会保障覆盖面和保障水平均有所提高，工作岗位稳定性有所增强，劳动关系较为和谐等。

（九）残疾人就业服务体系不断完善

残疾人就业服务体系是"两个体系"建设的重要内容之一。根据 2008 年正式实施的《就业促进法》的规定，公共就业服务包括为劳动者免费提供就业政策法规咨询，职业供求信息、市场工资指导价位信息和职业培训信息发布，职业指导和职业介绍，办理就业登记、失业登记等服务。残疾人公共就业服务是公共就业服务的一个重要组成部分。它是公共部门运用公共权力，根据残疾人的需求，通过多种机制和方式的灵活运用，为残疾人所提供的多种内容与形式的公共就业服务。残疾人就业服务体系不断完善主要表现在：公共就业服务机构和残联就业服务机构数量不断增加，并已成为促进残疾人就业的主要渠道；政府提供的公益性岗位由无到有，2012 年已提供近 4 万个就业岗位；就业培训机构有所增加，2012年达到 5 271 个，仅城镇接受培训的残疾人大约有 30 万人次。

（十）残疾人创业活动日趋活跃

鼓励创业带动就业，是我国就业优先战略的重要内容之一。创业活动的一个显著特征，就是一人创业能够带动一群人就业，即创业具有就业倍增的功效。鼓励残疾人创业同样是解决残疾人就业的重要渠道，在解决残疾人就业方面发挥着越来越重要的作用。近些年来，政府出台了一系列鼓励包括残疾人在内的创业扶持政策，残疾人创业活动日趋活跃，残疾人自主创业的比例呈现不断上升趋势，2010 年为 5.1%，2011 年为 6.2%，2012 年为 7.7%。不少残疾人成为创业成功的典型，为解决其他残疾人就业和鼓励他们创业树立了典范。

>>三、进一步做好残疾人就业工作的政策建议<<

当然，应该清醒地看到，当前我国残疾人就业依然面临着诸多的困难和问题。事实上，残疾人就业困难问题已成为我国残疾人实现全面小康社会进程中的最大困难和障碍之一。比如与社会总体就业水平相比仍存在较大差距。我国城镇尚有近 1/3 处于就业年龄段的残疾人未能就业，登记失业率远高于社会平均水平；残疾人就业地区差异明显，不同残疾类别就业也不平衡；就业质量包括工资收入、社会保障水平较低，工作稳定性较差；残疾人整体素质和就业能力较弱。普遍存在着残疾人不能适应按比例就业岗位要求的情况；一些地方和部门对残疾人仍存在歧视和偏见，就业机会不平等、同工不同酬现象还时有发生；一些用人单位依法吸收残疾人就业的责任落实不到位；残疾人就业服务体系仍有不少漏洞需要弥补和改进等。

残疾人也是一种重要的人力资源，残疾人就业理应成为我国就业工作的重要组成部分。对残疾人实现高质量就业的追求，是社会经济发展到一定阶段的产物，但这并不意味着我们只能坐等；相反，若尽早采取得当措施，则能够以较低成本和较快速度实现残疾人的高质量就业。

据此，可以提出如下建议。

第一，残疾人就业由岗位提供向能力提升转变。必须大力提高残疾人教育和职业技能培训水平，重视残疾人的职业康复工作，继而提升残疾人的就业能力。研究表明，就业能力与就业质量密切相关，就业能力高的人，就业质量也高。对于新进入劳动力市场的残疾人而言，就业能力的提高有赖于特殊教育教学模式的改革。要从应试教育转到素质教育上来，要更加重视特殊教育的质量，使残疾人的知识结构和能力结构更好地与劳动力市场衔接。为鼓励残疾人接受更多教育，可建立专项教育经费和规范使用好残疾人就业保障金，加大对残疾人群体的教育减补与奖励。对于已在劳动力市场就业的残疾人，政府要加强职业技能培训，加大投入和政策支持，为他们参加培训提供更多的机会和资源。同时要进行制度创新，使用人单位有更多动力为残疾人职工提供更多培训机会，使残疾人有更多动力进行继续教育和终身学习。

第二，残疾人就业政策从分割向融合转变。在提供一个可接受的较低的生活标准的基础上，鼓励残疾人积极参与劳动力市场。在残疾人社会保障体系和服务体系这两个体系的建设中，建设完善的残疾人就业服务体系又是一个重要的目标。构建促进残疾人就业的服务体系，应从整体着眼，而不应从局部考虑。这就要求政策制定者有一个融合的观念，而非分割的思想；同时，也不能将残疾人看成一个孤立的群体，而应当将其与家庭、社会联系起来看待。这样，在促进残疾人就业的同时才可以使他们完全融合社会经济生活。而在政策制定时，也应当秉承全局的思想，不能只关注就业政策，而忽视它与其他政策的关联。要采取科学的政策组合，以法规型政策为基础、平衡型政策为重点、替代型残疾人社会保障为关键，合力促进残疾人就业创业。具体而言，一方面，需要通过政策引导、政策创新、制度顶层设计，完善残疾人集中就业、按比例安排就业等传统就业形式；另一方面，在就业优先战略的背景下，全面实施更加积极的残疾人就业政策，为残疾人灵活就业与创业提供金融、财税优惠措施，为推动实现残疾人充分就业、体面就业、和谐就业尽献助推之力。

第三，实现残疾人就业从被动型就业到积极型就业的转变。目前，我国实行的就业政策已经从被动型就业政策转为积极型就业政策。积极就业政策要求政府从"兜底"的角色进一步过渡到开发和创造岗位、提高劳动者就业能力的角色。实施就业优先战略是我国经济发展战略的重要内容之一。就业优先战略的内涵包括让每个劳动者都能通过充分就业融入经济、社会发展主流，全面提高综合素质，确保生存权和发展权，实现自身价值，共享经济改革与发展成果，生活水平随着经济社会的不断发展而逐步提升。在实施就业优先战略的进程中，必须将残疾人作为就业困难群体的重要组成部分和失业人口中的最困难人群予以重点支持与保护。因此，残疾人就业优先战略，就是要把实现残疾人充分就业作为实现残疾人小康的一个重大的战略任务，要把促进残疾人就业摆在残疾人事业发展的优先位置，作为一个优先目标来推进。

第四，实现残疾人就业形式从单一到多元的转变。进一步完善残疾人按比例就业、集中就业、个体就业等正规就业形式，大力拓展公益性岗位就业、社区就业、居家就业、辅助性就业等非正规就业。完善鼓励残疾人自主创业的扶持政策，调动残疾人创业的积极性，实现创业带动就业的"就业倍增"效应。随着互联网和电子商务的兴起,网上创业已成为不少残疾人就业和创业的新天地。互联网以其方便、快捷的优点,吸引着许多残疾人关注,他们不仅在互联网上建网站、开网店,也从事一些公司的兼职甚至是全职网络营销工作。因此,政府和社会相关部门应通过开展各种关于电脑和网络经商的培训,大力发展残疾人居家就业的新模式。

第五,实现残疾人从"等、靠、要"到"找、立、创"的就业观念的转变。长期以来,虽然政府始终高度重视残疾人就业工作,努力为残疾人创造合适的就业岗位,鼓励残疾人创业发展,但不可否认的是,不少残疾人仍然以"等、靠、要"为主要经济来源,无法从根本上解决残疾人及其家庭的经济问题。因此,有必要大力加强宣传和引导,改变这些残疾人对政府和社会"等、靠、要"的传统依赖思想,树立在劳动力市场中主动去寻找岗位、自立去发展事业、创业为社会作贡献的新型就业观。

第一篇

我国残疾人就业的发展趋势
与政策选择

第一章
残疾人就业与小康社会建设

党的十八大提出了到 2020 年实现全面建成小康社会的宏伟目标。当前，全党全国各族人民都在为实现这一宏伟蓝图而努力奋斗着。国家统计局《中国全面建设小康社会进程统计监测报告（2011）》指出，截至 2010 年，全国小康实现程度已达到 80.1%，但是，不同区域之间的小康实现程度并不同步，区域间差距仍然较大，呈现东、中、西部依次递减的态势。

实际上，小康实现程度的差异不仅存在于区域之间，还广泛存在于不同的群体之间。其中，残疾人群体的小康实现程度与全国平均水平相比就有较大差距。全国残疾人状况年度监测表明，2012 年全国残疾人小康实现程度为 68.4%，虽然比上年度大幅提高了 5.3 个百分点，但即使与 2010 年的全国平均水平相比，仍然相差 11.7 个百分点。

那么，"要全面实现小康，残疾人怎么办？"早在 10 年前，党的十六大提出 21 世纪前 20 年全面建设小康社会目标的时候，邓朴方同志就这样把残疾人小康问题提到人们面前，并指出："全面建设小康社会，不能也不应该把残疾人落下；没有残疾人的小康，就不是全面的小康、真正的小康。"[①]我们认为，在全面建成小康社会的进程中，应该正视残疾人小康实现程度与全国平均水平之间的这种客观差距，并找到破解之道来逐步缩小差距，从而最终实现残疾人群体与社会其他群体一样同步进入小康。

加强残疾人就业工作，以提高残疾人及其家庭的收入水平，可能就是这样一种破解之道。收入是全面小康的最重要的一个指标。然而，在这一指标上，残疾人家庭与一般居民家庭之间有着很大差异。据《2012 年度中国残疾人状况及小康进程监测报告》披露，2012 年度残疾人家庭人均可支配收入为 9 364.3 元，仅相当于全国居民家庭人均可支配收入的 56.2%，差距明显。其中，城镇残疾人家庭

---

① 此处材料参见中国残联党组书记、理事长王新宪在 2012 年 12 月份举行的全国残联第二十七次工作会议上的讲话。

人均可支配收入为 14 050.9 元，是全国城镇居民家庭人均可支配收入的 57.2%；农村残疾人家庭人均可支配收入为 6 971.4 元，是全国农村居民家庭人均可支配收入的 88.1%。因此，提高残疾人的收入水平，缩小残疾人家庭与一般居民家庭收入差距的任务，非常迫切。

进一步分析残疾人家庭和一般居民家庭的收入结构，就能看出工资性收入可能是造成收入水平差异的重要来源，这一点对于城镇残疾人家庭来说尤其明显。一方面，转移性收入（养老金、退休金、社会救济、赡养费、捐赠等）占残疾人家庭收入的相当比重，其中，城镇占 60% 左右，农村大约占 20%，而对于一般居民家庭来说，不管在城镇还是在农村，转移性收入所占比例都很低；另一方面，对于残疾人家庭来说，工薪收入在城镇只占总收入的 36% 左右，农村占 40%。而全国一般居民家庭收入主要靠工薪，在城镇占总收入的 70% 以上，农村也占到总收入的 40% 左右。[①] 因此，努力实现残疾人本人及其家庭成员的就业，从而获得工资性收入，对于缩小残疾人家庭与一般居民家庭的小康实现程度差距有着极为重要的意义。

目前，我国残疾人就业形势仍十分严峻，2012 年度残疾人登记失业率高达 9.2%，远高于全国登记失业率 4.1% 的水平，而实际失业率远不止如此。[②] 因此，要实现残疾人及其家庭与全国居民一起同步进入小康，在加强社会保障和基本公共服务的同时，就必须千方百计地促进残疾人就业，以增加残疾人收入、切实缩小残疾人家庭收入与社会平均水平的差距。就业是民生之本。这一点对于残疾人来说更为重要。对于残疾人而言，就业不仅意味着经济收入，还是残疾人获得自我认同和社会认同的重要途径。保障残疾人的就业权利，扶持有就业需求和就业能力的残疾人实现就业，使残疾人能够公平地参与社会生活，是衡量一个社会文明与进步程度的重要标志。促进残疾人就业，也是政府关注民生、关注弱势群体，全面建成小康社会的必然要求。

第一节 残疾人是一种重要的人力资源

不管是在发达国家还是在发展中国家，都存在一定数量的残疾人口。随着社会进步和残疾人事业的推进，人们逐渐认识到，残疾人不再仅仅是社会救助的对象，残疾人本身也是一种重要的人力资源。残疾人口虽然在肢体或心理方面存在一定缺陷，但是他们仍旧是一国人力资源的重要组成部分，他们的就业问题受到

---

① 数据来源于中国残联党组书记、理事长王新宪在 2012 年 12 月份举行的全国残联第二十七次工作会议上的讲话。

② 数据来源于《2012 年度中国残疾人状况及小康进程监测报告》。

各国政府的关注。各国政府通过多种方式制定残疾人就业政策，一方面，希望通过教育、培训、康复等手段加强残疾人群体其他方面的人力资本存量，使残疾人成为经济发展中一种重要的人力资源；另一方面，政府也意识到，如果不帮助这些残疾人群体融入社会经济生活，他们的生活成本在很大程度上只能由其家庭承担，这会减少家庭的财富积累、降低家庭的劳动生产率。已有研究也表明，这种影响在代际间同样会发生作用。因此，促进残疾人就业，会从残疾人本身和家庭劳动力的释放这两个方面增加社会的人力资源。

>>一、我国处于劳动年龄段的残疾人口众多，是一种重要的人力资源储备<<

目前，我国残疾人总数有 8 502 万。处于劳动年龄段的残疾人近 3 200 万，数量规模巨大，这一数字甚至比世界上绝大多数国家的总人口数量都多，是一种重要的人力资源储备。如果再考虑到我国劳动年龄人口在 2012 年出现了相当长时间以来绝对数量的第一次下降，以及近些年招工难的劳动力市场现实，那么如此规模的处于劳动年龄段的残疾人口的经济价值则更为明显。

"十二五"期间，我国在城镇新安排了 168.9 万人次残疾人就业。截至 2012 年年底，全国城镇实际在业残疾人 444.8 万人，农村在业残疾人为 1 770.3 万人。如此巨大的劳动力群体与健全人一样，享有法律赋予的劳动就业、职业选择和获得劳动报酬等权利；也与所有参与到社会经济中的劳动力一样是财富的创造者。

随着我国各级各类教育的大规模扩展和残疾人受教育权利得到更好的保障，残疾人口的受教育程度普遍增加，处于劳动年龄段的残疾人口的素质得到了提升。2008—2012 年，全国有 3.5 万名残疾人被普通高等院校录取，5 296 名残疾人进入特殊教育学校学习，全国残疾人职业培训基地达到 5 271 个，142.5 万人次城镇残疾人接受了职业培训，残疾人口的人力资本水平和平等参与社会的能力得到进一步提高。2011 年回良玉副总理在全国助残日走访北京市残疾人集中就业单位慰问时强调，"残疾人同样是社会财富的创造者，就业是民生之本，也是残疾人的基本权益，促进残疾人就业是国家就业优先战略的一个组成部分。"根据国家就业优先战略和残疾人"劳动福利型"就业理论实践，以及当前我国就业工作发生的重大变化，我国残疾人群体不再拘泥于传统的就业方式。从传统的盲人按摩到钢琴调律师，从依靠社会扶持就业到自主创业，甚至为非残疾人提供就业岗位，残疾人新型就业方式不断涌现，自主创业数量不断增多。

也就是说，通过就业，不仅使残疾人得以平等地参与到社会生活中，还将社会的人口负担转变为具有价值的人力资源。在"平等、参与、共享"的理念下，残疾人不断地克服自身困难，尽力融入社会。当然，要使残疾人这一潜在的人力资源转变为现实的人力资源，离不开社会的帮助，需要社会了解残疾人，关注残疾人，帮助残疾人，并积极地为残疾人融入社会创造条件。截至 2012 年，我国残疾人社区服务覆盖率为 43.6％，比 2011 年提高了 11.9％。接受过社区服务的残疾人满意度高达 92.4％，接受过法律服务的残疾人满意度高达 89.6％，残疾人对无障碍设施的满意度为 81.5％。这些社会服务，直接或间接地促进了残疾人口这一潜在的人力资源的释放。当然，还应清醒地意识到，要真正地实现残疾人口由潜在的人力资源转变为现实的人力资源，不只需要盲道等无障碍设施的修建，在人们的心中，同样需要"无障碍"的空间去接纳残疾人，认可残疾人。

>> 二、通过促进残疾人就业，可以释放残疾人家庭的潜在人力资源 <<

虽然我们可以统计出我国残疾人的具体数字，但是无法统计出残疾人对家庭的影响。完善的社会保障体系，可以全面地保障残疾人的生存和生活，却无法帮助残疾人自立地融入社会经济生活。残疾人就业的过程，不仅是一个残疾人自立的过程，还是一个残疾人家庭释放劳动力、提高生产率的过程。

前文已述，从家庭的收入结构来看，我国残疾人家庭尤其是城镇残疾人家庭的工薪收入所占比例相当低：城镇残疾人家庭的工薪收入所占比例仅相当于城镇一般居民家庭的一半。虽然我们无法获得相关调查数据，但是从逻辑上推断，造成这种差异的原因应该有两个：其一，可能是因为残疾人本人无法就业，因而无法获得工资性收入；其二，还有可能是因为残疾人的亲属因为需要照料残疾人而无法就业，因而无法获得工资性收入。因此，通过促进残疾人就业，可以在很大程度上释放残疾人家庭的潜在人力资源。

还有数据表明，我国处于贫困线以下的人口中，有 20％ 以上是残疾人或有残疾人的家庭。他们靠国家、集体或亲属供养，生活水平不仅低于社会平均水平，即使与贫困人口的平均水平相比也有差距；各项基本社会保障和公共服务还不能均等享受；在参与社会实践、享受物质和精神文明等方面，与健全人之间存在着较大的差距。这种差距使得有些人认为残疾人群体只是救济对象，社会不断修订保障体系对其进行"庇护"，家庭始终要留出劳动力对其进行陪护、照顾。

"十二五"期间，城镇残疾人在传统就业方式之外，增加了辅助性就业和公益岗位就业这两种就业方式。辅助性就业（也称庇护性就业）是一种保护性、间歇性、临时性、过渡性的就业安置形式，指针对特定的残疾人（主要包括中重度智力、精神和重度肢体等残疾程度较重、适应能力较弱、难以通过一般途径实现常规就业的残疾人）安排简单的劳动并提供康复治疗、生活能力训练、就业技能训练等服务，帮助其获得一定的职业技能并逐步实现回归社会就业。公益岗位就业是针对文化水平较低、就业技能不高的残疾人，由政府出资扶持或社会筹集资金开发的，满足社区及居民公共利益为目的的管理和服务的岗位。主要涉及城市公共管理和居民生活的非营利性服务岗位，包括各级政府投资开发的城市公共管理中的公共设施维护、社区保安、保洁、保绿、停车看管等。对于残疾人而言，辅助性就业和公益性岗位就业避免了直接生活救助形成的依赖性，增强了残疾人自强自立的意识，解放了残疾人家庭中看管残疾人占用的劳动力。这些新型的就业形式门槛低，就业形式灵活，扩大了残疾人特别是就业能力较低残疾人群体的就业路径，释放了家庭看管残疾人的劳动力，促进了残疾人家庭生产率和生活水平的提高。

第二节　就业是残疾人改善生活、融入社会和实现社会流动的重要方式

从国家和社会发展的需要来看，残疾人不再仅仅是社会救助的对象，残疾人本身也是一种重要的人力资源。通过推动残疾人实现就业，不但实现了社会对数量规模巨大的残疾人口的人力资源利用，而且也释放了残疾人家庭的人力资源，为我国劳动力市场提供了更为丰富的劳动力选择。此外，从残疾人及其家庭的需要来看，就业也是他们改善生活水平、积极融入社会和实现社会流动的重要方式。

>>一、就业有利于残疾人及其家庭改善生活水平和积极融入社会<<

《2012年度中国残疾人状况及小康进程监测报告》指出，截至2012年，全国残疾人总体生活水平与全社会平均水平差距仍然较大，其中残疾人家庭人均可支配收入仅为全国居民家庭人均可支配收入的56.2%，差距明显。与此同时，城镇残疾人家庭人均医疗保健支出为1 590.7元，是全国城镇居民家庭人均医疗保健支出的1.5倍；农村残疾人家庭人均医疗保健支出为884.4元，是全国农村居民家庭人均医疗保健支出的1.72倍。残疾人家庭恩格尔系数为48.5%，比全国居民家庭恩格尔系数高出10.8个百分点。也就是说，从反映家庭生活水平的收入方面来看，残疾人家庭的收入水平很低；从反映家庭生活水平的支出方面来看，因为要保障残疾人家庭成员的治疗和康复需要，残疾人家庭需要支出远高于一般居民家庭的医疗保健费用，这花费了原本就不高的收入的相当比重，势必也会造成残疾人家庭的恩格尔系数远高于一般居民家庭。无论是从收入还是支出方面来看，我国残疾人的生活状况都须进一步改善。而治本之策还是要提高残疾人家庭

的收入水平，在目前我国的现实情况下，收入的提高在很大程度上还是需要通过就业来实现。

目前，我国未就业残疾人的生活来源仍然以家庭供养为主，城镇、农村依靠家庭其他成员供养的比例分别为 40.4% 和 67.8%，残疾人家庭负担沉重。家庭供养一方面减少了家庭的财富积累；另一方面，当残疾人家庭将原本就较少的人力资本和物质资本投入到照顾残疾家庭成员时，必然会减少他们的生产性行为，影响家庭生产率。政府虽然通过社会保障系统将残疾人及其家庭包容在一个维持生存的大网中，但是对于一个仅靠领取最低保障金的残疾人家庭，这种公共服务给予的外部正向冲击只能暂时缓解家庭的贫困，而无法使其脱离贫困生活方式的轨道。就业作为一种参与经济的方式，将残疾人劳动力纳入投入产出循环中，使残疾人以及其家庭凭借自生能力脱离原先的贫困轨道。

如果说一开始帮助残疾人群体就业解决的是残疾人自给自足的生存问题，那么随着社会经济的发展，参加劳动生产不仅可以获得独立的经济地位和收入，还可以使残疾人增强成就感和自信心，有尊严地面对和融入社会。处于就业年龄段的残疾人通过劳动参与社会生活，实现劳有所得，人尽其才，才能获得经济地位与社会承认；残疾人通过劳动实现自尊、自强、自信、自立，使得生活有保障，收入有来源。就业是残疾人群体参与社会的基础，通过劳动就业，他们参与社会进步和发展中，获得更大的解放和分享更多的社会文明成果，真正实现"平等、参与、共享"的社会融合目标。

>>二、促进残疾人就业是实现社会流动的重要方式<<

目前，我国有残疾人的家庭户约有 7 050 万户，占全国家庭户总户数的 17.80%，其中有两个及以上残疾人的家庭户 876 万户，占残疾人家庭户的 12.43%。有残疾人的家庭户的总人口占全国总人口的 19.98%，残疾人家庭的平均家户规模为 3.51 人，涉及两亿多家庭人口。残疾人家庭的极端贫困发生率和低收入贫困发生率分别为残疾人家庭总数的 1/10 和 1/7，而且与非残疾人家庭相比，陷入贫困的概率大约高 3 倍。较高的贫困程度使得残疾人及其家庭占据了我国弱势群体中的一定比例。在一定时期，一个社会中的个体通常从宏观意义上有两种流动方式的可能性：垂直流动和水平流动。垂直流动是指从下层地位和职业向上层地位和职业的流动，或者从上层地位和职业向下层地位和职业的流动。水平流动是指在同一社会职业阶层内的横向流动，既包括地区间的流动，也包含在同一地区的不同工作群体或组织之间的流动。而在微观层面，个体终生的社会流动体现为两代人之间的职业和社会地位的代际流动。

残疾人家庭在康复、治疗等方面的经济负担比较重，加之残疾人在生活中需要家庭中其他成员花费时间、精力予以照顾，从而减少他们花在生产性活动上的投入，影响了整体家庭生产率，并降低了家庭劳动收入。根据相关的研究和抽样调查数据显示，更高的生活成本和更多的家庭支出与困难使得残疾人家庭的经济收入水平一般低于非残疾人家庭；那些陷入贫困的家庭，又由于家庭经济能力的不足，对残疾人缺乏进一步康复、治疗方面的投入，进而加剧贫困；贫困使得残疾人家庭在子女教育等人力资本投资方面低于社会一般水平，造成代际的贫困"马太效应"。为防止残疾人家庭出现这种代际的贫困"马太效应"，必须想方设法促进残疾人就业，以实现残疾人家庭收入的提高，从而使残疾人家庭可以有更大的空间对子女进行人力资本投资。

作为盲人运动员的平亚丽在 1984 年纽约第七届残奥会上，为中国残奥会夺得了"史上第一金"。脱下"盲跳女皇"的光环后，作为一名普通的残疾人，平亚丽在计划经济中的福利工厂工作过，在经济体制转轨中遭遇过下岗的冲击，领取过贫困补助，甚至动过卖掉金牌的念头。而这一切既无法使她摆脱捉襟见肘的生活窘境，也无法帮助她把儿子培养成自立自强、德才兼备、身心健康的人。1999年 6 月，在亲戚朋友的帮助和支援下，她开始了第一次创业，创业失败后，不甘失败的平亚丽参加创业培训班之后，才知道自己光有按摩技术但是缺乏商业经营理念。借着运动员很好的心理素质和严密的商业逻辑，2007 年平亚丽获得了央视《点亮星空》创业比赛大奖，得到 200 万元的创业基金，并获得事业上的成功。奥运会上的冠军，在人生的道路上再次赢得生命的金牌。她为儿子提供了出国深造的机会，使同样是盲人的儿子成为一名优秀的钢琴调律师，她与兄弟姐妹们一起担负起赡养父亲的义务。

我们为撰写本报告在进行调研过程中，还遇见了许多像平亚丽一样的成功的残疾人士，他们不但生活富足、思想独立，还有着创造财富的能力和强烈的社会责任感。他们对于经历的感悟是：社会经济庇护只能维持他们的生存，只有在开放的劳动力市场中给予他们平等的就业机会才能使他们摆脱贫困，为社会和国家承担公平的责任。从这个角度来看，促进残疾人就业，不但能有利于残疾人家庭内的代际流动，而且长期来看，还有利于整个社会流动。

第三节　促进残疾人就业是社会稳定和社会和谐的重要保障

目前，我国有近 3 200 万处于劳动年龄段的残疾人口。如果按照残疾人家庭的平均家户规模为 3.51 人来推算，这一群体的就业状况就涉及一亿多家庭人口。就业是民生之本，就业数量的扩大和就业质量的提高是社会稳定和谐的重要保障。这一数量庞大的弱势群体的就业状况如何，直接关乎整个社会的稳定和谐。

>>一、促进残疾人就业是社会稳定的重要保障<<

任何一个国家的发展都需要稳定作为前提，稳定也是我国改革和发展的前提。党的十六大报告中总结 1989—2002 年十三年十条基本经验之一就是"坚持稳定压倒一切的方针，正确处理改革发展稳定的关系"，强调社会稳定对经济增长与社会和谐的重要作用。要保障社会稳定，关注民生，尤其是弱势群体的切身利益无疑是重要一环。残疾人群体是整个社会群体的一部分，只有社会的每个部分都健康、良性地发展，社会才有可能向健康、进步的方向发展，也才能保持社会的稳定。残疾人群体因为身体不能克服的缺陷，形成了低于社会平均就业水平的就业率。残疾人家庭在康复、治疗等方面的经济负担比较重，加之残疾人生活的成本也比非残疾人要高，因此残疾人家庭比非残疾人家庭面临更高的家庭支出。一旦残疾人未参与到劳动力市场中，就需要家庭中其他成员花费更多的时间、精力对其给予照顾，从而减少他们花在生产性活动上的投入，影响整体的家庭生产率，并降低了家庭劳动收入，造成家庭的生活困难。残疾人家庭因为无法选择的高额生活成本和较低的劳动生产率，造成他们生活困难和收入较低的窘境。对全国第二次残疾人抽样调查以来五年全国残疾人监测数据进行统计，并利用《中国劳动统计年鉴》的数据，以实际就业率[①]为统计口径，计算出了我国残疾人就业

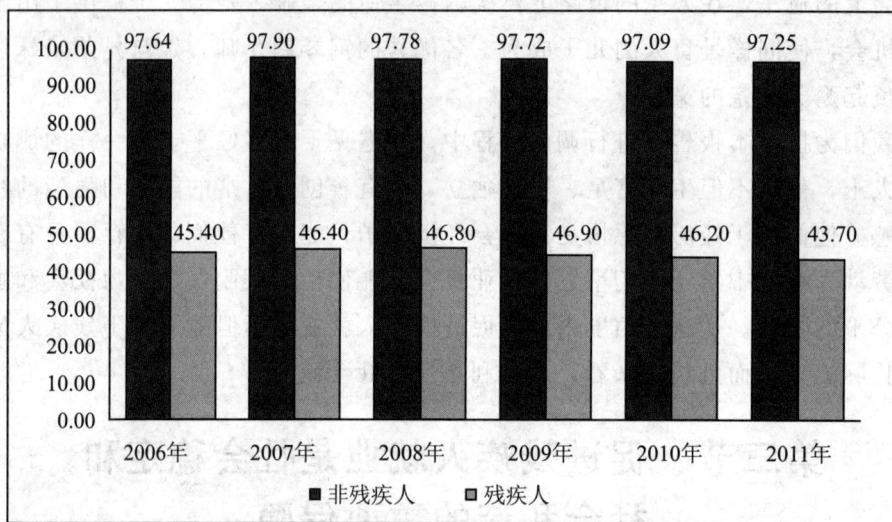

图 1-1　2006—2011 年我国残疾人与非残疾人的就业率差异　单位:%

率与非残疾人就业率的数据。如图 1-1 可以看出，我国残疾人就业率就业比例不高，和非残疾人相比有很大差距，而且更为严重的是，这一差距还有逐年扩大的

---

① 　实际就业率是指 16～59(54)岁就业人口与经济活动人口的比率。

趋势。例如，2006 年残疾人与非残疾人之间的就业率差距是 52.24 个百分点，而到了 2011 年，这一差距则扩大为 53.55 个百分点。如果这一状况长期无法改变，势必影响残疾人及其家庭的社会认知，从而影响社会稳定。

>>二、促进残疾人就业有利于实现社会和谐<<

党的十八大报告指出，社会和谐是中国特色社会主义的本质属性。要把保障和改善民生放在更加突出的位置，最大限度地增加和谐因素，增强社会创造活力，确保人民安居乐业、社会安定有序、国家长治久安。构建社会主义和谐社会，是我们党从中国特色社会主义事业总体布局和全面建成小康社会全局出发提出的重大战略任务。《中共中央国务院关于促进残疾人事业发展的意见》明确提出了"深入贯彻科学发展观，紧紧围绕全面建设小康社会奋斗目标，着眼于解决残疾人最关心、最直接、最现实的利益问题"的重要论述。但是，人们应清醒地认识到，残疾人作为社会的弱势群体，目前的发展状况仍不容乐观。首先，在生活水平上与社会平均生活水平有一定的差距。其次，残疾人在康复、医疗、就业、社会保障等方面的需求还无法得到充分满足。最后，残疾人在文化、社会等方面的发展指标也明显落后。随着残疾人群体受教育水平的提高，他们的思想观念和生活方式发生了深刻的变化，参与社会的意识和民主法制意识不断增强，对精神文化和自身发展提出了更高的要求。

残疾人同样是社会财富的创造者，与健全人一样，享有法律赋予的劳动就业、职业选择和获得劳动报酬等权利。促进残疾人就业，意义不仅仅在于帮助残疾人实现自食其力，更重要的是促进了残疾人群体的社会融合的实现，而残疾人的就业实现及融入社会的过程，也正是全社会为构建和谐社会共同努力的过程。从这个意义上说，做好残疾人就业工作，使残疾人从单纯地依靠国家、社会和亲属救济、供养变为自食其力的劳动者，不仅关系到残疾人劳动权利的实现，而且对解除残疾人亲属的后顾之忧，促进经济发展和社会进步，构建和谐社会都具有重要的作用。加快促进残疾人事业的发展、维护残疾人的就业权益，有利于促进社会公平、正义，只有实现包括残疾人在内的全体人民共享改革开放成果，才能真正体现社会公平、正义，才能更好地促进社会和谐。

第四节　我国政府长期以来高度重视
残疾人就业工作

中国政府长期以来对残疾人事业高度重视，《中华人民共和国宪法》、《中华人民共和国劳动保险条例》、《救济失业工人暂行办法》、《中华人民共和国义务教育法》等大约 40 多部法律法规都强调了对残疾人权益的保障。1988 年经国家法律确认，国务院批准，由残疾人及其亲友和残疾人工作者组成的人民团体——中国残疾人联合会成立，该人民团体的成立标志着我国残疾人正式建立了统一的组织。同年，中国政府制定了《残疾人事业五年工作纲要》，经国务院批准转发。自此以后，"八五"、"九五"、"十五"、"十一五"期间，国务院制定的国民经济和社会发展规划中都发布了针对中国残疾人事业的发展计划纲要，推动了我国残疾人事业的发展。

残疾人就业工作法制化进程始于 1990 年 12 月颁布并于 1991 年实施的《中华人民共和国残疾人保障法》，该法案对我国残疾人的地位、义务、权利和福利保障有了清晰的标准，对残疾人的康复、教育、劳动就业等诸多重要方面作出了明确的规定。2007 年 2 月 14 日国务院第 169 次常务会议通过我国第一部专门规范残疾人就业的行政法规——《残疾人就业条例》，并于当年 5 月 1 日正式实施。随后，8 月 30 日第十届全国人大常委会第二十九次会议通过了《中华人民共和国就业促进法》，将残疾人就业工作纳入就业工作的总体部署，进一步明确了政府在促进残疾人就业方面的责任，统筹安排，制定了一系列配套的政策，形成了比较完整的促进残疾人就业的法律体系和政策体系。该法案的实施为实现残疾人的平等就业提供了法律保障。

我国政府通过强化落实残疾人就业保护政策、完善残疾人就业服务等一系列措施，有效地促进了我国的残疾人就业。我国政府针对残疾人就业实行的是"集中就业与分散就业相结合"的方针，并在实践中不断丰富残疾人就业的模式。目前我国残疾人就业模式在过去的按比例分散就业、集中就业和自谋职业的基础上，又扩充了两种就业模式，分别是辅助性就业和公益性岗位就业，不同的就业模式既体现出不同程度的市场竞争，也体现出不同程度的政府和社会的责任分担。

(1)集中就业模式是一种政府主导的"庇护性"就业形式，主要办法是将残疾人集中安排到专门为解决其就业问题而开办的福利企事业单位工作。这种就业形式相当于许多福利国家面向残疾人展开的保护性就业计划。政府通过立法的形式确立的这一集中就业模式，在计划经济时期曾主导了我国残疾人的就业，保障了残疾人就业需求的实现，也促进了社会的稳定与协调发展。但是，随着社会主义市场经济体制改革的不断深化，市场竞争日益激烈，实现了残疾人集中就业的福利企业的生存发展受到多方面因素的制约和影响，传统的集中就业方式面临着新的挑战。政府也在与时俱进，相应地进行了政策调整和转变，以实现福利企业的转型升级、跨越发展。

(2)按比例分散就业是指用人单位按照单位职工人数的一定比例安排残疾人就业。按照《中华人民共和国残疾人保障法》和《残疾人就业条例》的规定，国家机关、社会团体、企业事业单位、民办非企业单位应当按照规定的比例安排残疾人就业，并为其选择适当的工种和岗位。这也是目前大多数国家和地区解决残疾人就业问题的主要办法，例如，日本按1.7％、美国按2％、法国按2.6％、英国按7％的比例在机关、非政府组织、企业和各种公立、私立机构中雇用残疾人。其实质是将安排残疾人就业确定为全社会的共同责任和义务，指导原则是以安置为主，以收取残疾人就业保障金的办法实施。这种模式不仅是国家对残疾人就业采取的特殊保护措施，也有利于残疾人实现与非残疾人之间的社会交往，从而促进残疾人群体的社会融合。

（3）自谋职业和个体就业，是在社会主义市场经济体制下残疾人主要依靠自身的力量主动参与劳动力市场竞争的一种模式。国家鼓励残疾人充分发挥自己的聪明才智，参与市场竞争以实现就业。伴随科技进步尤其是信息技术的发展，自主创业越来越成为更多残疾人实现就业的一种方式。通过这一自主创业的方式，不仅实现了更多残疾人的就业，而且还通过以创业带动就业的方式扩大了社会整体的就业数量和就业规模。自主创业使得残疾人个体参与到激烈的市场竞争中，为残疾人创造了实现自我、与非残疾人平等发展的机会，是保障残疾人就业和择业权利的一种体现。

（4）辅助性就业（也称庇护性就业），是一种保护性、间歇性、临时性、过渡性的就业安置形式，这一就业形式主要针对特定的残疾人，包括中重度智力、精神和重度肢体等残疾程度较重、适应能力较弱、难以通过一般途径实现常规就业的残疾人，通过安排简单的劳动并提供康复治疗、生活能力训练、就业技能训练等服务，帮助这一特殊群体获得一定的职业技能并实现就业。通过这一就业形式，使得在劳动力市场中几乎没有竞争能力的那部分残疾人中的弱势群体也实现了就业，充分体现了我国政府对残疾人就业权利的保障和对残疾人就业工作的重视。

（5）公益岗位就业，是一种主要针对文化水平较低、就业技能不高的残疾人群体展开的就业扶持形式，其实质是由政府出资扶持或社会筹集资金开发，提供一些满足社区及居民公共利益的管理和服务的岗位，以实现残疾人就业。在实践中，这些岗位主要是涉及城市公共管理和居民生活的一些非营利性服务岗位，包括各级政府投资开发的城市公共管理中的公共设施维护、社区保安、保洁、绿化、停车看管等。

多年来，我国政府不断探索社会主义市场经济条件下促进残疾人就业的新模式、新办法，不但通过出台多种措施促进传统的福利企业按照市场化模式进行发展、转型和升级，而且还借鉴国外通行的做法逐渐使按比例分散就业成为主导我国残疾人就业的一个重要模式；同时，还不断拓宽残疾人的就业渠道，从政策上大力扶持残疾人自谋职业和个体就业；以促进残疾人就业权利的实现和促进残疾人的社会融合为目标，不断开发新的就业方式，吸纳不同残疾类别、不同残疾等级的劳动力以就业实现的方式积极参与到社会经济生活中来。

经过多年努力，我国的残疾人就业工作取得了巨大成就。目前，农村在业残疾人有 1 749 万人，其中从事农业生产的有 1 347 万，以其他形式就业的达 402 万；城镇在业残疾人为 441 万人。利用中国残疾人联合会网站提供的年度综合统计数据，我们整理出了 2000—2010 年的城镇残疾人就业情况（见下表）。可以看出，残疾人就业的各种形式都程度不同地得到了很好的发展。

表 1-1　2000—2010 年我国城镇残疾人的就业情况　　　　　　单位：人

年份	集中就业	按比例就业	个体就业及其他就业形式	小计
2000	71 091	71 548	126 117	268 756
2001	75 266	66 423	134 346	276 035
2002	85 285	71 492	145 846	302 623
2003	97 578	83 968	144 952	326 498
2004	108 503	88 075	181 269	377 847
2005	113 518	110 072	166 843	390 433
2006	102 686	99 361	160 139	362 186
2007	119 639	115 048	158 534	393 221
2008	113 436	98 561	155 650	367 647
2009	104 807	89 019	156 404	350 230
2010	101 579	85 632	136 845	324 056

资料来源：根据中国残疾人联合会网站提供的年度综合统计数据整理。

第二章
我国残疾人就业的变动趋势

为更加全面地刻画出近些年来我国残疾人就业的变动趋势，本章具体由以下内容构成：第一节为残疾人的基本情况，主要从残疾人基本特征、残疾人类别与等级、残疾人康复需求、农村贫困残疾人概况等层面展开。第二节为近些年来我国残疾人就业的变动及其特征，具体围绕残疾人就业率、残疾人就业职业构成、残疾人就业形式、残疾人就业能力、残疾人就业渠道、残疾人家庭收入状况等主题全面描述与分析。第三节为"两个体系建设"与残疾人就业，侧重从残疾人社会保障体系建设、残疾人法律援助和法律服务、残疾人服务设施基本情况、残疾人扶贫开发与组织建设等方面对国家"两个体系建设"提出前后的残疾人就业变化特征进行归纳与总结。

第一节　残疾人的基本情况

根据第六次全国人口普查所得出的我国总人口数，以及第二次全国残疾人抽样调查所得出的我国残疾人占全国总人口的比例（6.34%）和各类残疾人占残疾人总人数的比例，2010年年末我国残疾人总人数8 502万人，[①] 处于就业年龄段（男16～59岁、女16～54岁）的残疾人近3 200万，其中农村2 400多万、城镇770万。各类残疾人的人数分别为：视力残疾1 263万人；听力残疾2 054万人；言语残疾130万人；肢体残疾2 472万人；智力残疾568万人；精神残疾629万人；多重残疾1 386万人。各残疾等级人数分别为：重度残疾2 518万人，中度和轻度残疾5 984万人。[②]截至2012年年底，全国城镇实际在业残疾人数为444.8万，农村实现就业人数为1 770.3万，其中1 389.9万人从事农业生产劳动，目前尚有955万左右有劳动能力、达到就业年龄的残疾人没有实现就业，而今后每年还

---

①② 数据来源于：http://www.cdpf.org.cn/sytj/content/2012-06/26/content_30399867.htm。

将会新增残疾人劳动力 30 万人左右。通过残疾人证核发和开展康复需求调查、农村贫困残疾人状况摸底调查等工作，到 2013 年 4 月 18 日为止，全国残疾人人口基础数据库①共收集 3 912.3 万残疾人数据，其中包括 2 663.8 万持证残疾人信息和 1 248.5 万非持证残疾人数据。按照全国 8 502 万残疾人计算，该库收集残疾人信息数约占总数的 46.0%，其中持证残疾人比例为 31.3%。持证残疾人的主要特征为：劳动年龄人口（16～59 岁）占 62.1%，男性、中轻度、肢体残疾人各占六成（分别为 60.3%、62.6% 和 59.0%），农业户口近 1/4(74.7%)，受教育程度以小学和初中为主体(70.3%)。

由于该库数据样本量大，囊括的信息全，数据的信度高，故而在对残疾人进行总体性描述时，主要基于此数据库数据对残疾人的基本特征和主要残疾特征等诸方面展开分析。

（一）残疾人的基本特征

1. 性别与年龄结构

全国残疾人口基础数据库数据显示，在 2 592.2② 万持证残疾人的性别构成中，男性 1 564.1 万人，占 60.3%；女性 1 028.1 万人，占 39.7%，男性占比明显高于女性。在年龄构成方面，0～14 岁占 73.8 万人，占 2.8%；15～59 岁 1 620.3 万人，占 62.5%；60 岁及以上 898.2 万人，占 34.7%，其中 65 岁及以上 636.1 万人，占 24.5%。③ 人口库中持证残疾人以 16～59 岁劳动年龄人口为主（占比 62.5%），这从旁证实了残疾人也是重要的人力资源。

2. 民族与婚姻状况

全国残疾人口基础数据库数据表明，汉族残疾人 2 345.3 万人，占 90.5%；少数民族 246.9 万人，占 9.5%。在婚姻状况方面，七成持证残疾人已结婚，具

---

① 中国残联 2008 年启动建设全国残疾人人口基础数据库，结合第二代残疾人证核发工作进行持证残疾人的人口基础信息的收集与管理，并通过公安部"全国公民身份信息服务库"进行身份认证。全国残疾人人口基础数据库（简称"人口库"）是目前唯一权威的国家级残疾人基础信息数据库。围绕残疾人人口基数数据库，中央和地方建设了残疾人儿童抢救性康复、阳光家园托养计划、农村贫困残疾人危房改造等三十余个康复、教育、就业、社会保障方面的业务应用系统。关于残疾人总体性描述分析部分的数据均来自该数据库，具体数据结果参见：中国残疾人联合会：《2008—2012 中国残疾人事业发展统计资料》，2013。

② "持证残疾人主要特征"数据分析部分根据分析时点上收集到的数据进行，即截至 2013 年 3 月 18 日已完成残疾人证办理的 2 592.2 万残疾人数据。

③ 人口库中 0～14 岁残疾人口占比低、60 岁以上人口占比不高的可能原因在于，由于数据库是结合第二代残疾人证核发工作进行持证残疾人的人口基础信息的收集与管理，尽管通过公安部"全国公民身份信息服务库"进行身份认证，但依旧会因一些人群不够资格或没及时领取到第二代残疾人证而失去该人群的相关统计信息。

体而言，未婚 594.8 万人，占 22.9％；已婚 1 851.4 万人，占 71.4％；丧偶 31.3万人，占 1.2％；离异 114.7 万人，占 4.4％。而第二次全国残疾人抽样调查数据显示，残疾人未婚、在婚、离异及丧偶的比例依次为 12.4％、60.8％和26.8％。可见，近些年来残疾人整体婚姻状况稳中有升（在婚比例由 2006 年的60.8％升至 2013 年的 71.4％），已结婚是当前残疾人婚姻状况的主要特点。

3. 户口性质与受教育程度

全国残疾人口基础数据库数据表明，当前农业户籍的持证残疾人占绝大多数。具体而言，农业户口的持证残疾人 1 936.3 万人，占 74.7％；非农业户口655.9 万人，占 25.3％。与第六次人口普查的全国人口中 50.3％居住在乡村相比，近 3/4 的持证残疾人仍在农村，远远落后于全国的城镇化水平（52.6％）。在受教育程度方面，拥有大学及以上文化程度的残疾人 36.3 万人，占 1.4％；具有高中（含中专）文化程度的有 211.8 万人，占 8.2％；拥有初中文化程度的有773.1 万人，占 29.8％；具有小学文化程度的有 1 049.1 万人，占 40.5％。而第二次全国残疾人抽样调查数据显示，2006 年残疾人具有大学及以上、高中（含中专）、初中、小学文化程度和文盲率则分别占比为 1.1％、4.9％、31.8％、18.9％和 43.3％，这表明近些年来残疾人的整体受教育程度有所提高。但值得注意的是，当前约 2/3 的残疾人的文化程度仍以小学和初中为主要形式（详见图 2-1）。除此之外，较之 2006 年（43.3％），2013 年 15 岁及以上残疾人人口中文盲率（18.5％）有较大幅度下降，这主要得益于近些年来国家关于残疾人教育、康复、社会保障等各项法律法规政策条例的积极实施。然而，目前残疾人的文盲率依旧处于相对较高水平，比 2010 年第六次全国人口普查的文盲率（4.1％）高出 14.4个百分点，意味着以提高残疾人受教育水平、提升残疾人整体人力资本水平为主体的"增能"工作依然任重道远。

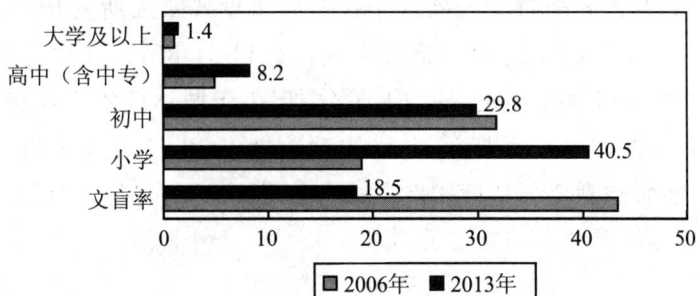

图 2-1　残疾人受教育程度变化状况　单位：％

（二）残疾人类别与等级

1. 残疾类别

全国残疾人口基础数据库中 2 592.2 万持证残疾人的类别构成为：视力残疾人 309.3 万人，占 11.9%；听力残疾人 199.5 万人，占 7.7%；言语残疾人 49.7 万人，占 1.9%；肢体残疾人 1 530.4 万人，占 59.0%；智力残疾人 215.7 万人，占 8.3%；精神残疾人 176.5 万人，占 6.8%；多重残疾人 111.0 万人，占 4.3%（详见下图 2-2）。不难看出，目前我国残疾人的残疾类别主要以肢体残疾、视力残疾、智力残疾和听力残疾为主。

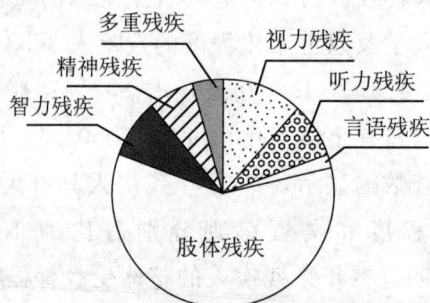

图 2-2　不同残疾类别构成　单位:%

2. 残疾等级

全国残疾人口基础数据库显示，残疾一级[①] 354.7 万人，占 13.7%；残疾二级 613.1 万人，占 23.7%；残疾三级 728.9 万人，占 28.1%；残疾四级 895.5 万人，占 34.5%。

表 2-1 描述了人口库中持证残疾人分类别残疾等级构成情况。如表所示，除肢体残疾人外，其余各类持证残疾人中一二级重度残疾人所占比例均超过 50% 或在 50% 左右，比例最高的为多重残疾人，达到 84.8%；其次为言语残疾人，占 69.7%；再次为精神残疾人，占 61.5%。但由于肢体残疾人在持证残疾人中占了较大比重（59.0%），而持证的肢体残疾人中以三四级中度残疾人为主（75.3%），从而影响到全部持证残疾人的残疾等级构成表现为中轻度残疾人为主（62.6%）。

---

① 　各类残疾按残疾程度分为四级、残疾一级、残疾二级、残疾三级和残疾四级。残疾一级为极重度，残疾二级为重度，残疾三级为中度，残疾四级为轻度。根据相应的评定标准，又把视力、听力、言语、智力、肢体、精神六类残疾细分为相对应的四级残疾类别。

表 2-1　人口库持证残疾人分类别残疾等级构成(%)

	残疾一级	残疾二级	残疾三级	残疾四级
合计	13.7	23.7	28.1	34.5
视力残疾人	28.2	19.1	16.7	36.0
听力残疾人	24.5	23.8	23.7	28.1
言语残疾人	46.4	23.3	15.2	15.2
肢体残疾人	5.3	19.4	32.3	43.0
智力残疾人	13.0	38.4	30.2	18.5
精神残疾人	12.3	49.2	28.9	9.6
多重残疾人	59.1	25.7	10.8	4.3

3. 主要致残原因

在主要致残原因方面，全国残疾人口基础数据库数据进一步证实，在已明确的具体致残原因中，"白内障"、"视网膜、色素膜病变、遗传"、"先天异常或发育障碍"、"外伤"是引致视力残疾(含多重)的主要原因，依次占比为 13.2%、11.5%、10.9%和 8.9%；"老年性耳聋"(15.6%)、"遗传"(11.1%)、"中耳炎"(7.0%)、"药物中毒"(6.9%)是导致听力残疾(含多重)的主要原因；"听力障碍"(37.5%)则是言语残疾(含多重)的最主要因素；"其他外伤"(22.3%)、"其他"(15.5%)、"骨节病"(11.4%)、"脑血管疾病"(10.7%)是引致肢体残疾(含多重)的主要原因；导致智力残疾(含多重)的主要原因则为"脑疾病"(31.3%)和"遗传"(12.0%)。

(三)残疾人主要康复需求

1. 康复医疗需求

全国残疾人康复需求调查数据显示，在康复医疗需求方面，31.9%的残疾人有康复医疗需求，其中，精神残疾人的需求比例最高，为 79.7%，其次为多重残疾人(35.5%)和视力残疾人(35.2%)，其他四类残疾人的需求比例在 25%～30%之间。此外，调查同时显示，残疾人的康复医疗需求在城乡之间、持证残疾人与非持证残疾人之间不存在明显差异。[1]

---

[1]　在全国残疾人口基础数据库的基础上，为更进一步了解残疾人的康复需求和做好残疾人康复工作，2011 年，中国残联在全国范围内开展了残疾人康复需求调查。调查收集到 2 138.0 万残疾人的康复需求数据，其中包括 1 360.2 万持证残疾人和 777.7 万非持证残疾人，部分调查残疾人未填报"是否持证"或填报错误。详细调查数据结果参见：中国残疾人联合会：《2008—2012 中国残疾人事业发展统计资料》，2013。

2. 功能训练需求

全国残疾人康复需求调查数据表明，30.9％的残疾人有功能训练方面的需求，首先，智力残疾人的需求比例最高，为 34.7％；其次为肢体残疾人（34.2％）；再次为言语残疾人和多重残疾人，分别为 31.8％和 30％；最后，精神残疾人最低，为 16.3％。从户口性质角度看，农业户口残疾人功能训练需求比例为 30.6％；非农业户口残疾人需求比例为 32.0％，无论户口性质如何，功能训练需求比例较高的残疾人类别为智力残疾人、肢体残疾人、言语残疾人和多重残疾人。换言之，残疾人的功能训练需求在城乡之间的差异并不显著。但持证残疾人的需求比例（33.6％）显著高于非持证残疾人（26.3％）。

3. 辅助器具需求

全国残疾人康复需求调查显示，91.9％的残疾人有辅助器具需要。具体而言，对视力残疾人而言，49.9％的有视力残疾（含多重）的残疾人有助视器需求，盲杖的需求比例为 21.8％；盲人书写用具为 4.5％；盲人报时用具为 10.8％；其他视力辅助器为 25.0％。对听力残疾人而言，64.6％的有听力残疾（含多重）的残疾人有助听器需求，人工耳蜗需求为 6.2％；其他听力辅助器具为 25.9％。对言语残疾人而言，35.2％的有言语残疾（含多重）的残疾人有语言训练器具需求，会话交流用具的需求比例为 30.3％；其他言语辅助器具为 34.6％。对肢体残疾人而言，23.2％的有肢体残疾（含多重）的残疾人有生活自助器具需求，辅助坐、卧、翻身、站立器具的需求比例为 7.1％；拐杖及助行器具为 34.4％；轮椅为 16.1％；防褥疮垫为 3.1％；集尿器具为 1.8％；坐便器具为 4.7％；阅读书写器为 2.6％；装配假肢为 3.9％；装配矫形器具为 1.8％；其他肢体辅助器具为 24.8％。对智力残疾而言，15.6％的有智力残疾（含多重）的残疾人有认知图片需求，认知玩具的需求比例为 10.4％；启智玩具为 30.6％；其他智力辅助器具为 44.9％。

（四）农村贫困残疾人基本状况

2013 年农村贫困残疾人基础数据库数据显示[①]，82.4％的农村贫困残疾人家庭人均纯收入低于国家贫困标准，17.6％的家庭人均纯收入在国家贫困标准以上至当地贫困标准之间。入库农村贫困残疾人中，41.2％的残疾人个人年工资收入低于 1 000 元，25.4％的介于 1 001～2 000 元之间，个人年工资收入大于 2 000 元的占 33.4％。33.3％的农村贫困残疾人家庭为老残一体，7.1％为一户多残，

---

① 2012 年，中国残联在各地普遍开展农村贫困残疾人状况调查摸底基础上，对农村贫困残疾人进行信息收集和管理。截至 2013 年 3 月 27 日，已收录 1 465.9 万条农村贫困残疾人基础数据，其中包括 955.0 万持证残疾人和 470.9 万非持证残疾人。

61.7％为其他情况。在致贫原因中，数据表明，50.3％的农村贫困残疾人为因病致残，20.1％为因缺劳力致残，19.7％为因缺资金致残，10.1％为因缺技术致残，3.7％为因灾致残，1.8％为因学致残，21.6％为因其他原因致残。此外，在住房情况方面，15.7％的农村贫困残疾人住房为危房。在生活保障方面，41.4％的农村贫困残疾人纳入最低生活保障，36.9％为接受亲属供养，9.9％得到政府提供的生活补助，2.5％享受五保供养，0.7％得到集中供养，还有20.2％没有任何形式的生活保障。在救助扶持情况方面，33.6％的农村贫困残疾人接受到生活救助，14.2％接受医疗救助，2.4％接受了危房改造，0.4％接受了法律援助或司法救助，0.3％接受了本人就学资助，26.1％接受了其他方面的救助；还有36.0％未接受救助。

第二节　残疾人就业的变动及其特征

国家实行集中和分散相结合的方针，采取优惠政策和扶持保护措施，通过多渠道、多层次、多种形式，尽可能多地使达到法定劳动年龄、具有一定劳动能力的残疾人从事合法性社会劳动，这益于形成"残疾人就业→融入社会→减轻残疾人家庭负担、实现美好生活→促进更多残疾人积极主动参与教育与职业培训→实现更高质量就业"的良性循环局面。然而，由于体制机制、制度政策、产业结构、自身素质、社会排斥等因素影响，有相当数量的残疾人不能实现充分就业、高质量就业，呈现出就业率不高，就业结构单一，就业层次低，收入水平不高，劳动关系不规范，就业稳定性差，不同地区、城乡、类别之间就业发展不平衡等特点，继而使很大一部分残疾人（残疾人家庭）陷入贫困，成为就业困难群体和脆弱性群体。

为更加全面地了解残疾人的就业状况和科学地判断残疾人就业的未来变化，本报告在第二次全国残疾人抽样调查数据的基础上，结合全国残疾人人口基础数据库数据，重点使用2007—2012年全国残疾人状况监测数据和历年残疾人事业发展统计公报数据，考察了近些年来残疾人的就业状况，并对就业状况的变动趋势展开了适当的阐释。

（一）残疾人就业率稳中有升

残疾人就业率是指残疾人就业人口与残疾人劳动力人口的百分比。结合数据可得性原则和研究需要，本报告中采用实际残疾人就业率计算法[①]，分地区、性

---

① 赖德胜、赵筱媛：《中国残疾人就业与教育现状及发展研究》，22页，北京，华夏出版社，2008。

别、城乡、残疾类别等对 2007—2012 年的残疾人就业率进行了测算。具体结果如下：

1. 不同地区间残疾人就业率

测算结果显示，2007—2012 年我国残疾人就业率基本保持稳定（详见图 2-3），6 年间残疾人总体就业率分别为 46.4%、46.8%、44.9%、44.2%、43.7% 和 45.2%。而使用 2006 年第二次残疾人抽样调查数据测算表明，残疾人就业率为 41.6%，非残疾人口对应比例约为 78.7%。可见，近些年来残疾人就业率整体上稳中有升，在全球金融危机时和后金融危机时代，残疾人就业率依旧保持较稳定的水平，离不开国家对残疾人就业工作的积极支持。但须注意的是，较之非残疾人口，当前残疾人口的就业率总体水平依然不高，这意味着在未来时期的工作中需要进一步加强对残疾人就业的保障与促进。

具体分东、中、西部区域角度看[①]，残疾人就业率总体上呈现出以下两个特点：第一，2007—2012 年，东部地区残疾人就业率稳中有升，由 2007 年的 42.3% 增至为 2012 年的 44.3%，6 年间东部地区具体残疾人就业率依次为 42.3%、41.3%、41.5%、42.3%、40.7% 和 44.3%。中部地区残疾人就业率除 2009 年外，其他年份基本稳定，保持在 45.9% 水平左右，具体 6 年间就业率分别为 46.0%，46.7%、39.2%、46.1%、45.8% 和 45.5%。西部地区残疾人就业率略有降低，从 2007 年的 49.4% 降至 2012 年的 46.1%，各年份对应残疾人就业率为 49.4%、52.4%、53.0%、44.4%、44.8% 和 46.1%。第二，中、西部地区残疾人就业率明显高于东部地区。可能的原因在于，较之中、西部地区，东部地区有着较完善的社会保障系统，居民家庭的经济社会状况相对较好，这在一定程度上降低了东部地区残疾人的劳动参与和就业，而中、西部地区残疾人则迫于生活压力而不得不从事社会劳动，要么进入福利企业（集中就业）或一般性企业（通过按比例就业政策进入其中）实现工资性就业（wage-employment），要么选择自主创业或自我雇用（self-employment）。另一方面，就业率具有明显区域特征还可能与产业结构有关，当前绝大多数残疾人集中在第一产业当中，[②] 就业空间狭小，东部地区第一产业在经济总量中占次要地位，相对中、西部地区而言，就业

[①] 由于 2007—2012 年全国残疾人状况监测数据包括了全国 31 个省市，在进行东、中、西部地区残疾人就业率测算时，我们遵循了国家统计局对东、中、西部三地区的划分标准，具体而言，东部地区包括北京、天津、河北、辽宁、上海、江苏、浙江、福建、山东、广东、海南 11 个省（市）；中部地区包括山西、吉林、黑龙江、安徽、江西、河南、湖北、湖南 8 个省；西部地区包括内蒙古、广西、重庆、四川、贵州、云南、西藏、陕西、甘肃、青海、宁夏、新疆 12 个省（市、自治区）。若没有特别指出，报告中凡涉及残疾人东、中、西部就业问题时，均沿用此划分标准。

[②] 有研究发现，当前 77.46% 的残疾人集中在第一产业生产当中。具体参见：赖德胜等著：《中国残疾人就业与教育现状及发展研究》，29 页，北京，华夏出版社，2008。

容纳空间较小。此外，较之非残疾人，残疾人受教育水平较低，这阻碍了其在非农产业就业，因此东部地区残疾人就业率较低。

残疾人就业率的地区状况暗示出，在今后残疾人就业促进工作中须处理好以下几方面的事情：第一，通过深化市场化改革尽可能消除残疾人社会保障体系地区性分割的现状；第二，优化残疾人社会保障制度，加强社会保障制度创新，尽可能地平衡好社会保障制度效力与促进残疾人就业政策之间的关系；第三，积极提高残疾人受教育水平，提升其就业创业能力，增强残疾人实现向非农产业、部门有序转移的内生能力。

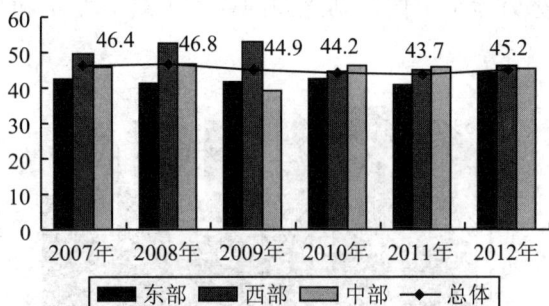

图 2-3　不同区域残疾人就业率：2007—2012 年　单位：%

2. 不同性别间残疾人就业率

由于身体素质、人力资本、雇主用人偏好、社会观念等诸多因素影响，在非残疾人口就业率方面，现有多数研究发现，男性劳动力的就业率整体上高于女性[1]，不同性别的职业隔离现象突出，引发了诸如性别之间就业不公平、工资差异、职业分割等问题的探讨。那么，不同性别之间的残疾人就业率是否也存在类似的现象？近些年来男性、女性残疾人的变动趋势是怎么样的？回答这些问题，对新时期新背景下更好地促进残疾人事业的平稳、和谐发展而言，无疑具有较大的政策意义。

测算结果表明，2007—2012 年男、女性残疾人的就业率基本稳定，男性残疾人的就业率明显高于女性残疾人（详见图 2-4），6 年间男性残疾人就业率依次为 53.3%、57.0%、55.6%、53.3%、53.3% 和 54.1%，女性残疾人分别为 35.5%、33.8%、31.0%、31.2%、35.5% 和 33.5%，历年男性残疾人就业率均高于对应年份的总残疾人就业率水平，而女性残疾人就业率则呈现出相反的特征，这表明，较之男性残疾人，影响我国女性残疾人就业的因素更加复杂，科学

---

[1]　Li Shi，Bjorn Gustafsson，Jin Song，Change in gender wage gap in urban China during 1995—2007，working paper，May 2010. 丁赛：《民族地区城镇劳动力市场中的性别就业与工资差异——以宁夏回族自治区为例》，载《民族研究》，2012(3)。

地认识不同性别之间的残疾人就业率差异问题，则可以更好地促进不同性别残疾人平等就业与和谐发展。然而值得关注的是，无论是男性残疾人就业率还是女性残疾人就业率，近些年来残疾人的就业率整体上都明显低于非残疾人的就业率，比如有数据证实，过去 20 年间我国男性就业率走势稳定，基本上接近 80％ 的水平，女性就业率接近 70％，[①] 这显著高于男性残疾人平均就业率水平（54.5％）和女性残疾人对应水平（33.4％）；另一方面则体现为，城镇残疾人登记失业率（11.1％）明显高于城镇登记失业率（4.1％）。[②] 意味着今后很长时期内，需要从提高残疾人整体素质和就业能力、完善社会环境、强化政策扶持等方面着力做好残疾人就业工作，努力缩小不同性别之间的残疾人就业差距和残疾人与非残疾人之间的就业差距。

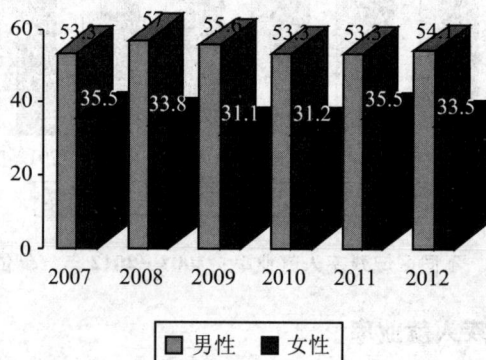

图 2-4　不同性别残疾人就业率：2007—2012 年　单位：%

3. 城乡之间残疾人就业率

在很大程度上，城乡间残疾人的就业率高低会影响到残疾人的贫困分布，继而影响我国整体贫困人群的构成，甚至是收入分配状况。由于经济社会二元结构的存在，较之农村地区，在经济发展、产业结构、政策扶持、公共服务、劳动力市场状况、社会保障与福利、无障碍环境建设等方面，城市地区无疑优于农村，这将有利于残疾人就业与发展；但与此同时，城市地区发达的经济实力、完善的

---

① 新浪财经于 2013 年 2 月 7 日发表《金砖 4 国过去 20 年毛就业率》一文后，又于 2013 年 2 月 18 日和 20 日分别发表了《金砖 4 国过去 20 年女性毛就业率》和《金砖 4 国过去 20 年男性毛就业率》，引起了广泛关注。具体请参见：http://finance.sina.com.cn/stock/usstock/shsj/20130220/192714597971.shtml.

② 2011 年中国残疾人状况及小康进程监测报告显示，2007—2011 年，城镇残疾人登记失业率分别为 10.6％、12.6％、13.6％、8.6％ 和 9.9％，平均水平为 11.06％，具体见张蕾、吕庆喆、陈新民：《2011 年度中国残疾人状况及小康进程监测报告》（下），载《残疾人研究》，2012(4)。历年《中国统计年鉴》数据表明，2007—2011 年，中国城镇登记失业率依次为 4.0％、4.2％、4.3％、4.1％ 和 4.1％，平均为 4.14％。

社保福利体系等，也会使残疾人依赖政府和家庭支持生活的倾向随之增强，这在一定程度上消减残疾人劳动就业的动力。那么，近些年来我国城乡之间残疾人就业率的变动状况究竟是怎样的呢？

监测数据显示，2007—2012 年，我国城乡间残疾人就业率稳中有升，但农村地区残疾人就业率明显高于城市地区（详见图 2-5）。具体而言，6 年间城市残疾人就业率分别为 27.5％、27.8％、33.1％、29.9％、27.5％和 32.9％，农村地区对应为 50.6％、51.7％、47.7％、48.3％、50.6％和 48.8％。鉴于前文分析，农村地区就业率明显高于城市地区，暗示出农村残疾人面临着更大的生活压力，农村残疾人的生活保障主要靠土地，使得他们不得不从事生产劳动。城乡间就业率这种显著性的差距，使残疾人就业规模上也呈现出明显的城乡特点，如有统计数据表明，截至 2012 年年底，全国城镇实际在业残疾人数为 444.8 万，农村在业残疾人数为 1 770.3 万，其中 1 389.9 万人从事农业生产劳动。[①]当然，影响残疾人就业规模的因素比较复杂，也可能与城乡间残疾人口基数有关，不能仅凭城乡之间就业规模状况判断一切，即便如此，依旧可以得出较明晰的政策建议，即今后应继续加强城乡间的公共就业服务，提高城市和农村地区残疾人就业率；同时，需要深化改革，完善城乡之间的社会保障和福利体系，缩小城乡间社保福利体系的制度性分割。

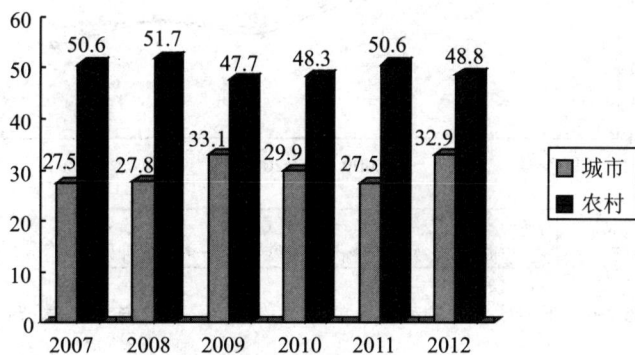

图 2-5　城乡间残疾人就业率：2007—2012 年　单位：％

4. 不同类别间残疾人就业率

有研究发现，如果将社会上所有的工作岗位对劳动者生理素质的要求按照残疾类别进行划分，岗位素质要求可细分为视力、听力、言语、肢体、智力和精神，劳动者素质可分为视力残、听力残、言语残、肢体残、智力残和精神残，那么，较之健全人，每增加一种残疾类型，有劳动能力的残疾人的就业概率将会随

---

① 中国残疾人联合会：《2008—2012 中国残疾人事业发展统计资料》，9 页，2013。

之降低 16.7%。[①] 另一方面，随着经济结构的调整和产业机构的升级，现代服务业的快速崛起，社会对专业技术类人才的要求也会越来越旺盛，对具有某项技能的劳动力的需求旺盛，这将有利于某些类别的残疾人就业，因此可以预见，通过转化代偿功能，具有一定文化程度的视力、听力、言语、肢体残疾者的就业状况则会相对不错，比如有研究使用 2006 年第二次全国残疾人抽样调查数据研究发现，在不同残疾类别中，言语残疾就业率最高，智力残疾、肢体残疾和精神残疾就业率居中，多重残疾、视力残疾、听力残疾人就业率最低。[②] 在集中就业和按比例就业方针下，近些年来不同残疾类别的残疾人就业状况究竟如何呢，基于 2007—2012 年残疾人监测数据，下面将描绘出近些年来各残疾类别残疾人就业率的变动趋势。

测算结果显示，2007—2012 年，视力、听力残疾人的就业率基本保持稳定，言语残疾人就业率稳中有升，肢体残疾人就业率增幅明显，智力、精神残疾人就业率则明显下降（详见图 2-6）。具体来看，6 年间各类别残疾人就业率分别为：视力残疾人就业率分别为 49.7%、42.2%、44.5%、42.5%、44.8% 和 47.0%，听力残疾人就业率依次为 52.8%、53.3%、40.1%、56.4%、51.8% 和 51.6%；

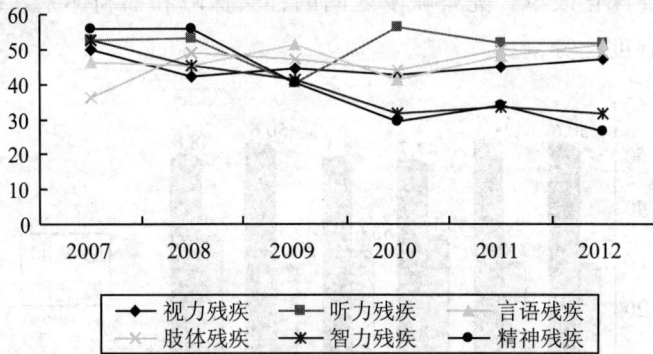

图 2-6　不同残疾类别残疾人就业率：2007—2012 年　单位：%

---

① 岗位素质要求为：视力、听力、言语、肢体、智力和精神。劳动者素质为：视力残、听力残、言语残、肢体残、智力残和精神残。若各个岗位对劳动者的身体条件没有限制，或者劳动者是健全人，那么，按上述对应关系，劳动者可以选择的工作岗位的组合数 $n^2 = 6^2 = 36$。按工作岗位素质要求，若劳动者只因一种残疾受限，那么该残疾劳动者只能从余下的五类工作岗位中挑选自己的工作岗位，其选择工作岗位的组合数为 $n(n-1) = 6 \times 5 = 30$。同理，若劳动者因两类残疾受限，其选择工作岗位的组合数为 $n(n-2) = 6 \times 4 = 24$。类推可得，残疾人选择劳动岗位的组合数为 $n(n-k)$，其中 k 为劳动岗位所限制的残疾种类数或是某残疾劳动者的残疾种类数。若把健全人的就业机会当作 100%，则有劳动能力的残疾人的就业几率为 P，$P = n(n-k)/n^2 = (n-k)/n$。具体参见：卢连才：《残疾人社会保障研究》，7 页，北京，华夏出版社，2005。

② 赖德胜、赵筱媛：《中国残疾人就业与教育现状及发展研究》，23 页，北京，华夏出版社，2008。

言语残疾人就业为 46.2％、45.5％、51.3％、41.1％、47.9％和 51.2％，肢体残疾人就业率为 36.4％、49.1％、47.3％、43.9％、49.7％和 49.2％；智力残疾人就业率为 52.8％，45.2％、41.3％、31.5％、33.6％和 38.4％；精神残疾人就业率为 56％、55.9％、40.4％、29.2％、34.1％和 26.6％。

视力、听力残疾人就业率基本保持稳定，与这两类别的残疾人供需相对稳定有关。以视力残疾人为例展开说明，6 年间共培训盲人保健按摩人员 8.2 万名，盲人医疗按摩人员约 3.2 万，与此同时，保健按摩机构达 23 075 个，医疗按摩机构达到 7 096 个，按摩机构的及时吸纳、残疾人选择创业型自雇、其他灵活就业等，使盲人残疾人的供需波动基本保持在一个平稳的范围内。现代信息技术的快速发展、互联网知识的普及以及积极的就业政策的稳步实施，为电子商务活动的发展营造出了宽松的外部环境，这较大程度上丰富了残疾人的就业形式和就业渠道，从而为言语残疾和肢体残疾者提供了更加广阔的展现自我能力的平台，如开网店、自我创业（2010 年、2011 年、2012 年残疾人自主创业比例分别为 5.1％、6.2％、7.7％）等，因此近些年来言语残疾和肢体残疾的就业率总体上呈现上升趋势。然而，较之其他类别残疾人，智力残疾和精神残疾者的就业状况则明显受到自身身体素质的约束（实际上一部分智力残疾人、精神残疾人及多重残疾人已不适宜就业），这将不利于其就业与发展；此外，加之市场化改革的深化，庇护性用人单位的主体逐渐多元化，其面临的市场竞争程度也逐渐加深，使他们用人标准有所提高，实际用人量低于最优雇用量，故智力残疾和精神残疾的就业率呈现出显著的变化。不同残疾类别之间的就业率变动趋势存在较大的差异，意味着在今后促进残疾人就业与发展中，应继续实施包容性的就业创业政策，既须努力帮扶更多具有劳动能力的残疾人实现就业，又应重点扶持某些类别的残疾人就业，真正做到残疾人就业促进中的效率与公平兼顾。

（二）残疾人就业结构日趋多元化

伴随科技的快速发展和市场化改革的深化，我国的经济社会结构面临着更加深刻的转型，产业结构将持续升级，城镇化将不断推进，这为就业结构的调整营造出积极的外部环境。劳动者的职业结构、行业结构、所有制结构、城乡结构等，深刻影响着劳动者自身的就业质量和体面生活。残疾人群体作为社会脆弱性群体之一，其职业结构、行业结构、所有制结构、城乡结构状况更是影响着他们平等参与社会、实现自我认同和社会认同、共享社会文明发展成果的质量。

由于全部所需数据不可获得，故本报告无法揭示出近些年来我国残疾人就业的职业结构、行业结构、所有制结构、城乡结构的全貌，进而来反映残疾人的就业结构特征，但基于现有数据①，可以选择代表性地区的残疾人就业状况变动趋势，以此来呈现 2006 年以来残疾人就业结构的新变化。

数据显示，在 2006 年全部调查样本中，残疾人就业涉及的行业共 59 个，岗位共 44 种。从就业行业看，零售业(12.27%)、通信设备、计算机及其他电子设备制造业(9.63%)、餐饮业(9.52%)所占比例最大，残疾人就业排名前十位的行业分布比例总计达到 56.99%(详见表 2-2)，而 2012 年残疾人就业比重位于前十位的就业行业比例合计达到 46.12%，较之 2006 年，该比例下降了 10.87 个百分点②。从就业岗位看，仓储人员(10.09%)、行政办公人员(9.29%)和餐饮服务人员(8.83%)占比最大，残疾人就业岗位排名前十位的岗位分布比例总计为 65.82%(详见表 2-3)，而 2012 年抽样调查显示残疾人就业岗位总计 165 种，残疾人就业比例位于前十位的就业岗位分布比例总计为 43.93%，与 2006 年相比，该比例下降了 22.88 个百分点③。

无论是从残疾人就业的行业角度还是就业的岗位分布情况看，近些年来残疾人就业结构呈现多元化趋势。就业行业和岗位的扩散效应间接证明了残疾人就业渠道正不断拓宽，就业形式向多层次、多样化迈进，在一定程度上印证了促进残疾人就业工作取得的成效。

表 2-2　残疾人就业行业前十位构成

序号	就业行业	百分比(%)
1	零售业	12.27
2	通信设备、计算机及其他电子设备制造业	9.63
3	餐饮业	9.52

---

① 全国残疾人人口基础数据库和全国残疾人状况监测数据，是自 2006 年("二抽"数据)以来反映残疾人就业与生活等方面较为权威的数据库。但这些数据缺乏专门的残疾人就业结构信息调查，如残疾人就业职业、行业、所有制等。在查找大量数据和研究成果后，发现在已有研究中，针对上海市残疾人就业状况的研究数据比较完整，先后进行过两次高质量的抽样调查，一次调查是受上海市残疾人劳动服务中心委托，由上海社会科学院信息研究所于 2006 年进行，总样本为 1 462 个，另一次调查由上海市残疾人劳动服务中心自行主持，于 2012 年 4~6 月完成，总样本数为 1 509 个。这两次不同年份的调查的问卷设计、抽样方法等较科学，因此数据质量整体较高，这为对比研究残疾人就业结构问题提供了较好的数据支撑。鉴此，报告中关于残疾人就业结构日趋多元化的描述主要基于此数据结果。这两次数据的具体统计结果请参见：上海市残疾人劳动服务中心、上海社会科学院信息研究所联合课题组：《上海市残疾人就业岗位调查报告》，载《社会观察》，2007(8)；张爽：《残疾人就业岗位特征分析及对策建议——以上海为例》，载《残疾人研究》，2013(1)。

② 张爽：《残疾人就业岗位特征分析及对策建议——以上海为例》，载《残疾人研究》，2013(1)。

③ 同上。

续表

序号	就业行业	百分比
4	有色金属冶炼及压延加工业	5.50
5	纺织服装、鞋、帽制造业	4.93
6	专门设备制造业	3.33
7	金属制品业	3.21
8	橡胶制品业	2.98
9	化学原料及化学制品制造业	2.98
10	装卸搬运和其他运输服务业	2.64

总计：56.99

表 2-3　残疾人就业岗位前十位构成

序号	就业岗位	百分比（%）
1	仓储人员	10.09
2	行政办公人员	9.29
3	餐饮服务人员	8.83
4	金属冶炼、轧制人员	8.37
5	其他生产、运输设备操作人员及有关人员	6.08
6	化工产品生产人员	5.73
7	电子元器件与设备制造、装配调试及维修人员	5.62
8	不便分类的其他从业人员	4.70
9	社会服务和居民生活服务人员	3.67
10	机电产品装配人员	3.44

总计：65.82

然而，同时也有研究发现，当前在业残疾人就业结构与非残疾人之间、不同性别残疾人之间还存在较大的差异，残疾人就业的层级相对较低。[1] 比如从残疾人职业构成状况看，当前大部分在业的残疾人集中于农、林、牧、渔、水利业，比例约为77.5%，从旁证实了我国是一个农业大国的现实，同时也说明大部分残疾人赖以维持生计的根本还是土地。生产、运输设备操作人员及有关人员的比重为9.9%，位居第二位。处于第三位的是商业、服务业人员，所占比重为8.3%。残疾人中的专业技术人员比例仅为1.8%，而非残疾人比例则高达5.6%，差距最为明显（详见表2-4）。分性别看，尽管男性、女性残疾人聚集较多的职业均为

———————

① 赖德胜、赵筱媛：《中国残疾人就业与教育现状及发展研究》，25～30页，北京，华夏出版社，2008。

农林牧渔水利生产人员、生产运输设备操作人员及有关人员、商业服务业人员，但是不同性别在对应职业中的就业比例差异较大，职业为生产、运输设备操作人员及有关人员的女性残疾人的就业比例约为男性残疾人的 46.9％，职业为商业、服务业人员的女性残疾人的就业比例约为男性残疾人的 69.9％。此外，男性残疾人职业为办事人员和有关人员的比例是对应女性残疾人的 3.5 倍，男性残疾人职业为专业技术人员的比例是对应女性残疾人的 1.6 倍（详见表 2-5）。

表 2-4 全国 15 岁及 15 岁以上在业(非)残疾人的职业构成(％)

职　业	残疾人	非残疾人
国家机关、党群组织、企业、事业单位负责人	0.5	1.6
专业技术人员	1.8	5.6
办事人员和有关人员	2.0	4.5
商业、服务业人员	8.3	12.6
农、林、牧、渔、水利生产人员	77.5①	55.6
生产、运输设备操作人员及有关人员	9.9	20.1
不便分类的其他从业人员	0.1	0.1

表 2-5 全国 15 岁及 15 岁以上在业残疾人职业构成(分性别)(％)

职　业	男	女
国家机关、党群组织、企业、事业单位负责人	0.7	0.1
专业技术人员	2.0	1.3
办事人员和有关人员	2.7	0.8
商业、服务业人员	9.3	6.5
农、林、牧、渔、水利生产人员	73.1	85.5
生产、运输设备操作人员及有关人员	12.1	5.7
不便分类的其他从业人员	0.1	0.1

通常认为，劳动者的就业结构与产业结构、进退某一职业行业的难易程度、劳动者综合素质(身体素质和知识技能水平)、雇主用人偏好、劳动力市场状况等诸因素有关，出于劳动生产率不同的原因而将不同类型的劳动者配置到不同的职业岗位，是劳动力市场中职业自然分层的过程，是一种合理就业现象；反之，则属于某种程度上的就业歧视②。因此，为提高残疾人的职业层次和收入水平，促进残疾人向白领职业工作流动，继而提升残疾人整体的就业层级，须做好以下几

---

① 非残疾人中的 55.6％ 也同样集中该行业，这是因为样本中 76.03％ 来自农村。
② ［美］加里·S·贝克尔：《人类行为的经济分析》，上海，上海三联书店，1980。

点：第一，加强产业结构升级，大力发展现代服务业，进而增加不同职业行业对残疾人的吸纳能力；第二，科学地认清当前不同性别之间残疾人的职业隔离现象；第三，提高男性、女性残疾人的人力资本水平，提高其自身可雇用性（employability）①；第四，减少劳动力市场的分割程度，建立通畅的信息传递机制，更多地发挥市场机制的作用；第五，加强宣传和教育，降低雇主统计性歧视，为形成科学的用人机制营造较好的氛围；第六，加强残疾人就业服务与创业支持，鼓励残疾人选择创业型自我雇用。

（三）残疾人就业形式日趋多样化

目前我国残疾人就业形式主要有以下八种，即集中就业、按比例就业、辅助性就业、公益性就业岗位、扶贫基地就业、个体就业创业、居家就业和网上就业。具体而言，集中就业是指政府和社会兴办福利企业，集中安置残疾人就业，主要形式有福利企业、盲人按摩机构、庇护工场、工疗站等。按比例就业是指依据《中华人民共和国残疾人保障法》的有关规定，机关、团体、企业事业组织、城乡集体经济组织，按照在职员工1.5%的比例安排残疾人就业。未安排或达不到1.5%比例的，依照财政部发布的《残疾人就业保障金管理暂行规定》征收残疾人就业保障金。辅助性就业是指针对部分智力、精神和重度残疾人因劳动能力不足，无法进入竞争性就业市场的实际状况，通过相对集中组织残疾人参加适当生产劳动，以帮助他们提高劳动技能、改善身体状况和获取报酬的就业形式，具体包括工疗机构、农疗机构、集中托养机构中的劳动车间、庇护工场等。公益性岗位是指主要由政府出资扶持或社会筹集资金开发的，符合公共利益的管理和服务类岗位，具体包括：公共设施维护、社区保安、保洁、保绿、停车看管等，各级机关事业单位的后勤服务岗位，以及适宜就业困难人员再就业的其他公益性岗位。残疾人就业扶贫基地是指在种植养殖或农副业加工等方面具有一定规模、能够安排5人以上残疾人就业或辐射（提供产、供、销服务）残疾人10户以上的经济实体。个体就业创业是指残疾人从事种植业、养殖业、家庭手工业和自主经营等灵活的就业形式。居家就业就是在家里完成工作、获得收入的一种就业形式，适合行动不便的残疾人群体。网上就业是指利用计算机、互联网、淘宝网、云客服等技术条件，通过网络在线服务，获取利润或报酬的就业形式，如网店②。

----

① 可雇用性的内涵可理解为劳动者获得最初就业、维持就业和必要时获取新的就业所需要的能力。

② 网店具有准入条件低、网络交流而非面对面沟通、工作时间和方式自由、拓展就业技能等特点，有利于残疾人就业，具体见尚珂、梁土坤：《新形势下的中国残疾人就业问题研究》，232～233页，北京，中国劳动社会保障出版社，2011。

　　2010 年之前，残疾人就业形式以集中就业、按比例就业和个体就业为主，2011 年之后，残疾人就业形式呈现多元化特点，公益性岗位就业、辅助性就业、居家就业、网上就业等形式逐渐涌现，这较大地促进了残疾人就业。为便于分析，以城镇新增就业状况为例进一步说明。2007—2012 年，城镇新安排残疾人208.1 万人，其中，集中就业残疾人 63.8 万，按比例安排残疾人 54.4 万，公益性岗位就业 3.8 万人，个体就业及其他形式灵活就业 85.5 万人，辅助性就业 0.7万人(详见图 2-7)。需要补充的是，从各年城镇新增就业情况看，个体就业及其他形式灵活就业是带动当年就业增加的主要动力，说明近些年残疾人创业、自我雇用活动相对比较活跃，意味着近年来颁布实施的各项促进残疾人的就业法律、法规和财税优惠政策的效率日渐凸显。集中就业和按比例就业作为解决残疾人就业的主要形式，近些年就业人数有所下降，暗示出在未来时期内，完善福利企业优惠政策，促进残疾人集中就业和加大奖惩力度，推进残疾人按比例就业，依旧是残疾人就业工作之重。公益性岗位就业、社区就业、居家就业[1]、辅助性就业、网络就业[2]等灵活就业形式对扩大残疾人就业规模有较大帮助，具有灵活性、公平性、智能性、自治性等特点，因此，新时期政府应大力关注与支持、进一步加强其就业效应。

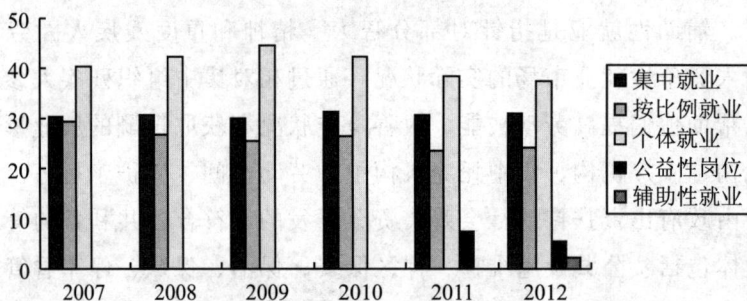

图 2-7　城镇残疾人新增就业情况：2007—2012 年　单位:%

---

　　[1]　居家就业起源于 20 世纪 50 年代的西方国家，初期主要是指借助现代的通信技术手段将就业外包给身心障碍者在办公室之外的地方完成。进入中国之后，经过本土化的过程并得益于互联网沟通方式的发展，因就业方式就近就便、就业人员无须关注其他生产环节、就业场地灵活、时间灵活、工资给付灵活，在四五十岁人员，居家妇女等困难群体的就业工作中被引进试点，行业也不再仅限于办公，扩展到信息、电商、家庭服务业、种养殖业、电话客服、手工制作、维修等多个行业。
　　[2]　张小建、马永堂：《推进我国网络创业促进就业研究》，载《中国劳动》，2013(6)。

（四）残疾人就业能力大幅度提高

提升劳动者的就业能力是改善劳动者就业境遇的关键（特别是针对弱势群体）。[1] 就业能力是一个综合性、动态性概念，包括个体因素（就业能力技能和特征、人口统计学、健康、工作搜寻、适应性和移动性）、个人环境（家庭环境、工作文化、资源的获取）和外部因素（需求因素、提供支持的因素）三个层面的内容，[2] 其中，个体因素是就业能力的核心。

对于残疾人而言，可以预见，残疾人受教育程度越高、获得的职业技能培训越多、康复状况越好、接受社区服务越多，意味着其就业能力越强，就业境遇自然也会相对越理想；反正，则就业状况越不理想。已有研究从理论层面证实，残疾人受教育机会的缺乏和运用自身能力的机会不足，是残疾人就业能力不足的主要原因，恶性循环，叠加效应的结果是残疾人成为就业大军中的特殊困难群体。[3] 然而，在现实中，我国残疾人的就业能力究竟怎样？在时序上呈现出如何的变动趋势？近些年来是否出现了新变化？残疾人就业能力是否有明显的提高？回应以上诸问题，对推动残疾人实现更高质量的就业，具有政策性启示。鉴于此，结合数据可得性原则，本报告具体使用残疾人受教育程度、残疾人职业技能培训状况、残疾人电脑操作能力、残疾人康复状况、残疾人接受社区服务等指标来进一步反映近些年来残疾人就业能力的变动状况。

1. 残疾人受教育程度

监测数据显示，2007—2012 年，残疾人"从未上过学"的比例呈明显下降趋势，由 2007 年的 28.9% 降至 2012 年的 22.6%，受教育程度为"小学"、"初中"、"高中"的比例有一定幅度的上升，依次由 2007 年的 37.0%、23.8% 和 6.0% 增至 39.0%、27.7% 和 8.4%。拥有大专及以上学历的残疾人增幅较大，但所占比例很小，由 2007 年的 0.9% 增至 2012 年的 1.5%。残疾人各受教育程度构成的变动情况详见图 2-8。具体而言，6 年间，从未上过学的残疾人占比分别为 28.9%、30.6%、28.2%、26.2%、23.7% 和 22.6%；拥有小学文化程度的残疾人比例依次为 37.0%、34.7%、38.2%、40.2%、36.8% 和 39.0%；具有初中学历的残疾人比例对应为 23.8%、24.2%、25.2%、25.2%、28.8% 和 27.7%；

---

① McQuaid, R. W., Lindsay, C. The Concept of Employment. *Urban Studies*, 2005, 42 (2), pp. 197-219.

② 曾湘泉：《中国就业战略报告 2008—2010：双转型背景下的就业能力提升战略研究》，49～50 页，北京，中国人民大学出版社，2010.

③ 唐镳：《从就业能力角度探讨政府、企业和个人在残疾人就业中的作用》，载《教学与研究》，2008(3)。

拥有高中文化程度的残疾人占比分别为 6.0％、6.5％、5.5％、5.5％、7.5％和 8.4％；中专学历的残疾人占比依次为 1.6％，1.5％，1.5％，1.4％，1.6％和 1.0％，基本维持稳定，但比例很低，受教育程度为大专及以上的残疾人比例对应为 0.9％、1.0％、1.4％、1.4％、1.6％和 1.5％。

近些年残疾人文盲率持续下降，六成以上的残疾人具有小学和初中学历，拥有高中文化程度的残疾人比例不断增加，这与国家这些年对残疾人受教育权的大力改善紧密相关，比如开展的残疾人事业专项彩票公益金助学项目，2012 年为全国家庭经济困难的残疾人儿童享受普惠性学前教育提供资助 1.0 万人次，对 4 429 名残疾人儿童给予学前教育资助；截至 2012 年年底，已开办特殊教育普通高中班（部）186 个，在校生 7 043 人，其中聋高中 121 个，在校生 5 555 人，盲高中 22 个，在校生 1 488 人。残疾人中等职业学校（班）152 个，在校生 10 442 人，毕业生 7 354 人，其中 5 816 人获得职业资格证书。全国未入学适龄儿童少年由 2007 年的 22.7 万降至 2012 年的 9.1 万。[①] 2008—2012 年以来，全国有 3.5 万名残疾人被普通高等院校录取，5 296 名残疾人进入特殊教育学院学习。[②] 但需要指出的是，仍有 1/4 左右的残疾人处于从未上过学的状况，拥有中专、大专及以上学历的残疾人比例均不到 2.0％，意味着实施更加积极的教育政策，促进更多的残疾人接受教育，依然是新时期残疾人教育公平与发展工作的主要内容。何况，教育程度是就业能力的重要构成，对改善残疾人整体就业境况具有显著作用。

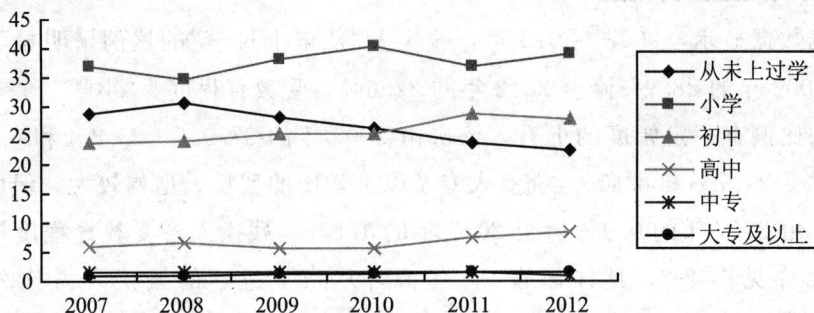

图 2-8　残疾人各受教育程度的变动趋势：2007—2012 年　单位：％

为更好地理解残疾人的教育发展状况，下文将进一步分性别、地区（东、中、西部）、城乡等描绘近些年残疾人受教育程度的变化趋势。

分性别看，测算数据表明，2007—2012 年间，"未上过学"的男性和女性残

---

① 数据来源于《2012 年中国残疾人事业发展统计公报》，http://www.cdpf.org.cn/sytj/content/2013-03/26/content_30440284.htm。

② 中国残疾人联合会：《2008—2012 中国残疾人事业发展统计资料》，17 页，2013。

疾人占比呈现出明显下降趋势，且男性降幅更显著，女性由 2007 年的 36.5％降至 2012 年的 31.8％，男性则由 2007 年的 23.3％降至 16.2％；文化程度为"小学"的男性和女性残疾人对应比例整体上均处于上升趋势，但女性增幅明显，女性由 2007 年的 37.0％增至 39.3％，男性则维持在 37％左右；拥有初中文化程度的男性和女性残疾人对应比例也处于不断增加的趋势中，但男性增幅显著，由 2007 年的 27.8％升至 33.6％，女性则由 2007 年的 18.2％增至 2012 年的 21.1％；在高中学历段，女性残疾人占比基本稳定，维持在 5.1％左右，男性残疾人对应比例则由 2007 年的 7.4％提高到 2012 年的 10.3％；拥有中专、大专及以上学历的男性和女性残疾人也呈现出类似的变化趋势，但男性和女性残疾人拥有中专、大专及以上的比例均较小。男性、女性残疾人各受教育程度变化趋势见图 2-9 和图 2-10：

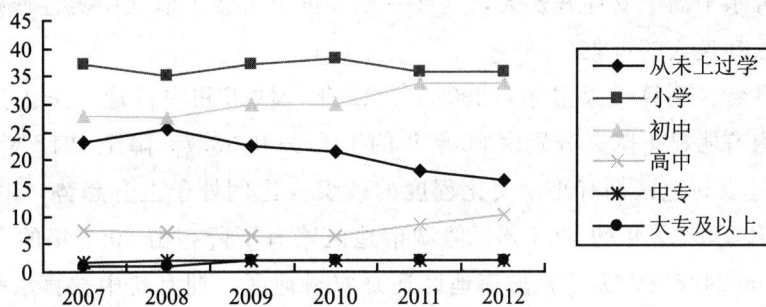

图 2-9　男性残疾人各受教育程度的变动趋势：2007—2012 年　单位：％

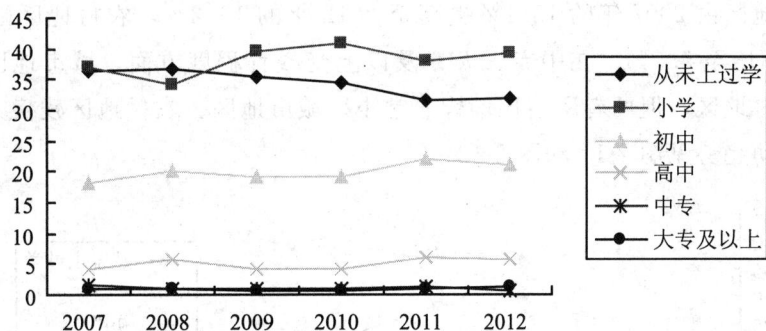

图 2-10　女性残疾人各受教育程度的变动趋势：2007—2012 年　单位：％

具体而言，6 年间，从未上过学的男性残疾人占比分别为 23.3％、25.6％、22.5％、21.5％、17.9％和 16.2％，女性残疾人对应比例为 36.5％、36.8％、35.5％、34.5％、31.5％和 31.8％；拥有小学文化程度的男性残疾人比例依次为 37.2％、35.1％、37.1％、38.1％、35.8％和 35.9％，女性残疾人对应占比为 37.0％、34.1％、39.5％、40.9％、38.1％和 39.3％；具有初中学历的男性残疾人比例依次为 27.8%、27.5%、29.9%、29.9%、33.9%和 33.6%，女性残疾人对应比例为 18.2%、20%、19.2%、19.2%、22.0%和 21.1%。具有高中文化程度的男性残疾人占比分别为 7.4%、7.1%、6.6%、6.6%、8.5%和 10.3%，女性残疾人对应占比为 4.2%、5.6%、4.2%、4.2%、6.2%和 5.9%。具有中专学历的男性残疾人占比依次为 1.6%、2.1%、1.9%、1.9%、1.9%和 2.0%，女性残疾人为 1.6%、0.8%、1.0%、1.0%、1.2%和 0.7%；受教育程度为大专及以上的男性残疾人比例分别为 1.0%、1.1%、2.0%、2.0%、2.1%和 2.2%，女性残疾人占比依次为 0.8%、1.1%、0.6%、0.6%、0.9%和 1.2%。总体而言，近些年来男性和女性从未上过学的比例在显著降低，男性和女性残疾人的教育水平在不断增加，但在较低教育层次中，男性残疾人占比明显低于女性残疾人，在较高教育层次中，男性残疾人占比高于女性，说明男性残疾人整体教育水平高于女性残疾人，这在一定程度上解释了前文中男性残疾人就业率高于女性残疾人的现象。

分城乡看，测算结果显示，2007—2012 年，城市和农村地区未上过学的残疾人比例均有明显下降，分别由 2007 年的 14.7%和 33.7%降至 2012 年的 9.6%和 26.8%；农村地区拥有小学文化程度的残疾人比例处于上升趋势，由 2007 年的 40.6%升至 2012 年的 42.6%，但城市地区略有下降，由 2007 年的 26.1%降至 2012 年的 24.6%；无论是城市地区还是农村地区，拥有初中教育水平的残疾人比例均呈明显趋势，城市地区由 2007 年的 35.8%增至 2012 年的 40.0%，农村地区则由 2007 年的 19.9%升至 2012 年的 24.3%。高中学历段也呈现出类似特点，城市地区由 2007 年的 13.1%提高至 2012 年的 19.2%，农村地区则由 2007 年的 3.4%增至 5.0%。在中专、大专及以上受教育程度方面，城市地区增幅显著高于农村地区，但两者所占比例皆非常小。城市地区、农村地区残疾人各受教育程度变动趋势见图 2-11 和图 2-12：

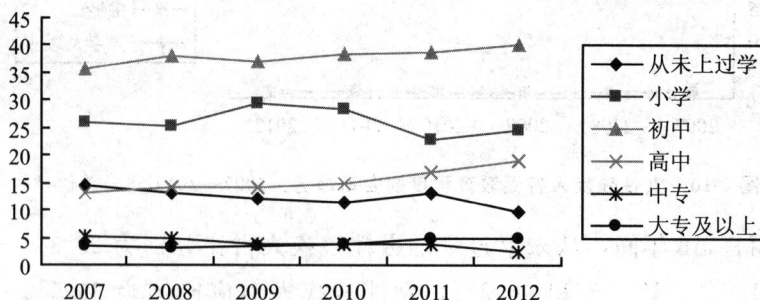

图 2-11 城市地区残疾人各受教育程度的变动趋势：2007—2012 年 单位：%

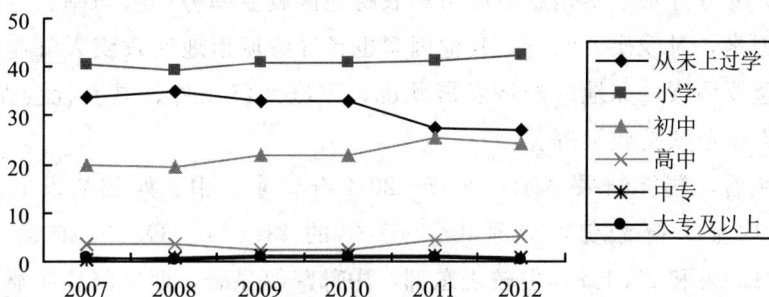

图 2-12　农村地区残疾人各受教育程度的变动趋势：2007—2012 年　单位：%

具体来看，6 年间，城市从未上过学的残疾人比例分别为 14.7%、13.0%、12.1%、11.5%、13.0% 和 9.6%，农村地区对应为 33.7%、34.8%、33.1%、32.9%、27.4% 和 26.8%；城市地区拥有小学文化程度的残疾人比例依次为 26.1%、25.2%、29.3%、28.3%、22.8% 和 24.6%，农村地区对应为 40.6%、39.2%、40.9%、40.8%、41.4% 和 42.6%；城市地区具有初中学历的残疾人比例依次为 35.8%、38.1%、37.0%、38.5%、38.6% 和 40.0%，农村地区对应比例为 19.9%、19.6%、21.7%、21.7%、25.4% 和 24.3%；城市地区拥有高中文化程度的残疾人占比分别为 13.1%、14.3%、14.3%、14.8%、16.8% 和 19.2%，农村地区对应占比为 3.4%、3.7%、2.5%、2.5%、1.0% 和 5.0%。城市地区中专学历的残疾人占比依次为 5.1%、4.8%、3.7%、3.8%、3.9% 和 2.4%，农村地区对应为 0.3%、0.8%、1.0%、1.1%、1.0% 和 0.7%；城市地区受教育程度为大专及以上的残疾人比例分别为 3.4%、3.0%、3.6%、3.7%、4.9% 和 5.0%，农村地区依次为 0.9%、0.3%、0.7%、0.8%、0.7% 和 0.5%。

综合来看，城乡之间残疾人受教育程度变化具有以下特点：第一，近些年来残疾人受教育程度在城市和农村地区均有较大幅度的提高。第二，城市与农村之间残疾人受教育程度存在较大差异，城市地区残疾人受教育状况要明显好于农村地区。譬如，城市地区残疾人未上过学占比（平均值为 12.3%）远低于农村地区（31.5%），城市地区文化程度为小学的残疾人比例低于农村地区，城市拥有初中学历的残疾人比例则远高于农村地区，在城市地区，受教育程度为高中、中专、大专及以上的残疾人比例显著高于农村地区。这意味着在今后的残疾人教育促进中，一方面，需要继续维护好残疾人的受教育权，提升残疾人群体整体人力资本水平，进而提高他们的就业能力和社会参与能力；另一方面，需要加大对农村地区残疾人教育的财政支持，使更多农村地区残疾人摆脱文盲，以更好就业，跨越"教育致贫"陷阱。此外，还需要大力宣传教育，使残疾人意识到接受教育的颇多好处。需要进一步补充的是，前文研究发现，城市地区残疾人就业率要低于农村地区，而此部分研究表明城市地区的残疾人受教育水平整体上要优于农村地区，不难看出，受教育水平不是影响城市和农村地区就业率劳动参与率、劳动者就业率的唯一因素，对残疾人而言，其他因素也是导致城市地区残疾人就业率低于农村地区的重要因素，如地区经济发展状况、家庭经济条件、城乡社会保障系统、城乡残疾人就业扶持政策等。

　　分区域看，测算结果显示，2007—2012 年，东、中、西部从未上过学的残疾人比例均呈下降趋势，分别由 2007 年的 21.6%、30.9% 和 34.4% 降至17.9%、21.8% 和 28.1%，但较之东部，中部降幅显著，西部降幅明显。东部地区，受教育程度为小学的残疾人比例处于下降趋势，由 2007 年的 39.4% 降至2012 年的 33.7%，中部和西部地区则整体上呈现出上升趋势，分别由 2007 年的35.9% 和 35.8% 增至 40.5% 和 40.3%。文化程度为初中和高中的残疾人比例，东中西部地区均呈上升趋势，但较之中西部地区，东部地区增幅更加明显，如受教育水平为高中的残疾人比例，东部地区由 2007 年的 7.9% 升至 2012 年的11.1%，中部和西部地区则分别由 2007 年的 6.9% 和 3.2% 增至 8.9% 和 5.5%。在中专和大专及以上学历变化状况方面，东部地区中专残疾人比例和大专及以上残疾人比例处于稳步上升趋势，而中部和西部则呈现不稳定状态，但总体而言，东、中、西部的中专和大专及以上残疾人比例都相对很低。东、中、西部残疾人各受教育程度变动状况详见图 2-13、图 2-14 和图 2-15：

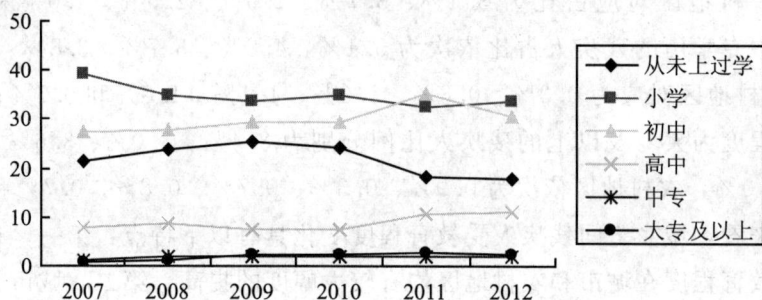

图 2-13　东部地区残疾人各受教育程度的变动趋势：2007—2012 年　单位：%

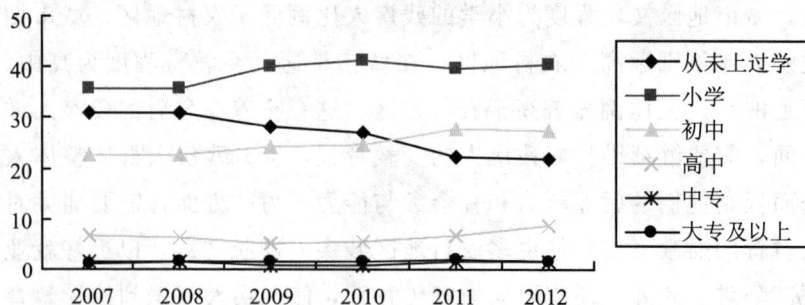

图 2-14　中部地区残疾人各受教育程度的变动趋势：2007—2012 年　单位：%

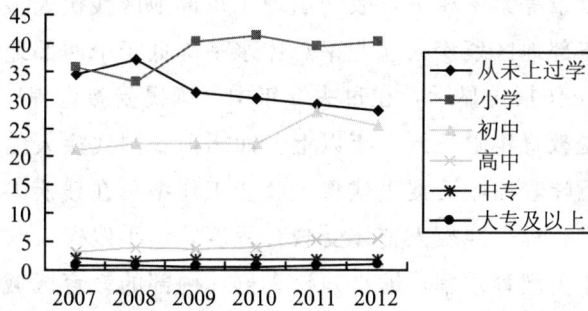

图 2-15 西部地区残疾人各受教育程度的变动趋势：2007—2012 年 单位：%

具体而言，2007—2012 年，东部地区，从未上过学的残疾人占比分别为
21.6%、23.8%、25.3%、24.3%、18.3% 和 17.9%；中部地区依次为 30.9%、
31.0%、28.0%、27.0%、22.3% 和 21.8%；西部地区对应为 34.4%、37.1%、
31.3%、30.3%、29.2% 和 28.1%。东部地区拥有小学文化程度的残疾人比例分
别为 39.4%、35.1%、33.8%、34.8%、32.6% 和 33.7%；中部地区依次为
35.9%、35.7%、40.1%、41.2%、39.5% 和 40.5%；西部地区对应为 35.8%、
33.1%、40.3%、41.4%、39.4% 和 40.3%。东部地区具有初中学历的残疾人比
例分别为 27.4%、27.7%、29.2%、29.3%、35.3% 和 30.7%；中部地区依次
为 22.8%、22.8%、24.3%、24.5%、27.9%、27.3%；西部地区对应为
21.1%、22.2%、22.3%、22.3%、23.3% 和 25.3%。东部地区拥有高中文化程
度的残疾人占比分别为 7.9%、8.9%、7.5%、7.4%、10.6% 和 11.1%；中部
地区依次为 6.9%、6.5%、5.3%、5.4%、6.7% 和 8.9%；西部地区对应为
3.2%、4%、3.8%、3.9%、5.3% 和 5.5%。东部地区中专学历的残疾人占比分
别为 1.0%、1.8%、1.8%、1.9%、1.9% 和 1.7%；中部地区依次为 1.6%、
1.4%、0.8%、0.9%、1.6% 和 1.7%；西部地区对应为 2.1%、1.5%、1.8%、
1.9%、2.0% 和 1.9%。东部地区受教育程度为大专及以上的残疾人比例分别为
0.7%、1.1%、2.4%、2.5%、2.6% 和 2.5%；中部地区依次为 1.3%、1.4%、
1.4%、1.5%、1.9% 和 1.6%；西部地区对应为 0.7%、0.7%、0.4%、0.5%、
0.9% 和 1.0%。

综合起来看，东、中、西部残疾人受教育程度变化具有以下两个特点：第
一，近些年来，东、中、西部地区残疾人的整体教育水平有较大幅度提高。第
二，残疾人受教育程度区域间存在较大差距，东部地区残疾人文盲率明显低于
中、西部地区，高中、中专、大专及以上残疾人所占比例明显高于中、西部地
区，且近些年东部地区拥有高中及以上文化程度的残疾人比例增速较快。需要补
充说明的是，受教育水平只是影响残疾人劳动参与率及就业率的因素之一，其状
况高低还与区域产业结构、经济发展水平、家庭社会经济状况、社会保障系统、

区域残疾人就业政策等紧密相关，故而出现了东部地区残疾人整体受教育状况优于中西部地区但东部地区残疾人就业率总体水平却低于中西部地区的现象。

2013 年政府工作报告显示，在过去 5 年中，国民受教育程度大幅度提升，15 岁以上人口平均受教育年限达到 9 年以上。而当前我国残疾人的主要受教育程度为小学和初中，意味着在今后促进残疾人就业工作中，在残疾人教育方面，一方面应重视教育公平，提高残疾人整体受教育程度，缩小残疾人与非残疾人间的差距；另一方面需注重教育效率，缩小残疾人群体内部的教育区域差距，真正做到"保障好残疾人受教育权，进一步提高残疾人素质和平等参与社会的能力"。

2. 残疾人职业技能培训状况

培训是提升劳动者人力资本水平的主要途径之一，职业技能培训利于提高劳动者的通用性人力资本和专用性人力资本，并最终促进劳动者就业与发展。随着国家积极的就业政策的实施和全面推进，劳动者的职业技能培训水平已有了较大幅度的提高，这无疑提升了劳动者的创业就业能力，扩大了就业规模。对于残疾人而言，职业技能培训具有"增能"作用，无论是接受初次就业前的相关培训，还是就业过程中的职业技能培训或是再就业培训，对促进其就业与发展均有重大意义。那么，近些年来，残疾人的职业技能培训的变动趋势如何？有怎样的特点？新时期如何更好地通过职业技能培训推动残疾人实现体面就业、满意的生活呢？基于历年中国残疾人事业发展统计公报和 2007—2012 年残疾人状况监测数据，本报告分性别、城乡和区域分别对残疾人职业技能培训状况进行考察。

2007—2012 年残疾人事业发展统计公报显示，2010 年之后，残疾人职业培训事业得到快速发展，全国残疾人职业培训基地由 2010 年的 2 505 个增至 2012 年的 5 271 个，2011 年和 2012 年先后有 29.9 万人次和 29.9 万人次城镇残疾人参加了职业培训。盲人保健按摩机构已由 2007 年的 10 188 个增至 2012 年的 12 887 个，盲人保健按摩人员则由 2007 年的 10 052 名增至 2012 年的 16 514 名。残疾人职业培训基地、盲人保健按摩机构、盲人保健按摩人员、盲人医疗按摩机构、盲人医疗按摩人员、医疗保健人员中职称构成等情况，详见表 2-6：

表 2-6　全国残疾人职业培训、保健按摩、医疗按摩发展状况：2007—2012 年

	2007 年	2008 年	2009 年	2010 年	2011 年	2012 年
残疾人职业培训状况						
职业培训基地	—	—	—	2 505 个	5 254 个	5 271 个
城镇接受职业培训人次	—	—	—		29.9 万	29.9 万
盲人保健按摩状况						
盲人保健按摩机构	10 188 个	10 517 个	10 405 个	11 616 个	12 170 个	12 887 个
盲人保健按摩人员	10 052 名	—	—		14 067 名	16 514 名

续表

	2007 年	2008 年	2009 年	2010 年	2011 年	2012 年
盲人医疗按摩状况						
盲人医疗按摩机构	1 500 个	1 306 个	1 259 个	1 152 个	1 031 个	848 个
盲人医疗按摩人员	7 143 名	5 743 名	4 686 名	5 271 名	3 736 名	4 925 名
医疗按摩人员职称						
初级	5 383 名	2 920 名	1 992 名	1 680 名	2 376 名	1 655 名
中级	3 257 名	1 325 名	606 名	421 名	965 名	551 名
高级	42 名	45 名	60 名	—	—	—

　　分性别看，2007—2012 年全国残疾人监测数据显示，男性残疾人接受职业技能培训的比例呈现明显上升趋势，由 2007 年的 10.7% 增至 17.1%。女性残疾人接受职业技能培训的比例也表现出相似的趋势，但增幅不明显，由 2007 年的 8.6% 升至 2012 年的 11.9%。男性残疾人接受职业技能培训的平均比例（13.8%）高于女性残疾人对应水平（11%）。6 年间不同性别残疾人接受职业培训的变化趋势见图 2-16。具体而言，2007—2012 年，男性残疾人接受职业技能培训的比例分别为 10.7%、12.7%、13.7%、14.5%、13.8% 和 17.1%，女性残疾人对应为 8.6%、8.4%、12.6%、13.6%、10.8% 和 11.9%。这些数据结果暗示，在新时期残疾人职业技能培训工作中，一方面需要加大残疾人职业技能培训经费投入力度，做到职业技能培训经费适当向残疾人群体倾斜，继而帮助提高残疾人整体就业能力和就业水平，同时，可考虑从残疾人就业保障金中抽样合理固定比例支持残疾人职业技能培训，进一步保障残疾人职业培训经费的充足性；另一方面则需要注重残疾人职业技能培训的公平性，在残疾人职业技能培训制度设计时，适当向女性残疾人倾斜。

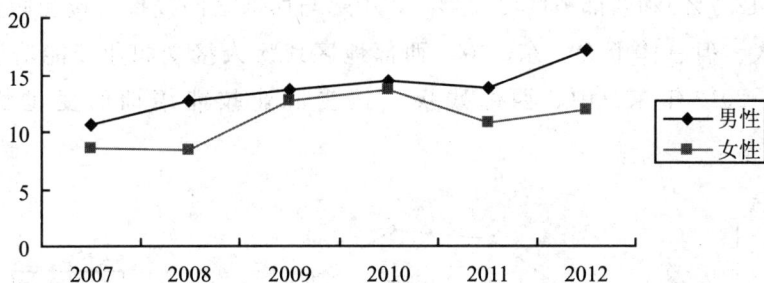

图 2-16　不同性别残疾人接受职业技能培训状况的变动趋势：2007—2012 年　单位：%

　　分城乡看，历年监测数据表明，第一，城市地区和农村地区残疾人接受职业培训技能的比例呈现先上升后下降的变动趋势，但较之 2007 年水平，城市和农村地区残疾人接受职业技能培训的绝对量方面依旧呈上升趋势，分别由 2007 年的 11.2％和 9.3％上升至 2012 年的 12.9％和 11.5％。第二，居住于城市地区残疾人的职业技能培训状况（平均比例为 11.1％）总体上要优于农村地区（9.4％），但城乡之间残疾人接受职业技能培训比例的差距在不断缩小。第三，城市和农村地区残疾人接受职业技能培训的水平整体上都很低。6 年间城乡残疾人接受职业培训的变化趋势见图 2-17。具体而言，2007—2012 年，城市地区残疾人接受职业技能培训的比例依次为 11.2％、11.4％、15％、16％、15％和 12.9％，农村地区对应为 9.3％、10.8％、12％、13％、11.9％和 11.5％。

城乡较低水平的职业技能培训比例，不仅较好地回答了城乡之间残疾人就业率较低（或者说较之农村地区相比，城市地区残疾人就业率更低）问题，更在一定程度解释了当前残疾人多聚集于农、林、牧、渔、水利业，就业层次较低的现象。加快产业结构升级，稳步推进农业现代化，提高城乡间残疾人职业技能培训水平，有助于残疾人早日走出低就业率、低质量就业的窘境。

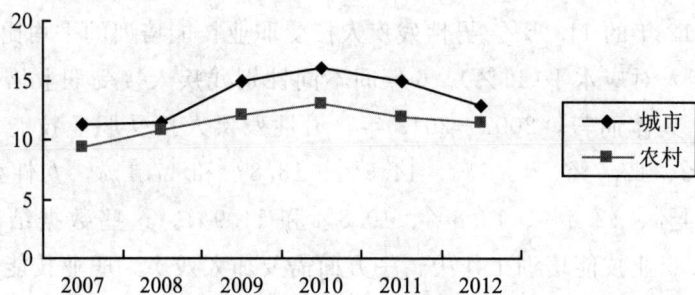

图 2-17　城乡间残疾人接受职业技能培训状况的变动趋势：2007—2012 年　单位：％

分区域看，监测数据显示，2007—2012 年，东、中、西部地区残疾人接受职业技能培训比例均呈上升趋势，其中 2008 年、2009 年和 2010 年残疾人接受职业培训的增幅显著。历年数据表明，东部地区残疾人接受职业培训比例（17.7％）高于中部（12.7％）和西部地区（11.4％），中部与西部之间残疾人接受职业培训占比差异不大。但总体上看，东、中、西部地区残疾人接受职业技能培训水平不高。2007—2012 年东、中、西部残疾人接受职业技能培训的变化状况具体见图 2-18：

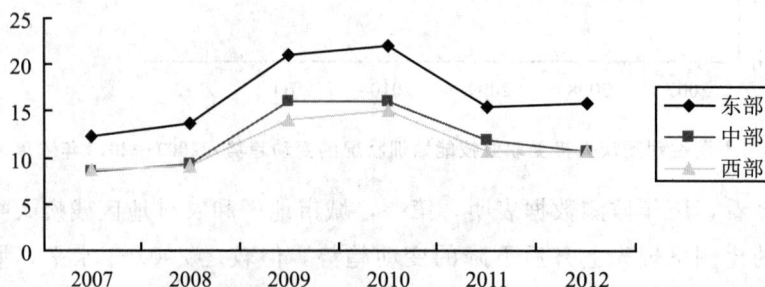

图 2-18　东、中、西部残疾人接受职业技能培训状况的变动趋势：2007—2012 年　单位：％

具体来看，6 年间，东部地区残疾人接受职业培训比例分别为 12.3％、13.7％、21％、22％、15.4％和 15.8％，中部地区依次为 8.5％、9.4％、16％、16％、12％和 10.7％，西部地区对应比例为 8.7％、9.1％、14％、15％、10.8％和 10.7％。全球金融危机期间，残疾人接受职业技能培训比例保持相对较高水平的增长，进一步体现了残疾人就业具有庇护性特点，折射出党和政府对残疾人群体就业与发展问题格外重视，后金融危机时代，虽然残疾人接受职业培训的增幅有所缓降，但整体上依旧处于上升趋势，体现出包容性增长、以人为本等治国理念。但区域间整体接受职业技能培训比例较低，意味着在未来时期的残疾人职业技能培训工作方面，应做好以下几点：首先，强化制度顶层，鼓励制度创新，建立残疾人职业技能培训的长效机制，从制度层面保障残疾人区域性职业技能培训的有序进行；其次，在政策实施上，需要遵循普惠性和差别化对待原则，竭力缩小不同区域间残疾人职业技能培训的差距。最后，还需要加强宣传与教育，鼓励除政府、企业之外的其他社会组织积极组织残疾人职业技能培训，鼓励达到法定劳动年龄、具有劳动能力的残疾人积极参与职业技能培训。

此外，分残疾类别考察发现，近些年来视力残疾、言语残疾人接受职业技能培训比例靠前，肢体残疾、听力残疾人居中，精神残疾、智力残疾人最低，这在一定程度上回答了为何近些年来言语残疾、肢体残疾、听力残疾、视力残疾人的总体就业水平优于精神残疾和智力残疾人对应水平。

3. 残疾人电脑操作能力

随着互联网普及和信息化深化，现代通信技术对人类各方面的影响变得更加深刻，如科技进步加速、文化交流便捷、财富增长显著、生活质量稳步提升等。在就业方面，则显著地影响着劳动者的就业渠道、就业形式、就业规模、工作内容、劳动收入及就业结果（就业质量）。对残疾人就业而言，现代科技的介入，则将会拓展残疾人就业途径、丰富残疾人就业形式、扩大残疾人就业规模、提高残疾人劳动收入，因此，加强信息化建设、加深现代科技对残疾人就业与生活的辐射，势必会更好地促进残疾人发展。

然而，需要指出的是，现代科技对残疾人就业与发展的诸多好处的充分发挥，一方面需要物理环境的支持，如中国残疾人服务网建设与推广；另一方面则需要残疾人自身具备获得与处理现代科技的能力，如电脑操作能力。历年中国残疾人事业发展统计公报表明，这些年，残疾人信息化建设工作已取得了较大突破，譬如，2012 年，中国残联网站加大对残疾人各项政策、地方残疾人工作的宣传，年度访问量达到 3 450 万次，完成 1.5 万条信息更新。全国 33 个省级残联、272 个地市级残联和 1 235 个县级残联开通网站，为广大残疾人和社会公众提供信息服务，其中 7 个省级残联及 2 个计划单列市残联网站开展了无障碍建设。中国残疾人服务网开展面向听力残障人士的央视蛇年春晚（文字＋视频）网上直播服务，独立用户访问量 14 万；发布了近 2 000 个残疾人高端就业岗位。截至 2012 年年底，全国残疾人人口基础信息数据库累计采集、收录持证残疾人实名信息近 2 600 万条。结合全国农村贫困残疾人扶贫调查，采集农村贫困残疾人扶贫需求信息 1 350.6 万条。作为国家权威的残疾人基础信息资源，残疾人人口基础数据库为残疾人社会保障体系和服务体系建设提供进一步支持和保障。

那么，近些年来残疾人自身获得与处理现代科技的能力呈现出怎样的变动趋势呢？又有哪些可能的因素影响到这些能力的发挥呢？如何在新型工业化、农业现代化、新型城镇化、信息化的发展战略中提高残疾人的这些能力？回答以上诸问题，对新时期新背景下做好残疾人就业促进与发展工作，无疑具有较大现实价值。报告中以残疾人的电脑操作能力为问题切入点，具体使用 2007—2012 年残疾人状况监测问卷中"您（残疾人）是否会使用电脑上网"的问项数据，尝试反映出当前残疾人获得与处理现代科技的能力状况，并给予相应的分析。

监测数据显示，2010—2012 年[①]，残疾人中会使用电脑上网的比例分别占 11.5％、12.8％和 14.1％，表明近年来会使用电脑上网的残疾人群体正不断增加。分性别看，男性残疾人会使用电脑上网的比例依次为 12.3％、13.9％和 15.1％，女性残疾人对应比例为 10.7％、11.6％、13.0％，男性高于女性，近些年不同性别残疾人会使用电脑上网的比例处于上升趋势，但总体占比水平不高（见图 2-19）。

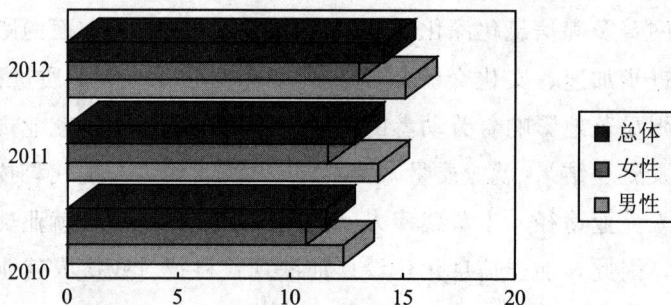

图 2-19　不同性别残疾人会使用电脑上网状况的变动趋势：2010—2012 年　单位：％

男性、女性残疾人会使用电脑上网的比例偏低，这可能与男性、女性残疾人受教育水平有关。究其原因，一方面，相对于受教育水平低的残疾人而言，受过

---

① 2007—2009 年残疾人状况监测问卷中（18 岁以上），在了解残疾人家里电话和家用电器情况时，只有"您家里是否有能够使用的电脑？"的问项，2010 年以后的问卷中，不仅设有该问项，还进一步设计了"那您家电脑是否能够上网？"和"您（残疾人）是否会使用电脑上网"的问项。

较多教育的残疾人具有更高的消费性收益①，能够较快地读懂电脑使用说明和操作手册；另一方面，接受过较多教育，意味着也有更多的机会接触正规的电脑课程，这都有利于提高其电脑操作能力。前文发现，男性残疾人受教育水平普遍高于女性残疾人，故而男性残疾人会使用电脑的比例整体高于女性残疾人。此外，家庭经济状况、残疾类别等因素也在较大程度上解释了残疾人会操作电脑的水平总体不高的现象。因为毕竟电脑属于耐消费品，能够购买和学会使用都须支付一定的成本，对残疾（人）家庭而言，它是一种不小的支出。而较之肢体残疾、言语残疾人，精神残疾、智力残疾、盲人残疾人更不便操作电脑。提高残疾人教育水平、为残疾人提供更多的电脑操作方面的职业培训等则有助于提升残疾人运用电脑的能力，继而会拓展残疾人的就业渠道，丰富残疾人就业形式，最终会促进残疾人就业和改善残疾（人）家庭经济状况和生活质量。

4. 残疾人康复状况

残疾人康复工作具有"复能"效应。康复工作在提升残疾人就业能力、促进残疾人就业方面发挥的重要作用在于，健康保健投资也是人力资本投资的主要形式之一，增进体质能够提高残疾人的预期寿命，有效降低死亡率，从而更长久地获得人力资本投资回报。一般而言，康复细分为医疗康复和职业康复两大类。残疾人的障碍是个人疾病或损伤所造成的，疾病或损伤给个人带来的限制，或多或少可以通过医学治疗、辅助技术而减少，这正是医疗康复产生与发展的诱因。然而，残疾人参与社会的障碍并非仅来自其残疾本身，更多的是来自社会中所存在的物理性障碍和社会的歧视与不公平，在这些理念的影响下，残疾人政策开始从过去消极地"照顾和救助"，逐步转变为积极地保障残疾人在就业、教育、公共服务等方面的平等机会与权利，这催生了残疾人职业康复。国际劳工组织（ILO）将职业康复定义为，"康复是一个持续的、协调的过程，包括提供职业服务，如职业指导、职业训练、展能就业（selective placement），使残疾人能够获得并保持适合自己的职业。"

我国政府历来重视残疾人生存与发展问题，较早地加入一些国际公约，积极地推进残疾人法治建设，形成了以《宪法》为核心，《劳动法》和《就业促进法》为基础，《残疾人就业保障法》、《残疾人教育条例》、《残疾人就业条例》、《无障碍环境建设条例》为主体的法律体系，使视力残疾康复、听力语言残疾康复、肢体残疾康复、智力残疾康复、精神病防治康复等得到了长足发展。譬如，《2012年中国残疾人事业发展统计公报》显示，在889个市辖区和1 905个县（市）开展了社区康复工作，累计已建社区康复站的社区总数20.5万个，配备35.3万名社区康复

---

① 刘泽云：《教育经济学》，32页，上海，华东师范大学出版社，2008。

协调员。开展视力残疾康复机构总数达到 724 个，完成白内障复明手术 79.6 万例；为 33.4 万名贫困白内障患者免费施行复明手术；为 11.7 万名低视力患者配用助视器，培训低视力儿童家长 3.7 万名，有效开展家庭康复训练。对 12.0 万名盲人进行定向行走训练。推进听力语言康复机构规范化管理，完善基层服务网络。已建设省级听力语言康复机构 32 个，基层听力语言康复机构 1 011 个。年度新收训聋儿 2.0 万名，在训聋儿 3.2 万名；规范聋儿家长学校，开展家庭训练，共培训聋儿家长 3.9 万名；开展各级各类听力语言康复专业技术人员培训，共培训专业人员 7 731 人；实施贫困聋儿人工耳蜗、助听器抢救性康复项目，资助 4 000 名聋儿免费植入人工耳蜗，资助 4 500 名聋儿免费佩戴助听器；开展彩票公益金成年听力残疾人（助听器）康复项目，为 2 万名（含 2011 年度）贫困成年听力残疾人免费验配助听器，各级康复机构共为 3.5 万名成年听力残疾人提供技术服务。大力推广"社会化、综合性、开放式"精神病防治康复工作。在 2 586 个市县开展精神病防治康复工作，对 593.6 万重性精神病患者进行综合防治康复，监护率达到 75.6%，显好率达到 67.2%，社会参与率达到 52.6%，肇事率 0.19%；解除关锁 5 056 人；对 44.4 万贫困精神病患者进行医疗救助。建立了 30 个省级孤独症儿童康复训练机构；1.1 万名孤独症儿童在各级机构进行了康复训练。开展肢体残疾康复训练服务机构达 1 592 个，其中，省级康复机构 31 个，地市级、县级康复机构 1 561 个；培训各级各类肢体残疾康复人员 3.9 万人次；全国共对 35.7 万肢体残疾者实施康复训练；实施救助项目资助 3.0 万名脑瘫儿童进行机构康复训练，资助 6 221 名贫困肢体残疾儿童实施矫治手术。为麻风畸残者实施矫治手术 458 例，开展宣传普及教育，为麻风患者回归社会营造良好社会氛围。开展智力残疾康复训练服务的机构 1 206 个，其中，省级康复机构 29 个，地市级、县级康复机构 1 177 个；培训各级各类智力残疾康复人员 1.7 万人次；全国共对 14.0 万名智力残疾人进行康复训练；实施救助项目资助 2.0 万名智力残疾儿童进行机构康复训练，同时培训儿童家长。加强残疾人辅助器具服务体系建设，深入开展辅助器具供应服务，为残疾人减免费用供应辅助器具 114.5 万件，其中装配假肢 3.9 万例、矫形器 4.0 万例、验配助视器 10.5 万件。

医疗康复和职业康复是残疾人整个康复工作中的两个不同阶段，医疗康复重在修复其个人就业能力，发展残疾人个人的职业潜能，而职业康复则强调对职业环境（物理环境和社会态度）的合理调整，通过立法建立和完善职业康复制度、提供职业咨询、训练与指导等，最终实现残疾人"医疗—康复—就业"无缝对接，使残疾人就业更有成效。那么，在医疗康复取得显著成效下，近些年来我国残疾人的职业康复发展状况如何？呈现出怎样的变动趋势？结合数据的可得性，本报告使用历年全国残疾人状况监测数据，分残疾类别描绘出了残疾人接受职业康复训练与指导情况。

监测数据显示，2007—2012 年，除听力残疾和言语残疾之外，其他类别残疾人的职业康复训练与指导状况均呈上升趋势，其中，视力残疾人中接受康复训练与指导比例由 2007 年的 13.9％上升至 2012 年的 16.6％；肢体残疾人对应比例则由 2007 年的 37.5％增至 2012 年的 41.5％，智力残疾、精神残疾人对应比例增幅显著，分别由 2007 年的 25.2％和 22.1％增至 2012 年的 46.6％和 44.1％。各类别残疾人中接受职业康复训练与指导比例的变化情况详见图 2-20。

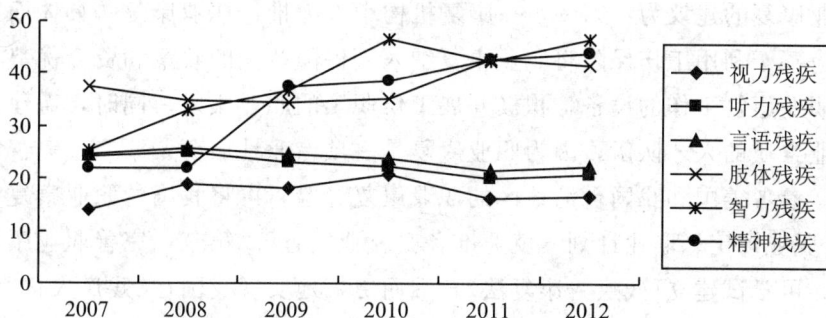

图 2-20　2007—2012 年不同类别残疾人接受职业康复训练与指导状况的变动趋势　单位：％

具体而言，6 年间，视力残疾人中接受职业康复训练与指导的比例分别为 13.9％、18.9％、18％、21％、16.4％和 16.6％；听力残疾人中接受职业康复训练与指导的比例依次为 24.3％、25％、23.2％、22.5％、20％和 21％；言语残疾人中接受职业康复训练与指导的比例对应为 24.7％、25.7％、24.5％、23.8％、21.7％和 22.4％；肢体残疾人中接受职业康复训练与指导的比例为 37.5％、34.7％、34.4％、35.1％、42.9％和 41.5％；智力残疾人中对应比例分别为 25.2％，32.8％、36.8％、46.5％、42.4％和 46.6％；精神残疾人中接受职业康复训练与指导占比为 22.1％、22％、37.6％、38.7％、42.8％和 44.1％。不难看出，肢体残疾人中接受职业康复训练与指导的比例保持高位增长趋势，智力残疾、精神残疾人中接受职业康复训练与指导的比例增幅明显，言语残疾、听力残疾中接受职业康复训练与指导的比例基本稳定，视力听力残疾中接受职业康复训练与指导的比例整体水平较低，但处于上升趋势中。2008 年、2009 年和 2010 年三年间，各类别残疾人中接受职业康复训练与指导的比例呈现明显上升趋势，体现出残疾人就业具有典型庇护性特点，2011 年之后，虽增幅有所减缓，但多数类别残疾人的职业康复训练与指导比例仍高于 2007 年对应水平，说明近些年残疾人职业康复工作处在稳中有进之中。

残疾人就业过程是一个动态、复杂的过程，其状况优劣受影响于多种因素，如身体素质、教育程度、康复状况、社会保障等。正因如此，职业康复训练与指导多的残疾人，未必就业状况一定就理想，因而智力残疾、精神残疾人的就业率并不是位列前茅。但值得肯定的是，在一个合理的社会保障条件下，身体素质相对越好，教育程度相对越高，接受医疗康复和职业康复越多的残疾人，其就业状况势必不差。故而，较之智力残疾和精神残疾，言语残疾、肢体残疾、听力残疾等类别的残疾人的就业率相对较高。此外，值得注意的是，当前残疾人中接受职业康复训练与指导的比例总体上并不高(29.1%)，暗示出在新时期、新背景下，我们既应重视残疾人的医疗康复，又应关注残疾人的职业康复，只有建立残疾人"医疗—康复—就业"一条龙的配套服务制度和标准，才能以较低的成本和较快的速度使残疾人的就业创业能力得到最大程度的提升和恢复，实现就业贡献社会。加强职业康复的建议为：第一，在康复机构中大力推进职业康复。具体而言，康复机构应善于利用工伤保险将职业康复纳入到保障范围的政策和资金优势，改进和补充职业康复工作的设备，积极开展工伤职工的职业康复。同时，需建立一支具有专业素质的人才队伍，因为职业康复是一项专业性服务。第二，完善职业康复流程。参考美国和我国台湾地区的职业康复经验，可将我国的职业康复流程改进为："职业评定—职业计划—就业准备—就业安置"。第三，完善职业康复的制度保障，可尝试建立《残疾人康复法》，继而更好地实现我国在《残疾人权利公约》中的承诺，造福更多的残疾人和社会。

5. 残疾人接受社区(村)服务

社区(村)就业服务包括康复服务、教育文化服务、职业技能培训服务、生产生活服务、知识普及和其他内容服务。一般而言，接受的社区(村)文化服务越多，意味着残疾人参与社会的程度越大。若进一步将社区(村)为残疾人提供的服务分为引导型服务和技能型服务①，那么，接受技能型服务越多，越有利于残疾人就业。监测数据显示，2007—2012 年，残疾人接受过社区(村)为残疾人提供的各种服务占比呈上升趋势，其中，残疾人接受康复服务的比例增幅最为显著，由 2007 年的 4.6% 增至 2012 年的 25.7%。在残疾人接受的社区(村)提供的服务中，康复服务最多，生产生活服务、知识普及服务居中，教育文化服务和职业技能培训服务最少。近些年来残疾人接受各种社区(村)服务的变化趋势见图 2-21：

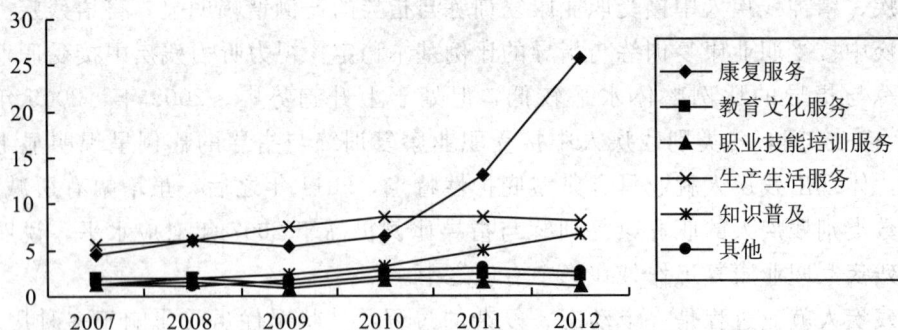

图 2-21　不同类别残疾人接受社区(村)服务状况的变动趋势：2007—2012 年　单位:%

---

① 这里把社区(村)提供的教育文化服务和职业技能培训服务称为技能型服务。

具体来看，6 年间，残疾人接受康复服务的比例分别为 4.6%、6%、5.4%、6.4%、13.1% 和 25.7%；接受教育文化服务的比例依次为 1.2%、2.0%、1.2%、2.2%、2.3% 和 2.2%，接受职业技能培训服务的对应比例为 1.3%、1.5%、0.8%、1.8%、1.4% 和 1.0%；接受生产生活服务的比例为 5.6%、6%、7.6%、8.6%、8.5% 和 8.2%；接受知识普及服务的比例为 1.2%、1.9%、2.3%、3.3%、5.0% 和 6.6%。此外，在残疾人对社区（村）服务的满意评价中，非常满意（9.5%）和满意（23.2%）共计占比 32.7%。这些数据表明，一方面，越来越多的残疾人逐渐意识到社区（村）服务的有用性，不断地接受社区（村）提供的各类服务，这意味着要扩大社区（村）服务的规模；另一方面，暗示出当前社区（村）服务开展中还存在诸多问题，如服务体系不完善，接受引导型服务居多，接受技能型服务偏少。这意味着在今后社区（村）服务的发展中，需要进一步完善社区（村）服务体系，平衡好服务体系内容，使引导型服务和技术型服务均衡发展，竭力提高社区（村）服务的满意度。同时，需要建立、健全社区（村）服务可持续发展的长效机制，丰富服务形式、服务方式与服务内容，吸引更多的残疾人接受社区（村）服务。此外，还应加强社区（村）服务的宣传与教育，使残疾人充分意识到接受这类服务对就业与发展的好处，继而使他们积极参与其中。最后，应帮助残疾人群体成立自助组织，以更好地满足残疾人多元化的需求，进而提升残疾人的就业能力和参与社会能力，更好地融入社会。残疾人自助组织，是指由残疾人自发组成的，以解决共同面临的问题为目标，以残疾人为主体的民间组织。[1] 它为残疾人间互相交流信息和寻求情感支持搭建了一个很好的平台，对残疾人个体的需要满足，残疾人群体的福利改善发挥了重要的促进作用。故而，有学者断言，在 10～20 年后，自助组织将成为治疗许多心理疾病和解决社会问题的最受推崇的选择，[2] "互助与合作已经成为衡量社会和社区生活的一个标准"。[3]

（五）残疾人就业渠道有所拓宽

就业渠道（途径）一定程度上影响着劳动者的就业状况优劣与就业公平。选择不同的就业渠道，会不同程度上降低劳动者的工作搜寻成本，但同时也会使劳动者面临不同的就业风险，因为不同就业渠道传递的就业信息质量有差别。对残疾

---

① 何欣、魏雁滨：《专业化：残疾人自助组织发展的影响因素》，载《中国人民大学学报》，2011(5)。

② Barlow, S. H., Burlingame G. M., Nebeker, R. S., Anderson E. Meta-analysis of Medical Self—help Groups, International Journal of Group Psychotherapy, 2000, (50)：pp. 53-69.

③ Borman, L. D. Characteristics of Development and Growth. In M. A. Lieberman, L. D. Borman and Associates. Self-help Groups for Coping with Crisis. San Francisco：Jossey-Bass Publishers, 1979；p. 16.

人而言，就业渠道又具有"赋能"作用，多样的、有质量的就业渠道是残疾人平等参与社会、共享现代文明成果的必要基础。为较好地把握和理解当前我国残疾人就业状况，结合数据可得性，本报告描述出近三年来残疾人就业渠道的变动情况（见图 2-22），研究发现，依靠熟人介绍、残联就业服务机构等求职就业是当前残疾人工作搜寻时的主要途径。进一步考察后发现，残疾人个人或家庭的社会网络结构和规模更是非常显著地影响着残疾人就业渠道的选择。

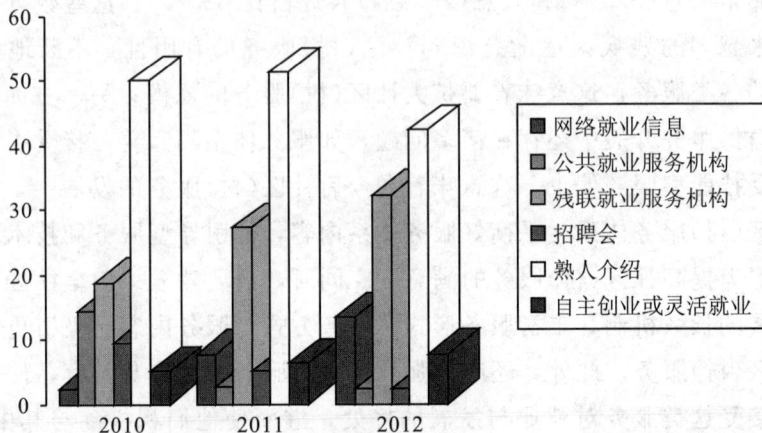

图 2-22　残疾人就业渠道状况：2010—2012 年　单位：%

具体而言，2010—2012 年，依靠熟人介绍工作搜寻的比例分别为 50%、51.2% 和 42.3%，有所下降；借助残疾就业服务机构的比例对应为 18.7%、27.2% 和 32.3%，呈不断上升趋势；通过网络就业信息搜寻到工作的比例依次为 2.4%、7.7% 和 13.3%，增幅比较显著，但总体水平不高，这说明近些年来随着残疾人整体受教育程度的不断提高和残疾人就业与发展的信息化建设的深化，在一定程度上促使了一部分残疾人跳出了传统工作搜寻渠道，学会使用网络拓展就业途径，丰富就业信息，提高成功就业概率，但当前残疾人操作电脑的能力有限，使其借助网络就业信息搜寻工作的作用还有待进一步提高。需要补充的是，残疾人自主创业或灵活就业的比例呈现不断上升趋势，如 2010 年为 5.1%、2011 年为 6.2%、2012 年为 7.7%，这意味着，一方面，在就业优先战略下，伴随各项促进残疾人就业创业政策法规条例的实施与推进，吸引了一部分残疾人加入了灵活就业的队伍之中；另一方面，随着产业结构的不断升级和信息技术的快速发展，更多的残疾人（尤其是人力资本水平较高的残疾人）也愿意选择自主创业或灵活就业，如创建小微企业、居家就业等。依靠公共就业服务机构、招聘会就业比例比较小，且城乡差异较大，比如"招聘会"的比例城镇是农村的 3.9 倍，则说明今后在拓展残疾人就业渠道时，须进一步完善公共就业服务机构功能，加强公共就业服务信息化建设，并大力宣传和教育，同时，着力加强农村就业服务建设，缩小残疾人就业服务城乡发展不均衡，真正做到使残疾人实现多渠道、多层次、多种形式就业。

（六）残疾人家庭收入稳步提升

收入是反映就业质量的关键指标。[①] 通常而言，某一劳动者（家庭）全部收入由工资性收入、经营净收入、财产性收入、转移性收入、出售财物年收入、借贷年收入等构成。各种构成收入的绝对量越高，劳动者（家庭）的可支配收入则越多，其生活质量自然高。工资性收入是劳动者价值的最直接体现，其越高，意味着劳动者的就业状况相对越理想。残疾人作为劳动力市场中的特殊就业群体，由于受身体状况等因素影响，使其就业与生活中面临的障碍增多，庇护性特点显著。残疾人就业与生活状况的优劣深刻地影响着残疾人家庭的富裕贫穷程度，而残疾人家庭的经济状况又进一步地影响着残疾人就业与生活问题，两者紧密相关。为较好地揭示出残疾人收入状况在时序上的变化特点，结合数据可得性和数据信度，基于2007—2012年残疾人状况监测数据，本报告具体使用了残疾人家庭工薪年收入、财产性年收入、转移性年收入[②]、城市地区和农村地区工薪年收入、东、中、西部工薪年收入、东部地区城市与农村残疾人家庭工薪年收入、中部地区城市与农村残疾人工薪年收入、西部地区城市与农村残疾人工薪年收入等指标的变动趋势来反映。此外，还结合了历年《中国统计年鉴》数据，分城乡、分东、中、西部考察了残疾人家庭的工薪年收入与非残疾人家庭的工薪年收入的差异状况。研究发现，近些年来残疾人家庭的工薪年收入、财产性年收入、转移性年收入均呈现上升趋势，其中，东部地区、城市地区、东部城市地区的残疾人家庭工薪年收入增长迅速，但增幅有所放缓，残疾人与非残疾人的工薪年收入的差距较大。

具体而言，监测数据显示，2007—2012年，残疾人家庭工薪年收入呈显著上升趋势，由2007年的5 694.16元增至2012年的13 949.93元，增幅约为150％。6年间残疾人家庭工薪年收入分别为5 694.16元、6 830.14元、7 816.97元、9 478.97元、12 828.72元和13 949.93元，从工薪年收入角度看，这间接地反映出近些年来残疾人的就业与生活状况在不断提高中。残疾人家庭财产性年收

---

① Lucie, D., Christine, E., Mathilde, G. L. Monitoring Quality in Work: European Employment Strategy Indicators and Beyond, International Labor Review, 2008, 147(2): pp. 163-198.

② 残疾人家庭工薪年收入包括工资、奖金、补贴、福利及其他劳动收入等。财产性年收入包括银行利息、股息、红利、保险、投资所得收入、知识产权收入、出租房屋、住房面积补差收入等。转移性年收入则包括养老金、离退休金、辞退金、社会救济、赔偿金、失业及其他保险金、赡养费、捐赠、亲友搭伙费、提取住房公积金收入等。

入也呈现类似趋势，由 2007 年的 446.54 元增至 2012 年的 1 578.41 元，增加了 3.6 倍。6 年间残疾人家庭财产性年收入对应为 446.54 元、542.63 元、755.07 元、633.93 元、1 525.44 元和 1 587.41 元，反映出近些年来残疾人家庭富裕程度稳步提升。与此同时，残疾人家庭转移性年收入整体上处于明显上升趋势，由 2007 年的 3 931.72 元升至 2012 年的 7 604.27 元，增加了 1.9 倍。6 年间残疾人家庭转移性年收入依次为 3 931.72 元、3 815.78 元、4 208.71 元、4 865.06 元、6 645.51 元和 7 604.27 元，这在一定程度上反映出国家对残疾人群体的重视程度在逐年加深。

为更清晰地了解近些年来残疾人（家庭）的就业与生活状况，下文重点使用了残疾人家庭工薪年收入数据，分城乡、东中西部描绘出了残疾人就业与生活的变动趋势，并结合历年《中国统计年鉴》的相关数据，与非残疾人的工资性年收入情况进行了对比，继而更好地揭示出残疾人就业与发展中存在的问题。

分城乡看，数据测算结果表明，2007—2012 年，城市地区和农村地区残疾人家庭的工薪年收入均呈明显上升趋势，且农村地区增幅更加显著。城市地区残疾人家庭工薪年收入由 2007 年的 7 668.22 元增至 2012 年的 17 455.94 元，增幅约为 128%，农村地区残疾人家庭工薪年收入由 2007 年的 5 291.46 元增至 2012 年的 13 074 元，增幅约为 147%。由于城市地区残疾人家庭工薪年收入的增长存在"天花板"效应，故而使城市地区和农村地区残疾人家庭工薪年收入的差距呈现出先上升后缩小的变动趋势。详见图 2-23：

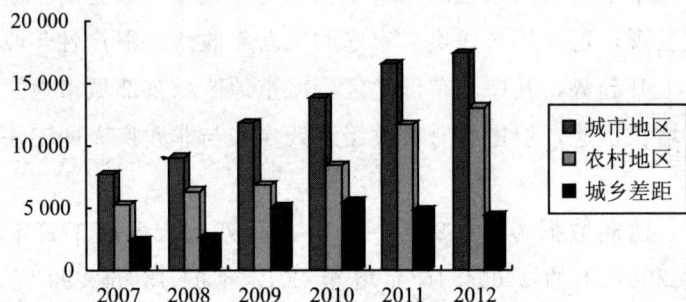

图 2-23　城乡之间残疾人家庭工薪年收入状况：2007—2012 年　单位：元

具体而言，6 年间城市地区残疾人家庭工薪年收入分别为 7 668.22 元、9 061.92 元、11 889.38 元、13 890.05 元、16 600.84 元和 17 455.94 元。农村地区对应为 5 291.46 元、6 367.74 元、6 828.53 元、8 422.15 元、11 749.49 元和 13 074 元。2010 年以后，城市和农村地区残疾人家庭工薪年收入均有了明显提升，可能原因在于，全球金融危机之后，经济环境等趋于好转，使残疾人（家庭）的就业机会和劳动收入都有了明显改善，从而使残疾人（家庭）的工薪性年收入总体上有了大幅度的提高。

那么，与非残疾人经济状况相比，近些年来残疾人与非残疾人之间的劳动收入状况又有怎样的变化呢？由于获得纯粹非残疾人（家庭）的工资年收入数据存有较大困难，报告中具体使用了历年《中国统计年鉴》中城镇居民平均每人全年家庭收入的工资性收入和农村居民家庭平均每人纯收入的工资性收入数据，对残疾人与非残疾人的工资年收入情况进行了考察。研究发现，近些年来城市地区非残疾人与残疾人之间的工薪年收入①比值逐渐缩小，由 2007 年的 4.00 下降至 2011 年的 2.78，意味着居住于城市地区的残疾人的工薪年收入处于不断上涨的趋势之中，残疾人（家庭）的就业与生活状况稳步提高；农村地区非残疾人与残疾人之间的工资性收入比值偏小，但总体比值也体现出不断收敛趋势，具体由 2007 年的 1.21 下降至 2011 年的 1.00，这意味着，近些年来农村地区残疾人的工薪年收入有较大幅度的提高，进而在一定程度上提升了生活在农村地区的残疾人（家庭）经济社会状况。但与此同时，城乡地区非残疾人与残疾人之间工薪年收入的比值情况，也暗示出居住于农村地区的残疾人的工薪收入与居住在城市地区的残疾人和非残疾人的工资性收入之间，还存在较明显的差距。需要补充说明的是，城市地区非残疾人与残疾人之间工薪年收入比值、农村地区非残疾人与残疾人之间工资性收入比值、残疾人城乡工薪年收入比值均明显低于非残疾人工资性收入的城乡比值，说明相对于残疾人群体间而言，非残疾人群间工资性收入差距更大。非残疾人工资性收入城乡比值呈缩小趋势，残疾人工薪年收入城乡比值则呈现出先上升后下降趋势。具体比值变动趋势详见下图 2-24：

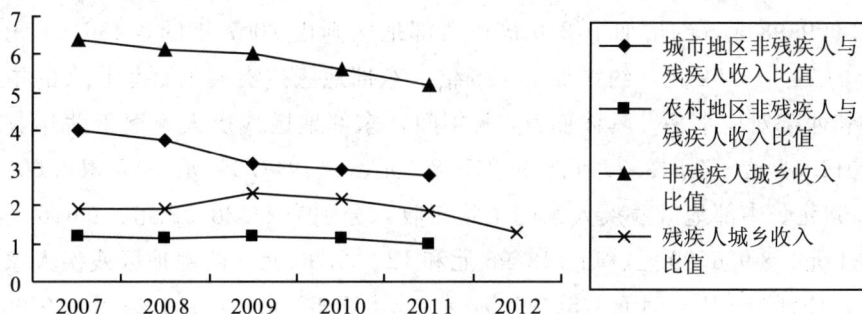

图 2-24　城市非残与残疾人之间、农村地区非残与残疾人之间工薪收入比值状况：2007—2012 年

具体来看，2007—2011 年②，城镇居民平均每人全年家庭收入来源中工资性收入分别为 10 234.8 元、11 299.0 元、12 382.1 元、13 707.7 元和 15 411.91 元，城镇地区残疾人的工薪年收入为 2 556.07 元、3 020.64 元、3 963.13 元、

①　残疾人的工薪年收入的处理方法为：各年份残疾人家庭工薪年收入的均值/对应年份残疾人家庭常住人口的均值。

②　截至该书出版之日，2013《中国统计年鉴》尚未发布，故 2012 年相关数据暂缺失。

4 630.02元和5 533.61元，城市地区非残疾人与残疾人工薪年收入的比值依次为4.00、3.74、3.12、2.96和2.78，比值呈下降趋势。2007—2011年，农村居民家庭平均每人纯收入中工资性收入分别为1 596.2元、1 853.7元、2 061.3元、2 431.1元和2 963.4元，农村地区残疾人的工薪年收入为1 322.87元、1 591.94元、1 707.13元、2 105.54元和2 937.37元，农村地区非残疾人与残疾人工薪年收入的比值依次为1.21、1.16、1.21、1.15和1.00，比值呈先升后降趋势。非残疾人工资性收入城乡比值为6.4、6.1、6.0、5.6和5.2，呈明显下降趋势，但较之残疾人工薪收入状况，位于高位水平。残疾人工薪年收入城乡比值为1.93、1.90、2.32、2.19和1.88，呈现先上升、后下降趋势。

概括地讲，近些年来，残疾人家庭的劳动收入处于稳中有升的趋势，且居住于城市地区的残疾人家庭经济状况明显优于农村地区，这进一步证实了经济状况是影响残疾人劳动参与和就业的一个不可忽视的因素，由于残疾人家庭经济状况并非一味地与残疾人的劳动参与和就业呈正相关关系（即并非经济状况越好，劳动参与率越高），故而城市地区残疾人就业率低于农村地区。但较之非残疾人，残疾人家庭的劳动收入还比较低（尽管两群体之间的劳动收入差距正处于缩小趋势），意味着在实施就业优先战略下，大力提高城市和农村地区残疾人家庭劳动收入，是推动残疾人较快实现更高质量就业和过上有尊严生活的关键。

分区域看，监测数据显示，2007—2012年，东、中、西部残疾人家庭工薪年收入均呈现不断上升趋势，东部地区由2007年的6 011.82元增加至2012年的17 753.68元，约增加了3.0倍；中部地区从2007年的6 528.32元增加至2012年的12 909.98元，约增加了2.0倍；西部地区则由2007年的4 456.64元增至2012年的11 515.09元，约增加了2.6倍。东部地区残疾人工薪年收入的增幅高于中部和西部对应水平。具体而言，6年间，东部地区残疾人家庭工薪年收入分别为6 011.82元、7 512.37元、9 715.83元、11 947.05元、17 350.60元和17 753.68元。中部地区残疾人家庭工薪年收入分别为6 528.32元、7 516.71元、7 174.84元、8 966.89元、11 148.96元和12 909.98元。西部地区残疾人家庭工薪年收入分别为4 456.64元、5 396.54元、6 657.52元、7 543.24元、9 989.79元和11 515.09元。东、中、西部残疾人家庭工薪年收入的变动趋势详见图2-25：

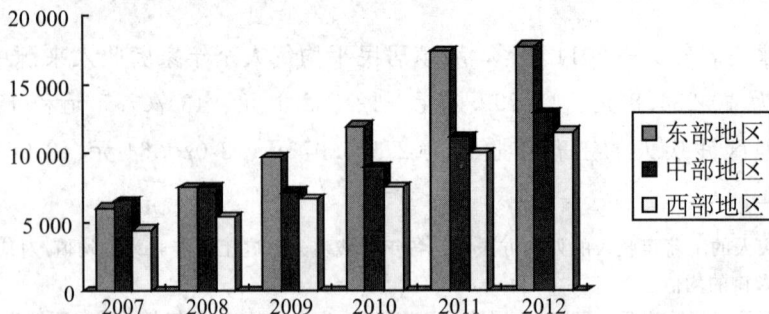

图2-25　东、中、西部残疾人家庭工薪年收入的变动趋势：2007—2012年　单位：元

为了更加深入地考察近些年来不同区域残疾人家庭的收入状况，下文具体使用了 2007—2012 年残疾人家庭工薪年收入数据，分区域分城乡描述了残疾人家庭工薪年收入的变动状况，并分区域、分城乡与非残疾人家庭收入状况做了对比，同时，对不同区域城乡地区残疾人家庭工薪年收入的变动状况、不同区域城乡地区残疾人与非残疾人家庭之间的收入差异状况给予了简单地统计性分析。

分区域分城乡研究发现，2007—2012 年，东部地区残疾人家庭工薪年收入城乡比值呈现扩大趋势，城市和农村地区，残疾人家庭工薪年收入整体上均呈上升趋势，但较之农村地区，生活在城市地区的残疾人家庭工薪年收入增幅更显著。中部地区残疾人家庭工薪年收入城乡比值呈现先扩大后缩小趋势，虽然城市和农村地区，残疾人家庭工薪年收入总体上都处在增长趋势中，但较之城市地区，生活在农村地区的残疾人家庭工薪年收入增幅更明显。西部地区残疾人家庭工薪年收入城乡比值也体现出先增加后下降趋势，城市和农村地区残疾人家庭工薪年收入均呈现逐年上涨中，但相对于城市，居中在农村地区的残疾人家庭工薪年收入增幅显著。东、中、西部残疾人家庭工薪年收入城乡比值的变动状况详见下图 2-26：

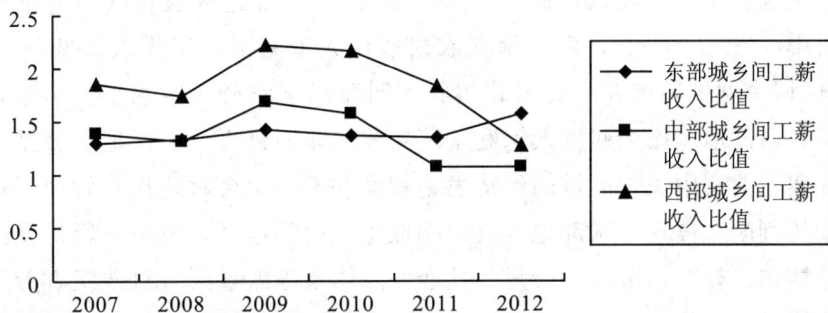

图 2-26　东、中、西部残疾人家庭工薪年收入城乡比值状况：2007—2012 年

具体而言，2007—2012 年，生活在东部地区农村的残疾人家庭工薪年收入分别为 5 725.59 元、7 072.25 元、8 864.53 元、11 131.15 元、15 967.34 元和 15 921.48 元，与 2007 年相比，2012 年东部地区农村残疾人家庭工薪年收入增加了约 2.8 倍，增幅为 178%。居住在东部地区城市的残疾人家庭工薪年收入依次为 7 362.4 元、9 409.88 元、12 577.25 元、15 284.68 元、21 566 元和 24 789.17 元，较之 2007 年，2012 年东部地区城市残疾人家庭工薪年收入增加了 3.4 倍，增幅为 237%。中部地区农村的残疾人家庭工薪年收入分别为 6 244.46 元、7 270.42元、6 410.81 元、8 093.96 元、11 108.94 元和 12 669.49 元，与 2007 年相比，2012 年中部地区农村残疾人家庭工薪年收入增加了约 2.0 倍，增幅为 103%。居住在中部地区城市的残疾人家庭工薪年收入依次为 8 698.95 元、9 587.11元、10 749.05 元、12 803.06 元、12 012.98 元和 13 907.41 元，较之

2007 年，2012 年中部地区城市残疾人家庭工薪年收入增加了 1.6 倍，增幅为 60%。西部地区农村的残疾人家庭工薪年收入分别为 3 830.24 元、4 738.01 元、5 429.85 元、6 177.94 元、8 457.50 元和 10 955.18 元，与 2007 年相比，2012 年西部地区农村残疾人家庭工薪年收入增加了约 2.9 倍，增幅为 186%。居住在西部地区城市的残疾人家庭工薪年收入依次为 7111.52 元、8244.39 元、12 054.84 元、13 341.36 元、15 477.33 元和 14 057.97 元，较之 2007 年，2012 年西部地区城市残疾人家庭工薪年收入增加了近 2.0 倍，增幅为 98%。

由上述东、中、西部残疾人家庭工薪年收入的城乡数据，不难发现：第一，近些年来，东、中、西部城市和农村残疾人家庭工薪年收入均呈上升趋势。第二，残疾人家庭工薪年收入具有明显的区域特点和城乡特点。如进一步测算后发现，从区域角度看，东部地区残疾人家庭工薪年收入最高（12 972.65 元），中部地区居中（9 963.05 元），西部最低（9 156.35 元）。从城乡角度看，东部地区城市残疾人家庭工薪年收入最高（15 164.9 元），中部地区城市残疾人家庭工薪年收入次之（11 293.09 元），西部地区城市残疾人家庭工薪年收入最低（11 714.57 元），东、中、西部农村地区残疾人家庭工薪年收入也呈现出来类似的特点，东部地区农村残疾人家庭工薪年收入最高（1 0780.39 元），中部地区农村残疾人家庭工薪年收入居中（8 633.01 元），西部地区农村残疾人家庭工薪年收入最低（6 598.12 元），三区域中城市残疾人家庭工薪年收入明显高于农村对应水平。第三，较之东、中部，西部地区城乡残疾人家庭工薪年收入差距最大。分区域、分城乡的研究结果证实了前文中关于区域间经济发达程度并不一定会对残疾人就业促进产生正向激励的判断，体现为东部地区就业率低于中西部地区，说明除经济发达程度外，产业结构、教育、医疗、康复、社会保障体系等因素同时对残疾人劳动参与和就业率提升都有较大影响。暗示出在今后的残疾人就业与发展中，应通过制度设计、市场化改革竭力缩小不同区域、城乡间残疾人家庭劳动收入的差距。此外，新时期应打好政策组合拳，强化制度创新，做到残疾人劳动收入、教育、医疗、康复、社会保障等之间的协调与平衡，合力更好地促进残疾人就业与发展。

那么，近些年来，不同区域城市和农村地区残疾人的工薪收入与非残疾人的对应情况的差异变动趋势如何？描绘上述两群体之间差异的时序上特点，不仅能帮助更好地认识残疾人家庭收入状况的变动轨迹，还能更清晰地把握残疾人家庭的就业质量和生活质量，以便更好地促进社会公平与和谐。

研究发现，近些年来，东部城市地区非残疾人工资性年收入与残疾人工薪年收入的比值呈现显著下降趋势，由 2007 年的 9.20 降至 2011 年的 5.42，中部城市地区非残疾人工资性年收入与残疾人工薪年收入之间的比值处于上升趋势，由 2007 年的 4.01 上升至 2011 年的 5.02，西部城市地区非残疾人工资性年收入与残疾人工薪年收入的比值则整体上呈下降趋势，由 2007 年的 6.36 降至 2011 年的 5.13。东、中、西部城市地区非残疾人工资性年收入与残疾人工薪年收入的比值呈现趋同趋势。具体变动趋势详见图 2-27：

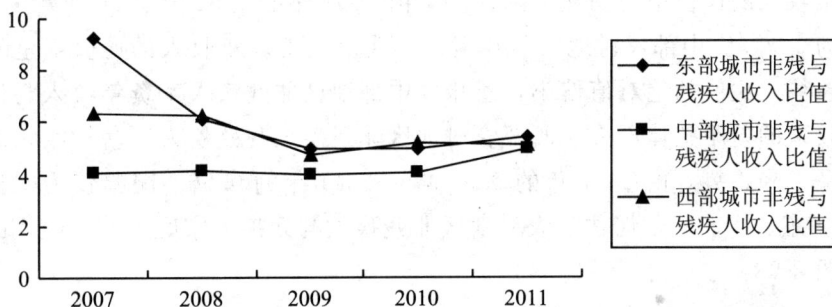

图 2-27 东、中、西部城市地区非残与残疾人家庭工薪年收入比值状况：2007—2011 年

具体来看，2007—2011 年，东部城市地区非残疾人工资性年收入[①]与残疾人工薪年收入的比值分别为 9.20、6.12、5.00、5.00 和 5.42，中部城市地区非残疾人工资性年收入与残疾人工薪年收入的比值依次为 4.01、4.14、4.00、4.05 和 5.02，西部城市地区非残疾人工资性年收入与残疾人工薪年收入的比值对应为 6.36、6.29、4.72、5.19 和 5.13。不难发现，东部城市地区非残疾人与残疾人工薪年收入之间的差距在逐年缩小，中部城市地区非残疾人与残疾人家庭工薪年收入之间的差距则在不断扩大，西部城市地区非残疾人与残疾人工薪年收入之间的差距整体处于缩小趋势中。东部城市地区非残疾人与残疾人工薪年收入之间的差距总体上高于中部和西部城市地区对应水平，但三地区生活在城市地区非残疾人与残疾人工薪年收入比值有趋同趋势。这些数据结果与城市地区残疾人就业率低于农村地区、中西部地区残疾人就业率高于东部地区的现实状况不相矛盾，再次印证了劳动收入是影响残疾人劳动参与和就业的主要但非单一因素，残疾人的劳动收入和家庭经济状况与残疾人的就业率之间并非简单线性关系。新时期，进一步推进市场化改革，缩小城市地区残疾人与非残疾人家庭的收入差距、不同区域之间残疾人家庭与残疾人家庭的收入差距，对促进残疾人更好的社会融合、参与社会和共享经济社会发展成果均有重要作用。

---

① 这里具体使用《中国统计年鉴》(历年)中东、中、西部及东北地区城镇居民家庭基本情况的平均每人全部年收入数据代替。年鉴数据显示，2007—2012 年，东部地区城镇居民平均每人全部年收入分别为 16 974.2 元、19 203.5 元、20 953.2 元、25 773.3 元和 29 226.0 元；中部地区城镇居民平均每人全部年收入依次为 11 634.4 元、13 225.9 元、14 367.1 元、17 303.0 元、19 868.2元；西部地区城镇居民平均每人全部年收入依次为 11 309.5 元、12 971.7 元、14 213.5 元、17 309.0 元和 19 868.0 元。

在对东、中、西部农村地区非残疾人工资性年收入[①]与残疾人的工薪年收入差距的考察中，测算结果表明，2007—2011 年，东部农村地区非残疾人与残疾人工薪年收入的比值呈现明显下降趋势，由 2007 年的 1.95 降至 2011 年的 0.94，减幅约为 107%。中部农村地区非残疾人与残疾人工薪年收入的比值则呈先上升后下降趋势，比值的绝对值偏小，意味着中部地区非残疾人工资年收入与残疾人工薪年收入的差距整体不大。西部农村地区非残疾人与残疾人工薪年收入的比值总体上呈下降趋势，由 2007 年的 0.99 减至 2011 年的 0.56，减幅较为明显，约为 77%。东、中、西部居住于农村地区非残疾人与残疾人家庭工薪年收入的变动趋势见图 2-28：

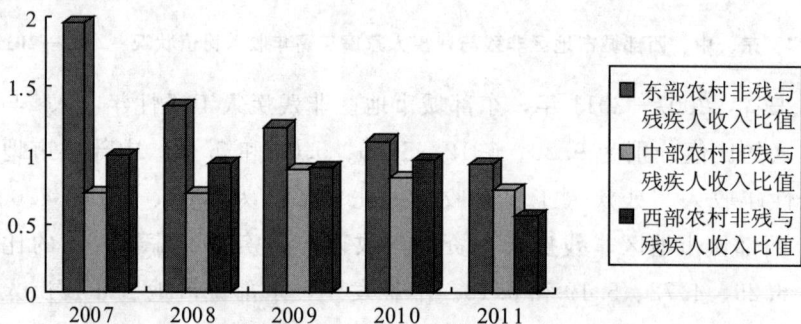

图 2-28 东、中、西部农村地区非残与残疾人家庭工薪年收入比值状况：2007—2011 年

具体来看，2007—2011 年，东部农村地区非残疾人工资性年收入与残疾人工薪年收入的比值分别为 1.95、1.35、1.2、1.1 和 0.94，中部农村地区非残疾人工资性年收入与残疾人家庭年收入的比值依次为 0.72、0.72、0.89、0.83 和 0.75，西部农村地区非残疾人工资性年收入与残疾人工薪年收入的比值对应为 0.99、0.93、0.91、0.97 和 0.56。东部农村地区非残疾人与残疾人工薪年收入之间的差距在逐年明显缩小，中部农村地区非残疾人与残疾人工薪年收入之间的差距则先扩大后缩小趋势，西部农村地区非残疾人与残疾人工薪年收入之间的差距整体处于缩小趋势中。从上述测算结果看，不难发现，第一，东、中、西部农村地区非残疾人与残疾人工薪年收入之间的差距总体上不大；第二，不同区域中残疾人工薪年收入还比较低；第三，不同区域中城市与农村之间残疾人的工薪年收入差距还比较大。

---

① 这里具体使用《中国统计年鉴》（历年）中东、中、西部及东北地区农村居民家庭基本情况的平均每人纯收入中工资性收入数据代替。年鉴数据显示，2007—2011 年，东部地区农村居民家庭平均每人工资性收入分别为 2 795.66 元、3 189.5 元、3 543.1 元、4 116.5 元和 5 014.8 元；中部地区农村居民家庭平均每人工资性收入依次为 1 492.18 元、1 744.5 元、1 902.4 元、2 244.6 元和 2 809.5 元；西部地区农村居民家庭平均每人工资性收入依次为 944.31 元、1 098.6 元、1 233.75 元、1 499.3 元和 1 181.4 元。

第三节　"两个体系"建设与残疾人就业

《中共中央 国务院关于促进残疾人事业发展的意见》(以下简称《意见》)明确要求,健全残疾人社会保障制度,加强残疾人服务体系建设,缩小残疾人生活状况与社会平均水平的差距,实现残疾人事业与经济社会协调发展。为进一步贯彻落实党中央、国务院的要求,2010 年 3 月 10 日,国务院办公厅转发了中国残联、教育部、民政部、人力资源社会保障部等部门《关于加快推进残疾人社会保障体系和服务体系建设的指导意见》(以下简称《指导意见》),这标志着我国残疾人事业进入了加快推进残疾人社会保障体系和服务体系建设,使残疾人生存和发展得到稳定的制度性保障的发展阶段。那么,自《意见》和《指导意见》贯彻实施以来,我国残疾人在社会保障、法律救助与法律服务、扶贫开发、无障碍建设等已取得了哪些显著的成就、又有何新变化? 结合历年残疾人状况监测数据和中国残疾人事业发展统计公报数据,下文主要围绕这些问题具体展开:

(一)残疾人社会保障日趋完善

社会保障主要包括社会救济、社会福利、优抚安置等内容,它是影响残疾人就业和发展的重要指标,残疾人社会保障体系越完善,越有利于残疾人就业与发展,残疾人生活质量越高。为了更全面地考察近些年残疾人的社会保障状况变化,本报告具体使用了以下具体指标:城乡最低生活保障覆盖率、城镇残疾人职工参加社会保险规模、城镇居民参加基本医疗保险规模、城镇集中供养及其他救助救济、农村五保供养及其他救助救济、城镇居民社会养老保险参保率、新型农村养老保险参保率、残疾人抚养服务机构及抚养残疾人规模。从 2007—2012 年中国残疾人事业发展统计公报数据看,近些年我国残疾人社会保障状况改善明显。

2012 年统计公报数据显示,280.9 万城镇残疾职工参加社会保险,498.6 万城镇残疾居民参加基本医疗保险;残疾人参加新型农村和城镇居民社会养老保险工作实现制度全覆盖,325.3 万和 1 338.4 万城乡残疾人参加了城镇居民社会养老保险和新型农村社会养老保险,参保率分别为 58.4% 和 63.8%,60 岁以下的参保重度残疾人(62.8 万)中,有超过 94% 的人(59.2 万)得到政府的参保扶助,享受了全额或部分代缴的优惠政策。城乡 1 070.5 万残疾人纳入最低生活保障范围,2 000 多万残疾人(次)接受了集中供养、五保供养及其他救助救济;2012 年享受了稳定的生活补贴和护理补贴的残疾人分别达到 239.1 万和 36.3 万。残疾人托养服务工作稳步推进,残疾人寄宿制托养服务机构和日间照料机构分别达到

3 903 个和 3 372 个，残疾人居家托养服务蓬勃发展，通过机构托养和居家服务等不同形式共为 209.2 万残疾人（次）提供了托养服务。

具体而言，2007—2012 年，残疾人纳入最低生活保障的规模总体上呈稳步上升趋势，从 2007 年的 635.9 万人增至 2012 年的 1 070.5 万人，6 年间残疾人纳入最低生活保障的人数分别为 635.9 万、738.6 万、853.6 万、927.1 万、1 031.4 万和 1 070.5 万。[①]城镇残疾职工参加社会保险人数整体保持稳定，2007—2012 年间依次为 260.7 万、297.6 万、287.6 万、283.2 万、299.3 万和 280.9 万。城镇居民参加基本医疗保险规模则明显提升，公报数据表明，2009 年为 283.6 万人、2010 年为 355.9 万人、2011 年为 433.1 万人、2012 年为 498.6 万人。残疾人在各类福利院、养老院享受集中供养、五保供养规模稳步增加，2007—2012 年，残疾人集中供养与五保供养人数分别为 60.8 万、62.7 万、69.4 万、71.1 万、80.5 万和 80.7 万，其中 2009 年城镇集中供养残疾人 10.5 万，农村五保供养 58.9 万，2010 年城市集中供养残疾人 10.6 万，农村对应为 60.5 万，2011 年城市集中供养残疾人 12.0 万，农村对应为 68.5 万，2012 年城市集中供养残疾人 12.2 万，农村对应为 68.5 万。残疾人托养服务机构建设成效显著，残疾人托养服务机构从 2007 年的 1 056 个增至 2012 年的 3 903 个，托养残疾人数由 2007 年的 2.9 万人增至 2012 年的 11.3 万人，2007—2012 年间残疾人托养服务机构分别为 1 056 个、1 703 个、3 474 个、4 029 个、3 921 个和 3 903 个，托养残疾人对应为 2.9 万、4.8 万、11.0 万、14.5 万、11.9 万和 11.3 万。主要指标具体变动趋势详见图 2-29：

此外，尽管新型农村和城镇居民社会养老保险是国家新近出台的社会保障政策[②]，尚处于试点到全面推广阶段，但对残疾人就业与发展起到显著作用。如 2011 年公报数据显示，试点地区有 1 232.5 万残疾人参加了新型农村社会养老保险，参保率 68.4%。在参保的残疾人中有重度残疾人 294.9 万，其中 289.6 万人

[①]　2008 年以前的残疾人事业发展统计公报，细分了城镇纳入低保人数和农村纳入低保人数，比如 2006 年城镇纳入低保人数为 292.6 万人，农村对应为 195.3 万，2007 年城镇纳入低保人数为 428 万，农村对应为 207.8 万，2008 年城镇纳入低保人数为 516.5 万，农村对应为 738.6 万。但 2009 年以后的公报数据中，没有再做明确区分，只给出每年残疾人纳入最低生活保障的总人数。具体可登录中国残疾人联合会网站，"事业统计"栏查询历年残疾人参加最低生活保障的规模。

[②]　新型农村社会养老保险（简称新农保）制度自 2009 年试点，试点覆盖面为全国 10% 的县（市、区、旗），已经逐年扩大试点，在全国普遍实施，2020 年之前基本实现对农村适龄居民的全覆盖。详见：《国务院关于展开新型农村社会养老保险试点的指导意见》，http://www.gov.cn/zwgk/2009-09/04/content_1409216.htm。城镇居民社会养老保险自 2011 年 7 月 1 日启动试点工作，实施范围与新型农村社会养老保险试点基于一致，2012 年基本实现城镇居民养老保险制度全覆盖。详见：《国务院关于展开城镇居民社会养老保险试点的指导意见》，http://www.gov.cn/zwgk/2011-06/13/content_1882801.htm。

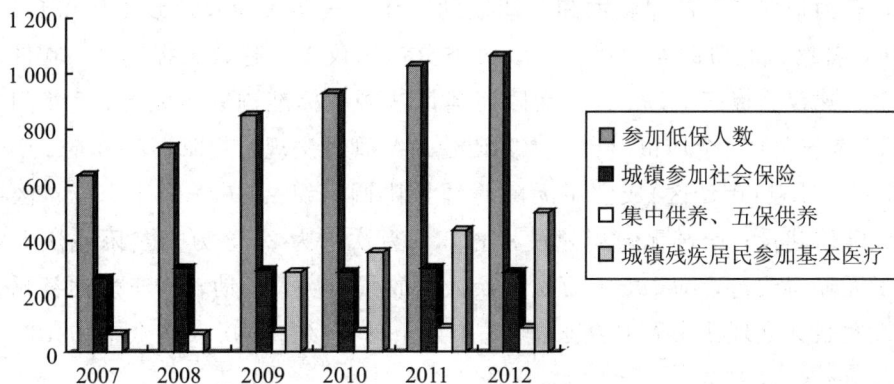

图 2-29　残疾人社会保障状况：2007—2012 年　单位：%

得到了政府的参保扶助（全部代缴 247.7 万人，部分代缴 41.9 万人），有 229.2 万非重度残疾人也享受了全额或部分代缴的优惠政策。享受养老金待遇的人数达到 290.7 万人。在 2011 年 7 月推行的城镇居民社会养老保险试点工作中，已有 260.0 万残疾人参保，参保率 59.2％。在参保的残疾人中有 70.5 万重度残疾人，其中 67.5 万得到了政府的参保扶助，有 55.5 万非重度残疾人也享受了全额或部分代缴的优惠政策。享受养老金待遇的人数达到 69.3 万人。2012 年，在新型农村社会养老保险方面，共有 1 333.8 万残疾人参加了新型农村社会养老保险，参保率 63.8％。在 60 周岁以下的参保残疾人中有重度残疾人 236.6 万，其中 224.6 万人得到了政府的参保扶助（全部代缴 188.2 万人，部分代缴 36.4 万人），有 150.0 万非重度残疾人也享受了全额或部分代缴的优惠政策。享受养老金待遇的人数达到 507.4 万人。参加城镇居民社会养老保险共有 325.3 万人。

　　总之，随着我国社会保障体系的不断完善，近些年来残疾人整体社会保障状况有了较显著的改善。

（二）残疾人法律救助与法律服务不断完善

　　建立、健全残疾人法律救助与法律服务是残疾人维权工作的主要内容之一。作为就业困难群体，维护好残疾人合法的就业权利和权益，是实现残疾人和谐劳动关系的关键，有利于推动残疾人实现更高质量的就业和发展。随着《宪法》、《劳动法》、《残疾人就业保障法》、《残疾人教育条例》、《就业促进法》、《残疾人就业条例》、《劳动合同法》、《无障碍环境建设条例》等法律、法规条例的全面实施，残疾人事业法律法规体系进一步完善，残疾人维权工作已取得显著成效，如《2008—2012 中国残疾人事业发展统计资料》显示，截至 2012 年年底，全国成立残疾人法律援助工作协调机构 1 188 个，建立残疾人法律救助工作站 811 个，共办理案件 1.4 万件。建立残疾人法律援助中心（工作站）2 979 个，办理案件 10.5

万件,有力地促进了法律救助和法律援助工作。残疾人参政议政工作得到加强。5 年间,各级残联协助人大代表、政协委员提出议案、建议、提案 9 770 件,办理议案、建议、提案 7 094 件。无障碍建设法规、标准进一步完善。5 年间,全国有 15 个省、128 个地市出台了无障碍建设与管理法规、规章;23 个省、176 个地市、955 个县(市、区)成立了无障碍领导协调组织;1 084 个市、县、区系统开展无障碍建设;全国无障碍建设检查 3.9 万次;为 24.3 万个贫困残疾人家庭实施了无障碍改造;为 195.6 万次残疾人发放了残疾人机动轮椅车燃油补贴。全国各级残联共处理残疾人群众来信 26.4 万余件,接待残疾人群众来访 180.0 万人次。

为了更加清晰地了解近些年残疾人维权工作状况,本报告重点以残疾人法律救助与法律服务为主要研究内容,选取全国建立残疾人法律援助(服务)中心、法律援助中心办理案件、全国维权示范岗、为残疾人提供法律服务的案件数、残疾人法律救助工作站、法律救助工作站办理案件、开展普法宣传教育活动情况、对残疾人保障法执法检查次数等指标予以反映。

数据显示,2007—2012 年,全国建立残疾人法律援助(服务)中心呈总体上处于上升趋势,6 年间法律服务中具体分别为 2 677 个、2 711 个、2 870 个、2 934 个、2 933 个和 2 977 个,其对应办理案件数依次为 2 万件、2.1 万件、1.9 万件、1.9 万件、2.13 万件和 2.5 万件。6 年间,全国建立维权示范岗呈现明显增加趋势,从现有的数据看,2007 年为 5 998 个,2008 年为 6 717 个,2009 年和 2010 年分别为 7 476 个和 8 898 个,其为残疾人提供法律服务的案件数依次为 2.3 万、3 万、3.3 万和 3.7 万,表明越来越多的残疾人因维权示范岗的建立而获益。残疾人法律救助工作站增长显著,从 2009 年的 137 个增至 2012 年的 811 个,其为残疾人办理案件数由 2009 年的 987 件增至 2012 年的 6 453 件,四年间共计建立残疾人法律救助工作站 1 790 个,合计为残疾人办理法律救助工作案件 14 072 件。在全国开展普法宣传教育活动方面,2007—2012 年,各年开展普法活动次数分别为 6 608 次、6 572 次、7 058 次、6 800 次、6 030 次和 8 925 次。6 年间,对残疾人保障法执法检查依次为 1 317 次、1 201 次、728 次、828 次、824 次和 923 次。

各指标整体上处于上升趋势,意味着近些年来残疾人维权工作越来越全面,表明国家对残疾人维权工作越来越重视,这势必会更加有利于残疾人就业与发展。各指标具体变化趋势详见下图 2-30:

但需要指出的是,在对残疾人提供的法律服务、法律援助或司法救助满意度调查方面,选择"满意"(包括"非常满意"和"满意")的平均比例分别为 39.6% 和 41.7%,意味着对残疾人的法律服务、法律援助或司法救助工作的质量还有待进一步提高。增加对残疾人法律服务、法律援助或司法救助的频次,完善法律服

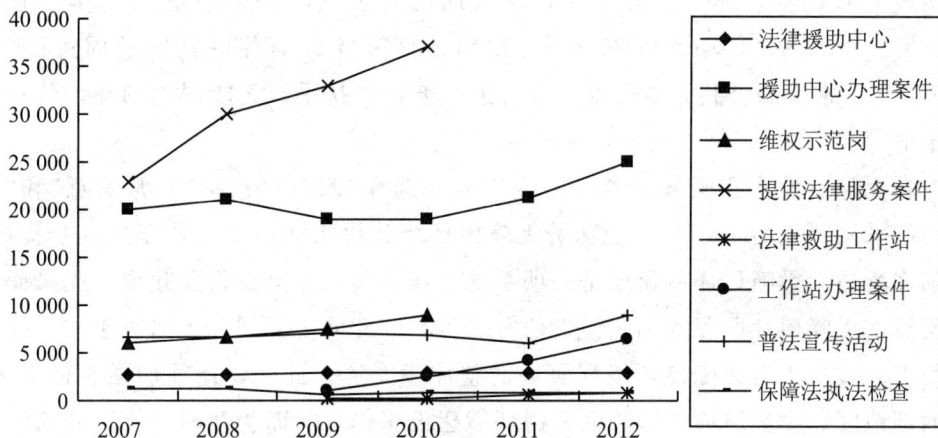

图 2-30　残疾人法律援助与法律服务状况：2007—2012 年

务、法律援助或司法救助的内容，为残疾人提供个性化的法律服务、法律救助或司法救助等，可以大幅度地提高残疾人对法律服务、法律援助或司法救助的满意度，否则，拘泥于形式，只会增添他们"被服务"、"被救助"感，而对残疾人自身就业质量和生活质量的实质性提升无大益处。

（三）残疾人服务设施基本形成网络化

无障碍环境建设，是指为便于残疾人等社会成员自主安全地通行道路、出入相关建筑物、搭乘公共交通工具、交流信息、获得社区服务所进行的建设活动。无障碍环境建设，是残疾人平等参与社会生活、顺利就业和社会融合的主要保障。依照《无障碍环境建设条例》，无障碍环境建设具体包括无障碍设施建设、无障碍信息交流、无障碍社区服务和无障碍法律责任。① 随着《无障碍环境建设条例》的实施，残疾人服务设施建设得到全面发展。如《2012 年残疾人事业发展统计公报》显示，截至 2012 年年底，全国已竣工并投入使用的各级残疾人综合服务设施 1 971 个，总占地面积 444.0 万平方米，总建设规模 355.8 万平方米，总投资 96.2 亿元；已竣工并投入使用的各级残疾人康复设施 231 个，总占地面积 82.4 万平方米，总建设规模 67.0 万平方米，总投资 19.2 亿元；已竣工并投入使用的各级残疾人托养服务设施 155 个，总占地面积 71.6 万平方米，总建设规模 43.1 万平方米，总投资 12.6 亿元。

在公共无障碍设施建设方面，监测数据显示，城镇地区公共无障碍设施建设

---

① 《无障碍环境建设条例》由六部分构成，即总则、无障碍设施建设、无障碍信息交流、无障碍社区服务、法律责任、附则。详见：http://www.gov.cn/zwgk/2012-07/10/content_2179864.htm。

呈明显上升趋势，2009—2012 年，城镇地区有公共无障碍设施的比例分别为 17.0%、17.4%、19.5%和 25.6%。城镇地区残疾人居住的社区及周边（半径 1 000 米），常有的公共无障碍设施有盲道、坡道、扶手、无障碍电梯和低位柜台或电话等。

在无障碍设施和服务满意度调查方面，选择"满意"（包括"非常满意"和"满意"）的平均比例为 19.7%，意味着无障碍环境建设工作质量有待于进一步提高。如前文所述，无障碍环境建设是一项系统工作，包括无障碍设施建设、无障碍信息交流、无障碍社区服务和法律责任等内容，因此同步开展以上诸项工作，才能最终提高残疾人对无障碍环境和服务的整体满意度。此外，还须加强农村地区、中西部地区、少数民族地区等无障碍环境建设工作，从而为新时期推动残疾人实现更高质量的就业和平等的参与社会生活提供助推之力。

（四）残疾人扶贫开发和组织建设取得进展

在扶贫开发方面，2007—2012 年，残疾人扶贫工作取得明显进展，贫困残疾人生产生活状况得到进一步改善。如统计公报数据显示，6 年间，共有 1 197.2 万人次贫困残疾人得到扶持，其中 614.8 万人次通过扶贫开发实际脱贫；接受实用技术培训的残疾人达到 511.9 万人次。2008—2012 年，康复扶贫贴息贷款扶持 31.8 万农村残疾人，6.4 万个单位和 41.3 万个人对贫困残疾人开展结对帮扶，残疾人扶贫基地建设达到 5 226 个，安置 10.2 万残疾人就业，扶持带动 25.8 万残疾人，完成 54.5 万户农村贫困残疾人危房改造，69.7 万残疾人受益。

在组织建设方面，截至 2012 年年底，31 个省级残联领导班子配备了残疾人理事长或副理事长，232 个地级市残联在领导班子中配备了残疾人理事长或副理事长，1 624 个县级残联机关配备了残疾人干部；已建乡镇（街道）残联 3.9 万个，已建率 97.5%，选聘残疾人专职委员 4.9 万名；已建社区（村）残协 60.7 万个，已建率达到 95.6%，选聘残疾人专职委员 51.8%万名。全国省市县乡残联实有人员 12 万人。各级残联共举办培训班 3 万期，培训机关干部、协会干部及残疾人专职委员 79 万人次。全国共建省级以下各级残疾人专门协会 15 321 个，市级专门协会已建比例为 98.2%，市辖区专门协会已建比例 94.9%；县（含县级市）级专门协会已建立为 89.2%。

在扶贫开发、组织建设方面取得的成就，体现出党和国家对残疾人事业的重视，而这些工作的稳步推进，势必对新时期、新背景下残疾人群体的就业与发展产生巨大的积极影响。

第三章
就业优先战略下的残疾人就业政策选择

近年来，就业工作在我国经济社会发展过程中的地位与重要作用日益凸显。随着国内外经济社会形势的发展，国家逐步确立了就业优先战略。所谓残疾人就业优先战略，就是要把实现残疾人充分就业作为实现残疾人小康的一个重大的战略任务，要把促进残疾人就业摆在残疾人事业发展的优先位置，作为一个优先目标来推进。残疾人通过劳动参与社会生活，实现劳有所得，人尽其才，获得经济地位与社会承认，充分体现了残疾人就业优先的内涵。残疾人通过劳动实现自尊、自强、自信、自立，真正实现平等、参与、共享，也是残疾人事业的重要目标。残疾人能够实现相对稳定充分就业，生活有保障，收入有来源，参与社会有基础，对于促进残疾人整体状况的改善和残疾人事业的全面发展具有重要的意义。

第一节　将残疾人就业纳入就业优先战略

2008年年末，为应对国际金融危机对就业的冲击，中央提出"将就业摆在经济社会发展更加突出位置"。2009年12月，中央经济工作会议提出"扩大就业是保障和改善民生的头等大事"。2010年，胡锦涛主席在APEC人力资源部长会议上向世界宣告"中国将把充分就业作为经济社会发展的优先目标，实施扩大就业的发展战略"。2010年中央经济工作会议明确提出，把促进充分就业作为经济社会发展的优先目标。2011年发布的《国民经济和社会发展第十二个五年规划纲要》进一步将"就业优先"明确为国家战略。2012年之初，国务院正式批转了《促进就业规划(2011—2015年)》，以落实就业优先战略作为指导思想，对"十二五"期间我国就业工作做出整体部署。

当前，我国就业形势更加复杂，就业总量压力继续加大，劳动者技能与岗位需求不相适应、劳动力供给与企业用工需求不相匹配的结构性矛盾更加突出，就业任务更加繁重。同时，美国经济继续疲软，欧债危机逐步发酵，世界主要经济体复苏乏力，全球正面临第二次世界大战以来最严峻的经济形势，失业率居高不下，高增长低就业、无就业经济复苏现象反复出现，社会发生严重动荡，如何破解就业的困局，已经成为世界各国实现经济复苏的关键。为应对当前复杂形势，中央把握国际国内两个大局，审时度势，确定了"十二五"时期我国经济社会发展以科学发展为主题，以加快转变经济发展方式为主线的指导思想，并将保障和改善民生作为加快转变经济发展方式的根本出发点和落脚点。能否实现充分就业事关改革发展稳定的大局，事关亿万劳动者及其家庭的切身利益，是保障和改善民生的头等大事。可以说，当前形势下，实施就业优先战略是建立和谐社会、保持社会稳定的内在要求，是推进经济健康持续发展，破解我国人口与资源矛盾的必然选择，是贯彻落实科学发展观和以人为本执政理念的必由之路。

就业优先战略的内涵包括让每个劳动者都能通过充分就业融入经济社会发展主流，全面提高综合素质，确保生存权和发展权，实现自身价值，共享经济改革与发展成果，生活水平随着经济社会的不断发展而逐步提升。充分就业是指在某一工资水平之下，所有愿意接受工作的人，都获得了就业机会。充分就业并不等于全部就业或者完全就业，而是仍然存在一定的失业。但所有的失业均属于摩擦性的和季节性的，而且失业的间隔期很短。通常把失业率等于自然失业率时的就业水平称为充分就业。充分就业是小康社会的重要目标，也是就业工作的最重要目标。国家实施就业优先战略进程中将残疾人作为就业困难群体的重要组成部分和失业人口中的最困难人群，并在国务院批转《促进就业规划（2011—2015年）》中予以重点支持与保护。规划强调："全面贯彻落实《残疾人就业条例》，完善残疾人就业促进和保护政策措施，推动党政机关、企事业单位按比例安排残疾人就业，加大对福利企业、盲人按摩机构等残疾人集中用人单位的管理和扶持力度，帮扶残疾人自主创业和灵活就业，推动残疾人在社区服务业、城市便民服务网点就业。建立与残联组织联合开展就业援助的工作机制，各级政府开发的公益性岗位优先安排残疾人。"

不少专家早就提出，根据国家就业优先战略和残疾人"劳动福利型"就业理论实践，建议将残疾人就业优先战略写入残疾人事业"十二五"发展规划。中国残联认真贯彻落实中央领导指示精神，根据当前我国就业工作发生的重大变化和我国残疾人就业状况，逐步确立了残疾人就业优先战略，这是贯彻落实国家就业优先战略的实际行动。

为实现残疾人就业优先战略目标，"十二五"期间，中国残联将采取多项措施促进残疾人就业：一是以完善残疾人就业保护和就业促进法规政策为重点，积极推动残疾人就业纳入国家就业工作大局，同步推进。二是实施百万残疾人就业工程，将残疾人就业任务指标量化后下达各地，并要求实名制统计管理。三是切实做好残疾人人力资源开发，下大力气抓好残疾人的职业教育与培训，把提高残疾人素质作为实现充分就业的前提基础。四是加强残疾人就业服务，把残疾人就业服务向基层、社区延伸。五是确定资金投入优先的原则。要求各级财政资金要优先满足残疾人就业保护和就业促进的需要，并作为考核各级残疾人就业工作的首要指标。

各地根据当地经济社会发展现状，逐步统一认识，将残疾人就业工作放在残疾人事业的优先位置予以安排。江苏省残疾人事业"十二五"发展纲要提出：实施"残疾人就业优先计划"，把促进残疾人就业作为实现全面小康的关键，多渠道促进残疾人就业。浙江省陈加元副省长与11个地级市签订促进残疾人就业的"军令状"中明确提到：各地级市将严格落实残疾人按比例就业政策，全市残疾人按比例就业人数较上年增长3%。江西省残联党组书记李秋生在全省残疾人就业工作会议上强调，当前残疾人工作的一个突出重点就是就业工作，从现阶段残疾人最根本、最迫切的基本需求来看，残疾人工作的重点必然向就业工作转移，国家"十二五"纲要确立的就业优先战略给残疾人就业工作带来了前所未有的良好机遇。广西残联副理事长冯宪强调，要把残疾人就业优先作为就业工作的优先战略予以重点保障。四川省残联副理事长李红强调，要把残疾人就业优先作为就业工作的优先战略予以重点推动。长沙市市委书记陈润儿指出，必须将残疾人就业放在残疾人工作和扩大就业工作的优先位置加以组织实施。"十二五"期间，将在国家实施就业优先战略的大背景下，结合长沙经济社会发展的实际，加大残疾人就业帮扶力度。杭州市残联副理事长汤建新表示，在目前就业形势严峻的形势下，促进残疾人就业应成为政府就业优先战略的一个组成部分，政府机关、社会团体、企事业单位和民办非企业等用人单位、家庭以及个人都肩负重要责任。长春市残联提出实施残疾人就业优先战略，不断开发残疾人集中就业新路子，探索创办残疾人创业园区，继续深化残疾人展能创业孵化基地建设。江西上饶市残联连续几年把就业工作当作一票否决的重点来抓，连续两年召开就业工作现场会，一年三次集中督查，坚持"一县一特色"，培植了一批残疾人就业创业典型，全力打造残疾人就业"一条街"、"一个园区"和"一个夜市"的"三个一"品牌，得到了当地党委政府的肯定和社会的好评。湖北黄石市大力开展残疾人就业工作，在缩小残疾人就业与社会平均就业水平的差距上狠下工夫，全市各级残疾人劳动就业服务机构进一步转变职能，工作重心由收取残疾人就业保障金转向为残疾人提供优质的就业服务。

按照中国残联对残疾人就业工作做出的总体部署，各地积极贯彻落实残疾人就业优先战略，摸清残疾人就业底数实情，加大就业专项资金和残疾人就业保障金的投入力度，切实推动残疾人就业工作快速发展。北京市对22.6万就业年龄段残疾人就业状况开展了全面普查。吉林省2012年将投入残疾人就业保障金4 000万元以上，培训残疾人1万多人，扶持4 000多名残疾人创业就业。江西省

2011 年从财政就业资金中安排 5 000 万元帮扶残疾人就业，其中安排 920 万元培训 7 000 名残疾人；安排 4 080 万元，为残疾人购买公益性岗位和"农家书屋"残疾人管理员岗位 9 000 个。2012 年江西将加大残疾人公益性岗位就业力度，再增聘 3 000 名残疾人任农家书屋管理员。黑龙江省人社厅大力开发残疾人公益岗位，每年安排就业专项资金扶持近 9 000 名残疾人通过公益岗位实现就业。新疆残联理事长王军强调，就业是残疾人的立身之本，为保障今年残疾人就业目标的实现，自治区残联将加大资金投入力度。

第二节　实施残疾人就业优先战略是改善残疾人就业状况的重大任务

实施残疾人就业优先战略是国家就业优先战略的重要组成部分。实施就业优先战略是国家"十二五"时期的重大发展战略举措。主要体现在：一是国家将促进就业放在经济社会优先发展的位置，把促进就业作为经济发展的优先目标。二是国家大力发展劳动密集型、生产型、生活型、小型、微型企业和创新型企业，大力开发就业岗位，使更多的劳动力通过产业结构调整实现就业。三是各级政府为全体劳动者提供更加完善的社会保险补贴、公共就业服务、职业培训和就业援助，促进全体劳动者实现劳动就业权益。就业优先战略不是一个部门、一项业务工作或者说就业工作本身的事情，而是整个国家是不是推动科学发展，是不是能够实现转结构、调方式、惠民生的战略目标，是不是能够实现经济发展方式转变的重大支撑。实施残疾人就业优先战略，是贯彻落实国家就业优先战略的实际行动，是切实解决残疾人就业难问题的重大举措，是关系到残疾人事业是不是科学发展的重大问题。

实施就业优先战略是带领残疾人奔小康的必由之路。《中国残疾人事业"十二五"发展纲要》总目标中明确提出，残疾人生活总体达到小康，参与和发展状况显著改善。也就是说，残疾人生活要总体达到小康水平，必然要求参与和发展的状况明显改善。残疾人"两个体系"建设和残疾人业务领域工作都是服务于这个总目标的。如果"十二五"残疾人就业状况得不到明显改善，达不到"城镇残疾人登记失业率≤6％"的小康目标，残疾人生活总体达到小康的目标就难以实现。靠吃低保和救助，单靠低水平的社会保障手段是不可能实现小康的。各地要把促进残疾人充分就业、稳定就业和城镇残疾人登记失业率达到小康目标，作为残疾人就业工作的出发点和落脚点，残疾人就业工作的全部措施和目标任务都要服务和服从于这一目标的实现。

实施残疾人就业优先战略是改善残疾人生活状况的迫切需要。邓朴方在给第四届全国残疾人职业技能大赛的贺信中指出，"就业是民生之本，促进残疾人就业是维护残疾人劳动权益，改善残疾人和残疾人家庭生活状况，保障残疾人平等参与社会的基础。"残疾人就业是特殊教育的归宿，是康复成果的检验，是根本的社会保障。残疾人就业是残疾人获得收入，实现劳动权益，获得有尊严生活的必然选择。实施残疾人就业优先战略就是要把残疾人就业作为保障和改善残疾人民生的头等大事来优先安排。

实施残疾人就业优先战略是加强残疾人就业工作的客观要求。残疾人事业是全方位、多领域、新型的社会事业，残疾人事业不光有就业，还有康复、教育、权益维护、社会保障、文化体育等业务工作，但是残疾人就业工作是保障残疾人民生和实现平等参与共享的最重要核心业务之一。要显著改善残疾人生活状况，就必须把残疾人就业工作提高到与国家就业优先战略相适应、与"十二五"残疾人事业发展目标同步实现的水平上来，必须加大对残疾人就业工作的推动力度。

实施残疾人就业优先战略，既要紧紧依靠国家就业优先战略的大形势强力推进，也要将残疾人就业放在残疾人业务工作领域中的优先位置予以安排。

第三节　实施残疾人就业优先战略的政策选择

(一)推动地方制定出台贯彻《残疾人就业条例》的地方性法规，明确政策重点，细化扶持措施

2011年，中国残联下发了《关于抓紧制定出台贯彻〈残疾人就业条例〉地方性法规的指导意见》。意见就地方性法规需要重点突破的内容，提出了具体建议，要求各地纳入年度立法规划，尽早出台，增加刚性条款，细化落实措施。目前已有河北、福建、湖北、江西、吉林、广西、西藏、贵州、甘肃9个省区出台了贯彻落实《残疾人就业条例》的实施办法，其他各省区市已将此列入当地"十二五"规划或政府立法规划中。

一些地方还出台了本地残疾人就业的指导意见，全方位、多措施保障残疾人平等就业的权利，为残疾人就业提供了制度性保障。如：青岛市《关于进一步做好残疾人就业工作的意见》、深圳市《关于扶持残疾人就业办法》、青海省《关于进一步促进残疾人就业工作的通知》、宜昌市《城区残疾人就业奖励及补贴办法》、江苏省《关于加快推进残疾人就业扶贫工作意见的通知》、陕西省《关于加快推进残疾人就业工作的指导意见》。上海市副市长姜平要求残联、民政、财政联合进行一次残疾人就业梳理，积极学习兄弟省市的优秀做法和成功经验，集中研究残疾人就业政策，上海可以大胆尝试，为社会弱势群体多做一些有益的事情，争取在2012年有重大突破。

（二）实施百万残疾人就业工程

2011 年，中国残联下发了《关于实施城镇百万残疾人就业工程的通知》。通知采取五项重点工作保障工程的实施。一是对残疾人就业情况进行实名制统计管理，为新增就业的残疾人建立台账，实行动态管理。二是完善残疾人就业援助制度。三是加强残疾人职业教育和职业培训，全国挂牌成立残疾人职业培训基地1 000 家，组织开展 180 万人次的残疾人职业技能培训。四是加快推进残疾人就业服务机构规范化建设。五是加大资金投入，给予残疾人岗位补贴、社会保险补贴，扶持残疾人就业。

（三）把残疾人大中专生毕业生就业工作摆在首位

残疾人大中专毕业生是宝贵的人力资源，促进残疾人大中专毕业生就业是残疾人就业工作的重要任务。2011 年 5 月，国务院下发了《关于进一步做好普通高等学校毕业生就业工作的通知》，明确指出"要认真执行残疾人就业条例的有关规定，保障残疾人高校毕业生的就业权益。"中国残联及时印发了《关于积极做好残疾人大中专毕业生就业工作的通知》。通知要求，县级以上残联及直属单位新录用、聘用工作人员中，高校残疾人毕业生不得少于 20%。中国残联还召开了全国残疾人大学生毕业就业工作座谈会，明确要求各地全面摸清残疾人大中专毕业生就业和未就业情况，建立本地残疾人大中专毕业生实名制数据库，认真开展"一帮一"、"一跟一"的专项就业援助服务，确保残疾人大中专毕业生实现就业。目前，部分地区已出台了促进残疾人大中专毕业生就业的规定。如，河北省《关于做好残疾人大中专毕业生就业工作的通知》、黑龙江省《关于做好残疾人大中专毕业生就业工作的通知》、安徽省《关于做好普通高等学校残疾人毕业生就业工作的通知》、宁夏回族自治区《关于做好残疾人大中专毕业生就业工作的通知》、福建省《关于促进高校残疾人毕业生就业工作专项补贴资金有关问题的通知》、青岛市《关于做好残疾人大中专毕业生就业工作的通知》。

（四）加强残疾人职业培训促进就业

残疾人就业工作"十二五"实施方案提出要加强残疾人职业教育和职业培训，各级政府开展的职业培训要将有就业愿望和培训需求的残疾人列入培训对象；面向城乡各类有就业要求和培训愿望的残疾人开展多种形式的、多层次的就业技能培训；对农村转移就业的残疾人、城镇登记失业残疾人、城乡未继续升学的应届初高中残疾毕业生，重点开展初级技能培训；加大就业专项资金和残疾人就业保障金投入力度；加强对残疾人高技能人才的培养力度。

为贯彻落实《国务院关于加强职业培训促进就业》文件精神，中国残联制定了《关于组织开展"加强职业培训促进就业年活动"的通知》，要求各地要在 2011 年开展残疾人就业和培训状况调查摸底，确定培训资金标准，不断加大职业培训资金投入，创立培训品牌，并推行实名制培训和实名制就业统计等关键环节的工作。2012 年 6 月，人力资源和社会保障部、财政部、中国残疾人联合会联合印发了《关于加强残疾人职业培训促进就业工作的通知》，对在全国范围内大力开展残疾人职业培训工作进行全面部署。

按照中国残联对残疾人职业培训工作总体部署，各地积极出台残疾人职业教育和职业培训政策，大力开展残疾人职业培训工作。如：上海市《关于本市实施残疾人参加成人学历教育学费补贴的通知》规定，参加成人学历教育的，取得中专、大专和本科学历的，给予 90％学费的补贴。北京市了出台了《关于残疾人职业培训补贴暂行办法》、广州市出台了《关于残疾人职业培训扶助暂行办法》。河南省将残疾人职业培训纳入省委、省政府民生工程，省政府办公厅连续三年印发《河南省残疾人就业培训工程实施方案》，对全省残疾人就业培训工作进行总体部署，省残联将残疾人培训工作作为重中之重，坚持摸清底数，以实名制培训为抓手，将培训就业纳入年度目标管理，实行一票否决。湖南省下发了《2012 年全省残疾人职业技能与实用技术培训实施方案》，安排 2 万名残疾人接受免费技能培训。吉林省实施农村残疾人"带传培训工程"。辽宁省实施促进残疾人万人就业万人培训行动。湖北省宜昌市推行"培训—就业"一体化模式推动残疾人就业。四川宜宾珙县开展个性化培训帮助残疾人就业。

在各地相继出台的本地职业培训政策的推动下，残疾人主动参加职业培训，劳动致富的愿望被激发，有力地促进了残疾人就业。如重庆荣昌县出现 600 名农村残疾人主动报名参加实用技术培训的现象。

就业优先战略的内涵包括让每个劳动者都能通过充分就业融入经济社会发展主流，全面提高综合素质，确保生存权和发展权，实现自身价值，共享经济改革与发展成果，生活水平随着经济社会的不断发展而逐步提升。国家实施就业优先战略进程中将残疾人作为就业困难群体的重要组成部分和失业人口中的最困难人群，并在国务院批转《促进就业规划（2011—2015 年）》中予以重点支持与保护。规划强调："全面贯彻落实《残疾人就业条例》，完善残疾人就业促进和保护政策措施，推动党政机关、企事业单位按比例安排残疾人就业，加大对福利企业、盲人按摩机构等残疾人集中用人单位的管理和扶持力度，帮扶残疾人自主创业和灵活就业，推动残疾人在社区服务业、城市便民服务网点就业。建立与残联组织联合开展就业援助的工作机制，各级政府开发的公益性岗位优先安排残疾人。"所谓残疾人就业优先战略，就是要把实现残疾人充分就业作为实现残疾人小康的一个重大的战略任务，要把促进残疾人就业摆在残疾人事业发展的优先位置，作为一个优先目标来推进。

残疾人通过劳动参与社会生活，实现劳有所得，人尽其才，获得经济地位与社会承认，充分体现了残疾人就业优先的内涵。残疾人通过劳动实现自尊、自强、自信、自立，真正实现平等、参与、共享，也是残疾人事业的重要目标。残疾人能够实现相对稳定的充分就业，生活有保障，收入有来源，参与社会有基础，对于促进残疾人整体状况的改善和残疾人事业的全面发展具有重要的意义。

第四节　促进残疾人多元化就业

随着经济社会发展变化，我国残疾人就业在不断完善按比例就业、集中就业、个体就业等正规就业形式的基础上，更重视拓展非正规就业形式，寻求残疾人就业新的增长点，扩大残疾人就业规模。

(一)按比例就业

残疾人就业工作"十二五"实施方案提出：切实落实按比例就业政策。党政机关、人民团体、事业单位及国有企业，制定具体目标，带头安排残疾人，促进更多残疾人在各类用人单位实现按比例就业。采取社会保险补贴、岗位补贴、试用见习补贴、提供岗位支持服务、落实税收优惠等方式鼓励用人单位按比例或超比例安排残疾人就业。

"十二五"期间中国残联将积极协调财政部等有关部门修订"残疾人就业保障金征收使用管理办法"，扩大残疾人保障金用于促进残疾人就业的支出渠道，加大残疾人就业保障金在残疾人职业培训、就业援助、职业能力评估、职业技能鉴定、残疾人岗位开发等方面的投入，强化使用监督，保障资金安全。

1. 按规定比例招录残疾人

我国法律文件规定，用人单位按不低于1.5％的比例安置残疾人就业，一些地区明确规定，用人单位在新招录工作人员时要按法定比例招录残疾人。如北京市规定：本市国家机关、事业单位、国有及国有控股企业安排残疾人就业未达到规定比例的，招录工作人员时应当单列一定数量的岗位，定向招录残疾人。《中共湖北省委、湖北省人民政府关于促进残疾人事业发展的意见》要求，全省每年统一招收工作人员时，原则上要将招收总人数的1.5％以上专门用于招录残疾人。河南省规定：国家机关、事业单位、国有及国有控股企业安排残疾人就业未达到规定比例的，招录、招聘工作人员时应当单列一定数量的岗位，依照公开、平等、竞争、择优的原则和程序定向招录符合岗位要求的残疾人。海南省规定：各级党政机关、事业单位及国有企业招录公务员和工作人员时，在同等条件下按一定比例优先招录残疾人。

2. 按比例补贴政策

为了鼓励用人单位安置残疾人的就业，多数地区出台政策，对按比例安排残疾人就业的用人单位，通过岗位补贴、社会保险补贴、一次性补贴、无障碍就业环境改造补贴等形式给予补贴。

(1)岗位补贴等

北京市对招用残疾人就业的用人单位按照劳动合同的签订情况分别给予每人每年3 000元或5 000元的安排残疾人就业岗位补贴。江苏省通过岗位补贴或社会保险补贴方式，鼓励用人单位为残疾大学生提供毕业实习、就业岗位和超比例安排残疾人就业。将残疾人纳入就业援助重点对象，鼓励用人单位安排就业困难的残疾人就业，并根据签订劳动合同情况给予岗位补助。山东省对各类企业招用符合条件的残疾人就业困难人员，按规定给予社会保险补贴，有条件的地方可给予岗位补贴。海南省整合完善残疾人就业岗位补贴和超比例安置奖励等政策措施，适当提高补贴和奖励标准。支持用人单位开展无障碍环境改造和残疾人就业岗位开发。青海省对凡省内各类企业吸纳残疾人就业签订一年以上劳动合同并参加社会保险的，按照合同期限给予企业不超过3年的岗位补贴、社会保险补贴，并给予一次性奖励。岗位补贴标准为每人每月200元，社保补贴标准按单位应缴的各项社会保险费计算，一次性奖励标准按每招录1人1 000元给予企业奖励。

(2)社会保险补贴

安徽省对招用就业困难的残疾人，签订劳动合同并缴纳社会保险费的企业，在相应期限内给予基本养老、医疗和失业保险补贴。江西省对用人单位招用符合条件的残疾就业困难人员，人力资源和社会保障、财政部门以及残疾人联合会应当按规定给予社会保险补贴。广东省以用人单位为残疾人实际投保险种为据，最高按缴纳的养老、失业、工伤、生育、医疗社会保险五项之和计算，全额资助单位应缴部分，资助标准按现行社会保险缴费比例用人单位应缴部分的下限执行。广西壮族自治区对用人单位安排残疾人就业，与就业残疾人签订劳动合同并为其缴纳社会保险费的，在相应期限内给予基本养老保险、基本医疗保险和失业保险补贴。

(3)一次性补贴

广西壮族自治区对用人单位安排大中专残疾人毕业生就业的，在享受国家相关优惠政策的基础上，给予一次性岗位补贴，补贴经费从当地残疾人就业保障金中支出。甘肃省对吸纳残疾大学生就业的用人单位给予适当补助，对帮助残疾人实现稳定就业的职业介绍机构给予奖励，所需资金从市州、县市区残疾人就业保障金中列支。

(4)无障碍改造补贴

深圳市对符合条件的用人单位给予残疾人就业环境改造、就业设施设备费用补贴扶持，补贴经费在市残疾人就业保障金中列支。湖北省宜昌市对安置残疾人一次性达5人以上，确需添置无障碍设施的将给予一定补贴。

3. 超比例奖励政策

用人单位超比例安置残疾人就业，不但履行了法定的社会义务，更体现出一种社会责任，多数地方积极出台政策，授予荣誉称号或给予一次性资金奖励。如北京市对安排残疾人就业超过职工总数1.7%比例的用人单位，在现有奖励政策基础上，再按照每超出1人给予每人每年6 000元的超比例安排残疾人就业奖励。超比例安排残疾人就业单位奖励资金，从区县残疾人就业保障金列支。天津市对符合申请补贴奖励条件的超比例安排残疾人就业单位，按核定的补贴奖励人数、市劳动和社会保障局公布的当年单位和职工社会保险缴费基数最低标准及单位应负担比率计算的缴费金额给予补贴。以后根据公布的年度社会保险缴费基数最低标准相应提高补贴金额。吉林市对超比例安排残疾人就业的单位（不含福利企业），可通过残疾人就业保障金给予鼓励，每超比例安置1名残疾人就业，可一次性给予1 000元鼓励，其资金主要用于无障碍设施改造、购置专用设备和工具以及社会保障费等。湖南省对用人单位新开发岗位供残疾人就业，新吸纳就业的残疾人在5人以上，且残疾职工人数占在职职工总数的比例超过8%，或一次性新开发岗位吸纳就业的残疾人在50人以上，可以授予"爱心单位"称号；用人单位残疾职工达到10名以上、残疾职工占在职职工总数的比例超过10%、且50%以上的残疾职工连续在本单位工作两年以上，可以授予"最具爱心单位"称号。用人单位的奖励金额按下列公式确定：奖励金额＝奖励人数×奖励标准。

奖励人数＝用人单位残疾人就业人数－用人单位应安排残疾人就业人数（单位在职职工总数×1.5%）；奖励标准为用人单位所在县市区当年度最低工资标准（月最低工资标准×12）的50%。安徽对超比例安排残疾人就业的企业，在上一年度残疾人职工人数的基础上，当年每新增安置1名残疾人就业，给予用人单位每人一次性补贴1 500元，对其中新增安置就业困难残疾人，按每人2 000元标准予以一次性补助。西藏自治区对于超过规定比例安排残疾人就业的单位，每多安排1名残疾人就业，残疾人联合会每年按该单位所招用残疾人的年平均工资给予奖励。青岛市对每超过规定比例安置1名残疾人，劳动合同履行期内，七区及青岛前湾保税港区、青岛高新区每年奖励用人单位8 000元。自2012年起，用人单位每超比例新安置1名残疾人就业，再给予2 000元的一次性奖励。五市可结合本地实际确定奖励标准，但不得低于七区奖励标准的60%。厦门市对超比例部分按当年度所在区最低工资标准的80%给予用人单位工资性补贴。乌鲁木齐市对超比例安排残疾人就业的，按残疾类别超比例安置一人，给予 3 000~5 000 元奖励。杭州市对超过规定比例安置残疾人就业的残疾人自主创业实体，按超比例残疾人就业人员每人每年 4 000 元的标准给予补助，从各区县市残疾人就业保障金中列支。济南市对当年超比例安置的单位，每新安置一名肢体残疾人或听力语言残疾人，奖励 3 000 元；每新安置 1 名智力或精神残疾人，奖励 4 000 元；每新安置 1 名盲人，奖励 5 000 元。奖励资金专项用于被奖励单位缴纳职工社会保险。奖励资金从市级残疾人就业保障金中支出。

4. 安置重度残疾人等奖励政策

1995 年中国残联关于印发《残疾人按比例就业工作的若干意见》的通知："安排一名盲人或重度肢体残疾人可按两名计算。"

2009 年人社部等 4 部门《关于进一步做好高等学校残疾人毕业生就业工作的通知》明确规定："2009 年至 2011 年，执行按比例就业的用人单位每安排一名高校残疾人毕业生就业，按安排两名残疾人计入所安排的残疾人职工人数之内。"

目前各地都出台了一人按两人计算奖励政策。其中：天津、山西、山东、内蒙古、吉林、江苏、安徽、河南、四川、黑龙江农垦总局等地，安排 1 名盲人按两名残疾人计算；北京、辽宁、浙江、广东、湖南、陕西、重庆、甘肃、福建、江西等地，安排 1 名盲人或一级肢体残疾人的按两名残疾人计算；河北、黑龙江、青海、广西、海南、云南、贵州、湖北、新疆、西藏、宁夏、新疆生产建设兵团等地，安排 1 名盲人或者重度残疾人的按两名残疾人计算。无锡市还规定，安排 1 名三、四级智力或精神残疾人就业按安排 1.5 名残疾人就业计算。

5. 探索监督约束机制

奖励具有激励性，处罚具有约束性。在推进残疾人按比例就业工作中，既要重视奖励作用，又不能忽视处罚作用，奖励与惩罚应当结合使用。

一些地方对拒不安排残疾人又未按比例安排残疾人就业的，在媒体上进行曝光，接受社会监督。个别地方对拒不安排残疾人又不缴纳残疾人就业保障金的，依法向人民法院起诉，强制执行。《北京市实施〈中华人民共和国残疾人保障法〉办法》规定，对未按比例安排残疾人就业且未缴纳残疾人就业保障金的用人单位，由相关机构建立信用系统，并向社会公示。福建省将按比例安排残疾人就业纳入各级文明单位考评指标。近年来，一些专家学者建议提高残疾人就业保障金征收标准，对不履行按比例安排残疾人就业的用人单位，加大经济处罚力度，以促使其履行义务。个别地方已出台按照高于当地平均工资标准征收残疾人就业保障金，以此促进用人单位选择安排残疾人就业。

（二）集中就业

残疾人就业工作"十二五"实施方案提出：落实福利企业、盲人按摩机构等集中使用残疾人用人单位的税收优惠。大力扶持工（农）疗机构、辅助性工场等残疾人福利性单位吸纳精神、智力及重度残疾人辅助性就业；鼓励中小企业、第三产业经营实体集中安排残疾人。开展残疾人集中就业单位专产专营和政府优先采购产品试点，推动试点地区率先出台残疾人集中就业单位专产专营目录。

2007年6月，财政部、国家税务总局出台《关于促进残疾人就业税收优惠政策的通知》，国家税务总局、民政部、中国残联出台《关于促进残疾人就业税收优惠政策征管办法的通知》等文件，对残疾人集中就业税收优惠相关政策进行了调整和细化，加强了监管，避免了税收的流失。目前我国针对残疾人集中就业税收优惠的政策有：一是限额即征即退增值税或减征营业税（依据：财税［2007］92号）；二是减征企业所得税（依据：财税［2007］92号）；三是减征或免征城镇土地使用税（依据：财税［2010］121号）。附加税是指随正税按照一定比例征收的税，通常包括：城市维护建设税，教育费附加等。残疾人集中就业单位在减免了增值税和营业税的同时，一并减免了城市维护建设税，教育费附加等附加税。

"十二五"期间中国残联将积极协调财政部、国家税务总局等部门调整完善残疾人集中就业税收优惠政策，降低准入门槛，扶持残疾人集中就业单位发展。

目前，已有个别省出台了扶持福利企业发展的意见。比如，浙江省《关于进一步支持福利企业发展促进残疾人就业的若干意见》，江苏省《关于扶持福利企业发展促进残疾人就业的意见》，广州市《关于扶持社会福利企业发展促进集中安置残疾人就业的意见》，北京市《关于扶持集中安置残疾人就业单位实施意见》。以上意见通过减免房产税、城镇土地使用税，优惠电价，减免水利建设专项资金，给予社会保险补贴和职业培训补贴，安置精神残疾人职工就业岗位补贴，建立残疾人职工之家补贴，超比例安置残疾人就业奖励等措施扶持福利企业发展。北京市集中就业单位安排残疾人职工就业人数占企业在职职工总人数的25%（不含）以上且多于10人的，可按超出人数以每人每年3000元的标准给予超比例安置残疾人就业奖励。青海省积极出台扶持政策兴办福利企业，对吸纳残疾人超过职工总数20%（100人以上的企业达到10%）以上，并与其签订一年以上劳动合同的，给予最高不超过200万元的贷款；对吸纳残疾人超过30%以上，并签订一年以上劳动合同的，给予最高不超过300万元的贷款。

个别地方政府和相关部门制定了政府优先采购残疾人集中就业产品与服务的措施。如青岛市《关于进一步做好残疾人就业工作的意见》规定：自2012年起，各区（市）每年在本级政府采购中，至少确定一种产品或服务，安排给残疾人福利企业或残疾人辅助性就业机构，由其专产专供；对采取公开招标、邀请招标采购方式，采用综合评分法的采购项目，以投标单位安置残疾人就业人数达到本单位在职职工总数的1.5%为基数，每超过1个百分点，商务标评分给予加1分，最高加4分。上海市财政局《关于落实政府采购优先购买福利企业产品和服务的通知》要求：采购人或其委托的采购代理机构应当在采购文件中明确规定，在同等条件下优先采购福利企业的产品和服务。《青岛市政府采购暂行办法》规定，对需要购买由社会福利企业、慈善机构或其他特定机构生产的产品的，采购人可以采用单一来源方式，直接向一家供应商进行采购。《乌鲁木齐市政府采购管理办法实施细则》要求，从残疾人、慈善等机构采购的可以采取单一来源采购方式。长春市在定点采购中，针对投标的社会福利企业给予加2分，提高福利企业参与政府采购的中标率。福建省《残疾人就业条例》规定："政府采购采用招标方式进行采购的，对集中使用残疾人的用人单位的产品或者服务，应当给予加分或者价格扣除等优惠待遇"。广州市《关于推进残疾人康园工疗机构建设的意见》规定，市属各机关、事业单位和群团组织使用财政性资金采购10万元以下的信封、信纸，在同等条件下要优先向广州市康园中心采购；采购10万元以上（不含10万元）的信封、信纸，按政府采购程序，委托市政府采购中心办理采购，在采购中落实优先的规定。浙江省政府提出以出台政府优先采购、专产专营的残疾人就业庇护政策为重点，推动扶持全省残疾人小康·阳光庇护中心建设，帮助轻度精神和智力残疾人实现庇护性就业。目前上海市民政局、市残联将研究制定适合专产专营的产品（服务）目录；市国资委则将指导、督促国有企业梳理出适合福利企业生产的产品和服务，协调有条件的国有企业"一帮一"，即一家国企帮扶一个区（县）的福利企业。

（三）个体就业

残疾人就业工作"十二五"实施方案提出：通过资金扶持、小额贷款贴息、经营场所租金优惠、社会保险补贴、税费减免等措施，扶持残疾人自主创业和灵活就业。

近两年，各地进一步加大扶持残疾人个体就业创业的力度，残疾人创业将在国家大力发展中小型企业的基础上得到更加实惠的政策扶助。比如：

1. 资金扶持

多数地区主要是对残疾人个体创业给予现金补贴，金额从几千元到几万元不等，多为一次性扶持，从残疾人就业保障金支付。比如：北京市对自主创业残疾人给予2万元以下创业扶持。天津市对新创办企业的残疾人给予2万元创业补贴；对新创办个体工商户的残疾人给予5 000元创业补贴。深圳市残疾人自主创业可获2万～3万元扶持。河北张家口市对残疾大学生自主创业的，一次性给予5 000～10 000元创业资金补助。取得厦门市或区工商行政管理局核发的《企业法人营业执照》，并正常经营半年以上的，给予15 000元一次性创业补贴，经营每满一年给予3 000元经营补贴。江西省从政府扶贫资金和残疾人就业保障金中划出一定比例，设立残疾人创业基金和奖励基金，扶持残疾人就业和创业，奖励有特殊贡献的残疾人。青岛市从市残疾人就业保障金中，先期安排资金 500 万元，设立青岛市残疾人就业创业引导基金；残疾人创业享两年补贴，第一年每月 300 元，第二年每月 200 元。河南焦作市对首次自主创业、正常纳税经营 1 年以上的残疾人，一次性给予 2 000 元的资金扶持，扶持资金由市残联和其户口所在地县市区残联按照 1：1 的比例共同承担。福建省福安市发放 35 万残疾人创业扶持金，资助 70 名当地"零就业"家庭有意向自主创业的残疾人每人 5 000 元的扶助资金。广东省肇庆市为 60 名有劳动能力和自主创业愿望的残疾人视创业项目每人平均提供 5 000 元的创业扶持资金。宁夏中卫市对不同规模、不同类型残疾人创业给予从 3 000～50 000 元不等的一次性补助。

2．金融扶持

针对残疾人创业融资难的现状，部分地区积极出台政策为残疾人创业提供贴息贷款，并筹措资金提供贷款担保。比如：河北秦皇岛市规定，自 2012 年起凡通过残联免费创业培训取得创业培训合格证且有创业项目的残疾人，可持证到项目所在地的人社部门申请 10 万元政府贴息创业担保贷款，农村残疾人可享受 1 500 元先期创业资金扶持。辽宁省辽阳市对残疾人个人、合伙或组织起来就业及安排残疾人的小型企业可一次性贷款 5 万元，最高贷款额 100 万元。对残疾人个人贷款 5 万元以下财政给予全额贴息；对合伙经营和小型企业按贷款额贴息 50％。吉林省通过使用残疾人就业保障金注入小额贷款担保基金的方式，组织开展省级残疾人就业专项小额担保贷款工作。河南洛南县规定残疾人就业创业可以低于信用社优良信用户个人贷款现行利率 5 个百分点的低息贷款，用贷残疾人在贷款到期还本付息后，可申请贴息，资金数额按实际贷款额、用贷时间和当期基准利率上浮 3 个百分点的利率计算，最高不超过 5 万元。浙江省宁波市实施千名残疾人就业创业帮扶计划，对低收入残疾人开办小店小摊服务业（含开网店）的残疾人个人贷款按 5％的年利率、20 万元贷款额度内给予贴息；残疾人扶贫基地按 3％的年利率、100 万元贷款额度内给予贴息。2010—2012 年毕业的残疾人大学生个体从事服务业按 5％的年利率、30 万元贷款额度内给予贴息。江西省广丰县每年划出一部分残疾人就业保障金，免息借贷给有创业愿望和创业能力的残疾人，重点扶持他们经营适合残疾人特点、符合实际的且投资少、见效快的种养殖、服务业和家庭手工业等项目。新疆兵团农七师残联出资 20 万元支持残疾人自主创业，残疾人在担保人提供担保的前提下，个人创业可申请到 5 000～10 000 元的小额担保贷款，还贷时间为 1～2 年。宜昌市对符合现行小额担保贷款申请人条件的城乡残疾人，个人贷款额度最高不超过 8 万元，还款方式和计、结息方式由借贷双方商定。对符合条件的残疾人合伙经营或创办小企业的，总额不超过 50 万元的额度实行"捆绑式"贷款；对符合贷款条件的、使用残疾人的劳动密集型小企业，贷款额度不超过 200 万元。对城乡残疾人利用小额担保贷款从事个体经营、合伙经营或组织起来就业的(国家限制行业除外)，均作为微利项目，在贷款期限内给予全额贴息。经办金融机构对城乡残疾人新发放的小额担保贷款的利率，可在人民银行公布的贷款基准利率的基础上上浮 3 个百分点。

3. 经营场所租金、设备等补贴

《残疾人就业条例》规定："对于残疾人从事个体经营的，有关部门应当在经营场地等方面给予照顾。"一部分地区为提高扶持残疾人创业的有效性和针对性，更好地发挥残疾人就业保障金使用效益，采用设备、场租补贴等形式支持残疾人个体就业。比如：北京市对租赁场地的残疾人个体就业人员给予 2 万元以下租赁补贴。辽宁省从残疾人就业保障金出资对残疾人个体户或组织起来就业的残疾人实行设备扶持。深圳市对自主创业租赁场地并属于正常经营的残疾人给予场地租金补贴，场地租金补贴标准为《深圳市自主创业补贴办法》规定的数额上浮 30%；场地租金低于补贴限额的，按实际租金给予补贴；补贴期限不超过 3 年。

个别地方专门租赁门面房或开辟就业一条街集中安排残疾人就业。比如：江苏省无锡市北塘区为符合条件的残疾人免费提供店面。广西南宁建"残疾人就业创业街"。河南平顶山开辟"服务一条街"助残疾人成功就业。江西省广丰县残联投资 30 余万元，在县城繁华地段广场边沿路创办"残疾人创业夜市"。延安市宝塔区建残疾人就业一条街。江西省上饶市信州区建残疾人就业创业一条街。吉林省龙井市建残疾人就业一条街。湖南省株洲市荷塘区建残疾人就业一条街。哈尔滨市通河县建残疾人就业一条街。广州市海珠区建残疾人社区就业一条街。湖北省安陆市巡店镇建残疾人就业一条街。

4. 社会保险补贴

针对残疾人个体就业人员社会保障不足的问题，2005 年劳动保障部、财政部、中国残联《关于城镇贫困残疾人个体户参加基本养老保险给予适当补贴有关问题的通知》："残疾人就业保障金有结余的地方，可对具有当地城镇户口、持残疾人证从事个体经营并领取工商营业执照、经所在地有关部门确认的贫困残疾人个体户缴纳基本养老保险费给予适当补贴，补贴标准由省、自治区、直辖市劳动保障、财政部门会同残疾人联合会提出意见，报同级人民政府批准后执行。补贴资金从上年度残疾人就业保障金结余中列支。"

各地出台政策对残疾人个体就业创业人员参加各类社会保险予以补贴。如：天津市规定就业困难的残疾人从事个体就业、灵活就业的，给予基本养老保险、基本医疗保险、社会工伤保险和失业保险补贴，其中基本养老保险费按当年城镇个体工商户基本养老保险缴费基数最低标准缴费金额的 75% 给予补贴。灵活就业人员医疗保险费按当年灵活就业人员医疗保险缴费基数缴费金额的 75％给予补贴，缴纳大额医疗救助费按照缴纳金额的 75％给予补贴。社会工伤保险费按当年工伤保险缴费基数最低标准的最低比例缴费金额的 75％给予补贴。宁夏从事个体经营并参加社会保险统筹的残疾人，均可享受宁夏养老保险和医疗保险。补贴期限每人最长 3 年。成都市对困难个体从业的残疾人给予基本养老保险和医疗保险补贴，补贴标准为个人参保部分的 70％。浙江省常山县对城镇个体从业残疾人发放基本养老保险补贴，人均每年补助 1 270 元。

5. 税费减免

我国对残疾人个人就业减免税费的扶持政策由来已久。目前国家对残疾人个人就业税收方面的优惠政策：一是对残疾人个人提供的加工、修理修配劳务免征增值税（依据：财政部、国家税务总局《关于调整农业产品增值税税率和若干项目征免增值税的通知》94 财税字第 004 号）。二是对残疾人个人为社会提供的劳务免征营业税（依据：《中华人民共和国营业税暂行条例实施细则》93 财法字第 40 号）。三是对残疾人个人就业的减征个人所得税（依据：《中华人民共和国个人所得税实施条例》国务院令第 142 号）。2007 年财政部、国家税务总局《关于促进残疾人就业税收优惠政策的通知》对减免上述三种税进行了重申。附加税是指随正税按照一定比例征收的税，通常包括：城市维护建设税，教育费附加等。残疾人个体就业在减免了增值税和营业税的同时，一并减免了城市维护建设税，教育费附加等附加税。同时《残疾人就业条例》规定：有关部门应当在经营场地等方面给予照顾，并按照规定免收管理类、登记类和证照类的行政事业性收费。

多数地区不断摸索经验，适应市场经济发展，推动当地税务部门增加残疾人免税力度。比如：甘肃省对从事个体经营的残疾人自工商部门批准其经营之日起 3 年内免收"个体工商户注册登记费"。对农村残疾人在集贸市场和政府指定区域内销售自产农副产品以及在农村的流动小商贩免于工商登记、免收工商管理各项费用。青岛市对从事个体经营的残疾人 3 年内按每户每年 8 000 元为限额依次扣减其当年实际应缴纳的营业税、城市维护建设税、教育费附加和个人所得税。河北张家口市规定残疾人从事个体经营的，包括个体工商户、合伙企业、独资企业、公司或其他企业类型自主创业，3 年内免收登记费、证照费、年检费。

6. 创业培训

各地还将残疾人创业培训与残疾人个体创业相结合，针对市场需求，广泛开展了各类残疾人创业培训。比如：北京市实施残疾人网上创业行动培训支持计划，投入 30 万元，为残疾人提供电子商务、网络营销技巧等针对性的网上创业培训。帮助残疾人实现"无须进货、不押资金、自动收款"的网上分销创业模式。江苏省姜堰市为有就业需求的残疾人举办了一期花卉园艺栽培技术培训班，全市

42 名残疾人参加了定期理论学习和实地培训。山东省泰安市开展小老板创业培训项目，在泰安残疾人中首次开展，免费开展创业培训，参训人可优先申请获得小额担保贷款，免费获得后续支持服务。四川省开展残疾人大学生"DSB 创业培训计划"，56 名川籍在校残疾大学生接受为期 10 天的创业培训。

在各地"十二五"发展规划和政策的推动下，一些地方出台了扶持残疾人个体就业制度规定。比如：北京市《关于扶持残疾人自主创业个体就业暂行办法》、天津市《关于扶持残疾人自主创业的补贴办法》和《关于对残疾人个体工商户缴纳和个体工商户为雇用的残疾人缴纳社会保险费给予补贴的办法》、河南省《关于做好扶持残疾人个体就业自主创业工作的通知》、厦门市《关于扶持残疾人自主创业的通知》、杭州市《关于残疾人自主创业扶持办法》、济南市《扶持残疾人个人或自愿组织起来经营管理办法》、《沈阳市扶持残疾人创业带头人工作实施方案》、宁夏中卫市《关于扶持残疾人自主创业个体就业专项资金使用管理暂行办法》、苏州市《关于扶持残疾人自主创业意见》、浙江舟山市《关于残疾人就业创业扶持办法》、陕西咸阳市《关于扶持残疾人自主创业个体就业暂行办法》、张家口市《关于扶持城乡残疾人个体从业的实施意见》、湖北宜昌市《残疾人就业小额担保贷款实施办法》。

(四)公益岗位就业

残疾人就业工作"十二五"实施方案提出：把公益岗位安置就业作为促进残疾人就业的重要渠道之一。各级政府开发的适合残疾人就业的公益性岗位，应优先安排残疾人就业。

日前，部分地区已出台残疾人公益性岗位就业的制度规定。比如：内蒙古《关于开发残疾人公益岗位的实施意见》、西藏《关于做好公益性岗位安置残疾人就业工作的通知》、江西省《关于做好农家书屋残疾人管理员选聘工作的通知》、黑龙江省《助残就业爱心工程实施方案》、济南市《关于规范完善残疾人事业公益性岗位的实施意见》、武汉市《关于规范残疾人公益性岗位管理工作的通知》、邯郸市《关于开发公益性岗位安置残疾人就业的实施方案》、山东东营市《市直事业单位残疾人公益岗开发和管理实施方案》、四川遂宁市《关于在全市深入推进"爱心亭"助残就业惠民工程的实施意见》。

部分地区出台文件明确规定公益岗位安排残疾人的比例 10％～30％。据不完全统计，《甘肃省扶助残疾人规定》第二十四条：各级人民政府及有关部门、街道办事处、社区，在设置报刊亭、公厕、停车场、社区卫生监督等公益性岗位时，按不低于 30％的比例优先安排残疾人就业。中共西藏自治区委员会、西藏自治区人民政府《关于促进残疾人事业发展的实施意见》规定：各地(市)各部门在安排公益性岗位工作时，同等条件下优先安排残疾人从事公益性岗位工作，并在总量中按一定比例安排残疾人。县级以上人民政府应当在城市环境卫生、公共停车场、报刊信息(公用电话)亭、收费公厕等服务行业的公益性岗位中，安排不低于30％的岗位供残疾人就业。广州市委市政府《关于加快残疾人事业发展的决定》规定：大力扶持和开发书报亭、社区服务点等公益服务岗位，适合残疾人就业的新增公益性岗位按不低于30％的比例优先提供给残疾人就业。《河北省磁县人民政府残疾人工作委员会关于扶助残疾人的有关规定》，在设置公益性岗位时，按不低于30％的比例安排残疾人就业。《山西省实施〈残疾人就业条例〉办法(草案)》第十九条规定，各级人民政府发展社区服务事业，应当优先安排残疾人就业。各级人民政府应当多形式开发适合残疾人就业的公益性岗位，且所占当地公益性岗位的比例不低于15％，要重点开发适合盲人及智力、精神残疾人的从业岗位。在保洁、保绿、公共设施看管维护和社区服务业等适合残疾人就业的岗位，优先安排残疾人，多渠道、多形式帮助城镇有就业需求的残疾人家庭至少有一人实现就业。《陕西省实施〈中华人民共和国残疾人保障法〉办法》规定，县级以上人民政府通过政府出资、政策扶持或社会筹资等多种形式增加的公益性岗位，应当按10％的比例安排符合条件的残疾人就业。内蒙古关于印发《开发残疾人公益性岗位的实施意见》的通知规定：各级人力资源和社会保障部门和残联要加强协调配合，共同征集不少于本级年度10％的适合残疾人的公益性岗位，由残联按公益性岗位要求推荐符合条件的残疾人选。《宁夏回族自治区实施〈中华人民共和国残疾人保障法〉办法》规定，县级以上人民政府购买的公益性岗位应当安排不低于10％比例的岗位供残疾人就业。《湖南省人民政府关于促进残疾人事业发展的实施意见》规定：政府新开发的服务行业公益性岗位，要安排不低于10％的岗位给残疾人就业。《山东省实施〈中华人民共和国残疾人保障法〉办法》规定：各级人民政府开发的适合残疾人就业的公益性岗位，应当按照不低于10％的比例专项用于安排残疾人就业。《四川省〈中华人民共和国残疾人保障法〉实施办法》规定：地方各级人民政府开发的适合残疾人就业的公益性岗位，应当按不低于10％的比例优先安排残疾人就业。

(五)社区就业和居家就业

残疾人就业工作"十二五"实施方案提出：社区服务业、城市便民服务网点要优先安排符合条件的残疾人从事各种便民服务、居家服务，多种形式实现残疾人社区就业。各地新办贸易市场的商铺、摊位，以及社区书报亭、电话亭等服务点，应以免费或低价租赁的方式优先提供给残疾人经营。开发并扶持残疾人在电子商务、动漫设计、义齿加工、信息呼叫等岗位就业。支持残疾人从事家庭服务业。

目前，个别地区出台了残疾人社区就业和居家就业的制度规定。如：吉林省《关于切实做好社区残疾人就业工作意见的通知》、湖南省《关于残疾人就业在社区试点工作实施方案》、山东临沂市《关于开展创建"残疾人充分就业社区"活动的通知》。

福建漳州《关于漳州市开展残疾人居家就业工程实施办法的通知》规定：企业应当依法与残疾人签订劳动合同，在确定加工费时不能低于其他标准，确保残疾人通过劳动有正常收入，居家就业的残疾人应当依法参加社会保险，企业应为残疾人缴纳社会保险。"十二五"期间，全市开发征集适合残疾人稳定居家就业项目44个，每年11个，各县（市、区）每年至少开发征集1个适合20名以上残疾人居家就业的项目，计划扶持1 400名以上残疾人；每年扶持350名以上，各县（市、区）每年安排不低于年度计划。同时，2012年5月，漳州市残联先后在芗城、龙文区建立了3个残疾人居家就业联络点。成为"居家就业型"福利企业，每安置一名残疾人，政府就将以退税或减税的方式给予补贴，每人每年最高可达3.5万元。

个别地区还成立了残疾人信息呼叫中心，开发残疾人信息化就业岗位。大连市易尚阳光呼叫中心以呼叫为主业，中心从高管到员工，90%以上为残疾人。2010年，广东省残联在广州南沙建立了"广东省残疾人呼叫服务中心"。2011年，北京中联祥瑞科技有限公司成立，招聘残疾人客服员从事信息呼叫服务。2010年，中国残疾人联合会和中国肢残人协会共同开展了残疾人居家就业项目。2011年，淘宝"云客服"招收瓷娃娃做客服。2012年浙江启动"号码百事通·自强号"电信营业厅项目。上海市虹口区残疾人劳动服务所与上海电信、上海移动等企业合作，试点残疾人居家就业项目。浙江庆元开展残疾人做来料加工。北京双井街道建立"残帮残"特助服务队伍。大连沙河口区开展轻度残疾人帮重度残疾人做家务活动。沈阳市沈河区"公益岗位"轻度残疾人来帮"空巢老人"。

（六）辅助性就业

残疾人就业工作"十二五"实施方案提出：研究制定精神、智力和重度残疾人辅助性就业扶持性政策。大力推进工（农）疗、辅助性工场、庇护工场等职业康复劳动项目，促进智力、精神和重度残疾人辅助性就业。

各地也在"十二五"发展纲要中进一步拓展残疾人辅助就业的举措。如：北京市提出探索适宜聋人集中就业的行业或岗位，加大对聋人就业的扶持力度。积极开发职业康复劳动项目，每个区（县）培育3～4个职业康复劳动品牌项目。鼓励社会力量开办职业康复劳动站。宁夏：对建立庇护工场吸纳有就业能力的重度残疾人从事力所能及工作的企业给予特殊优惠政策。河北省提出积极创造条件开办福利性工（农）疗机构、庇护性工场，使托养和就业有机结合。

在各地纲要和政策的推动下，各地采取积极措施进一步落实残疾人辅助性就业的特惠举措。如，宁波市统一搭建起"阳光家园"的平台，对符合标准的机构按不同规模，给予每家 5 万～20 万元的一次性资金补助。上海市成功举办"阳光职业康复援助基地劳动项目洽谈会"。中山市残联在 24 个镇区都设有工疗站。宜昌市规定用人单位举办以安排智力残疾人为主的庇护性生产班组，安排 5 人以上，签订 2 年以上合同，一次性按每人 3 000 元给予安置补贴。浙江省《富阳市残疾人小康·阳光庇护中心建设实施意见》里明确规定，在庇护中心开展工（农）疗辅助性就业的残疾人按规定享受国家有关参加残疾人集中就业的税收优惠政策，庇护中心管理和护理岗位列入公益性岗位。

残疾人就业是保障和改善残疾人民生的头等大事。我们相信，"十二五"期间党和政府更加重视民生建设，提出了实施就业优先战略，这给残疾人就业工作带来重大发展机遇。随着各级党和政府对残疾人民生的高度重视，各地不断完善残疾人就业政策，大力开展残疾人职业培训促进残疾人就业，积极扶持残疾人创业带动残疾人就业，开发残疾人公益性岗位保障残疾人就业，形成了残疾人按比例就业、集中就业、个体就业、公益性岗位就业、社区就业、居家就业、辅助性就业等多元就业格局，各地残疾人就业工作亮点频现，残疾人就业必定再上新台阶，残疾人的生活必定更加美好！

第二篇

残疾人就业问题专题研究

第四章
残疾人"劳动保障型"就业研究

就业是民生之本，权益之基。残疾人就业是保障残疾人平等参与社会生活、共创共享社会物质文化成果的基础。2010年年末我国有残疾人8 502万人，处于就业年龄段的残疾人近3 200万人，其中农村2 400万人、城镇770万人。城镇在业残疾人441万人、不在业残疾人329万人。扶持有就业需求和就业能力的残疾人实现就业，有利于残疾人通过劳动实现其自身权利并体现其社会价值，使更多残疾人从依靠国家、社会和亲属救济供养变为自食其力的劳动者，真正实现"平等、参与、共享"的目标。

在当前国家加大保障和改善民生力度、实施就业优先战略，加快构建残疾人社会保障体系和服务体系的新形势下，如何尽快实现残疾人就业由"劳动安置型"向"劳动保障型"转变，进一步拓宽残疾人就业渠道，提高就业层次和保障水平，更好地保障残疾人权益，改善残疾人民生，成为现实而紧迫的问题。

第一节 以劳动福利型为基本特征的残疾人就业发展历程

新中国成立后，党和政府采取各种措施，救贫济残，保障残疾人生活。城镇扶持有劳动能力的无业残疾人参加各类生产自救组织，对于暂时无法就业的给予救济。20世纪50年代后期，在党和政府的重视扶持下，全国各种安排残疾人为主体的福利性生产单位一度发展到2.8万个，同时依托中国盲人聋哑人协会等残疾人组织，帮助盲人、聋哑人参加生产劳动。这些举措体现了在计划经济体制下，残疾人就业安置和生产自救的时代特征。自1962年到"文化大革命"结束前，强调以阶级斗争为纲，批判福利观点，人道主义和人权被无情践踏，残疾人就业工作受到较大影响。"文化大革命"结束后到20世纪90年代初期，以集中安置为主的残疾人就业模式得到了恢复。据统计，1979年全国仅有福利企业1 106家，安排残疾职工4.82万人；到1989年全国已拥有各类福利企业达4.16万家，安置残疾职工 71.9 万人。从 20 世纪 70 年代末到 90 年代初，福利企业增幅达 20％，残疾人职工年增近 5 万人，集中就业成为这一时期残疾人就业的主渠道。

1982 年联合国通过决议，确定 1983—1992 年为"联合国残疾人十年"，制定了《关于残疾人世界行动纲领》。我国政府高度重视并采取了一系列重大措施：1987 年我国开展了第一次全国残疾人抽样调查，数据显示城镇残疾人就业率达 50％，农村残疾人在业率达到 60％，分散在普通单位就业的残疾人，平均占职工总数的 0.93％；1988 年经国务院批准，代表全国各类残疾人的统一组织——中国残疾人联合会正式成立；1990 年全国人大常委会通过《残疾人保障法》，明确要求以政府为主导在全社会开展残疾人按比例就业；1992 年，通过借鉴发达国家经验，国家计委、劳动部、民政部、中国残联在上海等 8 个城市开展残疾人按比例就业和残疾人劳动就业服务试点。这些措施有力地落实了我国集中与分散相结合的残疾人就业指导方针，并通过将残疾人就业纳入国家残疾人事业发展规划，给予政策优惠和扶持保护措施，进一步拓展了残疾人就业渠道，丰富了就业形式。"九五"末，全国城镇残疾人就业达到 331 万，其中残疾人按比例就业、个体及自愿组织起来从业占到 70％。

1988 年，邓朴方同志在中国残联第一次全国代表大会上作出了发展"劳动福利型"残疾人事业的论断。劳动福利型残疾人事业的核心就是把就业放在突出的位置，作为解决残疾人问题的关键、发展残疾人事业的基础、实现残疾人劳动权益的根本，其具体内涵是政府为主导，乡镇企业、街道企业和福利工厂为支柱，有组织地开展残疾人康复、教育、就业等工作，使残疾人就近就便得到服务，并解决残疾人温饱，提高其经济和社会地位，从而开拓出一条有中国特色的残疾人事业发展道路。劳动福利型成为这一历史时期残疾人就业工作的主要特征。

第二节　加快残疾人就业由"劳动安置型"
向"劳动保障型"转变

20 世纪 90 年代中后期，随着我国经济体制改革的不断深化和社会主义市场经济的发展，特别是为了顺应经济体制转轨和国有企业改革，建立市场导向就业机制的客观要求，残疾人就业的发展模式发生了深刻变化。1999 年，国务院办公厅转发了劳动保障部、国家计委、民政部、财政部、人事部、税务总局、工商局、中国残联《关于进一步做好残疾人劳动就业工作若干意见》（国办发[1999]84 号），提出了进一步制定、完善有关法规和扶持政策，广泛开展职业培训和就业服务，全面实施按比例安排残疾人就业，大力扶持个体就业和自愿组织起来就业，稳定、搞活集中就业，推动残疾人劳动就业工作提高到一个新水平的任务目标。

"十一五"期间，我国初步形成了按比例就业、集中就业和个体就业为主的多元化就业格局，城镇实际在业人数达到 440 万以上，农村在业残疾人稳定在 1 700 万，并呈现出新的特点：其一，建立了政府主导、依法推进残疾人就业的机制。国家先后制定实施了残疾人事业的四个五年计划和残疾人就业配套实施方案，残疾人就业纳入国家计划，成为社会发展目标，政府发挥了保障和促进残疾人就业的主导作用；《残疾人保障法》修订、《就业促进法》、《残疾人就业条例》等重要法律法规和政策颁布实施，残疾人就业逐步纳入法制化、制度化轨道。其二，就业方式更加多样，就业规模不断扩大。按比例就业覆盖面不断加大，残疾人就业的行业职种更加多样；残疾人集中就业由各级政府兴办的福利企业，扩展到各种所有制福利企业和其他福利性的事业单位；残疾人自主创业、灵活就业人数从改革开放初期的不足 10 万人猛增到 200 余万人。政府开发的公益性岗位成为残疾人就业新的增长点。精神、智力残疾和重度残疾人职业康复劳动等辅助性就业进入探索实践阶段。其三，就业服务体系逐步建立，职业教育培训得到强化。全国残疾人就业服务机构工作人员达 2.9 万名，省市县三级残疾人就业服务机构达到 3 094 个，初步形成了覆盖城乡的残疾人就业服务网络。"十一五"期间，共有 376 万（人次）城乡残疾人得到各类职业教育培训和实用技术培训，有近 50 万（人次）取得各类职业资格。其四，培养和涌现出一大批残疾人自强创业人和"能工巧匠"。通过开展残疾人职业技能竞赛，被授予"全国技术能手"称号的残疾人达百余人，并在国际残疾人职业技能大赛中摘金夺银为国争光，残疾人就业的社会环境也日益改善。

同时，我国残疾人就业仍面临较大压力和诸多困难，突出表现为以下几个方面：一是与社会总体就业水平仍存在较大差距。我国城镇尚有近 1/3 处于就业年龄段的残疾人未能就业，登记失业率远高于社会平均水平。残疾人就业地区差异明显，不同残疾类别就业也不平衡。二是稳定性差，工资收入水平和劳动保障水平较低。城镇残疾人职工参加社会保险人数和保险种类明显低于城镇职工参保的平均水平。三是残疾人整体素质和就业能力亟待提高。各地普遍存在残疾人不能适应按比例就业岗位要求的情况，灵活就业的残疾人适应市场变化的能力也较差。四是促进残疾人就业的社会环境仍亟须改善。一些地方和部门对残疾人仍存在歧视和偏见，就业机会不平等，同工不同酬现象还时有发生。

当前和今后一个时期，残疾人就业将呈现出多元化发展格局，残疾人就业的形式更加灵活，对针对性就业服务和就业保障的需求更加迫切，必须实施面向市场的残疾人就业保护和就业促进的政策导向，加快实现残疾人就业由"劳动安置型"向"劳动保障型"转变。

第三节 推进残疾人"劳动保障型"就业的思路建议

"十一五"中后期，特别是以 2008 年为历史节点，中共中央发布《关于促进残疾人事业发展的意见》（中发[2008]7 号），全国人大批准《残疾人权利公约》，国务院办公厅批转中国残联、教育部、民政部、财政部、人力资源社会保障部等 16 个部委《关于加快推进残疾人社会保障体系和服务体系建设指导意见》（国办发[2010]19 号），这为促进我国残疾人事业发展，实施残疾人"劳动保障型"就业，提供了坚实的政策理论基础。"十二五"期间，国家将实施就业优先战略，为促进残疾人就业提供了特殊的历史性机遇。要积极贯彻落实国务院批准的《中国残疾人事业"十二五"发展纲要》，将残疾人就业放在更加优先和重要的战略位置，加大政策扶持和投入力度，加快建立完善残疾人"劳动保障型"就业新模式。

"劳动保障型"就业，是在社会主义市场经济条件下，依靠法律、行政、经济、文化、教育等支持性措施，通过建立竞争性就业和保护性就业相结合的机制来实现残疾人充分就业。实施"劳动保障型"就业，有利于促进残疾人稳定就业，并得到较高水平的社会保障，切实保障残疾人的劳动权益，促进残疾人的全面发展。主要建议如下：

（一）强力推进按比例就业成为"劳动保障型"就业主渠道

残疾人按比例就业是我国法定的一项特殊就业制度，有利于残疾人扩大社会参与面、提升就业层次，同时就业保障水平较高、岗位开发空间巨大。但由于用人单位认识不到位，政策执行缺乏刚性，岗位开发不足，目前残疾人按比例就业人数不到城镇残疾人就业总数的 1/3，未安排或安排比例不足的用人单位仍占相当数量。近年来作为代偿性的残疾人就业保障金征缴数量不断增长，这虽在一定程度上促进了残疾人职业培训和就业服务工作的开展，但却偏离了督促用人单位吸纳残疾人就业的政策原意。必须完善并加大政策执行力度，扩大残疾人按比例就业。一是党政机关、人民团体、事业单位和国有企业要带头安排残疾人就业。这是目前残疾人就业比例最低、人数最少的领域。按比例就业制度的核心是实行岗位预留，根据《残疾人就业条例》规定，用人单位安排残疾人就业的比例不得低于本单位在职职工总数的 1.5%。"十二五"期间，各级党政机关、人民团体、事业单位及国有企业，应按照规定尽快建立完善残疾人按比例就业岗位预留制度，并尽快建立以残疾人岗位开发、就业申报及公示为主要内容的残疾人按比例就业岗位预留制度，充分发挥带头示范作用，推动各类用人单位履行社会责任。二是加大政策执行力度和刚性约束。从日本、法国、德国等发达国家的经验来看，一般采取制定"反残疾人就业歧视法"和严厉的经济处罚措施来保障残疾人按比例就业。而我国将各地社会平均工资作为残疾人就业保障金的征缴基数，仅接近安排1名残疾人的用工成本，造成"缴金不安人"的用人单位大量出现。鉴于此，应加大奖惩力度，对超比例安排残疾人就业的单位可以提高资金奖励、岗位补贴、社保补贴的标准；对完成安置情况差的单位，可将残疾人就业保障金征缴基数提高到当地社会平均工资的3～4倍。通过激励机制，使用人单位在"安人"与"缴金"之间作出理性选择。三是降低残疾人用工成本，促进用人单位岗位开发。逐步建立完善残疾人职业能力评估和职业鉴定标准，制定残疾人就业岗位开发目录，为企业提供岗位支持补贴及服务，如无障碍就业环境（工位）改造补贴、无障碍员工生活设施改造补贴，免费手语辅助服务，盲人定向行走训练及导盲犬等服务。

（二）将公益岗位就业拓展为"劳动保障型"就业新渠道

当前残疾人就业的一个难点是长期失业的特困残疾人，需要由政府直接实施就业援助，开发适合这部分残疾人就业的公益岗位。2010年1月以援助登记失业残疾人为主题的"全国就业援助月"期间，共帮助10万名登记失业的残疾人就业困难群体实现就业，其中公益岗位约占30％。当年监测数据显示，残疾人登记失业率从上年的13.6％下降到8.6％，公益岗位安置在帮助失业残疾人就业方面发挥了重要作用。为此建议：一是将政府购买的公益岗位明确一定比例安排残疾人就业，并作为拓展残疾人就业的一项刚性政策。考虑当前残疾人就业的特殊困难，具体比例应不低于当年本地公益岗位开发总数的30％。二是为促进残疾人在公益岗位上稳定就业，应保障基本工资待遇不低于当地最低工资或平均工资水平，并提供社会保险补贴。有条件的地方还应提供额外的岗位补贴，并在规划社区服务网点时，提供岗位预留和租金补贴。三是残疾人公益岗位开发的重点应放在社区服务、家庭服务等领域，将街道、社区残疾人专职委员队伍纳入公益岗位开发，享受政策优惠。

（三）完善鼓励小型企业、服务业企业集中安排残疾人就业的

优惠政策

2007年财政部、国家税务总局联合制定的《促进残疾人就业税收优惠政策》，将安排比例和人数符合条件的各类社会单位及残疾人盲人按摩机构、工（农）疗机构、辅助性工场等统一为集中安排残疾人就业的用人单位，扩大了集中就业税收优惠的政策优惠面。但政策实施后也出现了新的情况，不少地方福利企业大幅减少，残疾人集中就业规模急剧萎缩。究其原因：一是政策规定按就业残疾人人头减免3.5万元/年的税收上限较低，接近甚至低于残疾人用工成本，对企业缺乏

吸引力；二是政策设置了吸纳 10 名残疾人就业才能享受优惠的人数下限，阻碍了小企业和微小服务业企业的进入；三是精神残疾人仅能在封闭式的工（农）疗机构参加生产劳动，一些福利企业纷纷清退此类残疾人员工。解决这一问题，应适当调整完善有关政策规定。第一，将现有固定按就业残疾人人头减免 3.5 万元/年的税收优惠上限规定，改为原政策中已有的按上一年度当地平均工资标准 6 倍的动态上限规定。这既有利于实现税收优惠与不同地区经济发展水平、用工成本相适应，也给用人单位一定的利益空间，鼓励更多的企业吸纳残疾人集中就业。第二，降低福利企业享受税收优惠的准入门槛，可将 10 人的下限修改为 3~4 人，鼓励小型企业、微型服务业企业和社区盲人按摩站点进入吸纳残疾人集中就业领域。第三，取消对精神残疾人就业的政策限制，鼓励康复后稳定期的精神残疾人实现弹性就业，鼓励托养服务机构、辅助性工场、工（农）疗机构多安排精神残疾、智力残疾及重度残疾人辅助性就业。

（四）实施残疾人创业带头人工程

从中国残联近期对河南、北京、江苏、安徽、新疆等 10 余个省（区、市）的调研来看，残疾人创业带头人普遍具备丰富的管理经验、掌握一技之长（甚至是绝活），通过创办福利企业、社区服务机构、工艺品作坊，建立农村残疾人经济合作组织等方式带动残疾人就业，平均 1 个创业单位带动 80~100 人实现就业，最多可达上千人。这些特殊的"老板"对残疾人员工存在天然的感情纽带，彼此认同感强，在善待残疾人员工的同时，给予残疾人工作实践、技能提升和职位晋升的机会，在这些单位就业的残疾人普遍精神状态好、生活待遇稳定、身心得到不同程度的康复。各地都应积极扶持残疾人用人大户自主创业，带动更多残疾人实现就业。第一，对残疾人用人大户和残疾人就业规模较大的企业，应重点给予特惠性贴息贷款扶持，对福利企业合适的产品落实政府优先采购、专产专营等特惠政策，帮助此类企业做大做强。第二，依托地方各级残联、残疾人专门协会，整合国家及有关部门的创业就业政策、扶贫开发项目、康复扶贫贷款、创业指导培训等资源，帮助具备条件的残疾人带头创业，并通过组织残疾人创业就业合作社、残疾人就业扶贫基地、残疾人社区服务及家庭服务连锁机构等带动残疾人就业，同时将落实到人头的小额信贷、小额扶持资金由残联、残协组织采取联合担保、提供信用连保、建立贷款风险基金等方式予以整合，整体投入创业带头人项目，建立风险共担机制，扶持其长期健康稳定发展。第三，树立残疾人创业典范，广泛宣传残疾人创业能力和特殊比较优势，倡导对残疾人创业带动就业予以帮扶。

（五）为自主择业、灵活就业残疾人提供稳定保障

目前城镇就业残疾人中近 50％是个体就业、自主择业和灵活就业，他们的社会保险和救助问题日渐突出，就医、住房、子女就学等方面存在特殊困难。比如我国近 15 万盲人通过参与盲人保健按摩实现就业，其中近七成是农村跨地域就业残疾人，多集中在城镇社区的小型私人盲人保健按摩网点。由于种种原因，他们中的大多数没有纳入社会保险，存在养老、医疗、工伤保障等方面的后顾之忧。对此，应在调查摸清情况的基础上，予以分类指导和针对性社保帮扶。可引导非正规就业残疾人按照个人缴费能力和意愿，选择城镇居民社会保险、城镇职工保险或新农保、新农合等，尽快纳入社会保障体系。对在城镇工作满 10 年以上的农村非正规就业残疾人，特别是盲人、聋人和重度残疾人等特困群体，应享受社保接续服务，或整体纳入城镇居民养老、医疗社会保障。

（六）加快残疾人就业服务体系建设

推动残疾人就业服务向专业化、规范化和社会化方向发展，做好残疾人就业服务与公共就业服务和社会保障的衔接，突出培训促就业工作，提高培训后的就业率。一是加强各级残疾人就业服务机构规范化建设，提升服务的针对性和服务效能。二是将残疾人培训促就业纳入政府专项就业促进项目，围绕用人单位和残疾人就业需求开展个性化培训，实行动态实名制管理，并逐步提高残疾人职业培训、就业服务的补贴标准，用足用好残疾人就业保障金。三是加大对中高等残疾人职业教育机构的扶持力度，应逐步实现职业教育和职业资格的"双证"教育，开展校企合作，建立残疾人大中专毕业生见习补贴制度，努力提高残疾人职业教育培训水平和就业率。

第五章
残疾人就业需求和社会供给分析

就业是生存之本。人只有先解决了吃、穿、住等物质的问题，才能去追求精神的东西。而要解决吃、穿、住的问题，有两个途径：对没有就业能力的人而言，依靠的是社会救济；对有就业能力的人而言，是通过就业获得收入。对残疾人来说，就业不仅是获取生活资料的必要途径，还是平等参与社会生活的重要条件。

第一节　如何确保"比例"

我国残疾人就业的形式有三种：在福利企业集中就业（或组织起来集中就业），分散按比例就业及自谋职业。应该说，在这三种形式中，分散按比例就业是最具有保障意义的一种形式，是被写入《中华人民共和国残疾人保障法》和《残疾人就业条例》的，且各省都规定了具体的最低应该达到的比例，对接受残疾人达不到规定比例的用人单位还有相应的惩罚措施，照此说来，应该是促进残疾人就业的最有效的形式。但实际情况却是，在国家机关、党群组织、企业、事业这些主要以按比例接收残疾人就业的单位，残疾人就业者只占残疾人在业人数的0.47%，且这些人中大部分是进入单位后残疾的。从总体上看，有责任按比例接收残疾人的单位实际接收的残疾人远达不到法律法规规定的标准。

为什么会这样？

原因之一是传统的对残疾人的歧视在阻碍残疾人进入机关和事业单位。一些人甚至认为让残疾人进入机关有损机关形象。这样，即便是残疾人在公务员考试中取得了拔尖的成绩，也很难通过面试关。机关是如此，财政拨款的事业单位也是如此。

原因之二是受历史上残疾人被排斥在高等教育之外的影响，残疾人受教育层次低，而近年来机关、事业单位公开招考对学历的要求较高，要求本科甚至硕士、博士，使绝大多数求职残疾人迈不过学历要求这道门槛。

原因之三是培训与就业的脱节。各地举办的残疾人技术培训，与市场的需求和残疾人自身的特点有相当的距离，或者虽然培训项目适合市场需求，但因为掌握同类技术的人超过了市场的实际需要，残疾人在竞争中处于劣势，或者因为残疾人的技术水平不如掌握了同类技术的健全人，残疾人为企业创造的价值赶不上掌握了同类技术的健全人创造的价值，企业担心雇用残疾人会降低企业效益，这也就使一些企业不愿意接收残疾人。

原因之四是残疾人就业保障金本身就是一把双刃剑。按照残疾人保障法，如果用人单位因为某种原因，单位中的残疾人没有达到规定的比例，就要通过缴纳残疾人就业保障金的方法来履行安置残疾人就业的义务；单位缴纳的残疾人就业保障金由残疾人劳动服务机构组织对残疾人的职业技术培训和对残疾人自主创业给予资金支持、对超比例安置残疾人就业的单位给予奖励等。这样的规定表面上看起来很有合理性和使用性，但实际上并没有起到促进残疾人就业的预期作用。一个明显的道理，各地征收的残疾人就业保障金总数与分散安置残疾人就业的总数，如果是充分就业和充分征收的话，应该是此消彼长的，但从各地的统计数字来看，近年来征收的残疾人就业保障金成倍增长，而分散按比例就业的残疾人也在增多。得出这样的统计数字有两种可能：其一，统计数字有问题，不排除某些地方残联的领导为追求政绩而对实际的数字进行"修正"；其二，残疾人就业远没有达到充分、合理。为什么残疾人就业保障金没有起到应该有的"保障"作用？原因有三：第一，尽管各地的确将残疾人就业保障金的相当一部分用于了残疾人职业技术培训，甚至有少部分用在了支持残疾人个体创业，但是，相当大的部分没有用在直接为残疾人就业服务上。即便是用在培训上的那部分，因为上面所说的培训与市场脱节，使得这部分资金的使用效率大大降低，也使社会对残疾人就业保障金的征收和使用存有质疑。第二，因为对用人单位不接收残疾人就业缺乏法律意义上和行政上的制裁，仅以缴纳残疾人就业保障金作为补偿，就造成了两个事实：机关事业单位，因为人员工资和办公经费来自于财政拨款，对其征收就业保障金等于同一个人把钱从左口袋移到了右口袋，起不到刺激作用（更何况相当一部分机关、事业单位既不安排残疾人就业也没有缴纳残疾人就业保障金）。企业要算一笔账：究竟是交保障金划算还是安置残疾人就业划算。这里，要考虑安置残疾人就业所影响到的企业效率、为残疾人工作和生活方便而对工作场所和设备进行改造的投入、因为残疾人身体不便可能造成的风险等。这些，使得相当一部分企业宁愿选择缴纳残疾人就业保障金而不愿接收残疾人就业。第三，部分地方残联的领导从工作的方便角度考虑问题多，而从残疾人利益的角度考虑问题少，征收的残疾人就业保障金越多，工作越好开展，越有利于出"政绩"，虽然相关规定要求残疾人就业保障金用于与残疾人就业相关的项目，但"相关"的范围是多大？即便是残疾人的就业率没有上去，但残疾人就业保障金可以用来资助残疾人大学生，可以救助需要康复的残疾人，可以用于支持残联的基本建设……这些，难道不是政绩？

原因之五是缺乏对用人单位的物质激励机制，特别是对企业因为安置残疾人就业可能造成的效率损失没有补偿。虽然按照规定，对超比例安置残疾人就业的企业要用就业保障金给予补偿，但实际执行的不多。当然，能够超比例安置残疾人就业的企业也不多见。

那么，该如何确保按比例安置残疾人就业的政策落实到位？

第一，应该在经济措施之外寻找措施。比如为使机关事业单位真正录用残疾人，就应该在源头上保障残疾人的进入，也就是说，在核定的编制总额中要有一定比例用于录用残疾人，各用人单位被核准的编制中也按相应的比例录用残疾人，对于编制较少的单位，应该规定最少要有一名残疾人工作人员。即便是暂时没有录用到符合条件的残疾人，这个编制也应该虚位以待，不允许健全人占用。这就好比发达国家设置的残疾人车位，即便是空着的，也不允许非残疾人占用，否则就违法。对违反规定占用了残疾人编制的单位负责人，要有相应的行政制裁措施。

第二，努力提高残疾人的文化素质，给残疾人平等参与就业竞争创造条件，消除对残疾人的社会歧视。各单位公开招录工作人员，适合残疾人的工作岗位，应该贯彻同等条件下残疾人优先录用的原则。所谓"同等条件"应该有严格的界定，比如同等学力、同等考试分数等可以量化的指标，而不应该有随考官的认识随意考量的因素。

第三，要提高残疾人培训的效率，将培训的评判标准与就业率联系起来，要以就业率的高低来评判培训的效果，特别要改变无条件培训的做法，可以采取用就业保障金买培训的方法。也就是说，尽量减少残联本身举办的残疾人培训班，而给残疾人发放培训卷。残联可以与社会培训机构签订协议，残疾人可以持培训卷到有关培训机构参加培训，在按照有关的标准考试合格之后，培训机构可以凭残疾人交的培训卷和有关部门颁发的残疾人培训合格证书到残疾人劳动服务机构领取残疾人的培训费用。这样做，既可以使培训更接近于市场竞争的需要，增加残疾人对培训项目选择的自由度，又可以增强培训机构的责任心，也使接受培训的残疾人在学习上更刻苦。

第四，各级残联在指导思想上，应该从重残疾人保障金的征收转到下大力促进各单位分散按比例安置残疾人就业上来。许多地方曾经出现过残疾人劳动服务机构状告用人单位既不接收残疾人就业又不交纳残疾人就业保障金的行为。这里的关键还在于残联的领导怎样认识目的与手段的关系。征收残疾人就业保障金的目的是为了迫使用人单位安置残疾人就业，但现在的问题是在有些地方本末倒置了，把手段当成了目的。同时，要消除在就业保障金使用上的不公平现象。目前，在就业保障金使用上的不公平现象比比皆是，比如，随意扩大就业保障金的开支范围，将来自于社会应该使所有残疾人受益的就业保障金却被用来资助少数人等，有一部分人侵占另一部分人的利益之嫌。

第五，要借鉴澳大利亚在促进残疾人就业中的做法，采取必要的补偿措施，使用人单位安置残疾人就业不产生经济上的损失。比如，用人单位因为录用残疾人需要进行无障碍改造的，其改造费用由政府出；对因为残疾人的技术熟练程度给企业造成效益损失的，其损失由政府补贴；为保障技术熟练程度低的残疾人与其他职工拿到同样的劳动报酬，在残疾人技术水平没有达到同企业职工平均水平之前，允许企业少发给残疾人工资，残疾人的工资差额由政府补贴。同时，要完善残疾人的工伤保险、医疗保险和养老保险等政策，使企业因为安置残疾人就业可能产生的社会负担尽量减少。

第二节　如何"集中"

所谓集中就业，按照传统的理解，就是国家、集体兴办福利企业，集中安置盲、聋、哑和肢体残疾人就业，国家在税收等政策上给予减免优惠。这种概念源于计划经济，是与计划经济时期的劳动制度相适应的。随着市场经济体制的建立，除了国家和集体投资兴办福利企业之外，用于集中安置残疾人就业的投资主体在多元化，私营企业主也可投资兴办福利企业，还有残疾人与健全人组织起来就业，也有残疾人集中就业的特征。但是，集中就业这种形式总要有一定的数量标准。不能说两三个人组成一个公司，其中有一个或者两个残疾人，就可以作为集中就业。按照现行的规定，要成为福利企业，不仅残疾人占企业职工的比例要达到25％，而且该企业中残疾职工总数要达10人以上。达到这个标准的企业才能享受税收减免等优惠政策。在这里，我们权且用"优惠"这个词。

国家对福利企业的税收政策在2007年进行了调整，在这之前的规定是：福利企业安置残疾人数占职工总数的10％，减半征收所得税；残疾人占职工总数的35％，免征所得税；残疾人占职工总数的50％，免征所得税和增值税。调整之后，是每安置一名残疾职工减免3.5万元的税收。这样调整的目的有两个，一是为了防止税收流失；二是促进残疾人就业。第一个目的是否达到暂且不论，第二个目的是否达到，有关部门做过调查，不同的行业、不同的地区反映出来的结果不同，有行业和地区是因此扩大了残疾人集中就业的规模，但也有相当多的行业和地区因此导致了残疾人集中就业规模的缩小。

为什么会这样？根本原因还在于投资者对利益得失的比较。如果投资残疾人集中就业的企业，对比全部录用健全人，所造成的效率损失能够通过税收减免得到补偿并有盈利，那这个投资者就有安置残疾人就业的积极性，否则，所造成的效率损失不能通过税收减免得到补偿，那么，他就没有安置残疾人就业的积极性。

什么因素决定着效率损失和税收减免对比的收益或者损益？主要是企业所得与人工成本，是看该行业是劳动密集型还是技术密集型。一般而言，如果是技术密集型的产品，单位产品的价值中人工成本占的比例比较低的话，单位产品的所得就比较高，从而企业的总所得也就比较高，这样，按照企业的利润所得减征或者免征所得税，企业肯定有利可图；而如果按照安置残疾人就业的人数减免税收，则可能造成可图的利润减少；如果是劳动密集型产品，也就是单位产品中人工成本较高，单位成本的所得就较低，从而企业的总所得也就相对较低，按照企业的所得减征或者免征所得税，企业可图的利润可能较之按实际安排残疾人数减征税收要少。说得直接一点，就是企业所得少的，按照残疾职工的数量给予减免税，对企业是有利可图的；企业所得多的，按照残疾职工的数量给予减免税，企业因此得到的好处就降低了。

从地区来分析。所谓的地区差别，主要是指经济发展水平的差别，按照平均利润和劳动力的流动理论，劳动力是向经济条件好的地区流动，因为那里的工资水平相对较高。而在市场经济大流通的条件下，不论是经济发达地区还是经济欠发达地区，只要生产的同类产品质量相同，在价格上就不会有较大的差别。产品的价格由原材料成本、人工成本和利润以及税收四方面组成，在价格一定、单位产品耗用原材料一定和税率一定的前提下，单位产品的人工成本高，则单位产品的利润就少，从而造成生产这种产品的企业利润减少，如果按照企业所得减免税，企业得到的收益相对较少；如果按照安置的残疾职工人数给予税收减免，企业得到的收益可能相对较多。照这样的分析，似乎经济发达地区更倾向于多办福利企业多安置残疾人就业，而经济欠发达地区的情况正好相反。

但是，除了行业因素和地区之间的经济发展水平导致的人工成本差别的因素之外，企业安置残疾人就业的积极或者消极，还受另外一个重要因素的影响：残疾人的劳动生产率与社会平均水平的差距。一般情况下，残疾人的平均劳动生产率低于社会平均的劳动生产率。而劳动生产率的高低直接关系到企业的效率。假如因为录用残疾人而使企业的效益损失高于每年 3.5 万元，则企业就没有安置残疾人就业的积极性。当然，这也与行业有很大的关系。某些行业产品的利润率高，如果残疾人的劳动生产率与社会平均水平的差距较大，则企业录用残疾人所造成的收入损失就大，录用残疾人的积极性就低；反之，产品的利润率低，录用残疾人给企业造成的收入损失相对较低，录用残疾人的积极性相对较高。

上面说过，国家之所以将减免税的计税依据由所得改为残疾职工人数，其中一个主要的目的是为了鼓励更多的企业安置更多的残疾人。但是，因为企业实际比较的是哪一种方法更能让其获利，也就出现了有的行业和地区福利企业萎缩，安置残疾人减少，而另外的行业和地区福利企业得到发展，安置残疾人增多。我们很难具体地判定哪些行业哪些地区更乐意接受按照残疾职工人数减免税的方法。

那么，究竟应该以什么为依据来为集中安置残疾人就业的企业给予减免税待遇呢？只有一个依据：残疾人的劳动生产率与行业平均水平的差距。为什么是与行业平均水平的差距而不是与社会平均水平的差距？这是因为，不同的行业，残疾人的劳动生产率与健全人的劳动生产率的差距是不同的。在有的行业，差距会很大，而在另外的行业，可能没有差距。设某行业平均的劳动生产率为 F，残疾人的平均劳动生产率为 f，某企业共录用健全人数为 N，录用残疾人数为 n，那么，企业录用残疾人，相对于企业全部录用健全人所产生的收入损失为 $F(N+n)-(FN+fn)(N+n)/(N+n)=n(F-n)$，而企业的收入损失率为 $L=n(F-n)/(FN+fn)(N+n)/(N+n)=n(F-n)/(FN+fn)$。这也就应该是国家给予安置残疾人就业的企业的税收减免的比例。当然，实际比例应该大于这个数值，才能调动企业安置残疾人就业的积极性。

如果每一个行业都要确定一个 L 值，显然是不可能的，但可以将行业归类，看哪些行业中残疾人的劳动生产率与社会平均水平的差距比较接近，这些行业的企业减免税的比例就可以一致。尽管如此，操作起来还是有一定的难度，必须有一套对残疾人的劳动能力进行评估的科学标准和程序，从而也就需要专门的评估机构。但无论如何，要使税收减免真正公平，真正起到促进企业安置残疾人就业的作用，这样的尝试是有意义的。

第三节　非比例分散就业

残疾人分散就业也有两种形式，一种是机关、团体、企事业单位、城乡经济组织按照职工总数的一定比例安排残疾人就业；另一种是残疾人自我创业和组织起来就业。组织起来就业，如果残疾数达到职工总数的 25％，则应该享受福利企业的税收政策，可以归结到集中就业的形式之中，如果达不到这个比例，且超过了"按比例"的标准，则为非比例分散就业。

非比例分散就业，是残疾人在无法被比例和不能被集中之后的一种被动选择，当然也不排除这是创业意识强并具备创业条件的残疾人的主动选择。从目前的状况来看，残疾人就业，特别是农村残疾人就业，非比例分散就业是主要的就业形式，而且大多数残疾人选择这种就业形式也是被动的。残疾人非比例分散就业需要两个基础条件：一是具备劳动力资本，也就是必要的身体条件和智力水平；二是金融资本，也就是个体经营或者组织起来创业所需的资金。

假设残疾人非比例分散就业的第一个条件是具备的，那么，残疾人自主创业是否会成功，关键取决于第二个条件是否满足，也就是钱从哪里来的问题。残疾人个体从业所需要的资金的来源渠道有：一是家庭或者个人的储蓄；二是银行贷款；三是国家的支持。至于组织起来就业，还有一个资金来源渠道，那就是所有职工以多种形式（场地、设备、技术、资金等）投资入股，当然，前提是这些残疾人中有相当一部分有自我资金。

从目前情况看，这几条渠道都不顺畅。

先看残疾人及其家庭的储蓄能力，根据第二次全国残疾人抽样调查和此后几年的残疾人状况监测，残疾人及其家庭的收入水平都远低于社会平均水平，特别是农村残疾人家庭，收入扣除生活支出外，能存到银行的钱就很少了。即便是把所有的存款都拿出来用于购置残疾人个体开业所需要的设备，也是杯水车薪，更何况个体开业不仅需要设备投资，还需要流动资金。当然，平均数值往往掩盖了峰谷，残疾人家庭的储蓄率低，并不排除确有一部分残疾人有自主创业的资金能力，但这与国家的就业供给无关。

再看银行贷款。一方面，银行是经营金融业务的企业，贷款以安全收回为底线，以获得利润为目标。为了保证贷出资金的安全收回，银行要求贷款者要有抵押或者担保。为了追求更大的回报，银行在选择贷款对象时，要评估贷款对象所经营项目的风险和投资回报率；另一方面，也是不失一般性，残疾人的抗风险能力较弱且大多数残疾人家庭没有银行所要求的贷款抵押物，同时，因为害怕残疾人还不起贷款而承担连带责任，也少有企业或者个人为残疾人贷款提供担保。所以，即便是小额贷款，残疾人也很难得到。

那么，残疾人要想得到个体开业的资金，似乎只有得到残疾人就业保障金支持这条路可走。虽然按照有关残疾人就业保障金的开支范围的规定，可以对残疾人自主创业给予支持，但也不是一点问题都没有。至少有三方面的问题：一是有违公平。残疾人就业保障金是来自于全社会的（起码从理论上讲是这样），应该用于所有有就业需求的残疾人。但实际上，残疾人就业保障金不可能对所有有就业需求的残疾人都给予平均数额的支持。有的得不到，得到的有多有少，这就导致了就业保障金这种就业资源分配的不公平。二是支持方式问题。就算可以用残疾人就业保障金给大多数有就业需求的残疾人以资金支持，也存在着是无偿支持还是有偿支持的问题。如果是无偿支持，也就是给予残疾人的创业资金不收回，则因为残疾人不承担资金使用的风险而使资金流失的可能性加大，从而使残疾人就业保障金的使用效益大大降低，增加征收残疾人就业保障金的难度。如果是有偿使用，也需要抵押或者担保，也要收利息，那残疾人就无法得到就业保障金的支持。同时，那样的话，就把残疾人就业保障金当成了信贷资金，而残疾人劳动服务机构是无权经营资金信贷业务的。

巧妇难为无米之炊，没有金融资本，残疾人个体开业、自主创业以及组织起来就业都将成为空中楼阁。在目前的金融体制下，可以采取如下的方法来解决残疾人个体开业和自主创业的资金问题：第一，在自有资金不足的情况下，残疾人需要从银行贷款获得个体开业或者自主创业的资金，也就是说，资金必须有偿使用；第二，必须有保障银行收回资金的机制。因为残疾人本身没有抵押和担保能力，应该将残疾人小额信贷纳入政府担保机制。也就是说，由政府建立残疾人创业担保基金，用以扶持包括残疾人在内的就业困难群体；第三，降低残疾人贷款的使用成本。可以由就业保障金给予贴息。这样建立起来的银行、政府、残疾人劳动服务机构分工负责的机制可以解决残疾人的非比例分散就业的资金需求问题。

非比例分散就业的残疾人需要社会为其提供开业、创业资金之外，也需要在税收上与健全人个体开业区别对待，包括：提高纳税的起征点，比如，健全人开业，每月所得达到 3 000 元的征税；残疾人开业，所得达到 3 500 元才能征税。增加扣除额，比如，健全人开业，应纳税所得额扣除 800 元；残疾人开业，应纳税所得额要扣除 1 200 元。这是不是违反了公平税负的原则，是不是对残疾人的照顾？这样做既没有违反公平税负的原则，也不是对残疾人的照顾，恰恰是公平税负的要求。

所谓税收的公平税负，用经济学术语来表述，就是一定的所得所承担的税收，比如某项经营，扣除材料、人工等成本之后，有 100 元的毛收入，需要缴纳 20 元的税收，则税负水平为 20%。衡量税负是否公平，就是看不同的经营者所得税收比是否相同。之所以对残疾人征税要提高起征点，是因为残疾人的劳动生产率低于社会平均水平，就个体经营者而言，要获得同样的利润，残疾人就必须比健全人付出更多的劳动；之所以要对残疾人的劳动所得加大扣除额，是因为有些健全人能独立完成的劳动残疾人不能独立完成，需要雇用他人，取得一定所得所包含的人工成本增加。我们设残疾人的劳动生产率为 f，健全人的劳动生产率为 F，某项经营的综合税率为 s，对残疾人所得征税的起征点为 q，对健全人所得征税的起征点为 Q，残疾人应纳税所得额的扣除为 k，健全人应纳税所得额的扣除为 K，取得一定的所得残疾人所付出的人工成本为 C，健全人所付出的人工成本为 J，则当健全人纳税的起征点为 M 时，对残疾人的起征点应该为 $m = FM/f$。这是无须作进一步分析的。对扣除额的分析要复杂一些。设残疾人与健全人的劳动时间相同，都用 T 来表示，则在 T 时间内，健全人的劳动创造的产值为 FT，残疾人的劳动创造的产值为 fT。那么，健全人的应纳税所得额为 $FT-(h+J)$；残疾人的应纳税所得额为 $fT-(h+C)$。这里，h 为某行业产品在 T 时间内或者是一定产值中所包含的原材料消耗。这里我们假定残疾人与健全人生产一定数量的同类产品所消耗的原材料相同。设某行业的综合税率为 M，那么，生产同类产品，健全人应纳税额为 $[FT-(h+J)-K]M$，残疾人应纳税额为$[fT-(h+C)-k]M$，因为，残疾人税负所得比应与健全人的税负所得比相等，于是有：

$$[fT-(h+C)-k]M/[fT-(h+C)]=[FT-(h+J)-K]M/[FT-(h+J)]$$

设 T 为单位时间，即简化为 1，忽略原材料消耗的影响，上式可化简为：

$$k/K=(f-C)/(F-J)$$

也就是说，残疾人所得的扣除额，决定于残疾人与健全人的劳动生产力的比较和不同行业人工成本上的差别。确定各行业残疾人与健全人人工成本的差别是一件很困难的事情，但在实际操作中可以用粗分类的方法，用平均值来代替。

残疾人非比例分散就业，一没有按比例就业的残疾人那样的单位可以依靠；二没有集中就业的残疾人那样有"组织"的经营活动，几乎所有条件都要自己去创造，所有的经营活动都要自己努力，所有的风险都要自己承担。因此，更需要社会给予更多的关注。一是要帮助残疾人找准从事的行业。这就要求残疾人劳动服务机构对残疾人的身体条件、兴趣爱好、文化水平、甚至心理素质都有清楚地了解，同时对市场需求比如产品的发展趋势、行业的发展趋势有深入的分析，为残疾人提供最佳的创业方向的选择参考；二是对残疾人的技术培训要立足于实用，不仅要使残疾人确实掌握一技之长，还要提高残疾人在市场竞争中的能力；三是要在场地等经营条件方面给残疾人特殊的扶持，使其占有经营上的地利；四是对经济条件特别困难没有开业启动资金而可以靠一技之长谋生的残疾人，残疾人劳动服务机构可以从残疾人就业保障金中拿出一部分资金来，为其购买必要的生产设备。比如为从事裁剪的残疾人买一台缝纫机，为从事擦鞋业的残疾人买一些擦鞋用的工具等，投资不多，但可以解决残疾人谋生的基本条件。这样做，与就业保障金使用的公平原则并不矛盾，一是因为投资额小；二是因为公平本身就包含着资金分配向弱势群体倾斜的含义。这样做，也不会造成残疾人的依赖思想，不会造成资金的大量流失。

第四节 残疾人就业模式探讨

残疾人分散按比例就业和兴办福利企业集中安置残疾人就业，其共同的特点都是国家采取了特殊的保护措施以促进残疾人就业。前者的保护措施在于"按比例"和征收就业保障金，后者的保护措施体现在国家给予的税收减免上。因为，产品的价值由成本、利润和税收组成，实际上税收也是成本，减免了税收，产品的成本就会降下来，如果企业要提高产品的竞争力，就可以比其他企业生产的同类产品价格低，从而增加销售量；如果企业对减免了税的产品实行与其他企业生产的产品同样的定价，那么，产品的利润空间就加大了。当然，这是假定残疾人的劳动生产率与社会平均水平没有差距的前提下的分析。在残疾人的劳动生产率低于社会平均水平的情况下，国家给企业减免税，是为了弥补企业效益的损失，使集中安置残疾人就业的企业保持与其他同类企业在市场上的竞争力，从而也就对残疾人就业起到了保护作用。

在这两种形式中，哪一种形式更有利于国家、企业和残疾人？

先从国家的角度分析。第一，按比例这种形式，不会导致国家税收的减少。如果用人单位安排了残疾人，国家不对其征收残疾人就业保障金，国家的财政收入不会因此增加或者减少；如果企业没有按规定安排残疾人，则必须缴纳残疾人就业保障金，国家增加了收入；如果企业超比例安排了残疾人就业，国家应该给予这样的企业以资金上的奖励，奖励基金是来自于征收的残疾人就业保障金，也不会给国家财政造成负担。而集中安置残疾人就业，则必然导致国家税收的减少。且集中就业的人数越多，国家税收减少得越多。第二，按比例这种形式，强调的是社会的责任，利用的是法律和行政手段，只要是法人单位，都必须按照职工总数的一定比例安排残疾人就业，没有利益得失的比较和选择安排与不安排的空间，如果做到有法必依、执法必严，则是促进残疾人充分就业的最佳形式；而残疾人集中就业，从本质上说国家运用的是经济手段，这就给用人单位权衡利益得失和选择安置与不安置的空间，不是促进残疾人就业的最佳形式。也就是说，前者更有利于提高残疾人的就业率，进而提高国家的形象。第三，从公平的角度而言，将有劳动能力的残疾人分散到各用人单位，使全社会都负起残疾人就业的责任，比之由少数企业安置残疾人就业更为公平。

再从用人单位的角度分析。无论是企业还是机关事业单位，安置残疾人就业的消极态度是建立在一个基本假设的前提下：残疾人的能力肯定低于健全人的能力。第一，这个假设在机关事业单位是不成立的。因为，机关事业单位录用人员必须经过考试，而且是笔试和面试，坚持的是择优录用的原则。只要是消除歧视，在录用条件上一视同仁，那么，能够进入机关、事业单位的残疾人一定是出类拔萃的，其能力不会低于其他被录用人员。第二，我们承认就总体来说，残疾人的劳动生产率低于社会平均水平。正是因为如此，按比例这种就业形式才更有优势。这是因为，一个百人的企业，按照规定的比例，要安排两个残疾人，在这个用人单位的所有岗位中，一定会有适合于残疾人并且兼顾残疾人特长的岗位，把残疾人安排到这样的岗位，肯定不会降低企业的全员劳动生产率；如果是集中就业，一个企业里有1/3甚至1/2的残疾人，企业就很难为每个残疾人都找到最适合的岗位，安排到与健全人同样工种的岗位，就可能造成企业全员劳动生产率的降低。而社会的宏观经济效益、财政收入等是由所有企业的微观经济效益所决定的，也就是说，集中就业这种形式，在影响到企业微观经济效益的同时，也必然会对社会的宏观经济效益产生影响。

最后，从残疾人个人的角度来看。第一，按比例就业更有利于就业的稳定性。这是不言而喻的，企业受市场的波动影响大，特别是残疾人集中就业的企业，产品缺乏市场竞争力，一旦企业亏损或者破产，残疾人就得失业；而按比例就业，残疾人是在机关、事业单位和社会一般企业就业，机关、事业单位没有破产之忧，即便是一般企业，因为科研和产品开发能力大大强于残疾人集中就业的企业，破产的危险大大低于残疾人集中就业的企业，残疾人就业稳定性强。第二，按比例就业更有利于残疾人实现人生的价值。就业是谋生的手段，是生存之本，但就业不是人生的目的，所有有就业需求的残疾人绝不是满足于获得劳动报酬，他在获得劳动报酬的同时还有更充分地了解和参与社会，更充分地展示自己的能力，实现自己更高追求的需求，显而易见，按比例这种形式，要比集中这种形式更有利于帮助残疾人满足这些需求。第三，按比例这种形式，更有利于提高残疾人的劳动收入。因为集中安置残疾人就业的企业竞争力差，效益比不上其他企业。一般情况下，职工收入大大低于其他企业职工的收入，更低于机关、事业单位职工的收入。

既然按比例就业这种形式于国于企业于残疾人个人，都优于集中就业这种形式，为什么我国残疾人就业还要走"集中就业为主，分散就业为辅"的模式？这与计划经济体制下劳动力的管理制度是紧密相连的。在高度集中的计划经济体制下，劳动力由国家统包统配，但因为对残疾人的歧视，加之残疾人受教育水平低等方面的原因，国家把残疾人就业归为另册，不能由国家统一安排到机关、事业单位和国有企业，而城镇残疾人就业又是非解决不可的问题，针对这种现实，采用大集体、小集体投资，兴办集中安置残疾人就业的福利企业。此外，也确有极少数的残疾人在机关、企事业单位分散就业。在计划经济条件下，这种多数残疾人集中就业，少数残疾人分散就业的形式的确促进了残疾人就业需求的实现。这应该是"集中就业为主，分散就业为辅"这种残疾人就业模式的由来。随着高度集中的计划经济体制向市场经济体制转变，劳动力不再由国家统包统配，企业有了用人自主权，国家不能用行政的手段要求企业用人，同时，在所有制机构上，形成了以公有制为主体多种所有制结构并存的格局，集体投资兴办福利企业的实力和积极性都不如计划经济时期，从而依靠集中这种方式解决残疾人就业无论在规模上还是稳定性上都失去了优势，而按比例这种方式，虽然每个单位安置的残疾人数量相对于集中方式要少得多，但其总和肯定要大于集中就业安排人数。尽管这是理论上的分析，但足可以作为市场经济条件下，我国残疾人就业的模式应该为"分散就业为主，集中就业为辅"的理由。还有，随着城乡一体化的进程，城乡残疾人就业也应该统筹安排，而在现阶段，农村的机关、事业单位和经济组织，既不可能把所有有就业需求的残疾人都按比例安置，也不是所有的农村集体经济组织都有投资兴办福利企业的积极性，更何况相当一部分农村集体经济并不富裕，大量农村残疾人只有走就地个体从业或者进城务工的路子。这是"分散就业为主，集中就业为辅"就业模式的现实基础。

要使"分散就业为主、集中就业为辅"的残疾人就业模式最有效地促进残疾人就业，一是要真正使"比例"落到实处，提高比例是必要的。美国也有按比例安排残疾人就业的法律规定，且比例较高，每15人以上的用人单位就须有一名残疾人（我国是2%以下），重要的是，政府带头雇用残疾人，2007年，美国政府部门有16万残疾雇员（南方网，林奇，《美国是如何对待残疾人的》，2007年10月28日）。当然，美国的比例规定的高，是因为美国的残疾标准掌握的比较宽泛，但是，通过比较，我们可以得知，美国规定的比例是按照残疾人充分就业的要求制定的。根据美国人口普查局报告中的数字，美国有5 100多万人有某种形式的残疾，约占美国总人口的18%，其中3 250万人有严重残疾（资料来源同上），约占美国总人口11.4%。这样，每15人以上的用人单位安排一名残疾人，相当于安排比例为6.7%，占到了重残人比例的59%。而我国的残疾人口占总人口的6.34%，大多数省（区、市）规定各用人单位安置残疾人就业的最低比例为1.5%（实际上达不到这个数字）。比例规定得过低，是不利于残疾人充分就业的。各省（区、市）应该通过修改《中华人民共和国残疾人保障法》实施办法或者其他相关法规，提高用人单位接收残疾人就业的比例。二是确实用好残疾人就业保障金，要改变由残联自身举办培训班对残疾人进行培训的方式，充分发挥社会培训机构的作用；要对残疾人个体创业给予资金支持，可以用残疾人就业保障金作为残疾人信贷资金的贴息，减少残疾人创业的风险和成本，要对超比例安排残疾人就业的用人单位给予资金奖励。从而使残疾人就业保障金真正起到促进残疾人就业的作用。三是继续完善对集中安置残疾人就业的企业的税收减免政策，用税收手段促进用人单位安排残疾人就业。

第五节　残疾人就业保障金的效应

一位区残联的理事长晚饭后与朋友一起在大街上散步，望着万家灯火，发出一番感慨："我看这街道上所有的单位都欠我的钱！"朋友问其故，这位理事长告诉他的朋友，残疾人联合会有征收残疾人就业保障金的职责呀！这故事传到了省残联理事长耳朵里，省残联的理事长在全省残联系统会议上举了这个例子，说："残联的地位因为征收就业保障金大大提高了。"

为什么这位区残联的理事长和省残联的理事长会有这样的认识？其中一个重要原因在于他们都看到了征收残疾人就业保障金给残联组织带来的好处。其实，残疾人就业保障金牵涉到残疾人、残联、用人单位和政府四方面的利益。

我们从一个企业为入口，来分析残疾人就业保障金所体现的利益关系。

设：企业职工总数为 N，本年度人均利润为 W，上年度本地区人均社会平均工资为 G，国家规定的安置残疾人就业的比例为 P，企业实际安置比例为 K，所得税率为 F。

先看征收残疾人就业保障金对国家税收的影响。若企业不缴纳残疾人就业保障金，国家税收为 NWF；若企业缴纳残疾人就业保障金，国家税收为 $[NW-(P-K)NG]F$。则企业在缴纳残疾人就业保障金的情况下，国家所得税收损失为 $NWF-[NW-(P-K)NG]F=FNG(P-K)$，所得税收损失率为 $FNG(P-K)/FNW=(P-K)G/W$ ……（A）

再看征收残疾人就业保障金对企业利润的影响。若企业不缴纳残疾人就业保障金，企业利润为 NW；若企业缴纳残疾人就业保障金，企业利润为 $NW-(P-K)NG$。企业利润损失为 $NW-[NW-(P-K)NG]=NG(P-K)$，企业利润损失率为 $NG(P-K)/NW=(P-K)G/W$ ……（B）

最后，残疾人劳动服务机构从企业获得的残疾人就业保障金数额为 $NG(P-K)$，也占企业利润的 $(P-K)G/W$ ……（C）

如果将残疾人就业保障金理解为国家划出一部分税收用于支持残疾人就业，则（A）、（C）结果互相抵消，也就是说，征收残疾人就业保障金对国家税收总额不产生影响，但企业要承担 $(P-K)G/W$ 的利润损失。也可以这样描述残疾人就业保障金所体现的国家、企业、残疾人劳动服务机构和残疾人之间的利益关系：企业拿出 $(P-K)G/W$ 的利润转化为国家财政收入，国家将这部分财政收入交由残疾人劳动服务机构支配（当然使用要符合有关规定并经财政部门批准），用于解决残疾人就业问题。

从以上分析中可以看出，残疾人就业保障金能不能发挥应有的效能，关键看企业是否按规定足额缴纳了残疾人保障金，以及残疾人劳动服务机构是否将其足额用在了残疾人就业上。

征收残疾人就业保障金主要目的是为了促进残疾人就业，也有促进社会公平的目的。而残疾人就业保障金是否真正起到了促进残疾人就业的作用，是否真正起到了维护社会公平的作用，也就决定了残疾人就业保障金政策的方向。

残疾人保障法和残疾人就业条例都有规定，如果用人单位因为不适宜安置残疾人就业或者残疾人达不到规定的比例，用人单位必须按照差额向有关部门缴纳残疾人就业保障金。这项措施的目的有两个：其一，用经济手段促使用人单位履行安置残疾人就业的义务；其二，用征收的残疾人就业保障金扶持没有被"比例"的残疾人就业。

我们先看征收环节是否达到了促进残疾人就业和促进社会公平的目的。第一，从残疾人自身的选择来看。我们讨论的是残疾人的需求，如果让残疾人选择是让用人单位录用残疾人还是缴纳就业保障金，没有悬念，残疾人肯定会选择前者。也就是说，残疾人所关心的，是政府会通过什么手段帮助他满足就业需求，而不是征收了多少残疾人就业保障金。实际上，对政府而言，征收残疾人就业保障金只是促进残疾人就业的手段之一，且一定不是最佳的手段，只是这种经济的手段操作起来比较简单罢了。第二，从征收的覆盖面来看。按照有关的法律法规，凡安置残疾人就业达不到规定比例的用人单位，不论规模大小，也不论是机关、团体、还是企事业单位，更不论是国有还是私有，都必须缴纳残疾人就业保障金。也就是覆盖面要达到所有的用人单位，即通常所说的"应收尽收"。但实际上，无论是最初由残疾人劳动服务机构直接征收还是后来由税务部门代收，远没有达到应收尽收的程度。一部分单位交了就业保障金，一部分单位没有交，这就导致了不公平，同时，也使残疾人就业保障金促进就业的作用大大打了折扣。

　　再从使用环节来看。财政部就残疾人就业保障金的使用范围有明确的规定，但这些年来，各地在使用残疾人就业保障金中，实际上已经超出了财政部规定的使用范围。我们暂且不论超出规定的使用范围造成的后果，先假设所有的支出都是符合规定的，是否就能促进残疾人就业，是否是公平的呢？先看最重要的一个开支项目：残疾人职业技术培训。从数字上看，残疾人就业保障金用于残疾人就业开支所占的比例，根据一些残疾人劳动服务机构内部人员的透露，在市、县一级也就10％左右。这与残疾人就业保障金至少要有一半用于残疾人职业技术培训的要求相差甚远。就是这10％的比例，效益也是微乎其微。有些地方残联举办残疾人职业培训，与其说是为了提高残疾人的劳动技能，从而提高残疾人的就业竞争能力，还不如说是为了年终总结时有写的东西，同时给就业保障金的其他开支打马虎眼。残疾人参加培训不仅免费，有的地方还管吃管住，甚至车接车送，正因为如此，使得一些残疾人不论残联办什么项目的培训班都要参加，同样项目的培训班也要参加上几次。用残联工作人员的话说，是教到直到残疾人学会为止。就是有一样，培训不与就业率挂钩。这样，残疾人就业保障金的使用效率就大大降低了。同时，因为一些残疾人多次参加培训，而另一些残疾人因为某种原因没有参加培训，这是就业保障金使用上的第一个不公平。再看就业保障金开支的第二个项目：支持残疾人自主创业。也就是无偿或通过补贴利息的办法使创业的残疾人得到一笔资金资助。应该说，这对残疾人是雪中送炭。因为残疾人贷款难，有了就业保障金的资助，就有了创业的启动资金。问题在于，真正这样做的地方还不多，通过政策明确这样做的地方更少。残疾人能不能得到就业保障金的资助，能得到多少，在许多地方起决定作用的不是法律法规的具体规定，而是人际关系。这就导致了不公平。就算是按照法律法规而决定是否给残疾人以资助，也存在着资源占有上的不平等。从理论上讲，残疾人就业保障金来源于社会，用于所有有就业需求的残疾人，为什么有的人能得到资助而有的人得不到资助？因为，无论是残联的资助还是银行为自主创业的残疾人发放贷款，最根本的一条就是看残疾人有没有创业能力。越是能力强的人越容易得到资助，越是能力差的人越得不到资助，这就会导致强者越强弱者越弱的"马太效应"。再看第三个项目，从就业保障金开支的派生项目来看，比如用就业保障金资助残疾人大学生。有些地方出台政策：对考取专科、本科和研究生的残疾考生给予几千元不等的一次性资助。这样做有利于解决残疾人的经济困难，可以鼓励更多的残疾人勤奋学习。但是忽略了两个基本问题：残疾人家庭并不一定都是经济困难家庭；更需要资助的，或许是那些因为身体的残疾程度太重永远也进不了大学校门或者因为某种原因错过了考大学的最佳时期而坚持自学的人，比如参加高等教育自学考试的人。实际上这些人却很难得到资助。最后一个项目是那些本不符合规定的开支，起不到促进残疾人就业的作用，并且会导致更大的社会不公。

这就提出了一个问题：残疾人就业保障金还有没有存在的必要？如果取消，还有什么经济手段来促进残疾人就业且最大限度地保障社会公平？

促进残疾人就业，经济手段是必要的，因为，不失一般性，残疾人的劳动生产率低于社会平均水平，企业雇用残疾人，相对于雇用健全人，会带来效益上的损失。在市场经济条件下，要么，是所有的企业都要承担同样的安置残疾人就业的义务；要么，就是要给多安置残疾人就业的企业经济上的补偿，对少安置残疾人就业的企业给予经济上的惩罚，否则就不符合市场经济公平竞争的原则。除此之外，残疾人的职业技术培训，残疾人劳动场所的改造，残疾人生活和劳动所需要的辅助器械的购买补贴等，都需要有资金的支撑。资金从哪里来？如果不再征收残疾人就业保障金，那就要增加税收，或者是单独设立一个税种，或者是作为其他税的附加，或者是提高现有税种的税率。假如是单独增加一个税种，比如是残疾人社会保障税或者干脆就是残疾人就业税。虽然对企业给予的补偿会更有保障，但也会因此使企业以承担了缴税责任为理由而不接收残疾人就业。在目前企业对残疾人就业的社会责任不那么自愿的情况下，税收手段对促进残疾人就业可能不如征收就业保障金直接和有效。同时，也会使残疾人产生自卑心理，甚至认为国家专门设置这样的一个税种是对残疾人的歧视。如果把用于促进残疾人就业的税附加到其他正税上，所起到的效应与单独设立一个税种的效应基本相同。如果是增加现有税种的税率，那就存在增加什么税种税率的问题，增加消费税的税率，会导致社会的抵触；增加企业的所得税率，虽然对比征收就业保障金没有增加企业负担，但也会因此给企业和社会造成税负加重的印象。同时，不论是何种理由增加税收，都会给老百姓造成抵触心理。基于以上几点原因，就目前而言，取消就业保障金是不现实的。

现在需要做的事情是：第一，将促进残疾人就业作为首要目的，而不是把就业保障金的征收作为目的。第二，真正做到"应收尽收"，彻底杜绝任何单位既不安置残疾人就业也不交纳残疾人就业保障金的现象。第三，要完善残疾人就业保障金的使用，严格用于促进残疾人就业，要将残疾人就业保障金的征收和使用置于社会的严格监督之下，纳入审计部门的审计范围，同时要每年向社会公布。这样做不仅是为了防止残疾人就业保障金的滥用，更重要的是让社会了解残疾人的就业状况，增加用人单位的信任，促进残疾人就业。

第六节　无歧视就业

无论是"按比例"就业还是集中就业，从表面上看，都是为了促进残疾人就业，保障残疾人的权益，实现社会公平，但从人权平等的角度来看待这两种残疾人就业的形式，都包含着不平等的成分。甚至可以说，都有歧视的意味。

先看按比例就业。"按比例"本身是一种保护措施，但这种保护的依据是残疾人的竞争能力低。这种认识把所有的残疾人都归在了"低能"的范围，否认了残疾人中也有杰出人才。但如果承认残疾人中也有杰出人才，就难免因为比例的限制把部分杰出人才排斥在体制之外。这当然对残疾人是不公平的。再看集中就业，且不说集中就业这种形式导致的残疾人就业稳定性和收入水平方面的差距，单就这种就业形式形成的缘由而言，也是以承认残疾人的能力普遍低于健全人的能力为依据的。尽管从总体上看，残疾人整体的劳动生产率低于社会平均水平，但从人权平等的角度而言，不能因为一个人劳动能力的高低而对其采取与众不同的就业方式，更不能同工不同酬。平等的一个重要标志就是机会均等，集中就业与按比例就业，并不能真正体现机会均等的本意。

什么是无歧视就业？就是劳动者有权根据自己的意愿选择用人单位，而用人单位要根据就业者的需求为其提供能使其正常工作的条件。无歧视就业意味着没有按比例这种保护措施，也没有集中这种形式，国家、社会、用人单位所关注的不是残疾人不能干什么，而是残疾人能干什么。国家、社会和用人单位按照残疾人"能干什么"为其提供必要和充分的条件。比如在澳大利亚，就连高位截瘫的残疾人也有适合自己的工作岗位，其工作所需要的轮椅、计算机等都是政府提供的，用人单位要为其方便工作而进行环境改造。在工作时间上，残疾人可以更灵活一些，比如健全人每天工作八小时，残疾人可以根据自己身体的状况每天工作四小时或者更少的时间；在报酬上，残疾人与健全人同工同酬，即便是残疾人的工作时间短或者效益差，也要保障残疾人与健全人拿到同样的工资水平，由此给企业造成的损失由政府给予补偿。

当然，实现无歧视就业需要一系列的前提条件：首先是全社会都认可权益平等这个残疾人的认知理念，承认对弱势群体在政策、资金等方面的倾斜是公平的必然要求，而不是照顾和保护。其次是国家有足够的财力，能够保障为残疾人无歧视就业提供足够的物质基础。再次，是要有一套行之有效的评估手段和专业机构，以对残疾人的劳动能力进行准确的评估，从而判定残疾人"能干什么"。最后，要有专门的残疾人就业培训机构和职业介绍机构。这样的职业介绍机构的职责不是收钱办事的中介，而是能够沟通残疾人与用人单位，帮助残疾人与用人单位解决实际问题，使残疾人人尽其才的组织。

在我国，实现残疾人无歧视就业的条件还不成熟。一是对残疾人的歧视没有从根本上消除，特别是在残疾人就业问题上，尽管有按比例这样的保护措施，实际上用人单位以种种理由规避接收安置残疾人。二是受到生产力发展水平的限制，国家还没有足够的财富提供残疾人充分、平等就业的条件。三是为残疾人服务的机构和能力还不能适应为残疾人就业提供所需要的各种服务。四是有时候"歧视"是与"保护"联系在一起的，因为弱势，才需要保护。作为群体，不会因提出"保护"的前提是"弱势"而导致质疑，但作为个体，说对其给予的"保护"是因为其弱势，或者能力不足，就会有两种可能。一种可能是，对自主意识比较强、自尊心比较强或者本身并不弱势、具备相应竞争力的残疾人来说，他从心理上排斥诸如"按比例"之类的保护，认为这种保护就等同于歧视。这些人需要的是平等竞争的机会，如果竞争过别人，为什么要被"比例"所限制？如果竞争不过别人，宁可不要"比例"的保护。另一种可能就是，生存权和发展权是人的基本权利，在歧视与就业机会之间，为了生存，当然要抓住机会，至于这机会中是否包含歧视的意味那是次要的。应该承认，在我国，为了就业机会而忽略歧视（特别是"保护"意味上的歧视）的残疾人占多数，因为，人只有解决了吃饭的问题，才谈得上尊严。不能因为"保护"意味上的歧视而丢掉更多的尊严。以上四点，就是为什么在现阶段和今后较长的一个时期，还必须走"分散就业为主、集中就业为辅"的路子的原因。

第六章

中国残疾人劳动参与决策分析
——基于 2012 年全国残疾人状况监测问卷调查

近年来我国促进残疾人就业的法律法规政策体系不断完善，但 2007 年以来残疾人总体就业率却始终不高，户籍效应和性别效应引起的差异在残疾就业率中表现较为突出。本章利用 2012 年度全国残疾人状况监测问卷，选取 16～59(54)岁残疾人劳动人口作为研究对象，运用 probit 回归分析方法，研究影响我国真实残疾人劳动参与决策的因素，并比较了户籍效应和性别效应对残疾人劳动参与决策的净影响。

第一节　残疾人劳动参与情况

劳动参与率(Labor Participation Rate)是指经济活动人口(包括就业者和失业者)占劳动年龄人口的比率，是用来衡量人们参与经济活动状况的指标。根据劳动经济学理论和各国的经验，劳动参与率反映了潜在劳动者个人对于工作收入与闲暇的选择偏好，它一方面受到个人保留工资、家庭收入规模，以及性别、年龄等个人人口学特征的影响；另一方面受到社会保障的覆盖率和水平、劳动力市场状况等社会宏观经济环境的影响。[1]

提高残疾人劳动参与率一直以来是我国发展残疾人事业的一项重要工作，政府不断建立和完善促进残疾人就业的法律法规政策体系。但我国残疾人就业形势长期以来比较严峻，我国残疾人 2007—2012 年监测数据显示，6 年来其就业率分别为 46.4%、46.8%、44.9%、44.2%、43.7%和 40.84%，有所下降。就业不仅能给残疾人带来经济收入，从整体上提高社会的生产能力，减少残疾人群体对政府转移支付的依赖，更重要的是残疾人参与劳动力市场的过程是残疾人平等参

---

① 刘昕：《薪酬管理》，北京，中国人民大学出版社，2011。

与社会生活，充分享有自身权利和社会融合的过程。促进残疾人就业本身和提高残疾人劳动参与率并不是我们政策的终极目标，更深层次的目标是使残疾人通过就业能够完全融入社会经济生活。因此，残疾人就业问题不仅是我国就业优先战略要解决的问题，更是我国构建和谐社会的基础问题。

西方学者早在 20 世纪 60 年代就已经认识到残疾人参与劳动力市场的过程本身就是获得自我认同和社会认同的过程[①]，并为此制定了相应的政策帮助残疾人提高就业和参与社会经济生活的能力。在劳动力市场上，残疾作为影响就业个体的生理因素，从劳动参与决策和市场需求决策两个方面影响残疾人劳动参与率。已有文献主要从市场需求决策视角研究残疾人群体较低的就业率，并将其归结于雇主对残疾人劳动力的歧视和残疾人群体较低的劳动生产率。国外学者利用较为成熟的微观计量方法估算出歧视对残疾人工资影响的上限值[②]。但在对印度两个联邦的农村男性数据进行分析后，学者发现在劳动力市场中，对残疾人的"工资"不存在歧视，而是对他们的"就业"存在歧视[③]，不过缺乏进一步对就业效应的分析，所以无法看出歧视是否会对就业产生影响。相较于国外的研究，中国学者研究认为，影响残疾人就业的主要因素有经济政策、就业形势、残疾人身体状况、受教育水平、残疾人就业环境、社会保障状况和地区经济发展水平[④]，并提出关于残疾人就业方面的政策建议。随着微观调查数据的完善，实证研究利用 CHNS 数据和回归分解技术对中国歧视因素在工资差异中的占比进行分析后，发现残疾劳动力工资歧视的上限值在 35%～47% 之间，而由此引起残疾人就业率下降比例仅为 1.4%，歧视的就业效应占比很小[⑤]，说明了我国劳动力市场对残疾人的歧视主要体现在"工资"方面，而非残疾人就业方面。

事实上，中国的劳动力市场中供大于求的态势在一段时期内始终存在，市场化程度不断加深使日益激烈的竞争挤压了残疾人就业空间，形成劳动力市场对残疾人就业歧视的共识。进一步歧视的共识打击了残疾人参与劳动力市场的积极性，也成为残疾人就业率不高的重要原因。但已有文献结论表明：首先，残疾人

---

① Nagi，S. Z.，Some Conceptual Issues in Disability and Rehabilitation，In：Sussman M. B.（ed.），Sociology and Rehabilitation 1 Washington D. C.：American Sociological Association，1965.

② Acemoglu，D. and Angrist，J.，Consequences of Employment Protection? The Case of the Americans with Disability Act. Journal of Politics，2001(5)：pp. 915-957. Brenda，G. and Margaret，M.，Age and Disability：Explaining the Wage Differential，Social Science and Medicine，2009(69)：pp. 47-55.

③ Mitra，S.，The Capability Approach and Disability，Journal of Disability Policy Studies，2006(4)：pp. 236-247.

④ 赖德胜，赵筱媛：《中国残疾人就业与教育现状及发展研究》，北京，华夏出版社，2008。罗秋月：《残疾人就业存在问题与对策》，载《中国劳动》，2001(8)。

⑤ 解垩：《残疾与劳动力市场——中国城镇男性的证据》，载《管理世界》，2011(4)。

较低就业率与其较低的人力资本水平是相符合的，所以劳动力市场上竞争的激烈程度对所有进入市场的劳动力是平等的。其次，虽然存在歧视效应，但它只占残疾人与非残疾人就业率差异的很小比例，由"歧视"导致的残疾人就业率低本身就是一种带偏见的认识。因此，我们认为残疾人劳动参与决策也是导致残疾人就业率不高的原因。

本章利用 2012 年全国残疾人状况监测微观数据分析哪些因素影响残疾人的劳动参与决策，并以此提出提高残疾人劳动参与率的政策建议，更好地帮助残疾人进行社会融合。本章的创新之处在于：运用 Probit 模型从人口学特征、家庭经济特征和生理特征对影响残疾人劳动参与率的因素进行分析，并估算出各因素对残疾人劳动参与决策的影响。本章其余部分安排如下：第二节理论模型，对影响劳动参与决策的特征和本章所用的 Probit 模型进行描述；第三节数据与统计性描述，介绍本章所使用的数据；第四节实证结果与分析，对计量模型估计结果进行原因分析，说明残疾人劳动力供给的特点；第五节是本章的结论及政策建议。

第二节　残疾人就业决策的决定因素

劳动力市场中个体劳动参与决策取决于市场工资水平与个体保留工资之间的比较。当个体保留工资低于市场工资水平时，个体做出进入劳动力市场的决策。个体由于人力资本禀赋、性别、年龄等个人人口学特征以及家庭收入规模等方面的差异，对劳动参与具有不同的选择偏好。除此之外，社会保障的覆盖率和水平、劳动力市场状况等社会宏观经济环境也影响着劳动参与率。市场工资水平 $\overline{W}$ 代表着个体参与劳动力市场的效用，表示为：

$$U_{\overline{w}} = YY \cdot N \cdot H \cdot \varphi Y$$

而个体保留工资 W_1 代表着个体退出劳动力市场的效用，受到劳动力个人因素影响和所在家庭因素的影响，表示为：

$$U_{w1} = YNI\varphi Y$$

其中，Y 表示参与到劳动力市场可以获得的工资收入，N 表示非劳动收入，H 代表劳动时间，φ 表示个体特征变量。残疾人劳动参与决策的决定方程如下：

$$Y^* = U_{\overline{w}} YY \cdot N \cdot H \cdot \varphi Y - U_{w1} YN \cdot \varphi Y$$

当 $Y^* > 0$ 时，劳动力做出进入劳动力市场的决策；当 $Y^* < 0$ 时，劳动力选择退出劳动力市场。根据理论模型所要做出的是二值因变量选择情况，因此本章将使用 Probit 模型对残疾人劳动参与决策进行回归估计，其目的在于找到影响残疾人劳动参与率的因素，即 $Y^* > 0$ 时的影响因素，于是上述方程改写为：

$$y^* = \beta_0 + x\beta + e \qquad\qquad 式1$$

其中，x 为一组以向量表示的解释变量，表示影响残疾人劳动力市场参与决策的一系列因素，本章中主要包括人口学特征因素、家庭经济特征因素和生理特征因素。β 为参数向量，e 为随机误差项。在 $y^* > 0$，我们将观测到残疾人进入劳动力市场的情况；在 $y^* < 0$ 的条件下，残疾人退出劳动力市场，表示为：

$$y = \begin{cases} 1, \text{ if } y^* > 0 \\ 0, \text{ if } y^* < 0 \end{cases} \qquad \text{式2}$$

y 为残疾人群体劳动参与率，其取值范围在（0，1）之间。表示残疾人选择进入劳动力市场的概率表示为：

$$\begin{aligned} P(y = 1 \mid x) = P(y^* > 0 \mid x) &= P(\beta_0 + x\beta + e > 0) \\ &= P[e > -(\beta_0 + x\beta)] \\ &= 1 - G[-(\beta_0 + x\beta)] \\ &= G(\beta_0 + x\beta) \qquad \text{式3} \end{aligned}$$

其中，$P(\cdot)$ 表示 $y = 1$ 的概率，G 为服从某种分布的累计分布函数，取值范围严格控制在 0～1 之间，即对于所有实数 z，都有 $0 < G(z) < 1$。其中 e 服从标准正态分布，G 为标准正态分布的累计分布函数（cdf），可表示为积分式：

$$G(z) = \phi(z) \equiv \int_{-\infty}^{z} \phi(v) \mathrm{d}v \qquad \text{式4}$$

其中，$\phi Y z Y$ 为标准正态密度函数：

$$\phi(z) = 2\pi^{-\frac{1}{2}} \exp\left(-\frac{z^2}{2}\right) \qquad \text{式5}$$

在随机样本中，对上述模型进行极大似然估计（Maximum likelihood estimation，MLE），可以得到 y_i 在给定 x_i 下的密度函数，对其取对数后得到：

$$\ln(\beta) = y_i \log[G(x_i\beta)] + (1 - y_i) \log[1 - G(x_i\beta)] \qquad \text{式6}$$

用式 6 对所得观测求和，得到样本的对数似然函数，通过求对数似然函数的最大值，从而估计出 β 的值。

第三节　中国残疾人调查数据

>>一、数据来源<<

本研究数据来源于中国残疾人联合会 2012 年度全国残疾人状况监测问卷调查数据。此次监测时间为期一年，所选取的样本覆盖了中国 31 个省份，问卷涉及 100 多个问题，全面反映了与残疾人口相关的个人基本情况、家庭经济、就业和康复方面的基本状况。调查共访问 40 161 位残疾人。

参照中国统计年鉴中对劳动人口的统计口径和已有文献[①]，根据监测数据特点，我们将残疾人劳动参与率定义为：残疾人就业人口与正在找工作人口之和与残疾人劳动力人口的百分比，主要体现在问卷中"您现在是否有工作"和"您是否正在找工作"两项。以 2012 年残疾人监测数据为目标，样本选取 16～59(54)周岁的劳动年龄残疾人口作为基数，满足要求的样本有 13 921 个。在这种统计口径下，名义残疾人就业率为 40.84％，名义残疾人劳动参与率为 43.17％。考虑到人口结构和受教育因素，将残疾劳动力人口中剔除在校学生和离退休人员，得到实际残疾人劳动力人口为 13 309 人，实际残疾人就业率为 42.72％，实际残疾人劳动参与率为 45.13％。进一步考虑到残疾人中有部分生活不能自理和丧失了劳动力，剔除这部分因素后，本研究最终把样本定为 9 665 个真实就业群体样本，他们的就业率为 59.34％，劳动参与率为 62.64％。根据三种统计口径得出的残疾人就业率和劳动参与率如图 6-1 所示，残疾人不高的就业率与较低的劳动参与率是一致的。这说明残疾人劳动参与决策也是造成残疾人就业率低的原因，而影响残疾人劳动参与决策的因素，正是本章要探讨的问题。

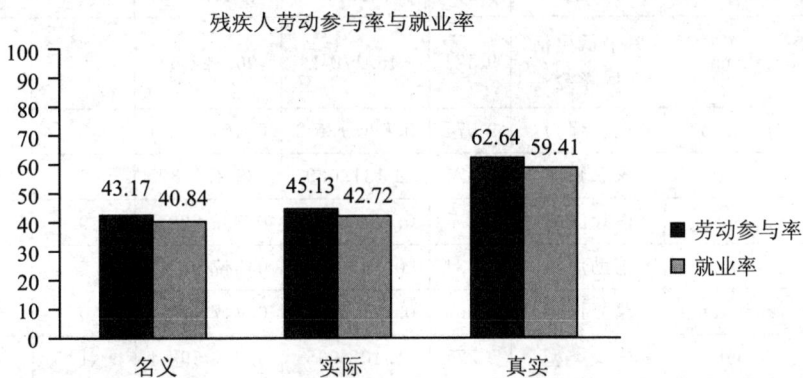

图 6-1　三种统计口径下就业率与劳动参与率的比较　单位：%

>>二、统计性描述<<

我们在原有问卷数据的基础上，将所要分析的变量重新整合编码，其中因变量只有"劳动参与决策"一个指标，我们将现在有工作的群体和正在找工作的群体合并视为有劳动参与的残疾人群体，另外，将连续性变量划分等级使它变成分类变量、生成新的变量、对原有变量赋值顺序的调整，最终确定本研究所需要的 19 个自变量，如表 6-1 所示。

① 赖德胜，赵筱媛：《中国残疾人就业与教育现状及发展研究》，北京，华夏出版社，2008。

表 6-1　变量定义及统计性描述

	Variable	Definition	Obs	Mean	Std. Dev.	Min	Max
因变量	decision	就业决策	9 571	0.626 371 3	0.483 792	0	1
人口特征变量	gender	性别	9 571	0.639 222 7	0.480 251 1	0	1
	age	年龄	9 571	43.306 76	10.357 01	16	59
	age^2	年龄平方	9 571	1 982.732	838.402 9	256	3 481
	urban	户口	9 571	0.203 740 5	0.402 799 3	0	1
	schys	受教育程度	9 571	2.225 786	1.334 498	0	7
	edu1	文盲	9 571	0.185 769 5	0.388 940 9	0	1
	edu2	小学	9 571	0.380 837 9	0.485 618 2	0	1
	edu3	中学	9 571	0.323 790 6	0.467 945 7	0	1
	edu4	高中	9 571	0.092 048 9	0.289 110 1	0	1
	edu5	大专及以上	9 571	0.017 553	0.131 326 8	0	1
	train	职业技能培训	9 571	0.098 004 4	0.297 336 1	0	1
	marr	婚姻	9 571	0.782 467 9	0.412 589	0	1
经济特征变量	baozhang jin	月最低生活保障金	9 571	45.170 1	96.821 54	0	942
	baoxian	社会保险	9 571	0.686 135 2	0.464 086 4	0	1
	wealth	家庭财富	9 571	9 131.069	33 274.39	0	1 035 999
生理特征变量	yiliaokang	医疗康复	6097	0.133 016 2	0.339 620 1	0	1
	fuzhuqi	辅助用具	6 331	0.140 894	0.347 939 7	0	1
	kangxun	康复训练	8 766	0.276 865 2	0.447 474 8	0	1
	mul	残疾类型	9 571	1.108 035	0.347 598 4	1	4

2012 年残疾人劳动参与率为 62.64%，19 个自变量分别从人口特征、经济特征和生理特征三个方面对残疾人劳动力进行了描述。人口特征方面，真实残疾人劳动力 80%为农村户口，其中 64%为男性，平均年龄在 43 岁，与我国劳动人口老龄化的特征相一致。从受教育水平上来看，残疾人劳动力群体文盲率在 18.58%，远远地高出非残疾劳动力群体，且残疾人受教育比例与受教育程度形成"倒 U"型曲线，如图 6-2 所示。文盲的比例为 18.58%，接受小学教育的比例最高(38.08%)，接受中学教育的比例为 32.38%，接受高等阶段教育的比例为 1.76%。而接受过职业技能培训的仅有 9.8%，由此可以看出，我国残疾人劳动力整体受教育水平集中在基础教育阶段，人力资本水平较低。残疾人劳动群体的已婚率为 78.25%，高于总体残疾人群体已婚比例 6.85%，这主要是因为本研究的样本群体为劳动年龄人口，平均年龄为 43 岁，所以已婚比例较高，这也符合

人口特征。经济特征变量方面，30.49％的残疾人劳动力领取了最低生活保障金，46.41％参与了社会保险（基本养老保险和基本医疗保险），年家庭财产性收入在10 000元左右。生理特征方面，52.47％的残疾人劳动力得到过康复服务，其中13.3％得到过医疗康复，14.09％的接受过辅助用具配备，27.69％的接受过康复训练与服务。

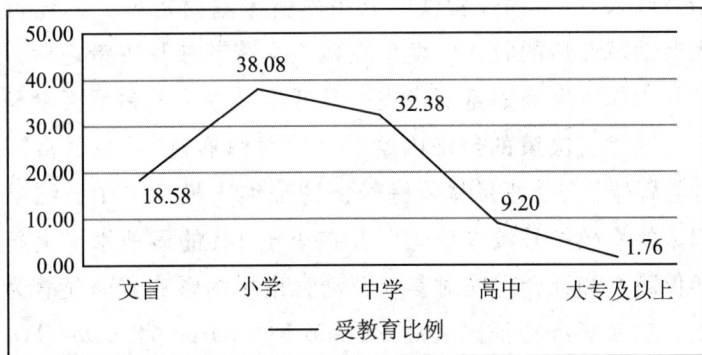

图 6-2　残疾人劳动力受教育比例　单位：％

第四节　劳动决策分析

>>一、结果估计<<

按照本章的研究逻辑，我们先就一个方面的自变量对残疾人劳动参与决策的影响进行回归分析，之后再不断加入其他方面的因素进行考察，研究分两组模型进行：第一组五个模型从整体上考察了影响残疾人劳动参与率的因素；第二组是在不同残疾类别情况下分组考察影响残疾人劳动参与率的因素。

第一组模型的 Probit 回归结果如表 6-2 所示。其中，模型一仅从人口学特征变量方面进行分析，在控制了家庭经济特征变量和生理特征变量之后，从 LR 统计量结果看，模型整体通过显著性检验。估计结果表明，个体从青年到中年倾向于参与劳动力市场，随着年龄的增大会选择逐渐退出劳动力市场，这与非残疾人的研究结论是一致的。男性残疾人参与劳动力市场的概率高于女性，也印证了已有的研究结论。四个受教育水平变量和职业技能培训变量的系数均为正。婚姻状态这一虚拟变量的符号为正，已婚的状态从侧面证明了残疾人是具有就业能力的，同时已婚的残疾人具有更大的家庭责任，主观上更倾向于参与劳动力市场。根据 p 值来看，这些变量都在低于1％的显著水平上显著，说明从统计上看，这些人口学特征变量对真实残疾人劳动力的市场参与率有着显著的影响。但是

Pseudo R-squared 为 0.069 1，表明人口特征组变量联合起来能够解释劳动参与率总变异的 7% 左右，表明模型总体的拟合度并不高。在模型二中，我们加入了家庭经济特征变量因素。考虑到劳动力的供给决策是衡量"劳动—闲暇"后得出的，并根据问卷中对残疾人家庭经济情况的调查，我们将家庭总收入分为劳动经营性收入（工薪收入和经营收入）和财产性收入（财产性收入、转移性收入、出售财务收入及借贷收入）。劳动经营性收入虽然占家庭财富很大的比重，但由于它包含了残疾人劳动就业后的收入，发生在残疾人劳动参与决策之后，因此我们这里只将财产性收入作为家庭财富的代表。最低生活保障金和是否参与社会保险也是影响残疾人劳动参与决策的经济因素。因此我们通过"家庭财富"、"最低生活保障金"和"社会保险"三个变量将家庭经济特征纳入模型二中。结果显示，人口学特征影响因素的系数符号没有变化，并在小于 1% 的显著水平上显著，家庭财富、最低生活保障金和社会保险对参与劳动力市场的影响方向显著为负，这也符合我们的预期。加入经济特征因素后 Pseudo R-squared 为 0.084 1，说明模型的解释力度有所上升。模型三把人口学特征和生理特征变量作为自变量。我们先用的是二值变量简单将是否接受康复服务分成"没有接受 0"和"接受 1"，如模型三的结果所示，康复服务对残疾人劳动参与决策有正向作用，而其他变量结果和模型一的结果非常接近，生理特征组的两个变量通过 1% 的显著水平。模型四是将人口学特征组、家庭经济特征组和生理特征组都作为模型自变量纳入回归中，并在模型五中对整体模型进行了带稳健标准误（Robust）的回归，模型整体拟合优度达到 10% 左右，正确预测百分数也接近 70%。

表 6-2　残疾人劳动力就业决策的 Probit 回归分析结果

因变量：就业决策

（参照组为未受过教育的残疾人劳动力）

自变量	模型一	模型二	模型三	模型四	模型五	dy/dx
人口学特征组变量						
男性	0.625***	0.641***	0.625***	0.641***	0.641***	0.243 1
	(20.74)	(21.12)	(20.74)	(21.12)	(21.09)	
年龄	0.024 8*	0.034 7***	0.024 9**	0.034 7***	0.034 7***	0.013 0
	(2.57)	(3.56)	(2.58)	(3.56)	(3.52)	
年龄平方	−0.000 416***	−0.000 532***	−0.000 417***	−0.000 532***	−0.000 532***	−0.000 2
	(−3.55)	(−4.50)	(−3.56)	(−4.50)	(−4.45)	
非农户口	−0.282***	−0.142***	−0.281***	−0.143***	−0.143***	−0.054 3
	(−7.91)	(−3.71)	(−7.86)	(−3.72)	(−3.68)	
小学	0.170***	0.157***	0.168***	0.157***	0.157***	0.058 3
	(4.50)	(4.13)	(4.34)	(4.04)	(4.03)	

续表

因变量：就业决策 (参照组为未受过教育的残疾人劳动力)					
自变量	模型一	模型二	模型三	模型四	模型五	dy/dx

自变量	模型一	模型二	模型三	模型四	模型五	dy/dx
人口学特征组变量						
中学	0.277***	0.257***	0.273***	0.257***	0.257***	0.094 2
	(6.79)	(6.26)	(6.52)	(6.08)	(6.09)	
高中及中专	0.452***	0.395***	0.449***	0.394***	0.394***	0.137 0
	(7.77)	(6.69)	(7.61)	(6.59)	(6.57)	
大专及以上	0.998***	0.884***	0.994***	0.883***	0.883***	0.256 4
	(7.78)	(6.76)	(7.71)	(6.72)	(6.45)	
职业技能培训	0.575***	0.591***	0.575***	0.588***	0.588***	0.195 2
	(11.13)	(11.34)	(11.02)	(11.17)	(10.97)	
婚姻	0.378***	0.338***	0.377***	0.338***	0.338***	0.129 9
	(9.40)	(8.31)	(9.33)	(8.28)	(8.27)	
经济特征组变量						
最低生活保障金		−0.001 90***		−0.001 90***	−0.001 90***	−0.000 7
		(−12.57)		(−12.56)	(−11.66)	
社会保险		−0.079 5**		−0.079 7**	−0.079 7**	−0.029 7
		(−2.64)		(−2.65)	(−2.59)	
家庭财富		−0.000 001 14**		−0.000 001 14**	−0.000 001 14**	−0.000 000 429
		(−2.87)		(−2.88)	(−2.72)	
生理特征组变量						
得到康复服务			−0.003 59	0.008 21	0.008 21	0.003 1
			(−0.13)	(0.30)	(0.30)	
残疾类别			−0.014 1	−0.001 66	−0.001 66	−0.000 6
			(−0.36)	(−0.04)	(−0.04)	
常数项	−0.807***	−0.840***	−0.787***	−0.841***	−0.841***	
	(−4.29)	(−4.43)	(−4.03)	(−4.27)	(−4.24)	
N	9 571	9 571	9 571	9 571	9 571	
假设检验与拟合优度						
正确预测百分数	65.02%	66.31%	64.99%	68.10%	68.10%	
对数似然值	874.6	1 063.97	874.74	1 064.07	931.51	
Pseudo R-squared	0.069 1	0.084 1	0.069 1	0.096 1	0.096 1	
显著性	0.000 0	0.000 0	0.000 0	0.000 0	0.000 0	

注：(1)括号中为异方差稳健的 t 统计量；(2)*** $p<0.001$ 表示在 0.1% 的水平上显著，** $p<0.01$ 表示在 1% 的水平上显著，* $p<0.05$，表示在 5% 的水平上显著。

考虑到生理特征对残疾人劳动参与率的影响,我们在第二组的模型中,从两个方面将生理特征因素细分:一是残疾类别;二是接受康复服务的情况。按照残疾类别我们分别对其劳动参与决策进行回归,第一类为视力残疾;第二类为听力残疾;第三类为言语残疾;第四类为肢体残疾;第五类为智力残疾;第六类为精神残疾;第七类为多重残疾。康复水平和程度可以在一定程度上改变残疾的生理状态,不同残疾类别对这三类康复服务的需求是不一样的,按照第二次全国残疾人抽样调查的分类标准,我们将本次调查数据中涉及康复内容的 13 个问题主要分为三类:康复训练与服务、医疗服务和辅助用具配备。结果如表 6-3 所示,从模型的检验结果和拟合优度可以看出,按残疾类别对样本做分类回归比对样本整体回归的效果好。七种残疾类别平均而言,自变量联合起来解释了就业决策总变异 10%,并且通过了显著性检验。其中,多重残疾模型对劳动参与率总变异的解释力达到近 15%,模型正确预测百分数在 70% 左右。人口学特征变量和家庭经济特征变量与整体研究中作用方向是一致的,我们要重点说明的是与整体回归不同的部分。

1. 康复训练

接受康复训练可以提升视力残疾 19.4% 的劳动参与决策,对听力残疾、言语残疾、肢体残疾、精神残疾以及多重残疾人的提高程度分别为:6.56%、2.05%、9.09%、23.7%、4.8%,对智力残疾却呈现出负向的作用。我国对智力残疾(Mental handicapped)的定义是:智力明显低于一般人的水平,并显示社会适应行为障碍[①]。有着社会适应行为的个体,即使具备劳动能力,我们认为他也不具备做出理性决策的能力。因此,康复训练对智力残疾人的劳动参与决策没有办法起到正向作用是合理的结果。

2. 医疗康复

在接受医疗服务的残疾人群体中,仅有多重残疾的医疗服务提高了其劳动参与决策,视力残疾、肢体残疾和精神残疾的劳动力则会随着接受医疗服务的增加而降低其劳动参与决策。限于监测问卷题目设计,目前我们仅对残疾类别进行分类,并未体现出残疾程度,无法将这些微观个体的残疾等级异质性体现出来。监测问卷中的"医疗康复"主要是指通过手术、药物等医学手段对残疾人健康人力资本的修复。医疗康复的需求反而从反面体现出个体的残疾程度较重。在无法对微观残疾人调查对象的残疾等级进行分类的情况下,即使我们已经将"无法自理"和"丧失劳动能力"的影响因素剔除,但仅用"接受医疗服务"作为自变量对就业决策进行回归,一方面会产生样本的选择性偏差,即残疾程度越重的人,越有可能选

---

① 朴永馨,顾定倩:《特殊教育辞典》,北京,华夏出版社,2006。

表 6-3 不同残疾类别就业决策的 Probit 回归分析结果

因变量：就业决策

（参照组为未受过教育的残疾人劳动力）

自变量	模型一 Type 1	模型二 Type 2	模型三 Type 3	模型四 Type 4	模型五 Type 5	模型六 Type 6	模型七 Type 7
人口特征组变量							
男 性	0.641***	0.647***	0.630***	0.675***	0.692***	0.650***	0.419
	(6.63)	(7.21)	(3.89)	(14.09)	(7.21)	(6.72)	(1.27)
年 龄	0.019 4	0.125***	0.113*	0.022 0	0.048 4	0.041 2	0.007 25
	(0.53)	(3.53)	(2.55)	(1.24)	(1.94)	(1.13)	(0.08)
年龄平方	−0.000 315	−0.001 62***	−0.001 50**	−0.000 435*	−0.000 659*	−0.000 660	0.000 284
	(−0.73)	(−3.99)	(−2.66)	(−2.09)	(−2.02)	(−1.50)	(0.25)
非农户口	−0.026 3	−0.285*	−0.134	−0.166**	−0.244	−0.189	−0.933*
	(−0.21)	(−2.48)	(−0.59)	(−2.87)	(−1.94)	(−1.51)	(−2.02)
小 学	0.110	0.081 9	0.257	0.063 4	0.235**	0.257*	0.045 6
	(0.79)	(0.69)	(1.48)	(0.75)	(2.65)	(2.02)	(0.15)
中 学	0.345*	0.287*	0.242	0.134	0.402**	0.066 0	0.695
	(2.32)	(2.22)	(1.20)	(1.55)	(2.79)	(0.49)	(1.40)
高中及中专	0.409*	0.400*	0.522	0.281**	0.520	0.223	0.807
	(2.05)	(2.09)	(1.35)	(2.74)	(1.35)	(1.24)	(1.00)
大专及以上	0.315	0.078 4	.	1.831***	.	−0.196	.
	(0.90)	(0.20)		(5.85)		(−0.53)	
职业技能培训	0.393*	0.485**	0.143	0.406***	0.981***	1.048***	0.922
	(2.31)	(2.94)	(0.51)	(5.66)	(5.06)	(4.33)	(1.67)
婚 姻	0.131	−0.190	0.026 6	0.189*	0.343***	0.610***	0.312
	(0.81)	(−1.03)	(0.14)	(2.56)	(3.30)	(5.03)	(0.82)

续表

因变量：就业决策

（参照组为未受过教育的残疾人劳动力）

自变量	模型一 Type 1	模型二 Type 2	模型三 Type 3	模型四 Type 4	模型五 Type 5	模型六 Type 6	模型七 Type 7
家庭经济特征组变量							
最低生活保障金	$-0.002\ 15^{***}$	$-0.000\ 633$	$-0.002\ 84^{**}$	$-0.001\ 38^{***}$	$-0.002\ 65^{***}$	$-0.002\ 08^{***}$	$-0.002\ 28$
	(-3.74)	(-1.13)	(-3.09)	(-6.18)	(-5.50)	(-4.33)	(-1.47)
社会保险	-0.262^{*}	-0.202^{*}	-0.186	$0.022\ 6$	-0.190^{*}	$0.005\ 07$	-0.177
	(-2.52)	(-2.15)	(-1.20)	(0.47)	(-2.23)	(0.06)	(-0.60)
家庭财富	$-0.000\ 007\ 53^{**}$	$-0.000\ 000\ 984$	$3.39e-08$	$-0.000\ 000\ 528$	$-0.000\ 000\ 826$	$-0.000\ 003\ 04$	$0.000\ 021\ 3$
	(-3.05)	(-0.82)	(0.01)	(-1.04)	(-0.36)	(-1.29)	(1.64)
生理特征组变量							
康复训练	0.194	$0.065\ 6$	$0.020\ 5$	$0.090\ 9$	$-0.014\ 8$	0.237^{*}	$0.048\ 0$
	(1.11)	(0.64)	(0.11)	(1.82)	(-0.17)	(2.07)	(0.13)
医疗服务	-0.787^{**}			$-0.024\ 4$		-0.202	$0.044\ 1$
	(-2.66)			(-0.14)		(-1.74)	(0.12)
辅助器配备	0.198	0.136		-0.268^{***}			
	(1.72)	(1.17)		(-4.11)			
常数项	-0.266	-1.819^{**}	-1.807^{*}	-0.267	-1.294^{**}	-1.511^{*}	-1.467
	(-0.36)	(-2.65)	(-2.25)	(-0.75)	(-2.89)	(-2.08)	(-0.85)
N	915	1169	388	4077	1109	986	119
检验与拟合优度							
正确预测百分数	70.87%	71.17%	70.03%	70.91%	65.66%	69.63%	66.39%
LR	115.41	109.07	44.57	429.75	159.32	131.91	23.88
Pseudo R-squared	$0.096\ 4$	$0.086\ 3$	$0.090\ 6$	$0.085\ 4$	$0.103\ 6$	$0.097\ 7$	$0.148\ 1$
显著性	$0.000\ 0$	$0.000\ 0$	$0.000\ 0$	$0.000\ 0$	$0.000\ 0$		$0.047\ 4$

注：（1）括号中为异方差稳健的 t 统计量；（2）*** $p<0.001$ 表示在 0.1% 的水平上显著，** $p<0.01$ 表示在 1% 的水平上显著，* $p<0.05$，表示在 5% 的水平上显著。

择接受医疗服务，其健康人力资本水平越低，相应降低了劳动参与决策；另一方面，接受医疗服务意味着劳动参与成本和保留工资的上升，在劳动力市场工资水平下，市场工资低于保留工资，降低了劳动参与率。但是对于多重残疾类别群体而言，医疗康复降低了他们的残疾程度，增加他们的劳动参与的人力资本水平，从而对他们劳动参与率有提高作用。

3. 辅助用具

视力残疾和听力残疾劳动力辅助用具的配备提高其劳动参与决策，但降低了肢体残疾的劳动力群体的市场参与决策。我们认为这也是由于缺乏对残疾等级进一步划分引起的，视力残疾群体所配备的"助视器"和听力残疾群体所配备的"助听器"和"人工耳蜗"在一定程度上起到对伤残器官的一种替代的作用，提高的就业能力会增加他们的劳动参与决策。

>>二、影响就业决策的因素分析<<

二元的 probit 模型解释了 x 对概率 $P(y=1\mid x)$ 的影响。我们一开始对残疾人劳动力市场参与决策进行分析的是对潜变量模型的估计，其结果反映的是 x 对 $\dfrac{\partial p(x)}{\partial x_j}=g(\beta_0+x\beta)\beta_j$ 的影响。因此，我们需要通过求边际效应，将潜变量模型的估计结果转化为有实际含义的结果。边际效应通过如下偏导数得到：

$$\text{其中 } g(z)\equiv\frac{\mathrm{d}G}{\mathrm{d}z}(z) \qquad \text{式 7}$$

由于 G 为一个连续随机变量的累积分布函数，因而 g 就是其概率密度函数：

$$g(z)=2\pi^{-\frac{1}{2}}\exp\left(-\frac{z^2}{2}\right) \qquad \text{式 8}$$

由于 G 严格递增，因而对其一次求导后 $g(x)>0$，这也意味着边际效应与 β_1 有着相同的符号。也可以认为一个连续变量 x_j 对 $P(y=1\mid x)$ 的边际效应就是在 β_1 前面乘上一个调整系数，说明了边际效应受到了所有解释变量 x 的取值影响。对于 g 的取值有三种处理方式：特定值边际效应（Marginal Effect at representative Value，MEV），均值边际效应（Marginal Effect at the Mean，MEM）和平均边际效应（Average Marginal Effect，AME）。表 6-2 最后一列 $\mathrm{d}y/\mathrm{d}x$，表示在控制了其他因素之后，自变量的变化对残疾人是否参与劳动力市场的影响概率。结果显示，男性劳动参与决策高于女性 24 个百分点，随着年龄每增加一年残疾人劳动参与决策增加 12.9%，但跨过临界值后，年龄—劳动参与决策开始呈下降趋势，这种"倒 U"型特征与人力资本理论中的"年龄—收入"曲线是一致的，从经验上再次验证了残疾人劳动参与决策是对市场工资和保留工资对比后作出的选择。

农业户口可以提高残疾人劳动参与决策 5.43%，这是因为一方面，与非农户口的残疾人相比，农村残疾人的生活成本和社会保障水平较低，因此他们的保留工资也较低，在劳动力市场上实现就业的概率高于非农户口的残疾人，激励了农村残疾人的劳动参与决策；另一方面，残疾人就业集中在第一产业，而在农村只要拥有一定的生产资料（土地），就被算作就业人口，扩大了劳动参与人口的比例。所以，农村户口的残疾人劳动参与决策大大高于非农户口的残疾人。受教育水平对参与劳动力市场的影响程度呈现出顺次提高的趋势，接受过基础教育的残疾人劳动力比文盲的劳动参与决策高出 5.83%；在接受中学教育后，残疾人劳动参与决策提高 9.43%；接受高中教育和大学教育对残疾人劳动就业决策分别有 13.7% 和 25.64% 的提高。作为直接面向劳动力市场的职业技能培训，可以提高残疾人劳动就业决策 19.51%。西方有一句谚语：上帝在对你关上一扇门的时候，必然会向你打开一扇窗。不同残障类别残疾人有着不同方面劣势的同时也有着不同的优势，对残疾人进行职业培训的过程就是帮助他们扬长避短的过程。我国自 1994 年以来就开始对视力残疾的劳动力进行盲人按摩培训，近三十年过去，目前的职业技能培训仍局限于盲人按摩，单一的职业培训使其对整体残疾人的劳动参与决策的影响有所弱化。家庭经济特征变量方面，最低生活保障金增加一元，劳动参与决策下降 0.07%，经济特征因素对残疾人劳动参与决策的微弱影响反映出我国目前残疾人及其家庭比较贫困，残疾人劳动参与决策更多是一种生存性的决策。在康复服务方面，我国目前的康复服务仍属于身体机能恢复型康复，与国外职业康复政策的国家仍存在一定差距，这使得康复服务对残疾人劳动参与决策仅有 0.31% 的提升，但这也意味着我国在通过康复服务提高残疾人劳动参与率方面有着巨大的提升的空间。

分别对不同残疾类别的劳动力群体进行边际效应分析，我们这里主要报告并分析教育和康复两个方面的边际效应。表 6-4 结果显示，接受小学教育对言语残疾、智力残疾、精神残疾特征的残疾人劳动参与率分别提高 8.95%、9.36% 和 10.13%；视力残疾、智力残疾和多重残疾群体通过接受中学教育，将增加 12.41%、15.8% 和 27.18% 进入劳动力市场的可能性；平均而言，高中及中专教育对所有残疾类别群体劳动参与决策的提高大约在 20% 左右；高等教育对残疾人的覆盖率还很低，在接受调查的真实残疾人劳动群体 9 571 个样本中，仅有视力残疾、听力残疾、肢体残疾和精神残疾，共 168 个个体接受过大专及以上教育，占总体的比例为 1.76%。大专及以上教育对不同类别残疾人劳动参与决策差别也较大，对视力残疾就业决策有近 14% 的正向作用，对听力残疾仅为 2.6%，而对智力残疾却有 0.6% 的负向作用。肢体残疾接受大专及以上教育后会增加近 30% 的劳动力市场主观参与率，这是由于肢体残疾很多是工伤、车祸及生病等后天因素造成，只对个体的劳动能力有部分的贬损，而这种贬损也可以通过人力资本投资得到一定的补偿，因此对个体的劳动生产率影响是可控的，进而其劳动力市场给予的工资价格和个体本身的就业决策更容易通过人力资本投资得到提高。

虽然所有残疾类别的个体都接受了康复训练，但后者对就业决策的效果不一样，提高最多的是多重残疾(18.5％)，最低的为言语残疾(0.73％)，智力残疾接受康复训练对劳动参与率没有正向作用。在接受医疗服务的四类残疾人劳动力中，仅有多重残疾会提高1.7％的劳动参与率，视力、肢体和精神残疾没有正向作用，原因正如我们在上文中分析。而对于多重残疾个体而言，接受医疗服务的过程就是降低残疾程度的过程，所有医疗服务变量对该群体起作用。辅助器配备对视力残疾和听力残疾劳动力参与决策提升率为7％和5％。由于肢体残疾严重程度和辅助器配备程度成正比，而残疾严重程度和劳动参与决策成反比的关系，使得辅助器的配备能简单线性地提高肢体残疾个体的劳动参与决策。

表 6-4　不同残疾类别均值边际效应

残疾类别 变　量	视力残疾	听力残疾	言语残疾	肢体残疾	智力残疾	精神残疾	多重残疾
	dy/dx						
小　学	0.040 5	0.027 6	0.089 5	0.021 4	0.093 6	0.101 3	0.017 6
中　学	0.124 1	0.094 2	0.083 2	0.045 2	0.158 0	0.025 9	0.271 8
高中及中专	0.139 8	0.120 7	0.159 8	0.089 5	0.200 0	0.088 2	0.311 7
大专及以上	0.108 6	0.025 9		0.294 1		−0.750 0	
康复训练	0.069 5	0.022 0	0.007 3	0.030 6	−0.005 9	0.092 1	0.184 8
医疗服务	−0.306 0			−0.008 4		−0.079 5	0.017 0
辅助器配备	0.071 7	0.044 9		−0.095 6			

>>三、残疾人劳动参与决策内部差距<<

本章数据分析结果和已有研究一致表明，残疾人劳动参与率内部差距表现为：农村户口高于城镇户口、男性高于女性。[1] 但我们在分析过程中发现，决定个体劳动参与决策的因素有很多，如果在不考虑群体内部结构情况下用两类人群直接比较是不准确的，因此，将通过计算特定值的拟合概率来比较户籍效应和性别效应对劳动参与决策的影响。表 6-5 报告了相同受教育水平下不同户籍、不同性别群体的劳动参与决策，以及他们之间的就业决策差距。

---

① 赖德胜，廖娟，刘伟：《我国残疾人就业及其影响因素分析》，载《中国人民大学学报》，2008(1)。

表 6-5　不同特征残疾人群体劳动参与决策差距　　　　单位:%

受教育水平	城镇			农村		
	男	女	劳动参与决策性别差距	男	女	劳动参与决策性别差距
文　盲	28.96	11.20	17.76	33.91	14.08	19.83
小　学	74.82	50.29	24.53	79.05	55.83	24.22
中　学	76.72	52.71	24.01	80.76	58.22	22.54
高中及中专	81.69	59.56	22.13	85.16	64.86	20.03
大专及以上	96.87	88.50	8.37	97.73	90.99	6.74

(一)户籍效应差距

户籍效应是指,在相同性别条件下,由不同户籍条件影响因素带来的残疾人劳动参与决策概率差距。总体而言,农村户籍对残疾人劳动参与率的影响随着受教育水平的提高而加大,并且农村户籍的残疾人劳动参与率相应高于城镇户籍。表 6-5 分别显示出在相同性别条件下,残疾人劳动参与率的城乡差异。平均而言,在相同性别和受教育水平下,户籍因素仅对男性残疾人劳动力产生 3.51% 的差距,而且差距随着受教育水平的提高有所降低,在接受大专及以上教育水平的男性中,户籍差距仅引起 0.86% 的劳动参与率差距。女性残疾人劳动力就业决策的户籍效应随着受教育水平的提高呈现出一种"上升—平稳—下降"的倒"U"趋势,差距的平均值为 4.34%,远远低于以往研究所显示的城乡残疾人就业率差距[①]。

(二)性别效应差距

在相同户籍条件下,未接受教育阶段性别效应引起残疾人劳动参与决策差距分别为城镇 17.76%;农村 19.83%。随着受教育水平的上升,无论城镇户籍还是农村户籍,性别效应引起劳动参与决策的差距都在 20% 以上。只有在接受大专及以上教育后,城乡残疾人劳动参与率性别效应的差距才有明显下降,分别为 8.37% 和 6.74%。

(三)户籍效应与性别效应综合差距

综合考虑户籍效应和性别效应后,图 6-3 体现出的综合差距,男性就业决策

---

① 赖德胜等人利用"二抽"数据估算出城乡残疾人就业率差距为 18.72%。参见赖德胜,赵筱媛:《中国残疾人就业与教育现状及发展研究》,北京,华夏出版社,2008。

的户籍效应随着受教育水平的提高而降低，并在接受小学教育和接受高中及中专教育水平后分别出现两个拐点，其户籍效应的就业决策差距不断降低，并在接受大专及以上教育后达到差距的最低值（0.86％）。女性的户籍差距随受教育水平的上升对劳动参与率差距的影响则是呈倒"U"型，从文盲阶段到开始接受教育，户籍效应引起女性劳动参与率的差距上升了 2.66％；小学到高中阶段，这种差距稳定在 5％之上；接受高等教育之后，差距迅速降低到 2.49％。通过两条曲线的对比，我们可以看出户籍效应的变化与性别效应的差距综合后就业决策差距的变化呈现出如下的变化：开始，在没有接受教育的情况下，男性高于女性 2.07％；而一旦接受教育，随着受教育水平的提高，男性平均低于女性 1.5％。这一方面说明残疾人劳动参与率的内部差距主要是性别效应造成的；另一方面说明人力资本投资会显著缩小残疾人劳动参与率的内部差距。

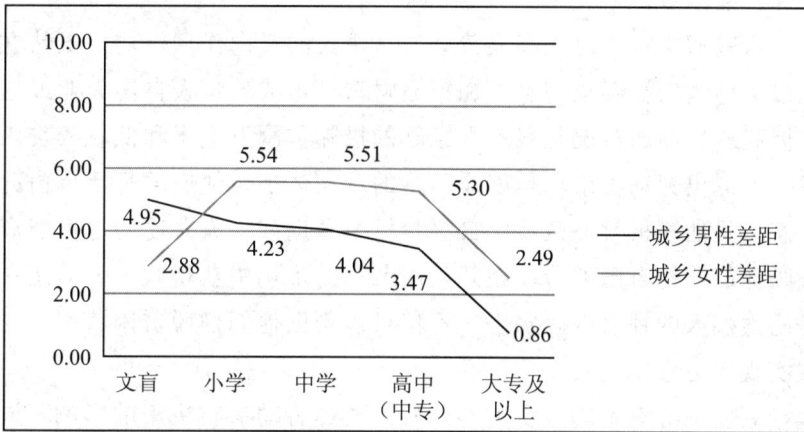

图 6-3　分性别分户籍劳动参与率差距　单位:％

第五节　结论及政策建议

由于残疾人的生理特征和长期以来对其就业形成偏见，残疾人在劳动力市场中始终处于弱势地位，不仅降低了残疾人主动参与劳动力市场的积极性，也不利于社会的融合。残疾人劳动参与决策不高使得政府无论进行政策保护，就业安置还是立法扶持，其群体的劳动参与率和就业率始终不高。我们利用 Probit 模型对全国残疾人状况最新监测数据进行分析，结果显示：第一，无论在那种统计口径下，我国残疾人就业率都低于劳动参与率 3％，说明较低的残疾人就业率不仅仅是劳动力市场需求方的问题，残疾人劳动参与率也存在普遍较低的问题。第二，影响真实残疾人劳动参与率的因素中人口学特征变量是最主要的原因，康复服务对不同类别的残疾人作用不同，而家庭经济特征对残疾人就业决策的负向作用非常小。第三，康复训练对不同残疾类别残疾人群体劳动参与率的提高幅度为：视力残疾 6.95％，听力残疾 2.2％，言语残疾 0.73％，精神残疾 9.21％，多重残疾 18.48％。第四，性别效应是引起残疾人劳动参与率内部差异的主要因素，户籍效应引起就业决策的变化随着人力资本投资的增加会减小。本章研究结果主要有以下几个方面的政策含义。

首先，人口学特征因素是影响残疾人劳动参与决策最主要的因素。受教育水平对残疾人参与劳动力市场的影响程度呈现出顺次提高的趋势，也从反面证明了我国劳动力市场对残疾人的"歧视"更多是由于较低的人力资本水平造成的。人力资本理论告诉我们人力资本水平可以很大程度地影响个体就业过程和其在劳动力市场上的收益。因此，政府需要从提高残疾人劳动生产率的角度去制定提高残疾人劳动参与决策的政策，才符合劳动力市场机制，从真正意义上帮助残疾人群体实现就业和社会融合。

其次，家庭财富特征对残疾人劳动参与决策的负向作用微弱。虽然在一些发达国家，过于慷慨的社会福利水平和家庭财富会造成残疾人自愿失业或退出劳动力市场，但我国目前的情况是残疾人家庭的极端贫困发生率和低收入贫困率都比较高，残疾人退出劳动力市场是就业困难的现实体现，他们的生活也由此长期处于贫困状态。虽然积极就业政策的最终目标是帮助残疾人劳动力尽可能离开福利庇护，鼓励他们依靠自己的劳动在开放的劳动力市场中获得收入，但是在目前条件下，提高残疾人的社会保障水平，不仅可以帮助他们摆脱贫困状态，还可以帮助残疾人实现人力资本投资。

再次，康复训练对不同残疾类别残疾人群体劳动参与决策的影响不同：视力残疾 6.95％；听力残疾 2.2％；言语残疾 0.73％；肢体残疾 3.06％；精神残疾 9.21％；多重残疾 18.48％，但对智力残疾群体却有着负面作用。康复服务的核心是帮助残疾人实现就业和参与社会生活，残疾人群体的健康人力资本水平固然低于非残疾人，但可以通过康复提升残疾人群体的整体人力资本水平。我国目前康复服务集中在身体机能恢复，单一的康复内容，一方面无法满足不同残疾类别劳动群体的就业需求，降低了劳动者寻找工作的信心；另一方面，降低了人口的生产性，弱化了经济增长的可持续性。美国、中国香港等地的经验已经证实，科学的康复服务会提高残疾人在劳动力市场上的竞争力。转变康复服务的单一形式，针对不同残疾类别增加职业康复的内容，可以提高残疾人经济生活的参与率和社会融合度；同时，在康复运行管理中引入市场竞争机制，对其发展质量进行约束，可以帮助我国将人口负担转变为人口红利，使人口因素最大限度地促进经济持续增长。

最后，将残疾人受教育和职业培训的权利通过立法保护起来。人力资本理论指出，人力资本水平在很大程度上影响个体就业过程和劳动收益率。残疾人的健康资本很难改变，但可以通过接受教育提高其知识资本水平和就业竞争力，激励残疾人积极的劳动参与和主动的社会融合。并制定针对女性残疾人的人力资本投资政策和就业促进政策，提高女性残疾人劳动参与率，缩小残疾人就业决策的内部差距。"授人以鱼，不如授人以渔"，将过去庇护式的残疾人就业政策转向强调残疾人就业能力与就业权利的就业政策，从受教育水平、职业培训以及康复内容中帮助残疾人提升自身劳动生产率以及劳动力市场竞争力，增加残疾人积极的就业决策，才是提高残疾人就业率，加强社会融合的长久之计。

第七章
我国残疾人集中就业扶持政策分析

我国残疾人集中就业扶持，主要是指国家对福利企业的税收优惠扶持政策。2007 年 6 月 15 日，我国财政部、国家税务总局联合下发了《关于促进残疾人就业税收优惠政策的通知》（财税[2007]92 号，自 2007 年 7 月 1 日起施行），同日，国家税务总局、民政部、中国残疾人联合会下发了《关于促进残疾人就业税收优惠政策征管办法的通知》（国税发[2007]67 号，自 2007 年 7 月 1 日起施行）；2007 年 6 月 29 日，民政部下发了《关于印发〈福利企业资格认定办法〉的通知》（自 2007 年 7 月 1 日起施行）。这些文件对我国残疾人集中就业扶持政策进行了新规定，主要内容涉及福利企业资格认定、税收优惠的调整等，本章将对我国实行的新的集中就业扶持政策进行深入分析，以期对完善我国残疾人集中就业扶持政策起一定的参考作用。

第一节　新政策的积极效应分析

>>一、降低了福利企业准入条件<<

首先，根据 1994 年我国国家税务总局发布的《关于民政福利企业征收流转税问题的通知》（国税发[1994]155 号）的相关规定，民政福利企业享受优惠的范围仅限于："1994 年 1 月 1 日以前，由民政部门、街道、乡镇举办的福利企业，但不包括外商投资企业；1994 年 1 月 1 日以后举办的民政福利企业，必须经过省级民政部门和主管税务机关的严格审查批准，也可按本通知享受税收优惠。"这些规定限制了福利企业的投资主体范围，而新政策已经没有了关于投资主体的规定，换言之，就是新政策对福利企业的投资主体不再加以限制，不再局限于"民政部门、街道、乡镇举办的福利企业"。经过三十多年的改革开放，具有中国特色的社会主义市场经济体系基本建立，坚持以公有制为主体，多种所有制经济共同发展已经成为我国的一项基本经济制度，投资主体的多元化已经成为发展国民经济的主要渠道和措施。新政策的出台，放宽了福利企业的投资主体范围，对广泛吸纳包括民营资本和外资在内的社会资本兴办福利企业，促进福利企业的发展具有十分重要的意义。

其次，根据1990年我国民政部、国家计委、财政部、劳动部、物资部、国家工商行政管理局、中国残疾人联合会所发布了《关于发布〈社会福利企业管理暂行办法〉的通知》（民福发〔1990〕21号）的相关规定，福利企业安置残疾人员必须达到生产人员总数的35%及以上。而根据2007年我国所发布的《关于印发〈福利企业资格认定办法〉的通知》的规定，"福利企业，是指依法在工商行政管理机关登记注册，安置残疾人职工占职工总人数25%以上，残疾人职工人数不少于10人的企业。"我们可以看出，新政策对福利企业安置残疾人职工的比例从原来规定的35%大幅度下降至25%（且残疾职工人数不少于10人），使得福利企业的准入条件明显下降，扩大了福利企业的范围，使得更多安置残疾人就业的企业能够享受相关的优惠政策，有利于鼓励企业吸纳更多的残疾人就业。

最后，按照以前的相关规定，福利企业资格由省民政、地税、国税三个部门联合认定，而《关于发布〈社会福利企业管理暂行办法〉的通知》规定："企业申请福利企业资格认定，应当向当地县级以上人民政府民政部门（以下简称认定机关）提出认定申请，具体认定机关由省、自治区、直辖市民政厅（局）和新疆生产建设兵团民政局确定，报民政部备案。"新政策将资格认定部门调整为民政部的一个部门，省民政厅又下放了审批权力，省辖市人民政府民政部门为福利企业认定机关，认定机关必须在企业提交认定申请及有关材料后的若干个工作日内进行审核并提出书面审核认定意见。由此给企业带来了便利，受到企业的赞扬。[1]

根据我国《2008年民政事业统计报告》，截至2008年年底，全国共有福利企业23 780个，比上年减少1 194个，而2007年福利企业比2006年减少了5 225个，可见新政策出台后，福利企业减少的数量明显下降。同时，2008年年底福利企业的残疾职工为61.9万人，比上年增加5.6万人。[2] 可见，新政策对促进福利企业的发展和促进我国残疾人就业都发挥了重要的作用。

>>二、加强了对残疾人职工权益的保障<<

一方面，根据1989年我国民政部、劳动部、卫生部、中国残疾人联合会所发布的《关于发布〈社会福利企业招用残疾职工的暂行规定〉的通知》（民〔1989〕福

---

[1]　汪生夫，刘莉莉：《福利企业税收新政实施中的问题与对策》，载《社会福利》，2008(10)。
[2]　数据来源：2008年民政事业统计报告，http://www.mca.gov.cn/article/zwgk/tjsj/。

字 37 号），福利企业所安置的残疾人主要包括："男性十六至四十五周岁，女性十六至四十周岁之间的视力残疾人、听力和语言残疾人、肢体残疾人及轻度智力残疾人。"而 2007 年《关于发布〈社会福利企业管理暂行办法〉的通知》规定："福利企业安置的残疾人职工应当是持有《中华人民共和国残疾人证》上注明属于视力、听力、言语、肢体、智力和精神残疾的人员，或者是持有《中华人民共和国残疾军人证(1 至 8 级)》的残疾人。"可见，新政策将所有的残疾人都纳入了集中就业的范围之内，保障了所有残疾人的平等就业权。

另一方面，新政策关于福利企业认定条件的内容中，增加了更加具体、完备而且比较详细的保障残疾人权益的条款，2007 年《关于发布〈社会福利企业管理暂行办法〉的通知》规定，"申请福利企业资格认定的企业，应当具备下列条件：企业依法与安置就业的每位残疾人职工签订 1 年(含)以上的劳动合同或者服务协议，并且安置的每位残疾人职工在单位实际上岗从事全日制工作，且不存在重复就业情况；企业在提出资格认定申请的前一个月，通过银行等金融机构向安置的每位残疾人职工实际支付了不低于所在区县(含县级市、旗)最低工资标准的工资；企业在提出资格认定申请前一个月，为安置的每位残疾人职工按月足额缴纳所在区县(含县级市、旗)人民政府根据国家政策规定缴纳的基本养老保险、基本医疗保险、失业保险和工伤保险等社会保险；企业具有适合每位残疾人职工的工种、岗位；企业内部的道路和建筑物符合国家无障碍设计规范。"新政策从工资、社会保险、合适的岗位及无障碍设施等方面有力地保障了残疾人集中就业人员的合法权益。根据中国残疾人联合会网站数据，我国 2009 年集中就业的残疾人的社会保险参保率达到了 96.79%，[①] 远远高于按比例就业和个体就业残疾人的社会保险参保率。

第二节　新政策存在的问题研究

新政策在保障残疾职工权益等方面起到了积极作用，但是，政策本身也存在一些问题，直接冲击了各地的福利企业，主要表现在以下几个方面。

>> 一、新政策优惠幅度大大下降 <<

我国 2007 年所出台的新政策，对福利企业的优惠政策进行了调整，使得社会福利企业的税收优惠减免从与产值直接相关，转变为与安置残疾职工数量直接相关，并按实际安置残疾人人数定额减免税收，体现了多安置、多优惠，少安

---

① 数据来源：中国残疾人联合会网站，http://www.cdpf.org.cn/sjcx/node_5061.htm。

置、少优惠的原则，在充分体现了关注民生、帮扶社会弱势群体的政策导向。同时，由此消除了过度减免税的问题，有效规避了税收风险，堵塞了税收漏洞，增加了国家税收收入。但是，这样的规定也产生了一些问题。

首先，福利企业增值税退还金额减少。根据《关于民政福利企业征收流转税问题的通知》（国税发［1994］155号）的规定，"安置的'四残'人员占企业生产人员50％以上（含50％）的民政福利工业企业，其生产增值税应税货物，除本通知第三条列举的项目外，经税务机关审核后，可采取先征税后返还的办法，给予返还全部已纳增值税的照顾。"而根据2007年所发布的《关于促进残疾人就业税收优惠政策的通知》（财税［2007］92号）的规定，"企业实际安置的每位残疾人每年可退还的增值税或减征的营业税的具体限额，由县级以上税务机关根据单位所在区县（含县级市、旗，下同）适用的经省（含自治区、直辖市、计划单列市，下同）级人民政府批准的最低工资标准的6倍确定，但最高不得超过每人每年3.5万元。"这就造成部分福利企业的优惠额度锐减。例如，浙江陶氏集团黄岩模具二厂2008年销售额7 835万元，增值税税率为5.5％，按原政策可退还增值税为7 835×5.5％＝431万元；而新政策规定每人每年最高限额为3.5万元，该厂职工总数230人，有95位残疾人，按照新政策该厂可退还的增值税为3.5万元/人×95人＝332.5万元，增值税退还金额比以前的政策减少了431－332.5＝98.5万元。[①]假如当地最低工资标准较低，年工资的6倍低于3.5万元，企业可退还增值税税额的下降幅度将更大。

而且，新政策所规定的每人每年最高限额为3.5万元，没有考虑到物价总水平的上涨，残疾人职工的工资、保险、显性和隐性管理成本的逐年动态递增等因素，例如，浙江省台州市黄岩区民政福利企业残疾职工每月最低工资标准2005年为560元，2006年为670元，2007年为750元，2008年为850元；黄岩区民政福利企业为残疾职工平均每人每年缴纳各项社会保险金的数目，2005年为2 831元，2006年为2 934元，2007年为5 756元，2008年为5 895元。[②]这些状况都使得福利企业的成本大幅度提高，而新政策没有把这些变动的因素考虑在内，显然不利于促进福利企业的进一步发展。而且，该规定也没有顾及我国不同地区之间的社会和经济发展水平的差异，这一规定缺乏科学性、准确性、时效性，已经成为制约我国福利企业生存与发展的"瓶颈"。[③]

其次，福利企业所得税退还金额减少。根据1994年我国财政部、国家税务总局发布的《关于企业所得税若干优惠政策的通知》（财税字［1994］001号）的规

---

① ②　参见《福利企业离不开国家优惠政策》，中国残疾人联合会网站，http://www.cdpf. org.cn/jiuy/content/2011-02/21/content_30308992.htm。

③　汪生夫，刘莉莉：《福利企业税收新政实施中的问题与对策》，载《社会福利》，2008(10)。

定，"对民政部门举办的福利工厂和街道办的非中途转办的社会福利生产单位，凡安置'四残'人员占生产人员总数35%以上，暂免征收所得税。凡安置'四残'人员占生产人员总数的比例超过10%未达到35%的，减半征收所得税。"而根据2007年所发布的《关于促进残疾人就业税收优惠政策的通知》（财税〔2007〕92号）的规定，"单位支付给残疾人的实际工资可在企业所得税前据实扣除，并可按支付给残疾人实际工资的100%加计扣除。单位实际支付给残疾人的工资加计扣除部分，如大于本年度应纳税所得额的，可准予扣除其不超过应纳税所得额的部分，超过部分本年度和以后年度均不得扣除。亏损单位不适用上述工资加计扣除应纳税所得额的办法。"这也使得福利企业的优惠额度大幅度减少。例如，浙江黄岩洛嘉塑料有限公司2008年销售额为1.44亿元，利润率为3.5%，年利润总额为1.44亿元×3.5%＝504万元，按原政策可退还126万元，即504万元×25%＝126万元。该公司残疾职工人数为130名，工资总额为150万元，按照新政策该公司仅能退还企业所得税37.5万元，即150万元×25%＝37.5万元，前后相差126－37.5＝88.5万元。[①]

最后，福利企业营业税的退还金额也有所减少。根据《关于民政福利企业征收流转税问题的通知》（国税发〔1994〕155号）的规定，"安置的'四残'人员占企业生产人员35%以上的（含35%）民政福利企业，其经营属于营业税'服务业'税目范围内（广告业除外）的业务，免征营业税。"而根据2007年所发布的《关于促进残疾人就业税收优惠政策的通知》（财税〔2007〕92号）的规定，"兼营本通知规定享受增值税和营业税税收优惠政策业务的单位，可自行选择退还增值税或减征营业税，一经选定，一个年度内不得变更。"其营业税的退还方法与增值税相同，按照这样的算法，也导致一些企业的税收退还额有所减少。

>>二、认定标准不利于企业的发展<<

一方面，根据2007年我国所发布的《关于印发〈福利企业资格认定办法〉的通知》的规定，福利企业的残疾人职工人数应该不少于10人。而原来的政策没有这样的相关规定。新政策的这个规定，使得一些残疾职工人数达不到10人的小型企业退出了福利企业的范围，而面临挑战。就2006年的年检报表来看，通州市有20家小型福利企业，职工总人数不过十几人，在岗残疾职工不过六、七人，

---

① 参见《福利企业离不开国家优惠政策》，中国残疾人联合会网站，http://www.cdpf.org.cn/jiuy/content/2011-02/21/content_30308992.htm。

这就达不到福利企业必须"安置残疾人职工 10 名以上"新规定的认定标准。[①] 按照新政策，这些企业就不能再享受福利企业的优惠政策；如果它们希望享受优惠政策就必须增招残疾人员工，这就会增加企业的生产经营成本，致使企业面临巨大的压力和障碍。一旦企业因此而倒闭，将导致部分残疾人失业。从这个意义上来说，"10 人"的最低标准不利于小企业的发展。

另一方面，关于残疾人职工的上岗率问题，1994 年 5 月 21 日我国民政部、国家税务总局发布的《关于进一步加强福利企业行政监督严格检查清理假冒福利企业的通知》对其进行了明确规定，"各类福利企业必须符合'残疾职工有适当的劳动岗位，上岗率达到 80％以上（含 80％）。'的标准。"而 2007 年的《关于印发〈福利企业资格认定办法〉的通知》（自 2007 年 7 月 1 日起施行）对上岗率问题没有明确的规定，只是规定"福利企业依法与安置就业的每位残疾人职工签订 1 年（含）以上的劳动合同或者服务协议，并且安置的每位残疾人职工在单位实际上岗从事全日制工作，且不存在重复就业情况。"这样就容易造成操作上的困难。比如，一些地方的残疾人职工因自身身体条件及企业生产周期性等因素未出满勤，有关管理部门就由此认为残疾人不到岗，不符合福利企业条件，不予企业享受减免税，有的企业对缺勤的残疾人职工按企业规定扣付了工资，如残疾人职工工资低于当地最低工资标准，有关管理部门也由此认为不符合福利企业条件，不予企业享受减免税。这影响了福利企业吸纳残疾人的积极性。普遍反映，残疾人职工全部上岗且出满勤几乎不可能，应出台具体实施办法对残疾人职工上岗率作出明确的规定，便于操作。[②]

第三节　完善我国集中就业扶持政策的建议

第一，建议我国财政部、民政部和国家税务总局等相关部门"最高不得超过每人每年 3.5 万元"的封顶规定，按当地"最低工资标准的 6 倍"执行即可。逐步建立按照残疾职工人数计算的退税标准自然增长机制，进一步加大对社会福利企业的税收优惠力度，减轻经济发达地区因残疾职工的工资水平和用工成本较高对社会福利企业发展带来的不利影响。[③] 这样既有利于避免残疾人职工人均免税过高的问题，又有利于调动福利企业的积极性，也适应各地经济发展差异性的客观

---

①　参见《通州市社会福利企业的现状和发展的思考》，中国残疾人联合会网站，http://www.cdpf.org.cn/jiuy/content/2010-12/20/content_30303682.htm。

②　汪生夫，刘莉莉：《福利企业税收新政实施中的问题与对策》，载《社会福利》，2008(10)。

③　参见《浙江省社会福利企业发展现状、原因及对策分析》，中国残疾人联合会网站，http://www.cdpf.org.cn/jiuy/content/2011-02/09/content_30308080.htm。

实际，增强政策的科学性、时效性和可操作性。

第二，可以考虑出台相关的配套政策，以减轻"残疾人职工不少于 10 人"的规定给小企业带来的不利影响，以促进其发展。比如可以考虑这样的规定"如果残疾人职工人数少于 10 人，但残疾人职工人数占职工总数的 50％及以上的企业，也可以享受福利企业的政策优惠。"这样既不会违反了政策鼓励企业吸纳残疾人就业的初衷，也有利于小型福利企业的稳定发展，对于促进我国残疾人集中就业意义重大。

第三，逐步建立残疾人集中就业奖励机制，以鼓励福利企业更多地吸纳残疾人就业。例如许学政和颜法荷建议，"经民政、财政部门确认，安置残疾人员比例超过 25％，且残疾人员在 10 人以上的福利企业，由企业所在地财政部门在下一年度的 3 月份以前，按以下标准给予奖励：安置的残疾人员占比例超过 25％～35％（含）的部分，按每人每年不低于当地月工资一倍的标准奖励企业；安置的残疾人员占比例 35％～45％（含）的部分，按每人每年不低于当地月工资两倍的标准奖励企业；安置的残疾人员占比例 45％以上的部分，按每人每年不低于当地月工资三倍的标准奖励企业。"[①]

第四，建议国家和地方省市税务、民政等相关部门应尽快制定出台《社会福利企业管理办法》，对新政策中操作实施的具体问题，做出更加具体可操作的规定，同时制定相关的刚性处罚措施，以充分发挥新政策的作用。比如，对残疾人职工上岗率问题，可以在充分考虑行业特点和地区具体情况的差异后，制定有弹性、可操作的规定。同时，对福利企业按月退税做出刚性规定，确保福利企业能够按月享受优惠政策，以及制定福利企业管理机构的规章制度等，以促进我国福利企业的快速发展。

我国现行的集中就业扶持政策打破了原先的政策壁垒，在兴办福利企业投资方式上呈现多元结构，在招用残疾职工比例上降低了标准，加强了对残疾职工权益的保障，对促进我国福利企业的发展具有极其重要的意义。但是，该政策也存在优惠下降等问题，在一定程度上阻碍了我国福利企业的稳定快速发展，特别是在国际金融危机的影响下，完善我国集中就业扶持政策对进一步促进我国残疾人就业尤为重要。我国相关部门可以而且应该在结合实际情况的基础上，加大对福利企业的扶持力度，完善政策的实施细则，以促进我国残疾人集中就业。

---

① 参见《福利企业离不开国家优惠政策》，中国残疾人联合会网站，http://www.cdpf.org.cn/jiuy/content/2011-02/21/content_30308992.htm。

第八章
中国少数民族残疾人就业问题研究

少数民族残疾人就业问题关系到残疾人群体的切身利益，关系到社会稳定、民族团结，正确有效开展少数民族残疾人就业工作不仅有利于整个残疾人事业的发展，而且有利于少数民族聚集地的繁荣安定。首先，从统计数据来看，根据中国残疾人联合会第六次全国人口普查得到的总人口数、第二次全国残疾人抽样调查得到的残疾人占全国总人口的比例和少数民族残疾人占残疾人总数的比例，2010 年年末我国少数民族残疾人口总数已达到 880 万人。其次，从地理信息来看，少数民族残疾人大多聚集经济发展相对滞后的中西部地区，这些地方就业信息不足、就业环境较差，虽然历史和文化因素导致了这一分布特征，但由此造成的不均衡状况很可能引发政治问题和安全问题。再次，从经济学和社会学的角度看，民族文化是多元性的，相应的，不同民族的就业特征也是多样化的，分析少数民族残疾人的就业特征并和汉族残疾人群就业特征做比较，有利于找到更有针对性的政策措施，为少数民族残疾人就业工作扫清障碍。

第一节　研究背景和文献综述

目前，国外学者已经深入开展了针对少数种族[1]残疾人群体就业的研究，这些研究可以大致归为几类。第一是少数种族失业和社会福利方面的研究，[2] Ahmad W. I. 和 Atkin K. (1996)详尽分析了残疾黑人群体的社会经济状况，并阐

---

[1]　这里之所以没有用少数民族而用少数种族(race)，是因为国外的情形和国内差异较大。以美国为例，黑人经历了暴力歧视和解放、社会地位提升等特殊历史阶段，而中国的少数民族自古以来就已经形成了和汉族平等相处或均衡对峙的状态，甚至有些年代汉人为少数民族所统治，文化特征不同，所以概念区别阐述。

[2]　Ahmad，W. I. & Atkin，K.，"Race" and Community Care. "Race," Health and Social Care Series. Open University Press，England，1996.

释了建立全面的社会失业保障体系的重要性；[1] Dorr G. M.（2006）则更多地从公共医疗方面讨论了阿拉伯民族残疾人的福利问题，认为公共医疗的普及是使得种族界限变得模糊的原因。第二是少数种族残疾人群体教育与就业的问题，[2] T. Glennon（1995）等人则采用案例研究的方式证明了学校"过于特殊照顾少数民族残疾学生"会造成他们未来失业的可能性增加；[3] Russell J. Skiba（2008）等人指出特殊教育和种族问题存在纠缠不清的关系，评估测验的偏见、贫穷、特殊教育自身的缺陷、行为管理的问题、文化歧视等都是对少数民族残疾人群体的教育造成影响的因素。第三，就业、社会福利和教育的关系也是学界讨论较多的问题。如[4] Sleeter C. E. 和 Grant C. A.（2010）统计近些年来公共出版物中出现"歧视性语言"的频率来测度社会对弱势群体的歧视程度。国外的研究虽然较为深入，在研究方法和研究问题的视角方面都有一定借鉴意义，但国内少数民族残疾人群体所处的文化、政治和经济环境与国外都不尽相同，立足国内才是根本，所以本章也考察了国内学者的研究现状。国内只有少数文章专门针对少数民族残疾人就业问题进行探讨，较为典型的是[5]张钧、郑晓瑛和陈嵘（2011）的研究，他们对比探讨了少数民族残疾人群和汉族残疾人群的社会经济状况，并提出对少数民族残疾人政策倾斜的建议。从以往的研究中我们不难发现，民族特征、就业、残疾人群体分属现代社会各自独立但又相互联系的领域，按照[6] Daniel Bell（2003）的理论，这三者分别属于文化、经济和政治范畴，其中"工作占据主导优势"，它"决定了三个领域的互动和变迁"。Bell 虽然从宏观理论层面指出了就业的重要性，但是不可能具体分析中国少数民族残疾人群体所具有的"文化"和"政治"特征。值得庆幸的是中国学者已经开始从心理、教育等方面关注少数民族残疾人，[7]聂春子（2009）的研究发现，汉族残疾人较少数民族残疾人的心理健康水平略差，"失望、悲叹、抑郁"情绪出现频率较高；杨树山（2013）则专门分析了少数民族残疾人职

[1] Dorr G. M. Defective or Disabled? Race，Medicine，and Eugenics in Progressive Era Virginia and Alabama. Journal of the Gilded Age and Progressive Era，2006，5(4)，p. 359.

[2] Glennon T.. Race，Education，and the Construction of a Disabled Class. Wis. L. Rev.，1995，p. 1237.

[3] Skiba R. J.，Simmons A. B.，Ritter S，et al. Achieving Equity in Special Education：History，status，and current challenges[J]. Exceptional Children，2008，74(3)，pp. 264-288.

[4] Grant C. A.，Sleeter C. E. Turning on Learning：Five Approaches for Multicultural Teaching Plans for Race，Class，Gender and Disability. Jossey—Bass，an Imprint of Wiley. 10475 Crosspoint Blvd，Indianapolis，2006.

[5] 张钧，郑晓瑛，陈嵘：《少数民族残疾人的社会经济状况》，载《人口与发展》，2011(3)。

[6] ［美］Bell D. A.：《后现代社会理论》，谢中立译，240～245 页，北京，华夏出版社，2003。

[7] 聂春子：《青海省民和县少数民族残疾人的心理状况比较研究分析》，载《兰州学刊》，2009(3)。

业教育的特征，指出少数民族地区残疾人职业教育面临重视程度不够、财政投入不足、师资不足等问题。

总之，虽然研究成果不多，但毕竟已经开始有学者关注少数民族残疾人群体。在对少数民族残疾人群体就业特征进行深入分析之前有必要扩宽文献范围，审视有关残疾人就业问题的研究，对一些基本概念和研究侧重点进行梳理和界定以方便统计调查和研究。第一，根据就业率[①]的定义，残疾人就业率是指残疾人就业人口与残疾人劳动力人口的百分比，由于先天不足或后天伤害，残疾人就业率低于非残疾人是客观现象，所以本章主要关注残疾人内部不同民族间的就业差异，而非少数民族残疾人与非残疾人之间的差异。第二，如果用社会排斥理论（Silver and DeHaan，1998；Peter Somerville，1998）进行分析，少数民族残疾人群体应该属于"特殊型"排斥，部分非特殊群体的人会对少数民族残疾人群体产生或多或少的排斥心理，进而影响这些人的就业，所以考虑政府就业政策融合性是本章关注的焦点之一。第三，残疾人社会保障虽然不是就业层面的问题，但保障政策对失业残疾人和残疾人再就业有一定影响，[②] 郑功成（2008）[③]、张琪、吴江（2004）等学者都指出目前国内缺乏对社会保障体系建设的总体设计与统筹，考虑残疾人保障的合理定位、缺乏对残疾人保障事业发展道路的合理选择，本章也特别关注了少数民族群体失业保险体系建设问题。

第二节　少数民族残疾人就业状况的统计分析

>>一、样本选择与合理性检验<<

本章研究样本取自残疾人联合会 2010 年残疾人监测数据，原始样本观测数有四万余个，从中随机抽取 10%、共 4 016 个样本进行研究。其中汉族约占 82%，少数民族约占 11%，另有 7% 的调查者未注明民族。根据第六次人口普查的数据，我国当前的人口构成中，汉族人口约占 91%，少数民族约占 9%。但是由于中国的计划生育政策只限制汉族，不限制少数民族，甚至鼓励少数民族多生，所以少数民族一直保持相对较高的出生率。2010 年新出生人口中，汉族人

---

① ［美］鲁迪格·多恩布什，斯坦利·费希尔，理查德·斯塔兹：《宏观经济学》，105～113页，北京，中国人民大学出版社，2010。

② 郑功成：《残疾人社会保障：现状及发展思路》，载《中国人民大学学报》，2008(1)。

③ 张琪，吴江：《中国残疾人就业与保障问题研究》，北京，中国劳动社会保障出版社，2004。

占比为 87.97%，少数民族占比则为 12.03%。全国残疾人口基础数据库数据表明，汉族残疾人 2 345.3 万人，占 90.5%，少数民族 246.9 万人，占 9.5%。虽然基础数据库和本章样本略有差异，但结合计划生育政策和新出生人口考虑，本章所用数据库的民族人口结构比例较为合理，能够比较有代表性地反映我国当前少数民族残疾人就业的现状（如图 8-1）。

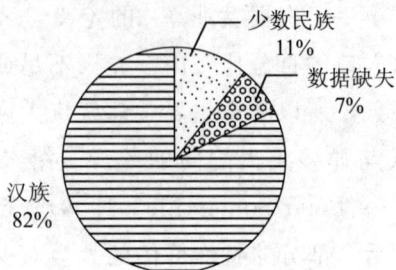

图 8-1　总样本比例

在经济学上，劳动力是对所有具备被雇用潜力的社会人群的统称。劳动力人数是衡量就业率时的基数，通常对不能找到合适工作的劳动力称之为"失业"。由于先天或者后天的因素，有一部分残疾人已经失去了基本的劳动能力，这一部分人群不能作为劳动力样本来衡量，当其通过治疗或者康复恢复劳动能力时，则又可以作为劳动力重新回到劳动力市场参与择业与就业。在调查总样本中，我们选取年龄在 15～59 岁之间，且没有在校上课的人为劳动力样本。数据库资料显示，残疾人劳动力样本共有 15 775 人，约占样本总数的 39%，其中汉族约占 83%，少数民族约占 12%，另有 5% 的人未标注民族信息。同样，本章随机抽取 10%、对共 1 577 个观测对象进行研究。

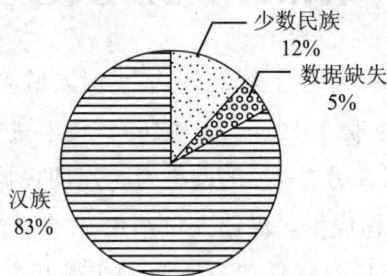

图 8-2　劳动力样本比例

>>二、少数民族残疾人就业现状对比分析<<

1. 政策效果显著，汉族和少数民族残疾人就业率均上升，少数民族高于汉族

调查数据显示，汉族残疾人的就业比例约为 38.8%，少数民族残疾人就业比

例约为 41.7％。2006 年第二次残疾人抽样调查数据表明，15 岁及以上残疾人口在业比例为 31.02％，无业比例为 69.98％，而观测数据显示，无论是汉族还是少数民族残疾人，其就业率都高于第二次残疾人抽样调查时获得的数据，这也说明近些年残疾人就业率整体上有较大提升。另外，中国残疾人联合会在 2011 年发布了《中国残疾人事业"十二五"发展纲要》，明确提出要落实残疾人就业扶持政策，加强对外来务工残疾人、女性残疾人和少数民族残疾人的职业培训和就业服务。从图 8-3 可以清晰地看出，与汉族残疾人相比，少数民族残疾人就业率高出将近 3 个百分点，这也在一定程度上体现了国家对少数民族残疾人群体的政策倾斜取得了较为显著的成效。

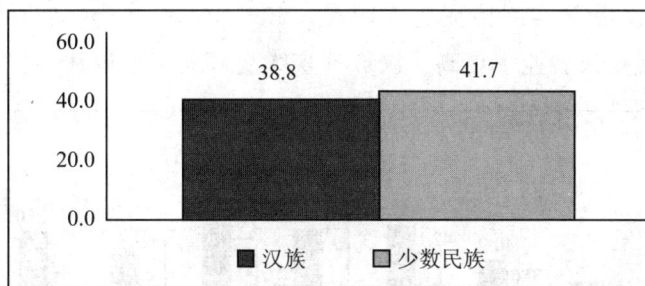

图 8-3 总体就业率比较 单位：%

2. 汉族和少数民族残疾人群体均呈现女性就业率低于男性的现象

受到身体素质、人力资本、雇主用人偏好、社会观念等诸多因素影响，男性劳动力的就业率整体上高于女性是社会的普遍共识，性别之间就业不公平、工资差异、劳动力市场分割等问题也受到学界的普遍关注。调查结果再次印证了这一现象，汉族残疾人中男性的就业率为 46.1％，女性仅为 28.9％，少数民族残疾人中男性就业率为 47.8％，而女性仅为 31.8％，无论是汉族还是少数民族，女性的就业率都处于相对较低的水平。从性别就业率比值的角度看，汉族残疾人男女就业率比约为 1.6，而少数民族残疾人男女比例约为 1.5，略低于汉族。较之

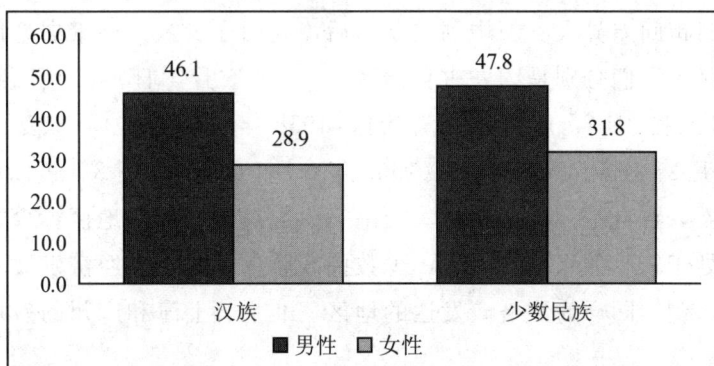

图 8-4 男性、女性就业率比较图 单位：%

男性残疾人，影响我国女性残疾人就业的因素更加复杂，而科学地认识不同性别之间的残疾人就业率差异问题，则可以更好地促进残疾人平等就业与和谐发展，无论是汉族还是少数民族，都应该更加重视女性残疾人的就业问题。

3. 除 35～39 岁、45～49 岁年龄段，少数民族残疾人就业率均高于汉族

如图 8-5 所示，随着年龄的增长，无论是少数民族还是汉族残疾人，就业率整体上都呈现先上升后下降的变化趋势。在 35～39 岁、45～49 岁两个年龄段内，汉族残疾人就业率略占优势；其他年龄段少数民族残疾人就业率普遍高于汉族，在 25～29 岁、30～34 岁、40～44 岁、50～54 岁几个年龄段内，表现更为突出。从整体上来看，随着年龄增加，汉族和少数民族残疾人的就业比例均呈现"倒 U 型"特征，只是少数汉族该特征更为明显。50～54 岁、55～59 岁两个大年龄段内，少数民族残疾人就业率更高，汉族残疾人更倾向于早退休。

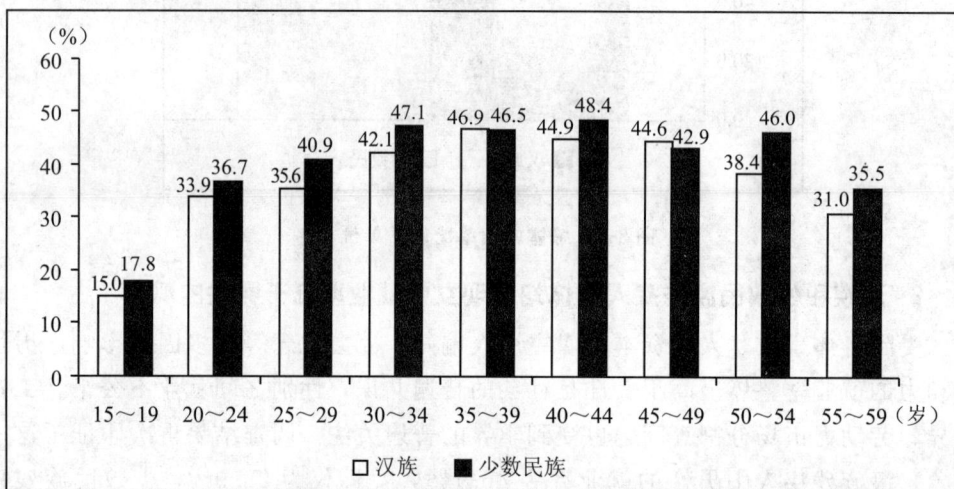

图 8-5　不同年龄段就业率比较　单位：%

4. 不同区域少数民族就业差异大

第一，省市间差异大。新中国成立前后，我国在少数民族聚居地区先后设立了五个自治区，它们分别是内蒙古自治区（1947 年 5 月 1 日）[①]、新疆维吾尔自治区（1955 年 10 月 1 日）、广西壮族自治区（1958 年 3 月 5 日）、宁夏回族自治区（1958 年 10 月 25 日）、西藏自治区（1965 年 9 月 9 日）。由图 8-6 可以看出，单就少数民族来看，在自治区以及四川、云南等少数民族聚居的地区，少数民族残疾人的就业率处于较高的水平。另外，少数民族就业率与当地经济发展水平的相关性并不明显，例如同样为经济较发达的地区，北京、上海和广州的残疾人就业率

---

① 括号内为自治区成立时间。

就存在十分显著的差异，广东的少数民族残疾人就业率较高并且高出汉族残疾人近20个百分点，北京残疾人就业率较低且少数民族残疾人就业率更低。广东省少数民族残疾人就业率高源于其宽松的创业优惠政策，以深圳市为例，该市较早确定了《扶持残疾人就业办法》，而且明确规定残疾人自主创业可享受启动资金扶持和经营场地租金补贴。当然，个别省市的成功经验只是一种借鉴，中国领土面积广阔、人口众多、行政区划十分复杂，每个省份少数民族就业情况受地理位置、人口构成、国家政策以及经济发展水平等多种因素的综合影响，要想提高少数民族残疾人的就业比例，每个省份也需要更加有针对性的政策。

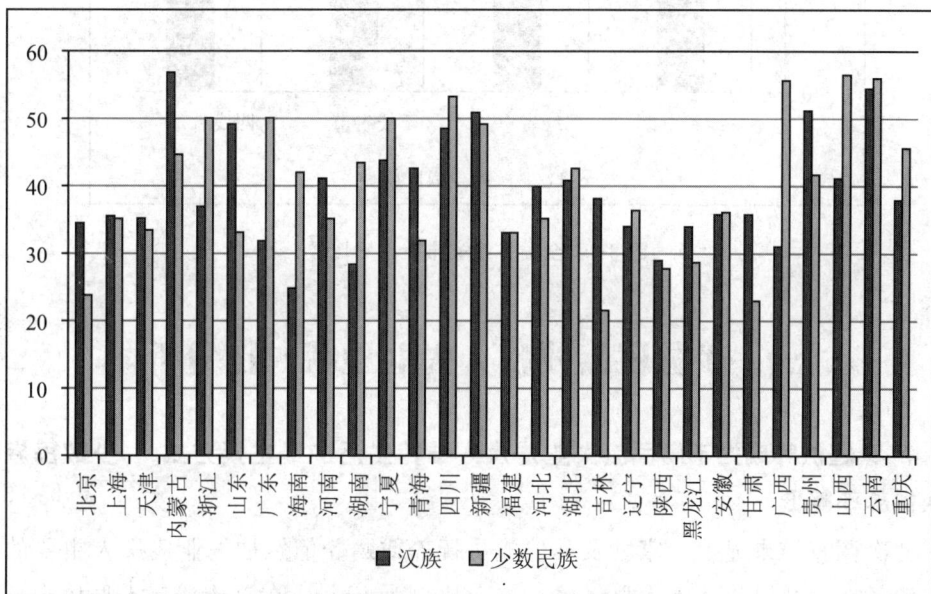

图 8-6 全国 28 个省市就业率比较 单位:%

第二，不同级别城市间差异大。一般而言，由于政策、制度、经济社会环境等因素的影响，较之三、四线城市，一、二线城市的经济更加发达、就业机会更加丰富、社会保障与福利体系更加成熟、交通更加便捷、公共设施更加完善、信息机制更加通畅、福利更加丰厚，为获得更多的分割性收益，多数非残疾劳动力更倾向于向一、二线城市流动。而对于在劳动力市场中处于相对劣势地位的残疾人群体而言，发展水平较高的一、二线城市意味着更大的就业竞争压力与生存压力，反而不如三、四线城市更容易实现就业。此次问卷调查的结果也证实了这一观点，残疾人劳动力在三、四线城市的就业率反而略高，少数民族残疾人的这一特征更为明显，四线城市少数民族残疾人就业率比以一、二线城市分别高出约0.7和1.5个百分点。此外，三、四线城市少数民族基数大于一、二线城市也在一定程度上影响这一结果。

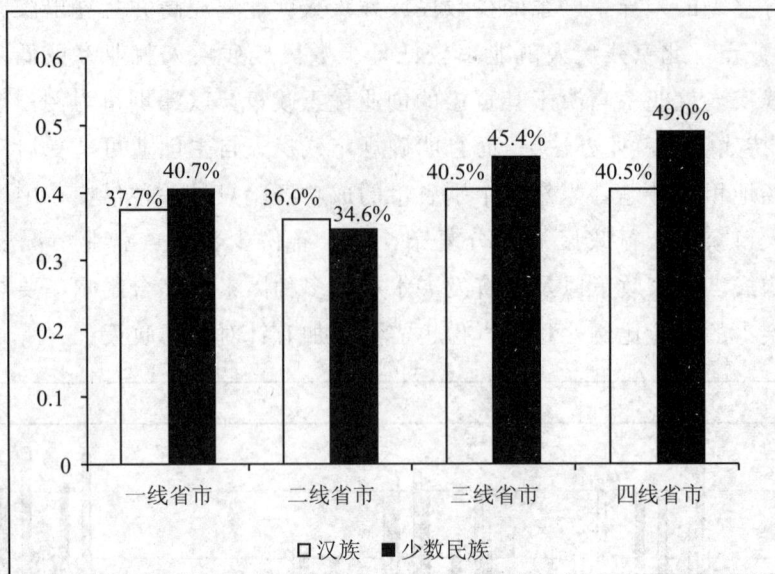

图 8-7　全国各线省市就业率比较

>>三、少数民族残疾人失业现状对比分析<<

1. 家庭供养成为不同民族失业残疾人维持生活的最主要方式，少数民族残疾人供养率略低

此次调查结果显示，家庭及其他成员抚养或赡养依然是失业残疾人主要的生活来源，在少数民族残疾人群体中，这一比例为 57%，在汉族残疾人群体中，该比例更是高达 60%。在接受调查的残疾人当中，有 22% 的少数民族残疾人和 19% 的汉族残疾人通过政府领取基本的生活费。另外，也有一部分残疾人靠离退休金维持生计，这一现象在汉族残疾人群体中更为普遍，占比达到了 9%，而少数民族残疾人中只有 3% 的人依靠单位退休金生活。4% 的少数民族残疾人依靠保险收入维持生活，该指标在汉族残疾人中为 1%，比少数民族低 3 个百分点。

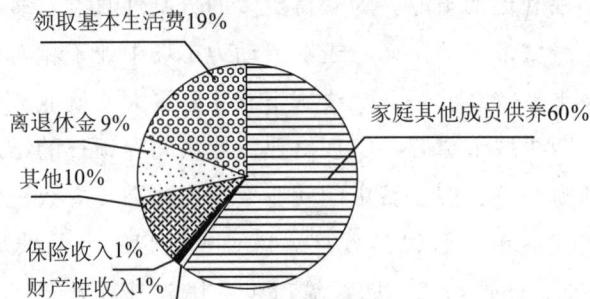

图 8-8　汉族无工作情况下主要生活来源分布

上述数据说明普遍惠及残疾人的保险体系尚未建成,少数民族虽然略占优势主要源自政府的政策倾斜。另外,部分残疾人依靠财产性收入维持生活,但这一比例非常小。

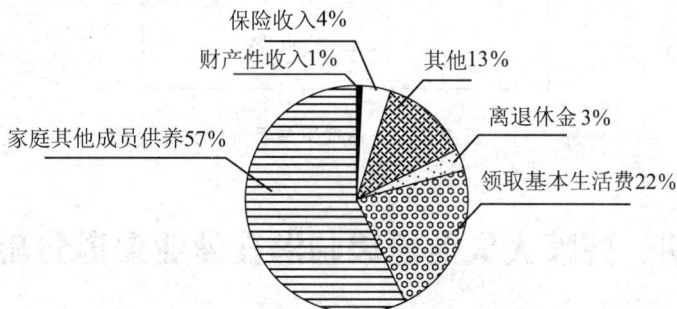

图 8-9　少数民族无工作情况下主要生活来源分布

2. 汉族残疾人处于工作搜寻状态者占比居多

调查结果显示,在无工作情况下残疾人正在找工作的比例非常低,汉族残疾人为 10%,少数民族残疾人仅为 3%。这是由多方面因素造成的,工作能力差是主要因素,在劳动力市场中处于不利地位的事实也在很大程度上打击了残疾人的求职意识。另外,少数民族残疾人无工作情况下正在找工作比例低的现象恰好和图 8-5 说明的问题相呼应——能找到工作者大多都在工作岗位上,失业者大多为丧失工作能力或者劳动能力差的人,处于搜寻或者挑选状态的人占比很小。

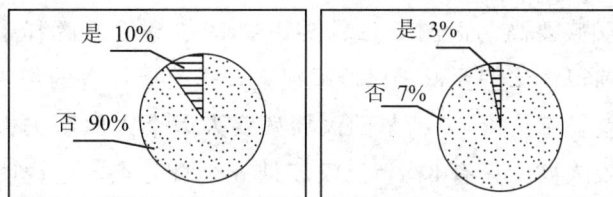

图 8-10　汉族(左)、少数民族(右)无工作情况下是否正在找工作对比

3. 汉族、 少数民族残疾人登记失业比率低

调查结果表明,无论是汉族还是少数民族残疾人,在无工作情况下进行失业登记的比例都很小,均为 11%,高达 89% 的未就业残疾人没有进行失业登记。而根据国家规定,只有持有就业失业登记证并且进行失业登记的未就业人员才能享受国家、省及地方政府规定的就业扶持政策,才能享受免费公共就业服务和规定的失业保险待遇。因此,政府和残疾人自身都要做出努力才能解决"登记体制内"和"登记体制外"两重天的局面,一方面残疾人失业登记工作有待进一步落实;另一方面残疾人的维权意识也有待提高。

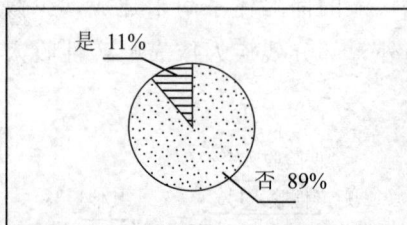

图 8-11　汉族无工作情况下是否进行失业登记

>>四、残疾人失业原因和潜在就业渠道分析<<

1. 丧失劳动能力依然是残疾人就业的最大障碍，少数民族残疾人提前退休比率低于汉族残疾人

从问卷回答结果来看，汉族残疾人与少数民族残疾人有着极大的相似性。汉族和少数民族残疾人描述统计数据均显示：丧失劳动能力是各民族残疾人没有工作的主要原因，占调查数据的 31％，然后是料理家务，占比为 27％，由于单位原因失去工作、毕业后未工作等其他因素也导致部分残疾人不能工作。同时，造成不同民族残疾人失业的原因也有一定差异性。第一，值得关注的是少数民族和汉族残疾人因离退休失去工作的人数占比分别为 9％和 3％，相差 6 个百分点，该数据和图 8-5 所列数据形成了呼应，图 8-5 显示，50～59 岁年龄段的少数民族残疾人就业率比汉族要高，而图 8-12、图 8-13 的数据恰好解释了该现象——少数民族残疾人提前退休比例要低于汉族残疾人，提前退休者的加入拉低了50～59岁汉族残疾人的就业率。第二，5％的汉族残疾人因个人原因失去工作，而该占比在少数民族残疾人群中只有 2％，比汉族低 3 个百分点，这说明汉族残疾人中"自愿失业"者占比要高于少数民族。第三，承包土地被征用现象在少数民族残疾人中相对较少，2％的汉族残疾人称失业原因是承包土地被征用，而该占比在少数民族残疾人中只有 1％，这与政府对少数民族区域的特殊保护政策有关。

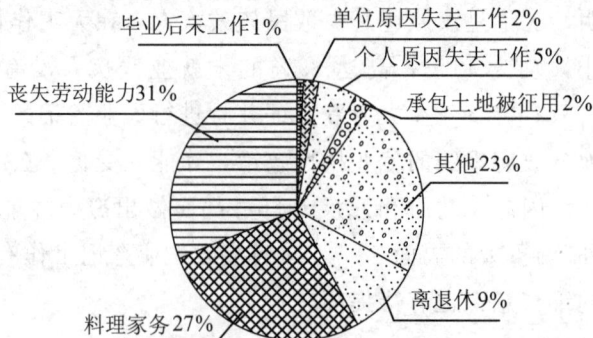

图 8-12　汉族无工作原因分布

单位原因失去工作1%　　　个人原因失去工作2%

毕业后未工作1%　　　承包土地被征用1%

丧失劳动能力31%　　　其他34%

料理家务27%　　　离退休3%

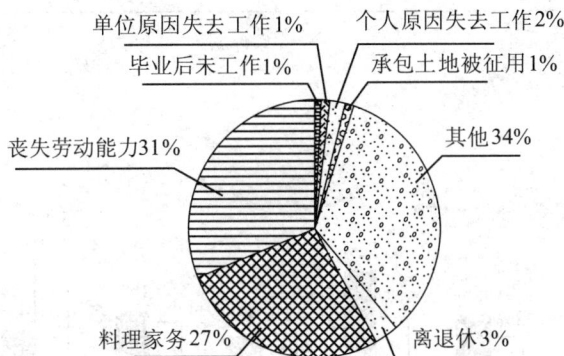

图 8-13　少数民族无工作原因分布

2. 残疾人接受教育机会少导致就业能力不足，少数民族残疾人状况略好于汉族

已有研究从理论层面证实，残疾人受教育机会少是残疾人就业能力不足的主要原因，基础教育不足更是造成了恶性循环、叠加效应的出现，使得残疾人成为就业大军中的特殊困难群体。此次调查的结果也显示了残疾人受教育程度与就业率成正相关关系，尽管高中或中专教育水平的残疾人就业率略偏低，但是从整体上看，受教育水平越高就业率越高，拥有大学本科以上学历的残疾人就业率比从未上过学残疾人就业率高出 5 个百分点左右。另外，与汉族残疾人相比，除大学本科学历之外，接受相同水平的教育，少数民族残疾人的就业率更高。教育程度是就业能力的重要体现和求职信号，对改善残疾人整体就业境况具有显著作用，实施更加积极的教育政策，促进更多残疾人接受教育，依然是新时期残疾人教育公平与发展工作的主要内容。

另外，大学本科层次上，少数民族残疾人群体的就业率明显偏低，这可能和高等学校多为"混班"教学有关，读大学本科的人一般集中在 16～23 周岁之间，这一年龄层的人年轻气盛、敏感、价值观容易受外界干扰，"混班"学习过程中，无论是"被特殊照顾"还是被歧视，都会无形中使得少数民族残疾人有被区分的心理感受，以致在毕业后找工作过程中形成消极的就业态度。

3. 残联已经成为少数民族残疾人就业的主要途径，网络就业正在兴起

第一，残联的在少数民族群体中的作用更加显著。如图所示，熟人介绍是汉族残疾人找工作的最主要途径，35％左右的汉族残疾人通过熟人介绍找工作，另有 21％的汉族残疾人通过残联就业服务机构找工作。对接受调查的少数民族残疾人而言，熟人介绍和残联就业服务机构扮演了相当重要的角色，各有 22％的少数民族残疾人通过这两种方式找工作。这一组数据充分表明了少数民族群体对残联的信任，同时体现了残联在少数民族残疾人群体方面的工作较为扎实。

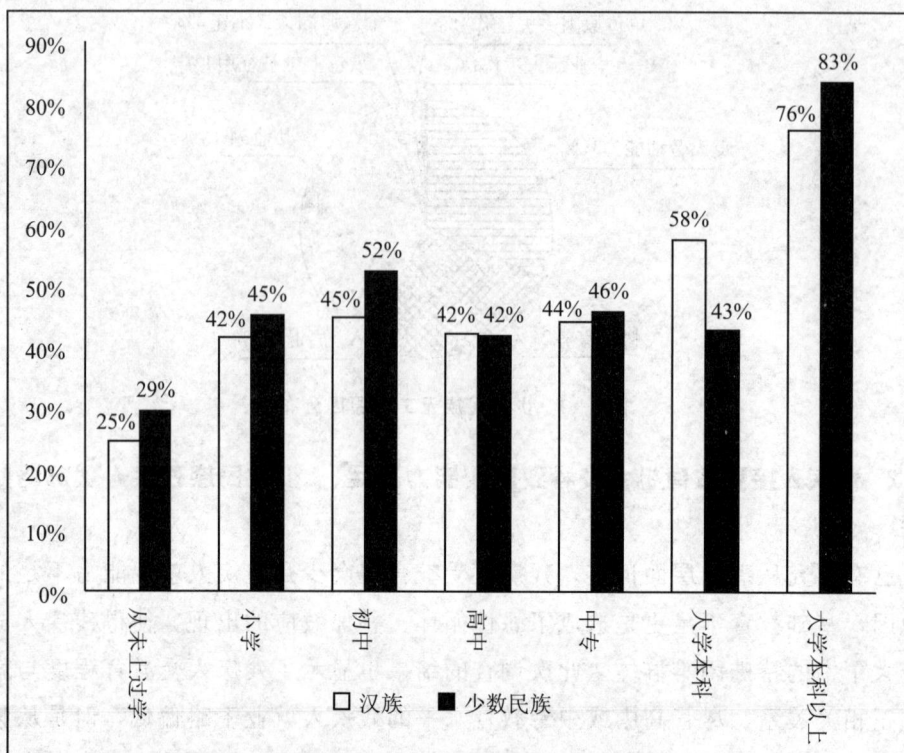

图 8-14　就业率随教育程度变化比较　单位:%

第二，自主创业和灵活就业者在汉族和少数民族就业群体中分别占 13％和11％，国家鼓励残疾人自主创业，灵活解决就业问题。《残疾人就业条例》就明确规定了"对残疾人从事个体经营的，依法给予税收优惠，在经营场地等方面给予照顾，并按照规定免收管理类、登记类和证照类的行政事业性收费"，"对自主择业、自主创业的残疾人在一定期限内给予小额信贷等扶持"等。

第三，公共就业服务机构在各民族群体中发挥着一定作用。选择借助公共就业服务机构进行就业的汉族和少数民族残疾人占比分别为 6％和 11％，对少数民族人员就业政策优惠也体现在了一般残疾人群体上。事实上，不分民族，就整体来看，政府的公共就业服务机构的职能正在发生改变，由负责残疾人失业登记、残疾人职业技能鉴定、残疾人就业与失业统计等工作逐渐发展到促进就业与就业质量提高。例如，近些年来，许多地方服务机构和当地教育、医疗部门合作，经过批准后进行工作技能网络教学、心理咨询等一系列活动，这些成效显著的措施有必要在汉族和少数民族残疾人群体中持续发挥作用。

第四，借助网络信息就业正悄然兴起。汉族和少数民族群体借助网络进行信息搜寻的占比分别为 4％和 7％，少数民族残疾人虽然大多分布在不发达地区，但网络普及并没有让他们在就业信息搜寻方面落后于汉族残疾人。事实上，互联网络不仅提供了交易的平台，而且以其低成本、便捷的特征创造了新的就业模式。促进残疾人就业不能秉承传统的思维方式不变，只考虑用人单位和劳动者之间的问题，而应该借助于现代互联网络，避开残疾人身体不变带来的劣势，不断开发新的就业渠道。

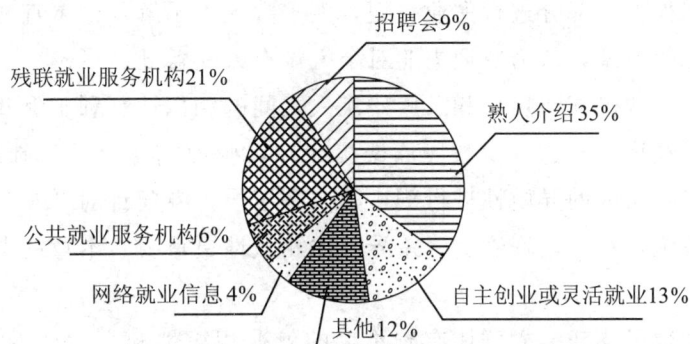

图 8-15　汉族无工作情况下主要找工作途径分布

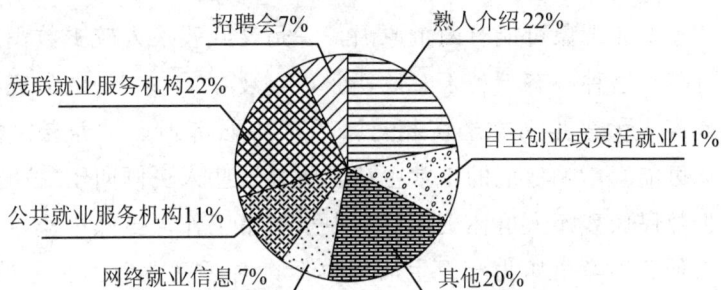

图 8-16　少数民族无工作情况下主要的找工作途径分布

第三节　结论和政策建议

通过第二节的描述性统计分析我们可以发现：相比汉族残疾人，少数民族残疾人群体现出一定的相似性和特有的异质性。就相似性来看，第一，女性依然是残疾群体中的弱势群体，"偏好性歧视"[①]的客观存在导致理性选择的力量无法与文化差异导致的分割市场相抗衡，在这种情况下，女性残疾人需要政府给予特殊关注就显得尤为重要。第二，虽然残疾人联合会在残疾人就业方面发挥的作用越来越大，但残疾人群体依然没有摆脱熟人介绍这种传统的找工作模式。熟人介绍也不失为残疾人就业的可行途径，但这种方法毕竟信息量小、效率低下，在基础设施、法律等条件允许的情况下，应尽量多地开辟便捷、高效、普遍惠及残疾人

---

① 加里·贝克尔：《人类行为的经济分析》，2～41 页，上海，三联书店，1993。

群体的就业渠道。第三，残疾人接受教育不足已经成为影响残疾人就业的桎梏，特殊教育的建立与发展和整个教育领域的历史演进与发展息息相关，正如[1]杨民（2004）、[2]赖德胜（2008）等学者所述对特殊教育的质量水平是衡量一个社会文明的重要标志之一。第四，残疾人普遍维权意识差或者对政府的信任度不高，失业残疾人中只有很少一部分进行失业登记，大多数人不了解登记事宜或者对失业登记持可有可无的态度，认为登记失业对个人没有太大益处。

客观分析少数民族残疾人和汉族残疾人之间的相似性有利于那些残疾人工作开展不充分、经济欠发达且少数民族聚集的地区政府借鉴经验、制定合理政策，而对少数民族残疾人的异质性进行剖析则有利于设计专门针对 880 万少数民族残疾人的政策措施，在一定程度上，差异性比相似性更重要。本章的发现主要集中在以下几点：

第一，少数民族残疾人群体有着更大的就业积极性和主动性。大年龄段（50～54 岁、55～59 岁）、未退休的中老年少数民族残疾人就业率较高，未到退休年龄提前离退休、靠退休金生活的少数民族残疾人占比低，且因个人原因放弃工作者占比高。产生上述现象可能有两个原因，一是汉族残疾人较少数民族残疾人更易"失望、抑郁"，这种心态不利于有效就业，与聂春子（2009）的研究相呼应；二是少数民族残疾人大多生活在经济相对落后的中西部地区，养老保险制度不完善，过早退休可能会影响他们的正常生活，所以这些人更倾向于"按时退休"。

第二，少数民族残疾人群体更偏好在中小城市工作。虽然中小城市经济发展水平比大城市低，但竞争压力小、生活成本低，对于就业能力稍差的群体而言，选择在中小城市就业的效用更高。同时，随着城市化进程的推进，中小城市户籍制度逐渐放开，基础设施建设逐渐完善，医疗、教育水平不断提升，许多少数民族残疾人可以享受城市残疾人和城市少数民族双重优惠政策，具有一定劳动技能的少数民族残疾人选择流向中小城市以提升就业质量。特别是有创业打算的少数民族残疾人看准了中小城市不断上涨的物质文化需求，以开民俗店、做民俗小吃等方式在中小城市找到落脚点。

第三，少数民族残疾人群体对政府的依赖度和信任度更高。这一结论通过两个方面体现，一是少数民族残疾人更倾向于通过残疾人联合会及其他政府组织寻找工作；二是更多的少数民族残疾人借助网络找工作。前者容易理解，后者则集中体现了政府部门对残疾人的培训效果，少数民族残疾人更多求助于政府，而诸多公共技能培训课程都涉及了网络等现代化工具的使用，所以少数民族残疾人群

---

① 杨民：《世界特殊教育研究》，378～446 页，大连，辽宁师范大学出版社，2004。

② 赖德胜，赵筱媛：《中国残疾人就业与教育现状及发展研究》，33～37 页，北京，华夏出版社，2008。

体的网络使用率要高于汉族残疾人群体。这一现象和政府对少数民族残疾人群体的特殊关照有关系，这些特殊政策的确起到了维护特殊人群利益、促进民族团结的效果，但同时这种民族优越措施可能会导致肆意篡改"民族身份"的现象发生，应引起政府部门关注。

总而言之，残疾不是孤立的社会现象，更不是残疾者个人的问题，而是在人类社会发展过程中必须付出的代价、必须面对的问题，一个残疾人往往会对一个甚至多个家庭造成影响，一个少数民族残疾人往往会对一个群体造成影响，少数民族残疾人的社会保障和社会关怀状况也是对一个社会文明程度的考验。国家明确提出了"完善残疾人就业促进和保护政策措施，稳定和扩大残疾人就业，提高残疾人就业质量，鼓励残疾人创业"的政策目标，但尚未明确给出区分汉族和少数民族残疾人就业的政策措施，本章根据理论和现实分析提出以下几点建议供参考。

第一，建立覆盖全体残疾人，适时考虑把康复列入的社会保险体系。少数民族残疾人更倾向于失业后继续找工作，一方面说明他们积极的工作态度；另一方面也表明失业保险体系尚未完善，包括医疗在内的其他基本保障体系不够健全，而失业后带来的一系列后顾之忧不能解决就不可能保证残疾人的基本利益。另外，国家要尽快将流入城市的少数民族残疾人纳入城乡最低生活保障制度范畴，这项措施伴随着户籍制度的改革，但并不一定走在户籍制度改革之后。特别值得注意的是残疾人就业水平、就业时间长短主要取决于自身健康水平，所以门诊治疗和有效康复对残疾人群体同等重要，康复工作是使残疾人获得或者恢复劳动能力的重要途径，在财政资金允许的情况下，把康复列入医疗保险范畴有助于提升残疾人就业质量。

第二，特殊教育要有的放矢，数量上适当增加，质量上全面提高。毋庸置疑教育是提升人力资本水平和就业能力的重要途径，学校教育和其他形式的职业技能培训对提升少数民族残疾人群体的就业水平至关重要。鼓励各级各类特殊教育学校、职业学校及其他教育培训机构开展多层次残疾人职业教育培训，着力加强定向培训、定岗培训都是积极有效的促进就业的措施。特别需要指出的是在这个过程中，要特别注意不同民族年轻残疾人群体的心理变化，既要注意"混班"教学带来的"被歧视"感，又要合理控制分类或分层教学的资本和人力投入，找到既方便管理又节约成本同时还能使少数民族残疾人健康发展的教学途径。

第三，城市化进程中要特别关注少数民族残疾人群体的就业偏好和就业选择。诺贝尔经济学奖获得者斯蒂格利茨曾提到，"在 21 世纪中国有三大挑战，居于首位的就是城市化。"然而能准确把握宏观发展形势的斯蒂格利茨不会细致入微到去准确判断中国城市化进程是否还要关注少数民族群体的流动动向和流动偏好。少数民族残疾人不仅处在就业的弱势地位，而且有着和其他民族不一样的文化特征。弱势地位决定了少数民族残疾人流动的局限性，不同的文化特征决定了其流动后的融合性，所以下辖少数民族村镇的中小城市在进行具体规划的过程中可根据已有少数民族人口和流动少数民族人口的比例建立少数民族社区或者在社区委员会中成立少数民族工作负责人，在有少数民族残疾人工作的企业开展文化交流活动，使得少数民族残疾人能找到集体感和归属感，安心在城市生活和工作。

第四，加强国家残疾人就业服务体系建设，提升少数民族残疾人和汉族残疾人对政府的信任度。政府开发的适合残疾人就业的公益性岗位，应优先安排残疾人就业；落实完善残疾人就业促进税收优惠政策，鼓励用人单位吸纳残疾人就业；分残疾人类别进行就业信息咨询、就业指导、职业技能鉴定等工作，加快推进残疾人就业服务机构规范化建设。一方面发挥政府机构在用人单位和少数民族残疾人之间的纽带作用，为用人单位提供适合残疾人的就业信息发布和推荐残疾人就业等支持性服务；另一方面依托基层残疾人专职委员队伍，培训残疾人就业服务与社保协理员，加强失业登记宣传工作，方便对失业残疾人进行统一管理。

第五，鼓励少数民族残疾人自主创业。鼓励福利企业的发展，优化残疾人自主创业的环境，提高残疾人参与劳动力市场的信心和能力。落实对少数民族残疾人集中就业单位的税收优惠和对从事个体经营的残疾人实施收费减免、税收扶持等有关政策，完善残疾人就业保障金征收使用管理政策，编制残疾人集中就业单位专产专营和政府优先采购产品与服务目录，将残疾人就业纳入各级政府就业联动和督导工作。通过资金扶持、小额贷款贴息、经营场所扶持、社会保险补贴等措施，扶持残疾人自主创业和灵活就业。

第六，拓宽就业渠道，加强少数民族残疾人就业服务信息网建设，将其纳入公共就业人才服务信息网络系统。以社区公益性岗位、家庭服务、电子商务等多种形式促进残疾人社区就业和居家就业。其中，社区公益性岗位可以采取政府设置少数民族残疾人岗位，并通过公开面试的程序购买人力服务，在创造工作岗位的同时鼓励残疾人参与竞争。家庭服务则可以借助政府组织的中介作用，让调音师、按摩师、民俗装潢设计师等具备一定技能的残疾专业人员与家庭、家庭小组建立一对一的服务关系，让少数民族残疾人有"需求感"，然后再上岗服务。虽然电子商务相对便捷，但需要网络安全人员和物流公司与残疾人的有效配合才能保证就业渠道畅通。另外，应该注意的是，新型的就业模式在准入、税收等方面面临着巨大的法律障碍，所以在今后的工作中，不仅要进一步完善残疾人就业服务机构，鼓励少数民族残疾人借助网络等公共媒体实现就业，还要从政策法规、监督体系上下工夫保证少数民族残疾人在就业过程中无后顾之忧。

第九章

西部地区残疾人就业调查报告：
基于四川省达州市通川区的调研[①]

由于残疾人群体的特殊性，对其所进行的调查实施起来相对其他社会调查更困难，因此针对残疾人的专门调查并不多见。数据的缺乏也使得很多学术研究变成了无米之炊，这也是早期残疾人研究停滞不前的主要原因之一。2006年第二次全国残疾人抽样调查获得了大量有关残疾人信息的数据，自此社会各界尤其学界更加关注残疾人问题。目前也有一些学者有针对性地对残疾人问题展开过专门的调查，如姚远、陈昫（2011）关于老年残疾人身份认同的研究是针对北京地区进行访谈调查所得到的资料；[②] 周林刚（2011）以深圳、南昌、兰州三市问卷调查为基础，就当前残疾人社会保障体系和公共服务体系的覆盖水平满意度和需求趋势进行了分析；[③] 宋宝安、张一（2012）对东北农村的残疾人社会保障问题进行了调查。[④] 但这些调查不是单一地集中在大城市就是只针对农村地区，而在我国西部省份的大部分区域其实既有城镇的特点又有农村的风貌，在残疾人就业方面也有其不同于上述调查区域的特征。为了更加清晰地刻画中国大多数不发达地区残疾人真实的就业与生存状态，我们试图寻找一个具有典型意义的地区进行深入调研，获取一手资料，更加深刻地认识残疾人问题。

---

①　本章研究成果受国家社会科学基金项目"残疾人就业问题研究"（批准号：11CJY026）的资助，同时感谢四川省达州市通川区残疾人联合会在调查过程中的支持和帮助以及为本报告提供资料。

②　姚远、陈昫：《老年残疾人身份认同问题研究》，载《人口研究》，2011(6)。
③　周林刚：《残疾人社会保障体系与公共服务体系建设研究》，载《中国人口科学》，2011(2)。
④　宋宝安、张一：《从有限特惠向专门保障的转向——基于东北农村残疾人问题的调查》，载《人口学刊》，2012(3)。

第一节　通川区残疾人情况简介

本次调查的区域在四川省达州市通川区。达州，位于四川省东部，辖5县1市1区，人口680万，是四川省的人口大市。之所以选择通川区进行调查，是因为通川区是达州市政府所在地，全区辖10个乡镇、3个街道办事处和1个旅游风景区管委会，辖区内既包括城镇居民，又包括农村居民，既有传统的福利企业，又有大量现代残疾人灵活就业的个体工商户。对于残疾人就业调查来说，是一个典型的有代表性的地区。我们通过抽样调查的方式，对残疾人的身体状况、教育情况、就业状况、社会保障以及收入与支出状况进行了全面的调查。尤其是在就业方面，针对一些残疾人中的特殊群体，展开了详细的调查，获得了具有丰富信息的微观个体数据。本章将主要通过数据分析，尽可能地全面呈现出西部残疾人的就业及生存状况。

近年来，通川区残疾人联合会积极推进残疾人按比例就业、个体从业、集中就业，其工作主要包括以下几个方面。一是贯彻《残疾人就业条例》和《分散按比例安置残疾人就业办法》，依法全面推行按比例安置残疾人就业工作，多渠道、多层次、多形式安排残疾人就业，对安置达不到比例的单位和部门，委托财政、地税、运管部门代扣代征。二是健全、完善残疾人就业服务机构，为残疾人就业提供全面服务。根据残疾人特点，积极为残疾人就业开展职业培训、职业指导、职业介绍，举办残疾人就业招聘会，推荐残疾人参加政府公益性岗位招聘等，为残疾人提供切实有效的就业服务。三是加强盲人按摩培训和管理，盲人按摩人员通过培训技术进一步提高，盲人按摩行业蓬勃发展。四是积极支持、发展、壮大残疾人福利企业，多渠道、多形式地介绍安排残疾人集中就业，为福利企业提供政策咨询和服务。"十一五"以来，通过分散按比例安置、福利企业集中安置、场镇社区清扫保洁等公益性岗位招聘以及个体从业共273人，社会创办福利企业4个，盲人按摩所27个，收取保障金781万元，开展残疾人培训23期2530人次。① 尽管通川区在促进残疾人就业方面已经取得了较大进展，但在许多方面残疾人就业的效果还不尽如人意。

根据2006年全国第二次残疾人抽样调查（以下简称"二抽"）显示，通川区全区共有残疾人3.02万人，占总人口的7.57%，其中，视力残疾5 895人，占残疾人总数的19.51%；肢体残疾7 468人，占残疾人总数的24.71%；听力残疾7 169人，占残疾人总数的23.72%；言语残疾399人，占残疾人总数的1.32%；

---

① 四川省达州市通川区残联："《中华人民共和国残疾人保障法》贯彻实施情况汇报"，2012。

智力残疾 1 977 人，占残疾人总数的 6.54％；精神残疾 2 497 人，占残疾人总数的 8.26％；多重残疾 4 817 人，占残疾人总数的 15.94％，目前持第二代残疾人证残疾人 6 800 名。有限的资源、较大的残疾人数量，给该区的就业工作带来了较大的压力。

第二节　残疾人调查总体情况

>>一、抽样方法及样本构成<<

本次调查根据通川区的城镇、农村户籍人口，按比例在每个辖区进行抽样。由于残疾人群体较为特殊，对于一些残疾类型如聋哑残疾人，普通工作人员可能难以与其进行沟通。为保证调查质量，我们在经过对通川区下属各行政区域的残联基层工作人员进行培训后，按照分层抽样的方法，对全区 14 个行政区域进行了入户调查，共发放 404 份问卷，回收 340 份。同时，为了了解该地区残疾人集中就业的情况，又对通川区残疾人就业比较集中的福利企业和盲人按摩店进行了调查，共发放问卷 104 份，回收 104 份。此次调查总共发放问卷 508 份，回收问卷 444 份，有效问卷 411 份，回收率为 87.4％，有效回收率为 80.9％。此外，我们还对基层残联的工作人员、残疾人家属和社区工作人员进行了访谈。

>>二、残疾人总体情况分析<<

本次调查中残疾人男性占 60.2％，女性为 39.8％；已婚者为 58.9％；本地非农业户口 52.1.％，本地农业户口 33.5％，外地非农业户口 3.1％，外地农业户口 11.3％。年龄从 7～76 岁，其中 16～60 岁的残疾人比例为 88.2％，大部分为处于就业年龄段的残疾人。其中，肢体残疾为 176 人，占 43.1％；视力残疾 110 人，占 27.0％；听力残疾 17 人，占 4.2％；言语残疾 6 人，占 1.5％；智力残疾 36 人，占 8.8％；精神残疾 40 人，占 9.8％；多重残疾 23 人，占 5.6％（见图 9-1）。与"二抽"所推断的比例相比较，差别较大的是肢体残疾人，在我们的调查对象中肢体残疾者所占比例较高。

从残疾等级来看，一级残疾占 32.1％；二级残疾占 25.1％；三级残疾占 21.9％；四级残疾占 19.9％；不知道自己的残疾等级的占 1％。调查对象中，97.5％的残疾人办理了残疾人证。有严重残疾的占将近 1/3。（图 9-2）

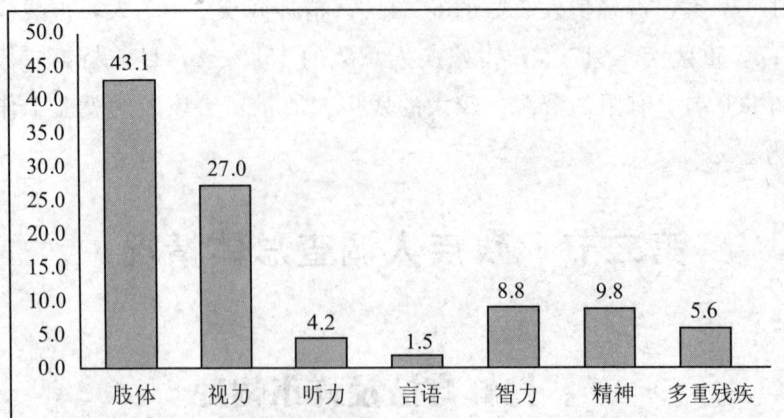

图 9-1　调查对象的残疾类型　单位：%

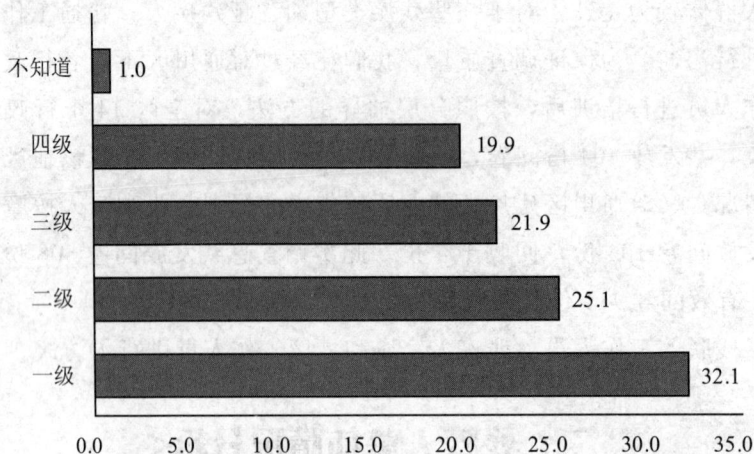

图 9-2　残疾等级　单位：%

在接受调查的残疾人中，首先是有 16.5% 的残疾人家庭属于一户多残，而在一户多残的家庭中，约有 45% 的家庭是夫妻二人均为残疾人；其次是父母有残疾的占 21.9%；最后是兄弟姐妹有残疾的占 14.1%，说明残疾人寻找配偶时很难跳出残疾人群体本身，而父母有残疾又可能遗传给子女，造成残疾在代与代之间的传递。调查对象中残疾人家庭户平均规模为 3.0 人，残疾人家庭户规模为 3 人的所占比例最高，达到 38.0%；其次是 2 人和 4 人家庭，各占 21.4% 和 17.9%。

致残原因中，疾病造成残疾的比例是最大的，占 40.9%；其次为意外伤害所造成的残疾，为 26.9%；先天造成的残疾占 24.6%。从残疾开始的年龄来看，超过 60% 的人在 20 岁时已经残疾，而 90% 的人在不到 40 岁时已经残疾，致残的年龄偏低(图 9-3)。

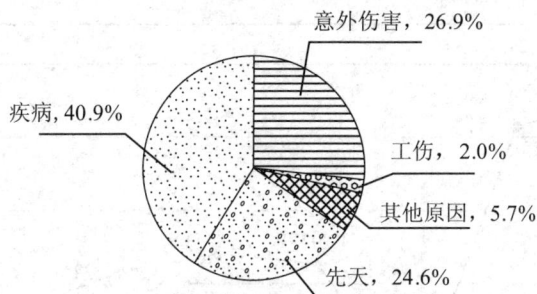

意外伤害，26.9%

疾病，40.9%

工伤，2.0%

其他原因，5.7%

先天，24.6%

图 9-3　残疾人的致残原因

第三节　残疾人就业情况分析

>>一、残疾人就业率<<

在 2012 年年底处于工作或就业的残疾人共 108 人，占工作年龄段残疾人总数的 30.5%，丧失劳动能力、不劳动的有 96 人，占 27.1%。其中，失业或待业占 10.2%，比达州本地 2012 年的城镇登记失业率 3.95% 高出 6 个百分点。根据调查数据，我们分别计算了以下残疾人就业率：

名义残疾人就业率＝残疾人在业人口／工作年龄段总残疾人口，计算结果为 30.5%；

实际残疾人就业率＝残疾人在业人口／（工作年龄段总残疾人口－在校学生－离退休人员），为 31.1%；

残疾人真实就业率＝残疾人在业人口／（工作年龄段总残疾人口－在校学生－离退休人员－丧失劳动能力），为 43.0%。

从上述三种计算方式所得到的结果可以看出，在除去丧失劳动能力的残疾人之后，残疾人的就业率有了明显提高，但绝对数值仍然较低，能够就业的残疾人未超过一半。

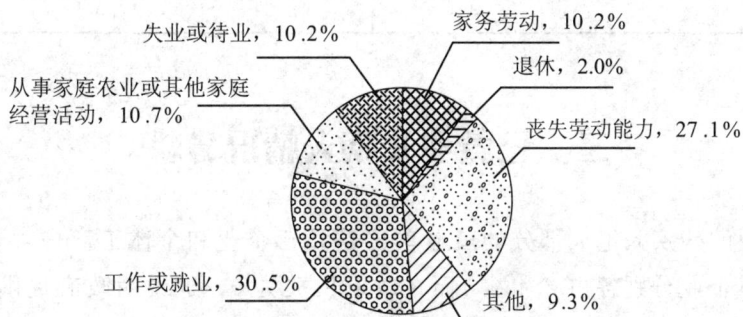

失业或待业，10.2%

家务劳动，10.2%

从事家庭农业或其他家庭经营活动，10.7%

退休，2.0%

丧失劳动能力，27.1%

工作或就业，30.5%

其他，9.3%

图 9-4　2012 年年底残疾人的状况

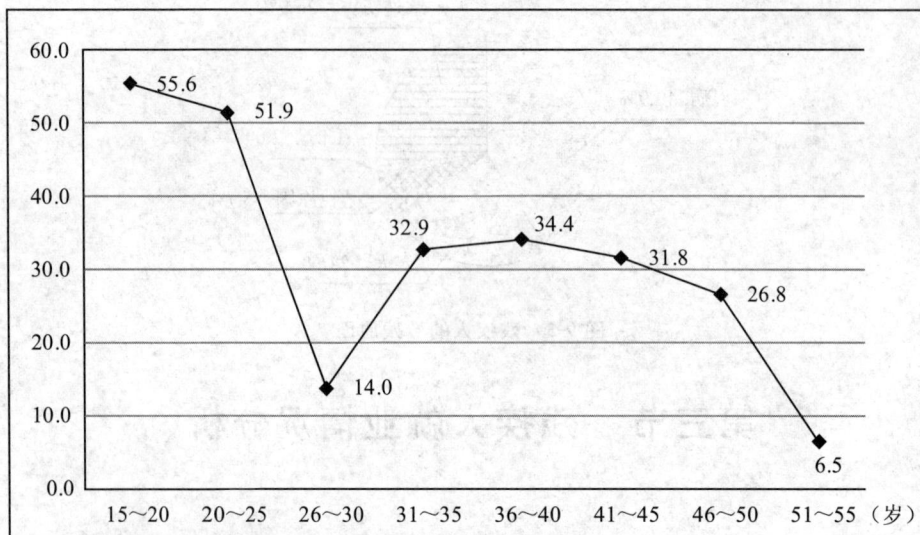

图 9-5 不同年龄段残疾人的就业率 单位：%

从图 9-5 来看，随着年龄的上升，残疾人的就业率大致呈下降的趋势，这与 2006 年第二次全国残疾人抽样调查的数据分析结果有一些差别。从全国的情况来看，年龄与就业率之间呈现的是一个倒 U 型的曲线，即在年轻时特别是 20 岁以下残疾人就业率低，然后慢慢上升，在 45 岁左右达到峰值，之后开始下降。本次调查结果和全国的抽样调查结果之间的差异可能是因为本次调查地区属于经济不发达地区，简单体力劳动岗位较多，高技术岗位少，而残疾人本身由于教育水平低下，只能从事一些简单的体力劳动，因此年轻残疾人就业率更高。

表 9-1 的数据显示，总体来看，不管是城镇还是农村，男性残疾人的就业率都高于女性。就同一性别而言，城镇残疾人的就业率都低于农村。这与"二抽"的结果是吻合的。

表 9-1 分性别的残疾人劳动就业率 单位：%

总体		城镇		农村	
男性	女性	男性	女性	男性	女性
40.7	13.0	35.5	12.0	47.5	16.7

>>二、已就业残疾人情况分析<<

已就业的残疾人绝大部分的就业单位是私营企业和个体工商户，事业单位、国有和集体企业分别各占 2.4%，而在政府机关为 0，这说明政府提供给残疾人的就业岗位并未很好的落实，至少在我们的调查对象中没有一个残疾人供职于这

样的单位。而能在事业单位、国有和集体企业这种工作较为稳定的单位就职的残
疾人数量也是非常少的。（图 9-6）

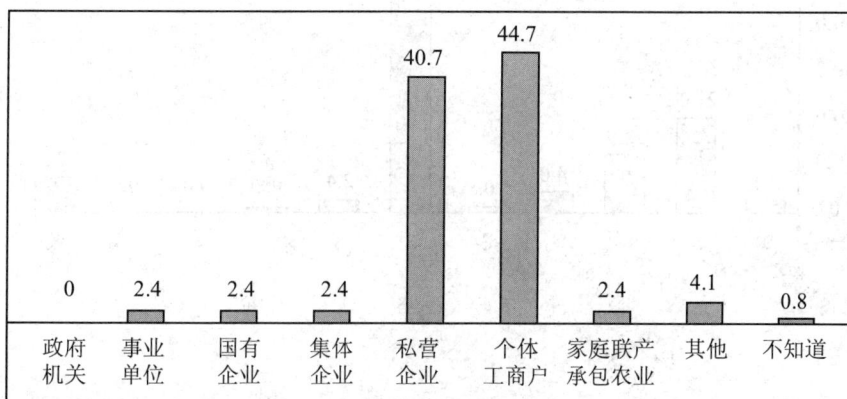

图 9-6　就业残疾人所在单位分布　单位：%

从调查结果看，有将近 1/3 的已就业的残疾人在单位里属于没有合同的员
工，短期或临时合同工超过 20%，长期合同工只占 22.6%，而固定职工的比例
就相当低，为 2.4%，还有 20.2% 的残疾人从事私营或个体经营。从残疾人就业
的职业性质来看，能获得稳定职位的残疾人相对来说较少。（图 9-7）

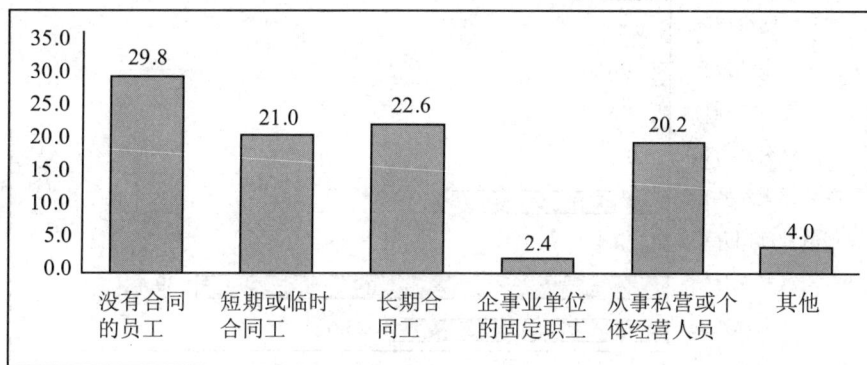

图 9-7　残疾人的职业性质　单位：%

残疾人就业的行业领域主要是社会服务业，有将近一半的残疾人在该领域就
业。然后是制造业和建筑业，各占 21.0% 和 12.9%。而在金融保险、科学技术
研究等一般认为收入较高和技术含量较高的领域，未见有残疾人进入。（图 9-8）

残疾人就业的前三种主要途径是私人介绍、自己寻找和残联介绍、政府安
排，分别占 39.4%、23.6% 和 19.7%。可以看出，残疾人的人际关系即社会资
本在就业中发挥了比较大的作用，而有约 20% 的残疾人的工作是由基层残联介
绍安排的，说明在残疾人就业的过程中基层残联起到了举足轻重的作用。而残疾
人很少通过报纸、网络这种媒体来获得招聘的信息。（图 9-9）

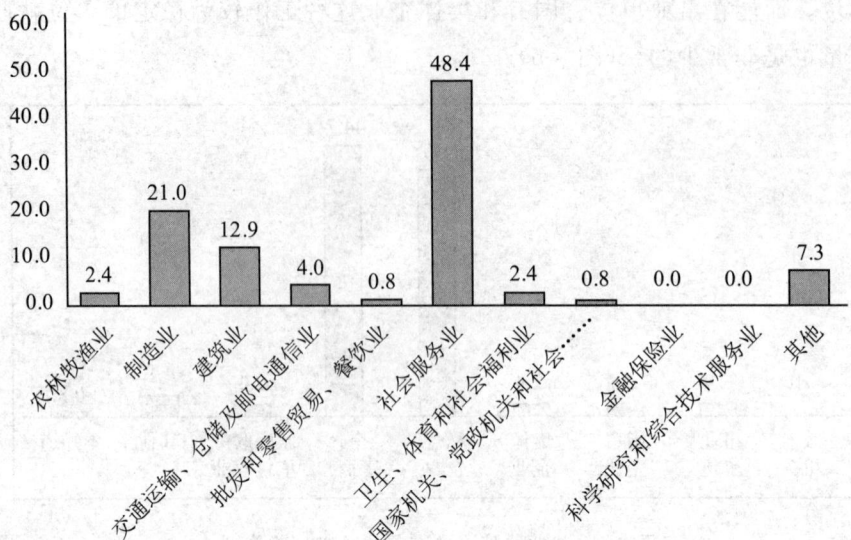

图 9-8　已就业残疾人所在行业分布　单位:%

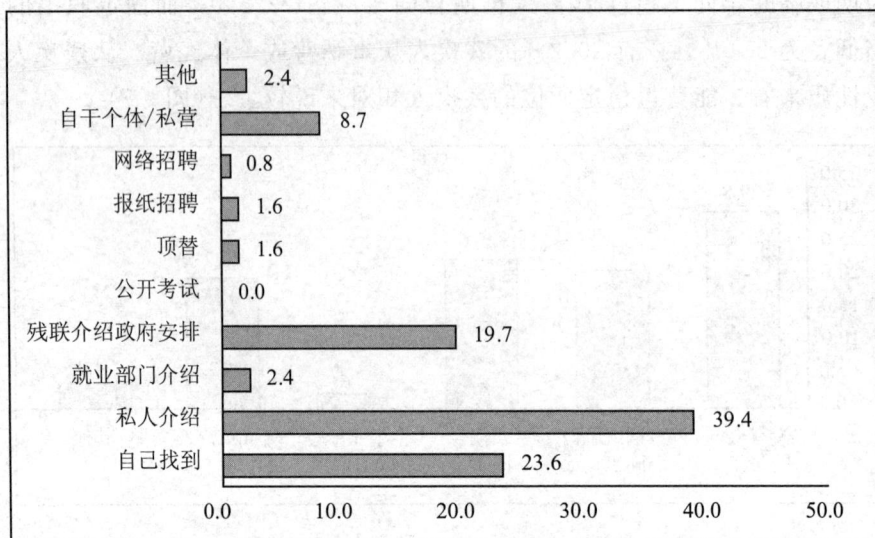

图 9-9　残疾人获得工作的途径　单位:%

>>三、未就业残疾人情况分析<<

对于那些没有工作的残疾人,他们的生活来源主要来自两个方面,一是领取低保或救济;二是家庭其他成员的供养,尤其前者所占比例最大,有超过70%的残疾人都会依靠低保和救济度日,显然残疾人群体在生活方面还是相当困难的。(图 9-10)

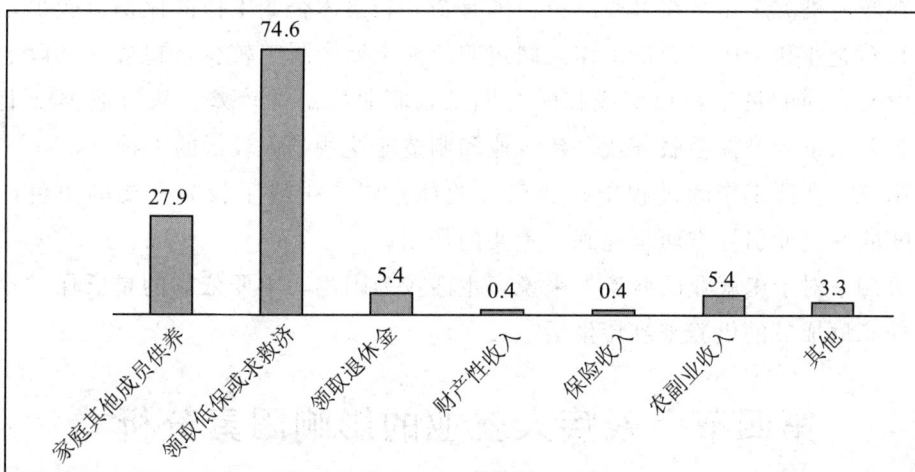

图 9-10 未工作的残疾人的主要生活来源 单位：%

除了那些丧失劳动能力之外的残疾人，对于有工作意愿但找不到工作的残疾人来说，他们认为自己被工作单位拒之门外的主要原因是工作能力达不到用人单位的要求，而本地没有适合自己的工作则在其次。（图 9-11）

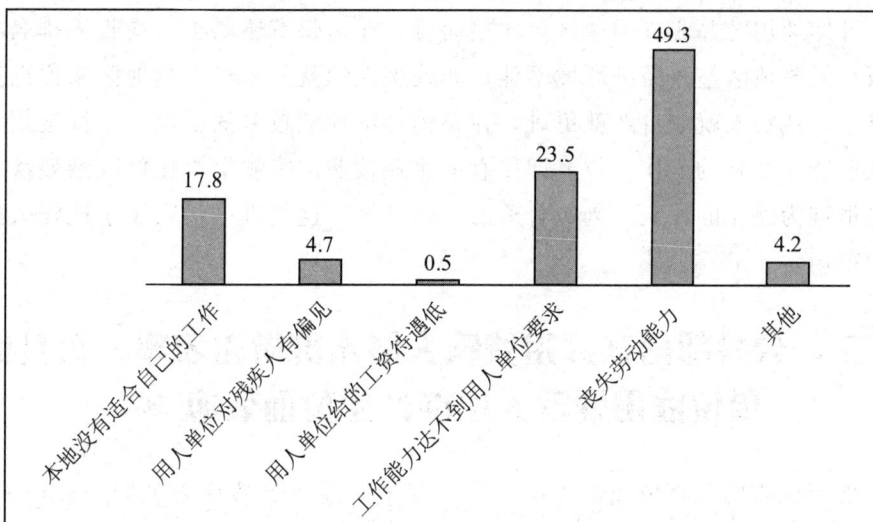

图 9-11 残疾人认为自己愿意工作而找不到工作的原因 单位：%

通过本次调查的数据进行分析，我们可以得到以下客观事实：

第一，残疾人总体就业率较低。即使在处于工作年龄段的残疾人调查总体中减去离退休者、在校学生和丧失劳动能力者之后，计算出的真实残疾人就业率仍然处于低位。年龄与残疾人就业率大致呈现出一种负相关的关系。农村残疾人就业率高于城镇，男性残疾人就业率则高于女性。

第二，残疾人的职业层次较低，工作稳定性差。在我们所调查的残疾人中无一人在政府机关工作，在事业单位、国有企业和集体企业工作的比例也较少，大多在私营企业和个体工商户工作。固定职位和长期合同工较少，超过一半以上是属于没有合同的员工和短期或临时合同工，职业稳定性较差。从行业类型上来看，主要从事的是社会服务业、建筑业和制造业这些收入较低的工种。

第三，在找工作的过程中，残疾人的社会资本扮演了较为重要的角色，同时，残联在就业引导方面也起到了重要的作用。

第四，对于未就业的残疾人来说，生活较为困难，主要依靠的是低保、救济和其他家庭成员的供养来维持生活。

第四节 残疾人就业的影响因素分析

>>一、西部总体就业环境不佳，无法为残疾人创造合适的工作岗位<<

我们所调查的达州市地处四川东部，属于不发达地区，包含了两个国家级贫困县。虽然通川区并非贫困地区，比较而言，在达州市还属于人均收入排名在前的区域。但该地区整体经济环境不佳，非残疾人的就业相对发达地区来说已经较为困难了，残疾人就业自然就更难。在整体经济环境较差的情况下，社会很难为残疾人创造出适合的工作岗位。即使有的企业按照国家规定按比例吸纳残疾人就业，也很难为就业的残疾人创造合适的工作环境，这就进一步限制了残疾人进入劳动力市场。

>>二、公共部门在雇用残疾人时未能做出表率，对其他单位雇用残疾人可能产生负面效应<<

本次所调查的几百位残疾人中，我们并未发现一名残疾人就职于政府机关，在事业单位工作的残疾人比例也很低。虽然达州市在 2010 年也开发了残疾人就业的公益性岗位 306 个，但主要是鼓励清扫、保洁、城管、绿化等各类企事业单位吸纳残疾人就业，[①] 由此可以看出，残疾人能就业的公益性岗位仅仅是一些低层次的简单的体力劳动岗位，很难把这些岗位与真正在政府机关、事业单位就业等同起来。这样的状况可能还不仅仅是存在于我们所调查的地区，2012 年全国人民代表大会常务委员会执法检查组关于检查《中华人民共和国残疾人保障法》实

---

① 参见《达州年鉴 2011》，166 页，成都，四川科学技术出版社，2011。

施情况的报告中就指出：相当数量的用人单位（包括国家机关、事业单位）长期以来存在既不按比例安排残疾人就业，也不按规定缴纳残疾人就业保障金等问题。① 如果政府机关、事业单位在雇用残疾人方面不为其他企事业单位做出榜样，社会上的用人单位很难去履行自己雇用残疾人的义务。当然，有些机关事业单位无法雇用残疾人作为固定职工，也有可能是因为在经济不发达地区残疾人教育水平低下，自身能力欠缺，很难找到适合的有工作能力的残疾人进入这些工作岗位。

>>三、残疾人教育水平低下导致就业困难<<

从教育程度上看，87.9%的残疾人只有初中及以下学历，其中小学文化程度所占比例最大 34.5%；其次是初中学历为 31.5%；再次是文盲或半文盲，占 21.9%，如图 9-12，可见，残疾人的文化程度相当低，这样的学历也很难在就业市场找到较好的岗位。在不发达地区，政府财政投资残疾人教育是有限的，残疾人获得受教育的机会相对困难，教育水平的低下必然导致就业困难。但需要明确的一点是，残疾人就业，能力提升是关键。

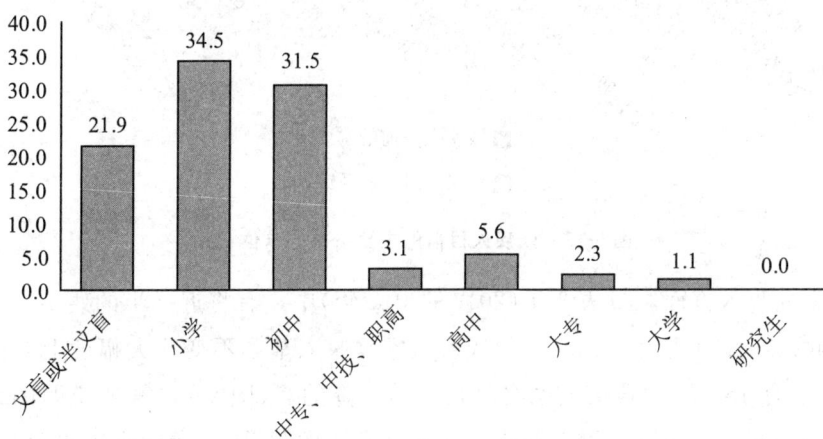

图 9-12　残疾人教育水平　单位:%

>>四、贫困加剧了残疾所带来的各种影响<<

贫困一直以来都是困扰残疾人的难题。残疾人因为身体的障碍在医疗方面比

---

① 中国人大网：2012 年 8 月 27 日第十一届全国人民代表大会常务委员会第二十八次会议上全国人大常委会副委员长兼秘书长李建国的报告，http://www.npc.gov.cn/npc/xinwen/2012-08/30/content_1735374.htm。

非残疾人花费更多，因而可能减少在教育上的投入，导致就业的困难，无法就业又进一步限制了残疾人家庭收入的增加，加剧贫困的状况。在上述第二节中的图9-3中我们可以看到，有超过40％的残疾人的致残原因是疾病，而疾病致残一方面是因为医疗条件的限制；另一方面，贫困可能是导致疾病致残更重要的原因。从残疾人目前的主要需求来看也可以发现贫困这一问题，需求排在前三位的是：贫困残疾人救助与扶持、医疗服务与救助、现金资助（图9-13），这与残疾人曾接受过的服务和扶助相重合，说明残疾人大多还处于贫困状态，需要救助与扶持，同时还需要医疗方面的服务与救助。

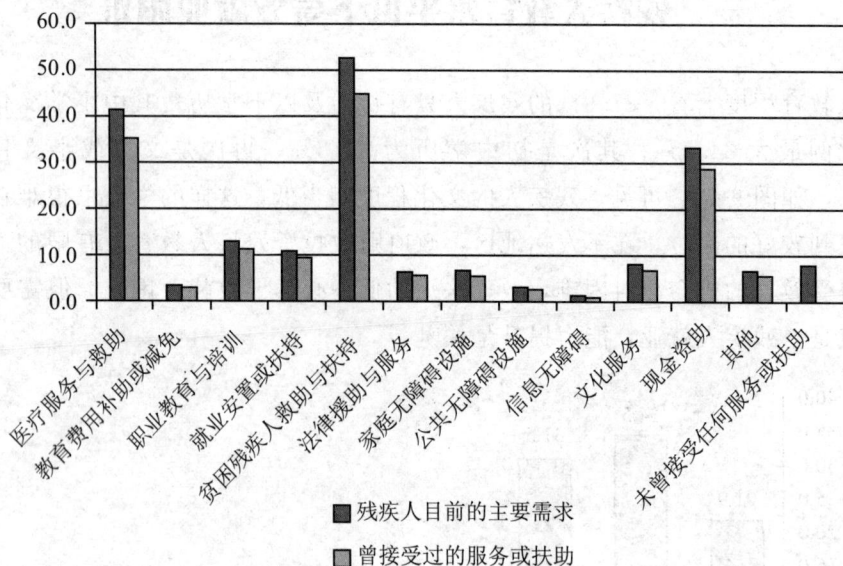

图 9-13 残疾人目前的主要需求 单位:％

在家庭收入方面，过去3年（2010—2012年）中，有将近一半的残疾人认为其家庭总收入小幅度上升，33.6％的残疾人家庭收入基本不变，大幅度上升的只占1.7％，还有15.5％的残疾人家庭总收入是下降的。（图9-14）需要说明的是，被调查对象在回答该问题时可能并未考虑通货膨胀的问题（问卷中也未提及），居民消费价格指数（CPI）2010年为3.3％，2011年为5.4％①，如果加入这个因素的影响，可以看出来，近3年家庭总收入处于小幅上升和基本不变的残疾人家庭实际收入是不变或下降的，也就是说，大部分残疾人家庭的收入状况可能并没有太大好转。

———————

① 参见《中国统计年鉴2012》，http://www.stats.gov.cn/tjsj/ndsj/2012/indexch.htm。

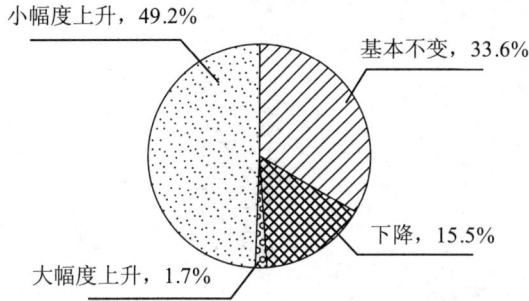

小幅度上升，49.2%
基本不变，33.6%
下降，15.5%
大幅度上升，1.7%

图 9-14　过去 3 年(2010—2012 年)残疾人家庭总收入的变化

从实际的统计数字来看，残疾人家庭的人均年收入为 5 239 元，残疾人个人的平均年收入为 8 112 元，即平均月收入为 676 元。(表 9-2)这样的收入水平在当地最多也只能维持基本的生活。此外，从表 9-2 中我们还可以发现，残疾人个人的年平均收入比家庭人均收入更高，说明残疾人家庭其他人可能并没有工作，仅仅依靠残疾人的工作收入或低保救济生活，其生活水平令人担忧。

表 9-2　残疾人家庭和个人年收入　　　　　　　　　　　　单位：元

家庭人均收入			个人人均收入		
总体	城镇	农村	总体	城镇	农村
5 239	5 794	4 779	8 112	9 409	6 765

在家庭支出方面，有 67.8％的残疾人家庭主要支出在食品，其次是医疗，将近 30％的残疾人家庭在医疗方面的支出较多，如图 9-15。联合国粮农组织提出，恩格尔系数在 59％以上为贫困，50％～59％为温饱，40％～50％为小康(总体小康)，30％～40％为富裕(全面小康)，低于 30％为最富裕(现代化)。我们也通过计算恩格尔系数来衡量残疾人的生活质量，本次调查残疾人家庭恩格尔系数为 66.9％，城镇户口残疾人家庭恩格尔系数是 69.4％，农村残疾人家庭为 60.0％，2012 年中国残疾人联合会监测报告结果为残疾人家庭恩格尔系数为 48.5％。[①] 可见，在西部地区残疾人家庭生活水平还处于贫困状态，达不到全国平均水平。

---

① 参见中国残疾人联合会网站：http://www.cdpf.org.cn/2007special/zkjc/content/2013-07/09/content_30449447.htm。

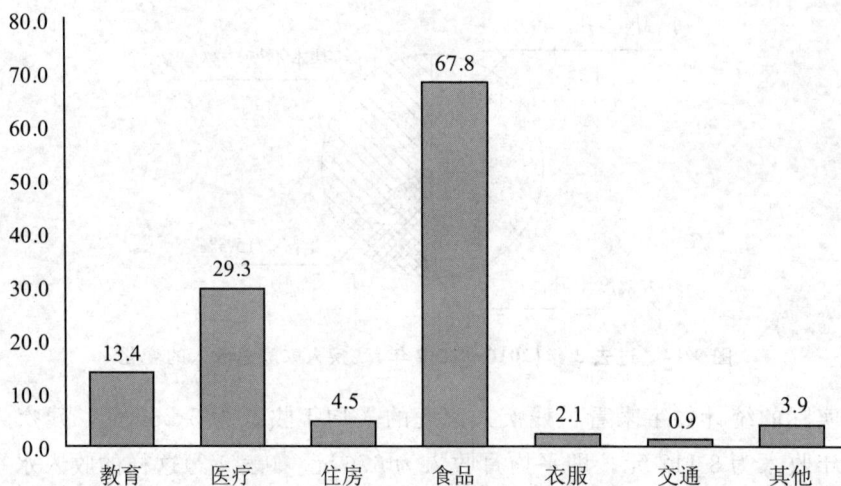

图 9-15 家庭支出最多的方面 单位:%

>>五、信贷约束使残疾人很难对自身进行投资，提高人力资本素质<<

我们的调查问卷在最后问了一个假设性的问题：如果您家里一时急需 5 000 元用于意外事情，请问您主要会采取什么方式来筹集这部分钱？从图 9-16 所表示的残疾人的回答中可以看出，残疾人筹钱的方式主要是向亲朋好友借钱，占 68.3%，其次是用自家的存钱，占 14.5%。能向银行或信用社借钱的残疾人比例相当少，只有 2.6%。还有约 12.0% 的残疾人遇到这样的情况时没有任何办法。上述结果表明残疾人在信贷方面存在着较强的约束。在调查的过程中，我们发现，有一部分残疾人是有创业愿望的，但苦于没有途径获得创业的启动资金。如

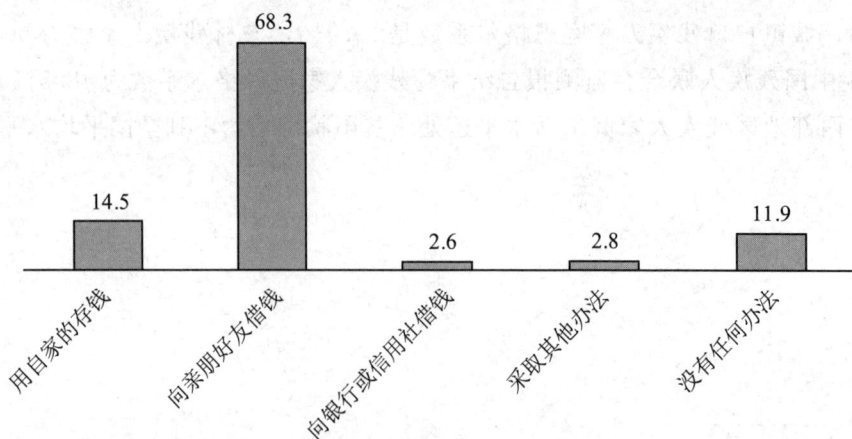

图 9-16 急需用钱时的筹钱方式 单位:%

果残疾人连这么少的一笔钱都没有办法筹到的话，那么残疾人通过获得贷款来创业也就成为了空中楼阁。

第五节　促进西部地区残疾人就业的措施

>>一、改变残疾人无用的观念，重塑残疾人对自身的认识<<

此次调查发现残疾人目前的需求主要是对现金和医疗方面的需求，还处于需求的较低层次。他们很少有自我实现的愿望，更多的是通过获得救济和扶助来实现生活水平的提高，教育培训和就业安置的需求还在其次。从对该区残联的工作人员的调研中我们也发现，残疾人对技能培训的需求并不是很强烈，主动提出要进行某种技能培训的残疾人很少，有时候残联举办一期培训还得去动员残疾人来参加。即便这样，每期培训班的规模也不过几十人而已。可以看出，大部分残疾人对自身的认识还是停留在传统的"等、靠、要"观念上，认为残疾就等于残废，不再需要去寻求更多人生的价值。这样的价值观不利于残疾人融入社会，他们需要的是更多的教育和工作机会。因此，只有改变残疾人的这种传统观念，重塑残疾人的信心，让他们认识到残疾人本身也具有一定的人力资本，并且通过教育可以得到提高，达到用人单位的能力要求并获得适合自己的工作，通过这种方式残疾人完全可以融入社会经济生活中，改变靠救济和扶助度日的困境。

>>二、财政投入应向不发达地区倾斜，改善残疾人的基本生活状况<<

西部地区残疾人生活水平普遍偏低，有的甚至达不到当地最低生活保障标准。目前，针对残疾人的专项资金投入仍然是按照"地方投入为主、中央补助为辅"的原则。但西部地区经济不发达，政府财政收入有限，很难通过本地政府的财政投入来满足残疾人在健康和教育方面的需求。对地方政府来说，他们也没有足够的动力去开展残疾人事业。从短期来看，可能只有实行"中央投入为主，地方投入为辅"的原则才可能从根本上改善残疾人的教育、贫困和健康状况，满足其最基本的需求。因此财政投入应适度向西部地区倾斜，且需要制定规范的专项资金管理办法，有效监督其使用。当然西部也有经济发达的地区，政策倾斜的范畴应有一定的标准，如可以按当地年征收的残疾人就业保障金与残疾人数量的比值作为划分依据。只有将资金给最需要的残疾人，才能更好地保证资金的使用效率，避免出现"吃大锅饭"的现象和利益分配上的"马太效应"。

>>三、积极发挥基层残联的作用，有序引导残疾人就业<<

残疾是人类发展进程中不可避免要付出的一种社会代价，政府部门应该担负起帮助和扶持残疾人的责任。从我们的调查中可以看到，基层残联在残疾人就业过程中发挥了非常重要的作用，比如通川区残联就通过培训视力残疾人掌握按摩技术，介绍残疾人到盲人按摩店工作，在安排残疾人就业方面取得了非常好的效果。此外，残联还组织过厨师培训和电脑培训等项目。虽然在本次调查中，更大比例的残疾人就业是依靠自身的社会资本，但总体而言，残疾人由于身体的限制本身的社会资源并不丰富，很多残疾人需要有政府部门的帮助和扶持才能找到工作的机会。需要提出来的是，应增加对多种残疾类型的残疾人的培训，提升其就业技能。我们所调查的已就业的残疾人主要集中于两种残疾类型：肢体残疾和视力残疾。肢体残疾相对其他残疾类型来说，其教育水平更高，而较容易获得工作。盲人按摩业的兴起也让视力残疾人通过技能培训能够进入该领域工作。其他残疾类型由于教育水平较低，且没有适合其特殊残疾类型的专业工作而难以就业。在残联针对残疾人的就业技能培训中，增加更多适合各种残疾类型的培训项目，并同时联系与之相匹配的工作岗位，促进其他类型残疾人进入劳动力市场。

>>四、督促用人单位与残疾人签订劳动合同，
促进残疾人稳定就业<<

从上述分析中我们知道，已就业的残疾人能与就业单位签订劳动合同的比例相当少，这样的状况不利于残疾人稳定就业，且如果残疾人与用人单位发生劳资纠纷等问题，他们也很难通过法律维护自身的合法利益。因此，在就业之初，政府劳动部门就应规范残疾人的就业管理，督促用人单位依法与残疾人签订劳动合同，最大限度保障残疾人群体的利益。

>>五、设立残疾人小额贷款专项资金，扶持残疾人创业<<

残疾人在信贷方面受到严重的约束。在对基层残联的走访中我们发现，残疾人群体中有一部分有创业愿望的残疾人需要小额贷款来进行创业，但是因为信贷约束而不得不作罢。目前的金融机构贷款一般是需要财产抵押的，但残疾人自身条件本来不好，家庭经济状况一般来说也较非残疾人差，大多没有可抵押的财产，因此无法从金融机构获得贷款，从而限制了残疾人的创业行动。如果能设立

一项专门用于辅助残疾人贷款的资金，残疾人可以没有抵押物而从这样的专项资金中获得贷款，将可能大大促进残疾人的创业。当然，贷款的安全性同样需要保障。我们了解到，以前也有通过残联贷款给残疾人，最后因为残疾人创业不成功而没有办法归还贷款而使账目成为一笔死账的案例。因此，在设立这样的小额贷款专项资金时，需考虑其使用方式。建议专项资金只用于残疾人贷款的贴息，残疾人可以不用抵押物而只需要找到合适的担保人，然后就可以向金融机构申请小额贷款。这样，残疾人既有动力去努力经营小额贷款所投资的事业，以便获得更多的收入来偿还贷款，同时政府部门也不用因为要承担残疾人无法偿还贷款的风险而在给予残疾人贷款时顾虑过多造成贷款的困难。

第三篇

国外残疾人就业政策研究

第十章

残疾人就业政策：国际经验及对我国的启示

在现实生活中，由于传统观念和残疾人自身的原因，残疾人在就业时遇到了很多困难。一个社会要确保残疾人充分就业，政府负有不可推卸的责任，其中很重要的一点就是制定促进残疾人就业的政策。合适的政策可以促进更多的残疾人参与劳动力市场，政府应在残疾人就业中发挥引导作用，引导企业雇用残疾人，引导社会转变对残疾人的陈腐观念，政府公共部门自身也应做出雇用残疾人的表率。国际经验告诉我们，适当的就业促进政策可以督促社会各部门为残疾人提供合适的就业岗位，而我国目前的残疾人就业政策尚不完善，需要借鉴别国成功的经验并结合我国的国情来制定相关政策。

国际社会普遍认为，绝大多数残疾人具有劳动能力，只要有适当的评估、训练、安置和扶助，都能按照现行的工作标准从事多种工作。国际劳工大会《残疾人职业康复和就业公约》要求会员国，通过法律，采取必要步骤使残疾人获得、保持适当职业并得到提升。许多国家制定了各种方案并采取了多种措施为残疾人创造工作机会，包括受保护的生产车间和工场、指定的工作岗位、为残疾人规定的就业保障名额、对培训并雇用残疾工人的雇主给予补贴以及由残疾人建立和为残疾人建立的合作社等。这些政策及措施都是为了让残疾人能充分参与社会经济生活，平等地分享因社会和经济发展而日益改善的生活条件。

发达国家和地区一直致力于提高残疾人的就业率，鼓励他们积极参与社会经济生活。西方工业化国家制定残疾人就业政策有三个目标：第一，减轻残疾人由于伤残和挣得能力（earning capacity）下降所带来的负担；第二，预防残疾人健康状况的进一步恶化；第三，恢复残疾人的挣得能力使他们能够工作。第一个目标是许多国家制定残疾人就业政策的基础，这一政策需要花费大量的政府财政资源。虽然西方国家的残疾人就业政策有很多相似的地方，但由于政治、经济、文化等各个方面的差异，不同国家的政策有各自不同的特点。美国是世界上最发达的市场经济国家之一，其政策具有代表性；芬兰和瑞典是北欧典型的福利制国家，虽然二者在残疾人政策上有相似之处，但它们在实现残疾人就业的方法上却各有不同；澳大利亚则鼓励残疾人个人和他的家庭负担起他们福利的责任，政府更多的是起引导作用。日本是我国的邻国，虽然和我国在经济方面有差距，但同属东亚国家，文化有很多相似之处，而且日本在促进残疾人就业方面有自己的特点。香港和台湾同属中国领土，但由于历史原因，这两个地区的发展与内地有很大区别，在残疾人就业政策方面，也有值得借鉴的地方。因此我们选取美国、芬兰、瑞典、澳大利亚、日本这几个发达国家和香港以及台湾地区的残疾人就业政策进行比较研究，以期获得促进我国残疾人就业的启示。

第一节　部分国家与地区的残疾人就业政策

>>一、美国<<

美国是世界上较早开展残疾人事业的国家之一，全世界第一个为残疾人提供服务的组织"美国复活节邮章社"于 1919 年诞生。经过 80 多年的演变，美国残疾人事业的重点已从最初的以提供福利为主转变为创造真正的无障碍社会，在日常生活、经济和社会等各个方面为残疾人创造与健全人享有同等机会的条件。1990年生效的《美国残疾人法案》为残疾人在使用社会服务设施、出入公共场所和就业等方面提供了很大的便利，标志着美国残疾人事业真正进入了"无障碍时代"。根据这一法案，残疾人和正常人拥有同等的被雇用的权利，社会提供的所有服务项目，如医疗、消费和其他公共设施都必须为残疾人所共享。

美国对处于工作年龄段的残疾人采取的公共政策有好几种形式，其中收入支持计划占据了中心位置。而最大的一个则是社会保障伤残保险计划（Social Security Disability Insurance，SSDI），它是美国国家社会保险系统的重要组成部分。补充保障收入（Supplemental Security Income，SSI）是对 SSDI 的补充，它为那些没有被 SSDI 计划覆盖的或者只能从 SSDI 计划获得较低扶助的处于工作年龄段的残疾人提供帮助。所有这些收入支持计划都面临一个关键问题，那就是如何确保残疾人有足够的收入，同时又要让他们有充足的动力继续原来的工作或者返回工作岗位。

为了解决这一问题，美国又出台了一些对收入支持计划进行补充的政策，包括职业康复计划（Vocational Rehabilitation Program）和许多种由国家、州或地方政府承担的公共工作培训计划。下面介绍一些美国主要的残疾人政策。

（一）社会保障伤残保险计划（Social Security Disability Income Program，SSDI）

社会保障伤残保险计划（SSDI）是为残疾人提供收入支持的一个最大来源，它为 95％的美国劳动力提供社会保障。每年美国政府在 SSDI 计划中的支出多于 400 亿美元，超过 500 万人受益于该计划。[①] 1957 年，SSDI 被列入国家社会保障计划，它为那些处于工作年龄段的重度残疾人提供收入支持。

SSDI 计划主要是为残疾人提供收入支持，然而受益的残疾人能继续工作的却很少。在 20 世纪 80 年代初，一批新增的受益者中仅有 10％在接下来的十年中有过工作经历。而在这十年里，因为收入增加而脱离 SSDI 计划的残疾人不到 3％；仅 5％的人尝试过去工作，但同时他们仍可获得 SSDI 计划的资助。

（二）补充保障收入计划（Supplemental Security Income Program，SSI）

美国政府在 1972 年制订了补充保障收入计划，它主要为贫穷的老人、盲人和残疾人提供收入支持，1974 年开始实行。与 SSDI 不同的是，SSI 计划并不要求受益人有工作历史，它为经济收入低不能满足基本生活需要的人提供社会保障。

（三）劳工补偿计划（Worker's Compensation Program）

1908 年，美国政府引入劳工补偿计划（WC），它是美国最老的社会保险计划。在美国，虽然各州法律不尽相同，但各州都有劳工补偿法，它们都反映了同一个基本原则，那就是雇主应该设定非员工自身过错而产生的职业伤残成本。该计划给在工作中发生的暂时的、永久的或完全致残的伤害提供年金或一次性补偿。劳工补偿计划给那些因工作而致残的人提供现金和医疗支持。

（四）事故和伤害预防计划（Accident and Injury Prevention Programs）

和其他国家一样，美国努力减少在工作中发生事故的频率，降低其严重程度。事故和伤害预防计划设置了保护工人的最低标准以及对那些有高伤残发生率的公司给予财政处罚的规定。

[①] Robert Haveman, Barbara Wolfe., The Economics of Disability and Disability Policy. Prepared for Handbook of Health Economics，1999.

（五）职业训练、康复、返回工作岗位计划（Vocational Training，Rehabilitation，and Return-to-Work Programs）

许多工业化国家残疾人政策的一个重要组成部分就是对伤残工人的康复和训练的公共服务，即恢复他们生产能力的计划。在美国，职业康复（VR）计划是由州负责的，它为伤残人员提供康复服务。该计划每年为上百万伤残人士提供服务，包括诊断、评估、医学治疗、教育、培训、咨询以及工作安排。

（六）残疾人健康保险计划（Health Insurance Aspects of Disability Programs）

由于健康状况是残疾人的主要问题，所以卫生保健不管是对有工作还是没有工作的残疾人来说，都是一个很重要的问题。在大部分工业化国家，伤残人员的卫生保健趋向于通过某种形式的全民健康保险所覆盖。然而，在美国并不存在覆盖全民的健康保险，大部分保险是以雇用为基础的。这就造成了没有工作的人，比如残疾人，必须支付保险费才能获得这个保险。此外，由于可能导致极大的医疗成本，绝大部分公司都不愿意继续雇用伤残工人。

鉴于以上原因，美国专门制订了为残疾人健康提供资金的公共计划——健康保险。原先受益于现金转移计划（SSDI/SSI/WC）的残疾人可以接受健康保险作为其受益的一部分。在一些情况下，这种受益具有很重要的价值，可以根据它来确定与残疾相关的受益资格。

从上述介绍可以得知，美国的残疾人政策集中在收入补助、康复以及预防和赔偿几个方面，而且其核心在给残疾人提供收入补助上。但这样大量的补贴残疾人的生活费用并未使得残疾人积极地返回工作岗位；相反，已有研究表明，接受这些计划资助后残疾人更加缺乏继续工作的动力。

>>二、芬兰<<

芬兰是欧盟的成员国之一，它被认为是北欧的福利国家。芬兰全面的社会福利体系被认为是阻止残疾人回到开放劳动力市场（open labor market）的一个极大的障碍，尤其是其中的残废抚恤金（disability pension）。该国立法机构强调公共部门的责任就是要为残疾人服务并保障他们获得公平的就业机会。1999 年，政府改变了国家养老金法案（National Pension Act），如果残疾人希望到开放劳动力市场找工作的话，政府允许他们接受最少 6 个月、最多两年（2002 年 4 月调整到 5 年）的残疾抚恤金以延缓其养老金。因此，芬兰的许多残疾人会先选择接受残疾抚恤金，然后再转移到如康复补助之类的计划，以获取收益。

芬兰对于有残疾的工作搜寻者的劳动力市场计划包括：

（一）保护性就业（sheltered employment）

保护性雇用被认为是社会福利体系的一部分，而不是就业体系的一部分。芬兰残疾人最大也是最普遍的就业方式就是保护性就业。保护性的工场计划不仅给那些并不需要太多支持的残疾人提供有酬工作，而且还给那些在开放劳动力市场找到工作的残疾人继续提供政府的财政资助。

（二）社会公司（social firms）

社会公司是为残疾人或者那些在劳动力市场处于不利地位的人提供就业岗位的，不管他们的生产能力如何。作为代替传统的保护性工场（sheltered workshops）的社会公司或企业在整个欧洲获得了很大的发展动力，但对于社会公司的组成以及它们与传统保护性工场的不同却存在着较大的争议。

（三）扶持性/开放式就业（supported /open employment）

扶持性就业被定义为残疾人在开放劳动力市场工作，同时从外部机构接受支持以保护和维持他们的工作。工人拥有合法的工作合同，接受和其他工人相似的工作条件和工资。1995 年，芬兰开始实行扶持性就业实验计划，尽管残疾领域的许多人做了大量的努力，但到 2003 年它还仍然没有法律地位。在芬兰，对大多数残疾的工作搜寻者来说，扶持性就业仍然是他们的一个主要选择。

此外，在芬兰社会，教育得到广泛的尊重，相对于欧盟的其他国家和欧盟的平均水平来说，芬兰的成人教育参与率是相当高的。

从以上分析可以看出，芬兰的残疾人政策主要还是集中在被动的社会保护和收入支持方面，缺乏鼓励残疾人独立、到开放劳动力市场就业的积极政策。

>>三、瑞典<<

瑞典是一个君主立宪制国家，1995 年成为欧盟的成员国。它被认为是北欧最成功的福利制国家，其国民享受了世界上最高的生活标准。瑞典人的残疾概念集中于人和环境的关系，而不是个人的特征。因此，在劳动力市场中经常会用到"职业残疾"（occupational disability）这个词，它指的是那些因为智力、身体、精神残疾以及疾病、事故等原因造成难以保护和维持工作的求职者。[1]

(一)社会福利和残疾

瑞典的残疾人政策目标是完全参与社会经济生活，与所有公民享受平等的待遇。因此，残疾人就业政策被认为是普通劳动力市场的一部分，普通劳动力市场是建立在以普遍的工作权利为原则的基础之上的。1999 年颁布的《禁止在工作中歧视残疾人法案》(*Prohibition of Discrimination in working life of people with disability*)严禁在劳动力市场歧视残疾人。瑞典的劳动力市场政策是建立在以激活(activation)和提高技能为原则的基础之上的，它集中在培训和工作实习，目的是让残疾人能持久地工作而不是被动地接受现金帮助。

(二)教育和培训

瑞典的教育和培训非常地灵活，课程一般都安排在周末和晚上，还可以延长时间。2002 年，中央政府提供了 3.5 亿瑞典克朗给市政当局发展成人教育，其中有 10% 必须被用于"职业残疾人"。[2] 中央政府还会拨给市政当局额外的资金用于发展智力残疾人的成人教育。工会和残疾人组织也接受了 5 千万瑞典克朗来扩展教育活动。成人教育属于劳动力市场培训，因此是免费提供的，参与者可以接受额外的活动补助(activity allowances)。尽管如此，瑞典的残疾人的教育水平还是低于非残疾人，有学习障碍的残疾人仅有 22% 在开放劳动力市场工作，有一半的人没有工作。

就业能力协会(employability institutes)是工作准备和职业培训中心，它为求职者提供咨询和康复服务。还有一些协会为所有求职者提供服务，其中有 20 个协会是专门为职业残疾者提供服务的。

(三)残疾求职者的劳动力市场计划

瑞典主要有三种针对残疾求职者的劳动市场计划：就业资助(subsidized employment)、保护性就业(sheltered employment)和扶持性就业(supported employment)。

---

① David H. Dean，Robert C，Dolan. Assessing the Role of Vocational Rehabilitation in Disability Policy. Journal of Policy Analysis and Management，1991，10(4)，pp. 568-587.

② James O'Brien & Ian Dempsey. Comparative Analysis of Employment Services for People with Disabilities in Australia，Finland，and Sweden. Journal of Policy and Practice in Intellectual Disabilities. 2004(1)，pp. 126-135.

1. 就业资助

这个计划仅仅为那些因为身体、精神、智力以及社会医学（social-medical）残疾人提供资助。求职者被公共劳动办公室（public labor office）安排到职位空缺的岗位上，其工资是和雇主共同协商的。政府给雇主两个选择，接受 80％的工资补助，或者做每月 13 700 瑞典克朗的工作教练。

2. 保护性就业

瑞典的 SAMHALL 是一个隶属于政府的联合企业，它负责保护性就业的大量工作。自 1980 年《保护性就业法案》（*sheltered employment act*）颁布以来，SAMHALL 就成立了，1992 年成为有限公司。SAMHALL 由 24 个县属基金会组成，分布在瑞典 300 个地方的 800 个工作场所，它为那些职业残疾者提供就业岗位。这些工作主要集中在制造业（60％）和服务业（40％）。立法机构规定 SAMHALL 中有严重的残疾的雇员必须在 40％以上。除了工资必须和劳动市场的标准相同之外，雇员还应该接受个人发展支持和培训。

公共部门的保护性工作（sheltered work in the public sector）。1985 年引入该计划，其目的主要是给社会医学残疾以及精神残疾人提供帮助。他们主要是被市政当局，有时是中央政府部门安排到工作岗位上，接受正常的工资。参与该计划的雇主会接受 100％的支付给残疾人的工资补贴。该计划的目标主要是为残疾人最终能够在开放劳动市场找到工作做好准备和康复工作。

3. 扶持性就业

扶持性就业被定义为在开放的劳动力市场的工作教练的帮助下完成工作的一种就业形式。由于传统的庇护工场并不能提供公平的工资，且工作条件差，加剧了残疾人与社会的隔离。为了改善残疾人的这种就业状况，社会上成立了工作小组，安排残疾人在主流工厂或公司办公室工作，并配备来自政府机构或非营利组织的服务人员为他们提供支持和帮助。这使残疾人处于一个"真实的"工作环境中，同时有机会得到工作教练或就业专家的培训，或由他们监督完成工作。

瑞典虽然也是实行以收入支持为主的残疾人政策，但和芬兰相比，它更倾向于促使残疾人积极地寻找有意义的工作而不是被动接受扶助。瑞典的政策目标是让所有有劳动能力的公民都能参加工作，不管他是在保护性劳动力市场就业还是在开放劳动力市场就业。正是由于这些政策的实施使瑞典的职业残疾人的工作参与率达到了 65％，是 OECD 国家中最高的。[①]

---

① Bergeskog A. Labor market policies, strategies, and statistics for people with disabilities: A cross-national comparison. Uppsala, Sweden: Office of Labor Market Policy Evaluation, 2001.

>>四、澳大利亚<<

澳大利亚的残疾人就业政策是以使人们尽可能的离开福利计划为基础的，它鼓励残疾人依靠自己的劳动在开放劳动力市场获得收入。联邦政府想寻找一条成本最小化、就业结果最大化的途径来改革现有的残疾人政策。澳大利亚联邦政府的家庭和社区服务部（Commonwealth Department of Family and Community Services）为残疾人提供残疾扶持金（Disability Support Pension）。1986 年的《残疾服务法案》（*Disability Services Act*，DSA）支持发展残疾人完整的就业选择权替代对保护性工场和治疗中心提供的传统的与开放劳动力市场分离的服务。政府希望 DSA 的实施可以关闭保护性工场，使残疾人向开放的劳动力市场转移。虽然最后并未出现这样的结果，但在保护性工场就业的残疾人数量确实下降了。

澳大利亚为残疾人提供的就业服务主要分为两类：

一是扶持性就业服务和在同一组织中雇用中度和严重残疾的工人。残疾人通常会被安排在保护性工场就业，并获得象征性的工资。

二是开放式就业服务。它为保护和维持中度及严重残疾者在开放劳动力市场的竞争性工作提供帮助。在大多数情况下，残疾人会接受同等的工资和就业条件。这种就业服务规定残疾人的工资必须以其生产能力来决定，这与扶持性就业中象征性的工资有很大的差别。

最近这些年，在澳大利亚社会，残疾人的家庭为他们的福利承担了更多的责任，政府很少会提供支持。这和芬兰以及瑞典的残疾人政策形成了鲜明的对比。北欧国家实施的政策的不利性在于，那些本可以自立的人可能会依靠"社会安全网"。尽管澳大利亚开放的就业体系有一些局限性，但它确实给许多残疾人提供了真正的就业机会和更多的独立性。

>>五、日本<<

日本颁布的《残疾人对策基本法》是保障残疾人的基本法，该法从原则上确立了残疾人应当受到社会保护的地位。[①] 在涉及残疾人的各个领域，日本又制定了专门法律和相关条款。在残疾人劳动就业方面，制定了《残疾人雇用促进法》、《残疾人职业训练法》等。

日本残疾人劳动就业分为两个渠道，一是成立集中安排残疾人工作的场所。二是以法律形式规定各企业、事业单位都要按一定比例招收残疾人。《残疾人雇

---

① 卢连才：《残疾人就业论》，北京：华夏出版社，1993。

用促进法》中明确规定，各单位要按一定比例雇用残疾人。雇用残疾人与职工总数比例是：一般民间企业1.8％，特殊法人团体2.1％，中央和地方公共团体中的管理、事务部门为2.1％。从实际执行情况来看，截至1997年6月，一般民企的残疾人雇用人数为25万多人，实际雇用率为1.47％，接近一半的企业未达到规定要求；特殊法人企业的残疾人实际雇用率和未达到规定要求的企业比例为1.96％和14.4％，中央和地方公共团体的管理、事务部门和产销部门则分别为2.02％和2.25％。[①] 未达规定比例的企业需支付"残疾人缴纳金"，这些缴纳金将作为达到规定比率的企业的奖金；用于扶持以第三部门方式兴办的雇用重残人员的企业、促进雇用项目、地区残疾人雇用信息网络事业；开发、普及残疾人职业回归技术，提供残疾人职业回归服务。可以看出，在日本，尽管有法律规定，但民企雇用残疾人的积极性并不高，残疾人就业岗位还是以特殊法人企业和政府公共部门为主。

　　由于日本政府和社会注重了对残疾人的自强自立教育，单纯依靠政府包养的高福利机制正在改变。日本针对残疾程度不同的残疾人采取不同的方式促进就业，这种方法很有借鉴意义。例如，大阪府立智残人自立促进中心根据残疾人的残疾程度进行分类，对这些智残人进行就业培训、安排其生活。具体情况如下：一是对轻度智力残疾人进行职业技能的培训，开设面包点心科和园艺科，训练1年，自行上下班，每月支付3万元津贴，毕业后80％～90％的智残人有就业机会；二是集中居住与能力开发。对15～25岁的轻中度或已在企事业单位就业的智残人集中居住，接受日常生活指导，同时，进行就业培训，开设缝纫、纸工、轻作业、木工、包装等5个科，自主生产和加工一些产品，训练3年或2年，每月支付1万日元津贴，毕业后，训练3年的60％可以就业；训练2年的，绝大部分可以独立地参与社区生活；三是对重度智残人实行集中供养。通过分类解决智残人就业、培训、生活等问题，促进他们回归社会主流。

>>六、中国香港和台湾地区<<

　　香港和台湾虽属中国的领土，但由于历史原因，这两个地区的发展和中国内地存在着明显的差距，在残疾人方面的政策也与内地有别。

(一)香港地区

　　康复服务是香港残疾人政策的最大特色，其目的是使残疾人能在其伤残程度

---

① 侯利军：《日本残疾人的就学、就业状况与信息化适应对策》，载《现代日本经济》，2001(1)。

容许的范围内，充分发挥个人体能、智力和社交能力，进一步融入社会生活。根据香港残疾人士康复服务分类，弱能类别包括：听觉受损、视觉受损、肢体伤残、弱智、自闭症、精神病、器官残疾、老年康复。香港所提供的职业康复服务包括：职务技能训练中心、庇护工作场、展能中心、精神病康复训练中心及活动中心、职业再培训计划、劳工处展能就业服务（安排公开就业）、辅助就业。社会康复服务为残疾人设立了福利津贴，普通伤残津贴（每月＄1 260元）、严重伤残津贴（＄2 520元），伤残津贴无需接受入息审查，若为领取综合社会保障援助金的人士，则不获发任何伤残津贴。①

香港社会福利署清楚界定政府的角色，集中在规划、监管和保证工作，把直接提供的服务交由非政府机构或私营机构提供，采取政府出资买位服务的方式，积极培育社会服务机构，只要达到《服务质素标准》，任何机构和个人组织都可以提供残疾人康复服务。目前除两间庇护工场属福利署直接经营外，其他的全部由非政府组织和私营机构来做。香港卫生福利及食物局康复专员负责制定各项康复服务政策，统筹政府部门及非政府机构在残疾人士康复服务方面的策划及执行；香港社会服务联会复康部负责协调非政府机构所提供的康复服务。社会福利署每年提供给非政府机构的经常资助为67亿元。2000—2001年度，政府用于康复服务的开支（包括给予个别人士的财政资助）约147亿元，2002—2003年增加到了159.5亿元。

为了保障残疾人的权益，香港还制定了专门针对残疾人的法律。1995年，制定了《残疾歧视条例》（香港法例第487章），该法规定，任何人士如公开中伤残疾人士，或在活动（如雇用、教育、会所、交通及体育等）中基于某人的残疾而做出歧视及骚扰的行为，即属违法。《税务条例》中明文规定，纳税人如果要供养残疾家属，可以根据该条例申请伤残受养人免税额。这个税项确认了家庭的照顾对残疾人士的重要性。1995—1996年财政年度伤残受养人免税额为港币15 000元；1997—1998年财政年度为港币25 000元；从1998—1999年财政年度起，伤残受养人免税额为港币60 000元。② 可见，香港社会越来越重视对残疾人的保护。

（二）台湾地区

台湾地区对残疾人的法律保护比较重视，其主要的关于残疾人事业的法律有两个，即《特殊教育法》和《身心障碍者保护法》。台湾的劳工主管机关对残疾人士提供庇护性就业服务，并奖励设立庇护工场或商店的机构。《身心障碍者保护法》

① 广州市社会科学界联合会，广州市残疾人联合会：《残疾人社会保障研究》，广州，广东人民出版社，2004。

② 张宝林：《中国残疾人事业理论与实践研究（人道卷）》，北京，华夏出版社，2007。

规定，各级政府机关、公立学校及公营事业机构员工总人数在 50 人以上者，雇用残疾人的比例不得低于总人数的 2％；私立学校、团体及民营事业机构员工总人数在 100 人以上者，该比例不得低于 1％。未达到这两项标准的单位，应定期向其机关（构）所在地的直辖市或县（市）劳工主管机关设立的身心障碍者就业基金专户缴纳差额补助费，其金额依差额人数乘以每月基本工资计算。该基金的用途有两个：一是补助雇用残疾人的机构购置、改装或修缮器材、设备及其他为协助雇用的必要费用；二是奖励雇用残疾人的私立机构，其金额按超额进用人数乘以每月基本工资的 1/2 计算。

各级政府机关、公立学校及公营事业机构在雇用残疾人时，应向考试机构申请依法举行身心障碍人员特种考试，并取消各项公务人员考试对残疾人的不合理限制。雇用残疾人的单位，不应对残疾人有任何歧视，应本着同工同酬的原则，当产能不足时可酌予减少，但不得低于 70％，且其正常工作时间所得不得低于基本工资。

第二节　残疾人就业政策的国际比较

从上节对这几个国家残疾人就业政策的介绍中可以发现，发达国家的残疾人就业政策主要集中在收入支持、就业计划和康复计划三个方面。美国和北欧的福利制国家为残疾人提供了相当多的收入补贴。慷慨的收入支持对残疾人来说是很重要的，但这并未能激励残疾人冒风险进入开放劳动力市场寻找工作。美国就是个例子，那些接受 SSDI 计划的残疾人没有继续工作的动力，他们安于接受政府的收入资助。收入支持政策实际上就是给予残疾人残疾金，由政府把残疾人养起来。

与收入支持政策不同的是，就业计划会提供给残疾人工作的机会。我们可以将就业计划分为两种，一种是安排残疾人在保护性就业场所就业；另一种则是协助残疾人在开放劳动力市场就业，即支持性就业模式。支持性就业，是在许多传统的职业康复方案或保护性工场不能解决为残疾人提供工作的情况下发展起来的。在许多情况下，传统的康复方案和保护性就业场所并不适宜残疾人就业，因为不能提供公平的工资，而且工作条件差，这加剧了残疾人与社会的隔离。针对改善残疾人工作条件的呼声，社会上做出的最早反映之一就是成立工作小组，建立工作站，使被雇用的残疾人在主流工厂或公司办公室工作，并在工作场所为他们配备来自政府机构或非营利组织的服务人员，给他们提供支持和帮助。这使残疾人能够受雇于开放劳动力市场，同时有机会得到工作辅导员或就业专家的培训，或由他们监督完成工作。许多研究证明受雇于开放劳动力市场的人比受雇于保护性工场的人有更高的生活质量。（Eggleton，Robertson，Ryan，& Kober，1999；[1] Holloway & Sigafoos，1998[2]）芬兰、瑞典和澳大利亚的就业计划有相似的地方，那就是政府设置的保护性工场为大量的残疾人提供工作岗位。在瑞典，还有开放性（扶持性）就业模式，这和澳大利亚的开放式就业很相像，但与澳大利亚不同的是，它是通过补贴性工资达到了对许多残疾人的完全就业的。如果澳大利亚的开放式就业模式所耗费的成本低于瑞典的扶持性模式就业的话，那么我们可能更倾向于采用澳大利亚的模式。

康复计划包括身体康复和职业康复两个方面。康复是残疾人就业过程中很重要的一个环节，因为影响残疾人就业的一大障碍就是身体原因，恢复残疾人的身体健康对其就业有很大的帮助。但残疾人的身体不可能完全恢复到与健全人一样，身体康复只是尽可能地将他们的残疾程度降到最低，所以更重要的是根据他们的伤残情况提供适当的就业训练、咨询、培训等辅助残疾人就业的服务。在康复服务方面，香港的经验很值得借鉴。香港为残疾人提供了全面的康复服务，提供服务的模式也具有创新意义，大部分康复服务是由政府买单、私营机构提供。政府买单，保证了其公益性，而由私营机构投标竞争参与提供服务，又保证了服务的质量，这一点值得其他国家借鉴。

除了用各种不同的政策来促进残疾人就业外，发达国家和地区还制定相关的法律法规要求企事业单位雇用残疾人，日本和我国台湾地区的做法就是如此，在日本已经有一套较为完备的法律体系来督促残疾人就业。日本的法律规定各种不同的单位要按照一定的比例安排残疾人就业，如果达不到规定的比例企业就要支付"残疾人缴纳金"，但就实践结果来看，这种方法在民企中实施的效果并不好。在激烈的市场竞争中，民营企业要求更高的是效率，是强制安排残疾人去民企就业还是给他们一个更合适的职位是值得我们思考的问题。日本针对残疾程度不同的残疾人采取不同的就业促进措施，可以更好地为残疾人找到适合他们的工作，这一点是值得借鉴的。

不管是发达国家还是发展中国家都希望能够寻找出使残疾人权利和经济改革和谐发展的方法。尽管有些国家如瑞典成功地让大量的残疾人进入了开放劳动力市场，但这却未能改变雇主对残疾人的看法。长期的补贴可能会加强雇主对残疾人负面的认识，使他们认为雇用残疾人比雇用其他人价值更低。通过提高残疾人

---

① Eggleton，I.，Robertson，S.，Ryan，J.，& Kober，R.，The impact of employment on the quality of life of people with an intellectual disability. Journal of Vocational Rehabilitation，1999（13），pp. 95-107.

② Holloway，J. B. and Sigafoos，J. S.，Quality of life for young adults with mental retardation in open versus sheltered employment. European Journal on Mental Disability，1998，20（5），pp. 13-25.

的能力，提升他们工作的价值，从而改变雇主的看法，比单独使用财政激励有更长期的效果。

美国、芬兰、瑞典、澳大利亚、日本、中国香港和中国台湾都是世界上发达的市场经济国家和地区，它们拥有健康的经济和较高的生活水平。即使在这样的条件下，残疾人仍然不能完全参与劳动力市场。那么对发展中国家或者是转型国家来说，最大的挑战就是它们没有经济能力为残疾人的就业选择创造一个很好的环境。澳大利亚的经验展示了如果残疾人有机会获得支持，他们是能够在开放劳动力市场获得成功的。这在很大的程度上提高了残疾人的生活质量和独立性，减少了政府提供服务的成本，尤其是制度选择的成本。虽然在开放劳动力市场工作并不是每个人的首要选择，但对许多残疾人来说，成功的扶持性就业计划有潜力创造真正的就业机会。在这些国家和地区，残疾求职者比一般劳动者的教育水平低是大家所公认的，提高残疾人的教育水平和他们可获得的培训可能会提高他们的就业机会。这也给其他国家制定残疾人政策提出了一个很好的发展方向，那就是要让残疾人充分就业，给他们提供足够的教育是很有必要的。

第三节　对我国的残疾人就业政策的启示

从残疾人就业政策的国际比较中可以看出，给残疾人慷慨的收入支持并不能促使他们继续工作。而主动和被动的保护性就业方式也会给他们的就业造成不一样的结果。芬兰的保护性就业计划让残疾人被动地接受扶助，它极大地阻碍了残疾人回到开放劳动力市场就业。瑞典主动的保护性就业模式促使了更多的残疾人进入开放劳动力市场，但却未能改变雇主对残疾人的看法。澳大利亚的开放性就业模式获得了很好的效果，它为残疾人提供了真正的就业机会，让他们更加独立，对生活更加有信心。

从上述四个国家的残疾人就业政策的分析比较中我们可以得到以下结论：

(1)要鼓励残疾人就业，给予慷慨的现金资助并不一定会收到好的效果。

(2)保护性的就业模式并不能给残疾人提供真正的就业机会，而且会使雇主对残疾人产生负面的看法。

(3)残疾人在开放劳动力市场就业更能让他们获得独立和信心。

(4)因为伤残是影响就业的重要因素，因此在残疾人就业政策中制订职业康复计划是有必要的。

(5)适当的法律可以促进残疾人就业。

由此可见，仅仅提供岗位或者给予现金扶助并不能给残疾人真正就业带来多大帮助。澳大利亚的开放式就业模式是值得我国学习和借鉴的。我国现行的残疾人政策主要是按比例就业、集中就业和自主就业。随着社会的发展，经济体制也在变革，到底哪种就业政策更适合我国的残疾人是我们目前要解决的一个重要问题。和发达国家相比，我们没有他们那么雄厚的经济实力，为残疾人提供大量的收入支持也是不现实的，而且它会阻碍残疾人在开放劳动力市场就业，这不符合促进人的全面发展的理念。提高残疾人工作参与率才是我们的目标。那么让残疾人主动就业还是被动就业，提高能力还是提供岗位，这是处于转型经济中的我国政府必须做出的选择。

针对残疾人就业制定专门的法律。虽然世界上大多数国家为了保障残疾人的权益都制定了法律，如《美国残疾人法案》，日本的《残疾人对策基本法》，我国也有《中华人民共和国残疾人保障法》，但对于就业制定专门的法律的国家并不多。日本在这方面是做得比较好的，《残疾人雇用促进法》、《残疾人职业训练法》都具体规定了促进残疾人就业的条款。而我国则缺乏针对残疾人就业的专门的法律。虽然法律并不能保证实现残疾人的完全就业，但它在残疾人就业中所发挥的作用是不可低估的。因此，立法机构应根据我国残疾人的具体状况，出台促进残疾人就业的相关法律。

应转变雇主对残疾人的观念。当然，要转变雇主观念最重要的一点就是要提高残疾人的工作能力，用事实说话。此外，要加大宣传，以前传统的观念总是认为残疾人没有工作能力或工作能力极低，但实际上在现今社会，残疾人求职者往往都被证明是训练有素的合格雇员。如今，员工跳槽率高成为困扰雇主的一个新问题。而企业雇用残疾人则可以大大减少招募和培训员工的费用，因为与非残疾人相比，残疾人很少跳槽或辞职，因此他们的工作稳定性非常高，这是其他任何就业群体难以企及的。此外，和非残疾人相比，他们更加勤劳敬业、尽忠职守和乐于奉献，只要给残疾人一个适合的工作岗位，他们就会在这一岗位上长期踏实地工作下去。因此，我国劳动与就业保障部门应给雇主建议，重新评估残疾人的工作能力，全面了解残疾求职者的新形象，像对健全人一样同等对待残疾人。

从前述分析还可以看出，虽然发达国家花费了大量的财力来发展残疾人的教育和培训，但残疾人的教育水平还是不如非残疾人的教育水平高，其中身体原因可能是影响教育的一个重要因素，还有另外一个不可忽视的因素，那就是发达国家完善的福利政策使得残疾人丧失了接受教育的动力。因为提高教育水平的一个重要动因就是希望将来能找到一个好的工作，但发达国家推行多种残疾人就业扶持政策，使得残疾人不必提高自己的教育水平就可以找到工作，所以他们没有动力去接受更多的教育。因此，如何协调教育培训和就业扶持之间的关系，也是政府在制定残疾人政策时必须考虑的一个问题。

第十一章
日本残疾人的就业状况和就业政策

自 20 世纪 50 年代中期开始，国际劳工组织就已经在其国际劳工标准中提出残疾人就业问题，2006 年年末联合国通过了《联合国残疾人权利公约》。半个世纪以来世界各国都在不断为残疾人更好地融入主流社会而努力，在医疗、教育、就业等方面为残疾人群体提供更多、更好的服务，在就业领域也能够让残疾人参与到劳动力市场的竞争中去，平等地参与社会生活的各个方面。国际社会对残疾人的保障措施有许多优秀经验值得学习，其中邻国日本以完善的社会保障著称，残疾人就业促进措施成为社会保障的重要方面，该国的经验值得我们借鉴。

第一节　日本残疾人标准与概况

日本《残疾人基本法》对残疾人的定义是身体残疾、智力残疾或精神残疾，并因此对其日常生活或社会生活持续性地受到相应限制的人。[①] 日本将残疾人称作身体障碍者、精神薄弱者，从称谓上体现了对残疾人的尊重。作为人口大国，日本也是一个残疾人大国，截至 2006 年，日本残疾人总量已经达到 723.8 万人（引自 2006 年《日本残疾人实态调查》），占日本总人口的 5.67%[②]，是日本社会不可忽视的一个重要群体。据日本政府发布的《高龄社会白皮书》，截至 2010 年 10 月 1 日，日本 65 岁以上的老龄人口已达 2 958 万，超过总人口比重 21%，达到 23.1%，这宣告自此日本已经进入"超老龄社会"。[③] 随着日本人口负增长现象的

---

① 申曙光：《日本的残疾人保障制度》，见谢琼编：《国际视角下的残疾人事业》，363 页，北京，人民出版社，2013。

② 数据来源：日本通网站：《日本公布人口普查数据 老龄化趋势加快》，2013 年 4 月日本总务省人口普查数据。截至 2012 年 10 月，日本总人口 1.275 15 亿人，见 http://www.517japan. com/viewnews-64334.html。

③ 中国财经网：王南：《超老龄社会：日本的难题和应对》，见 http://finance.china.com. cn/roll/20130520/1483058.shtml。

持续，老龄化程度的不断加剧、老龄化趋势加快，残疾人已成为不可忽视的就业群体。日本政府估计，按照如此态势发展下去，到 2100 年日本人口将较 2010 年减少 60％，65 岁老龄人口超过总人口 40％。日本劳动力人口呈减少的趋势成为日本各界所关注与忧虑的社会问题。并且在进入超老龄化社会的日本社会保障支出规模越来越大，约占国民收入的 20％，成为日本政府的沉重负担，而残疾人的医疗费用支出、年金支出是其中的重要组成部分。鼓励残疾人进入劳动力队伍，促进残疾人就业，有利于减轻这一负担。

第二节　日本残疾人就业现状

据日本厚生省公布的数据，2012 年日本就业残疾人总量为 38.2 万人，其中身体障碍者 29.1 万，智力障碍者 7.5 万人，精神障碍者 1.6 万人，图 11-1。[①] 就业领域涵盖了私营业者、家庭服务行业、公司企业等各个行业，其中约 35％为正规就业工人，1/4 为私营业者，超过 1/10 为在政府或相关社会机构中任职，这三项是吸纳日本残疾人就业的最主要力量，如图 11-2。[②]

2012 年日本新增残疾人就业 68 321 人，较 2011 年增加了 8 954 人，增幅为 15％，是近 3 年来增加最多的一年。随着残疾人就业总量的增大，企业雇用的残疾人员工数量不断增大，肢体轻度残疾的残疾人和智力障碍者是比较受企业欢迎的对象，现在雇用到这部分残疾人不那么容易，因此越来越多的企业开始考虑雇用精神残障。这解释了以下现象：新增就业中增幅最大的部分是精神残障者，为 23 861 人，较 2011 年增加 26％；其次是智力残障者，为 16 030 人，较 2011 年增加 11％；身体障碍者新增 26 573 人，增幅为 6％。新增就业的领域主要为医疗机构、慈善机构、零售业和制造业。[③]

由图 11-3 可知，1977—2012 年这 35 年间，日本残疾人就业工作成果显著，日本残疾人就业总量总体保持上升趋势。2012 年残疾人就业总量是 1977 年的 2.98 倍，尽管日本经济于 20 世纪 90 年代陷入萧条状态，在这样不利的经济环境中，日本残疾人就业政策仍然保证了残疾人就业总量保持了增长的良好势头。残疾人就业工作成就不仅体现在总量的增长上，也体现在就业残疾人类型的增加上。1988 年之前，日本加入劳动力市场竞争的残疾人仅限于身体障碍者，自

---

① 数据来源：《Employment Measures for Persons with Disabilities》. Ministry of Health，Labour and Welfare 2012。

② 数据来源：日本劳动厚生省网站：日本厚生劳动省. 平成 18 年身体障害儿·者实态调查结果. http://www.mhlw.go.jp/toukei/saikin/hw/shintai/06/index.html。

③ 数据来源：环球网：日本政府统计称日本残疾人就业连续 3 年增加. http://world.huanqiu.com/exclusive/2013-05/3942126.html。

1988 年开始智力障碍者也开始就业，到 2007 年，精神障碍者也开始加入劳动力队伍。越来越多数量以及类型的残疾人开始公平地享有就业的权利，这不仅仅是残疾人就业工作的成就，更是人权得到保障和社会进步的重要标志。三个阶段法定雇用比例的提高，是《残疾人雇用促进法》修改的结果，也显示了日本政府不断加大对残疾人就业工作的扶持力度。

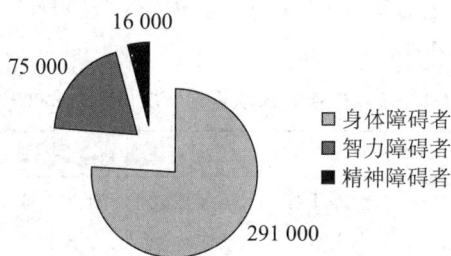

图 11-1　2012 年日本残疾人就业情况（单位：人）

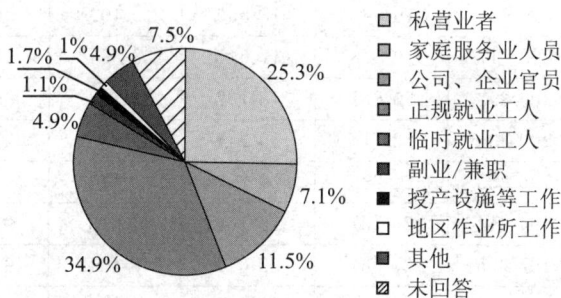

图 11-2　日本残疾人就业行业分布

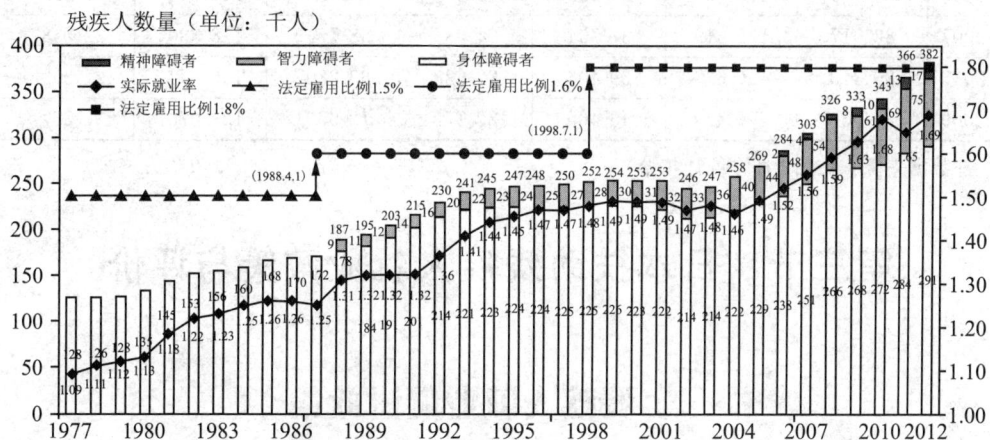

图 11-3　1977—2012 年日本残疾人就业走势图（单位：千人）

　　数据来源：Employment Measures for Persons with Disabilities，Ministry of Health, Labour and Welfare 2012.

尽管取得了一定成果,日本残疾人就业工作同世界各国残疾人就业工作一样,仍需要社会各界的继续投入和努力。通过表 11-1,我们可以大致了解到日本残疾人的年有效求职者数自 1985 年以来呈现出上升的趋势,而且上升速度较快,2009 年的有效求职者数已经是 1985 年的两倍。而年度成功求职者数在此期间也有小幅增长,但增长幅度极小,以身体障碍者为例,24 年的增长幅度仅为 9%。这样的增长幅度难以满足有效求职者的就业需求,且每年还存在较大数量的暂停工作的残疾人劳动力。

表 11-1 日本残疾人求职登记情况(1985—2009 年)

年度	身体残疾				智力残疾或精神残疾		
	有效求职者数	就业中人数	暂停工作人数	年度成功求职人数	有效求职者数	就业中人数	暂停工作人数
1985	41 419	201 915	13 003	20 324	6 405	75 655	3 782
1990	45 059	193 981	11 954	21 266	9 217	78 120	3 545
1995	68 921	210 937	16 088	18 856	19 109	94 302	5 378
1998	86 984	208 717	19 678	17 611	28 864	97 604	8 623
1999	93 492	206 893	20 871	18 162	32 762	98 094	9 693
2000	96 172	200 336	22 714	19 244	35 785	97 420	10 763
2001	103 605	196 383	24 290	18 299	40 172	96 534	11 901
2002	110 807	194 614	24 787	19 104	44 373	97 858	11 936
2003	107 113	195 905	27 561	22 011	46 431	99 736	13 056
2004	104 580	194 342	26 584	22 992	49 404	101 477	13 797
2005	95 571	193 324	30 356	23 834	51 108	105 193	16 677
2006	94 109	194 760	30 155	25 490	57 788	110 649	17 109
2007	82 017	199 619	37 764	24 535	58 774	118 880	22 758
2008	80 313	197 633	39 406	22 623	63 220	126 054	27 202
2009	84 953	200 479	43 465	22 172	72 939	133 070	32 277

数据来源:《2012 日本统计年鉴》。

第三节 日本扶助残疾人就业政策与评价

一、残疾人就业促进政策

(一)立法保障

日本社会制定了专门促进残疾人就业的一系列相关措施,包括十几部法律法规和具体就业促进措施，针对残疾人类型以及残疾程度制定了不同的援助方法和不同级别的援助，使残疾人的就业权利有法可依。日本与就业相关的法律法规包括《残疾人基本法》、《残疾人雇用促进法》、《残疾人职业训练法》等，这些法律法规从法律角度确立了残疾人受保护的社会地位，对促进残疾人就业工作起到了十分重要的作用。其中最重要的是《残疾人基本法》和《残疾人雇用促进法》。《残疾人基本法》明确了国家和社会公共团体有义务为残疾人提供就业培训、就业指导、职业介绍、促进就业等服务和帮助。《残疾人雇用促进法》的宗旨：使残疾人能够像其他普通公民一样参与到多种社会活动中去；能够使残疾劳动者充分发挥自身才能，行使其作为经济社会一员的权利。通过让残疾人成为有一技之长的专业人才而自力更生，同时也是鼓励残疾人意识到自己追求事业、发展和提高自身能力的责任与义务。这个过程离不开公众的理解与合作，尤其是雇主的重要作用不可或缺。国家和地方当局也要充分发挥各自职能，积极采取各项措施促进残疾人就业，通过加强公众教育、职业技能培训服务和对雇主的协助等渠道达到这一目标。

通过《残疾人雇用促进法》等相关法案的不断完善，日本现已构建成由政府、雇主以及残疾人自身三方面共同参与的残疾人就业保障机制。

日本社会从雇主角度促进残疾人就业措施主要通过两个系统来运作：一是就业义务系统；二是缴纳金系统。在始于 1976 年的就业义务系统中，《残疾人雇用促进法》规定各类企业必须雇用一定比例的残疾人员工，法案规定私人企业1.8%，各级政府和法定部门 2.1%，都道府县和市政府教育委员会 2.0%。自2013 年 4 月起，各类单位比例均有所上浮。缴纳金系统规定凡是雇用残疾人员工数量达不到法案规定比例的企业，雇用的残疾人数量每低于标准 1 人，每月需支付 5 万日元。对于超过法定雇用比例的公司，将依据超过比例部分，得到每人每月 2.7 万日元的奖励。此外，缴纳金系统中还包括了多种补贴，用于扶助、奖励那些在工作场所为残疾人设置相应便利设施，为残疾员工提供服务人员和为残疾人提供职业教练、培训工作技能的企业。

法律同时也要求残疾人自身积极参与到职业康复计划中去。各地方的相关就业扶助组织也对残疾人的自力更生发挥着重要作用。它们配合促进残疾人就业政策为残疾人就业提供支持服务。日本国内现设有 545 个公共就业保障办公室，这类机构根据个人情况提供就业安置、职业指导以及搜寻工作机会等服务。特别值得一提的是由公共就业保障办公室(PESOs)正开展扶助就业的一项重要工程——Hello 工程(Hello Works)，这一工程可以为残疾人无偿提供就业信息和就业咨询服务、提供面对面就业机会信息服务、失业福利申请服务以及职业培训信息。这一举措惠及了众多需要就业帮助的残疾人劳动力。日本成立了 47 个地方性的职业康复中心，建立了中央、县和社区三级服务体系，他们配合职业培训学校和医疗机构，为残疾人提供就业支持服务，如工作评估、预备培训和工作指导等。此外，全国还有 316 个残疾人就业和生计支持中心，为残疾人的工作和生活提供咨询和支持服务。国家成立了专门的研究机构为残疾人开展职业康复的先进科学技术，并培训相关的专业人才。

（二）促进残疾人就业的政策与措施

1. 政府部门严格执法。政府加强监督与指导，同当地福利机构和特殊教育学校等机构紧密配合形成体系，促使企事业单位达到法定残疾人员工雇用比例。公布不达标企业名单，全社会共同参与监督。

2. 充分发挥各类残疾人就业促进机构与组织的作用。各类专门机构根据残疾人自身特点和工作类型增强就业扶助。为残疾人提供个性化服务，包括职业介绍、指导和适应性训练、就业前指导和就业后的分阶段指导建议等。整合残疾人求职的信息，并向企业提供相关信息，努力拓宽适合残疾人的工作招聘渠道。

3. 注重以社区为基础的就业帮助。增加就业和生计支持中心的设置数量，以社区为基础，以便能够更加便捷地为残疾人的就业、医疗和日常生活提供充分的支持服务。

4. 推广残疾人就业试用项目，鼓励多种雇用模式。为残疾人提供短期的试用工作，并且通过这一过程使残疾人掌握职业技能，使之迈入正规就业行列。鼓励企业利用弹性工作时间，尝试居家办公等多种雇用模式。

5. 扩大保障范围。利用补贴，提升对精神障碍者、发育障碍者以及患有疑难疾病残疾人的扶助水平。县级劳动部门和 Hello 工程为发育障碍者和精神障碍者提供兼职工作，为他们日后求职积累工作经验。

6. 就业指导员模式。美国与日本均有就业指导员帮助残疾人就业，二者职能类似。日本政府负责就业指导员的酬劳以及他们的培训费用。其职能有评估残疾人求职者，评估工作场所，匹配求职者与工作，在残疾人入职后，继续提供支持服务，待残疾人适应和掌握工作后，逐渐地撤出，间歇地提供跟踪服务等。

7. 以社会保障为补充。政府提供残疾人社会保险补贴、缩短残疾人每周工作时间、残疾人退休年龄提前、保留工作岗位，禁止就业歧视。

（三）就业服务机构

日本为残疾人提供就业支持的专门机构除了上文中提到的公共就业保障办公室、各级职业康复中心、残疾人就业和生计支持中心和专门研究机构外，还有日本老年人和残疾人就业协会（JEED）、日本国际合作组织（JICA）等。日本老年人和残疾人就业协会（JEED），在依法促进残疾人就业方面以及残疾人职业康复方面都发挥着重要作用，在就业支持的方法上进行深入的研究。该机构利用各地方的残疾人职业中心网络，为残疾人提供工作经验积累和工作指导方面的支持服务，使帮扶对象能够顺利就业。同时，日本老年人和残疾人就业协会也为雇主提供信息咨询服务、就业管理辅助和技术支持等内容广泛的服务。日本国际合作组织的主要职能是帮助开发支持性的就业模式，提供帮助来培训就业指导员。这些残疾人就业促进机构在提供就业服务的同时也为残疾人劳动力提供就业岗位，起到了蓄水池的作用。

（四）就业方式

日本安排残疾人就业的形式分为集中就业与分散就业两种形式，依靠政府、公共机构以及企业按法律规定比例雇用的残疾人劳动力的分散就业形式吸纳力量毕竟有限，而且适合吸纳的残疾人劳动力的残疾程度和残疾类型有限，并不能最大限度地解决日本残疾人就业问题。为此，日本还特别成立了集中安排残疾人工作的场所，设立雇用残疾人的福利企业，企业设置残疾人车间，成立社区就业中心。

>>二、残疾人就业政策评价<<

我们来看一下日本残疾人就业工作的成效与不足。

1977—2012 年，日本残疾人就业总量总体保持了良好的上升趋势。2012 年残疾人就业总量较 1977 年增长了两倍。根据日本厚生劳动省数据（图 11-4），

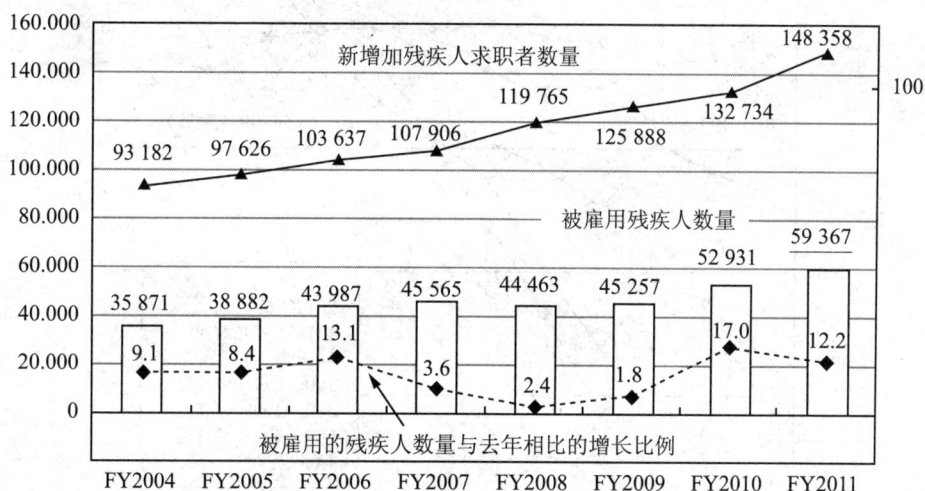

图 11-4　2004—2011 年日本残疾人就业发展情况（单位：人）

资料来源：Employment Measures for Persons with Disabilities，Ministry of Health，Labour and Welfare 2012.

2004—2011 年，日本残疾人就业总量以及年新增就业量都呈现了良好的上升趋势。保障范围扩大，将各个类型的残疾人逐渐均纳入了就业扶助范围。出台了十几部相关领域的法律法规，并且不断随社会发展情况和经济环境进行了修订，建立了较为完善的残疾人就业保障法律体系，确立了残疾人就业权利的法律地位，使残疾人就业工作有法可依。政府出台了许多行之有效的促进政策，成立了相关的、专门的残疾人就业扶助机构，并且给相关的社会团体以必要的支持和帮助，建立了一个完整的、囊括了政府、专门机构、社会团体、公司企业在内的残疾人就业促进体系和扶助机制。

但其不足方面也不容忽视，日本在残疾人就业促进工作的道路上还有很长的路要走。与正常人相比，日本残疾人就业率仍然很低。私企雇用残疾人的积极性不高，残疾人就业岗位还是以特殊法人企业和政府公共部门为主。部分企业宁愿用支付缴纳金的方式免除雇用残疾人员工的义务。图 11-5 显示了 2000—2012 年

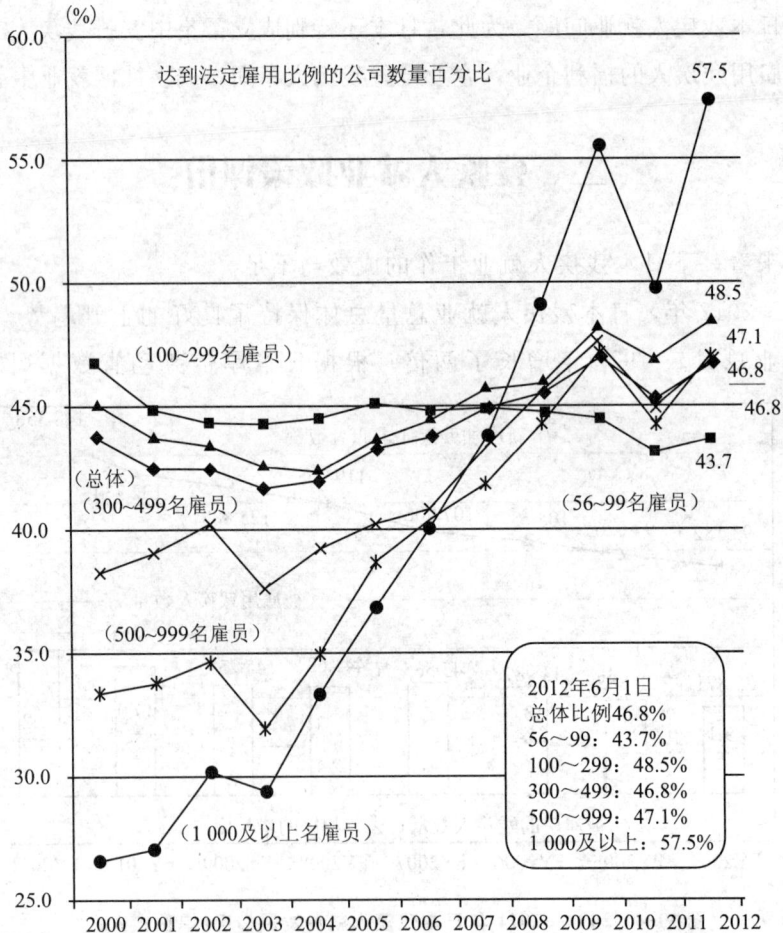

图 11-5　2000—2012 年达到法定残疾人雇用比例的企业比例

资料来源：Employment Measures for Persons with Disabilities，Ministry of Health，Labour and Welfare 2012.

达到法定残疾人雇用比例的企业比例。只有 46.8％的公司达到了法定雇用标准。不同规模的公司表现不同，1 000 人以上的大公司比较而言表现较好，57.5％的这类公司达到了法定残疾人雇用比例。此外，各个规模的公司达标比例均不足50％。尽管 1 000 人以上的大公司残疾人员工雇用比例达到了 1.9％，但日本公司实际残疾人员工雇用比例平均为 1.69％，未达到法定雇用标准 1.8％，如图 11-6。

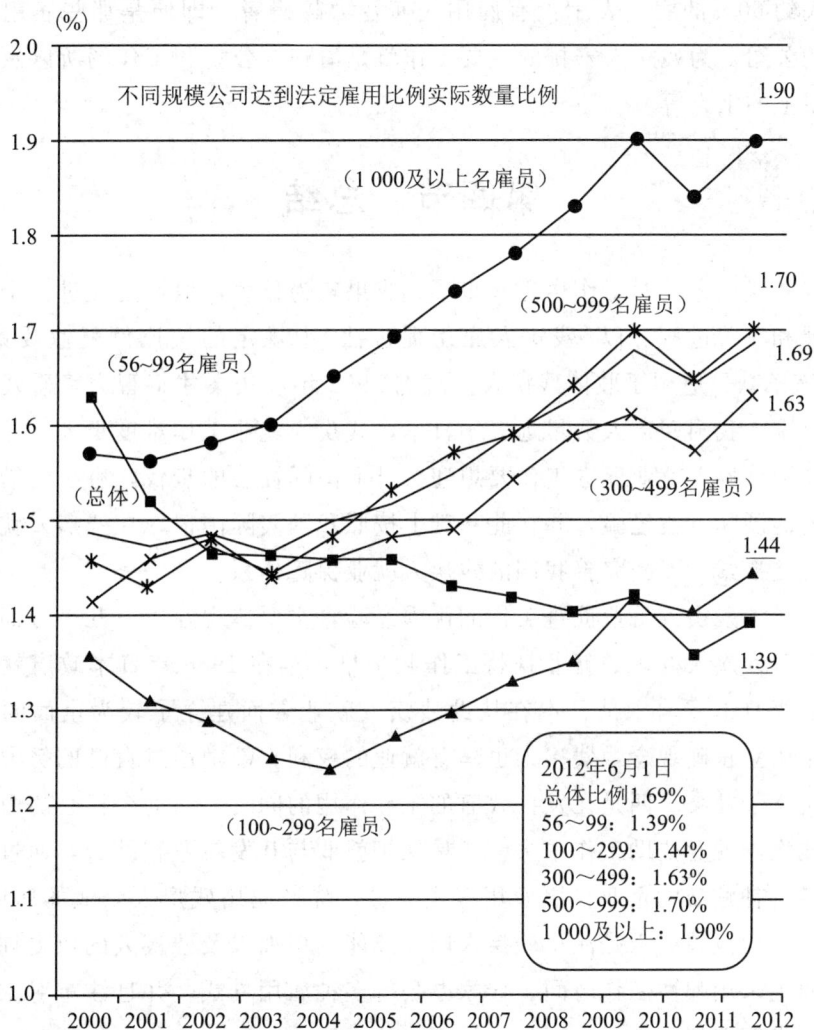

图 11-6　2000—2012 年日本公司实际残疾人员工雇用比例

资料来源：Employment Measures for Persons with Disabilities, Ministry of Health, Labour and Welfare, 2012.

此外，日本残疾人的失业率较高。职场存在虐待带残疾人员工的现象，残疾人在工作单位还存在着与同事关系难以相处的问题。残疾人员工的薪资水平很低，2006 年在福利机构和社会团体工作的残疾人的平均工资为 1.25 万日元。尽管大企业薪资水平较高，但即便是经过职业培训的残疾人也很少能够进入大企业成为正式员工。因此，在日本，还是存在大量的依靠政府提供相应的残疾年金补助才能维持日常生活的残疾人，即便部分已经就业。除薪酬低之外，残疾人就业层次低也是一个较为显著的问题。例如，2010 年 Ishii 和 Yaeda 开展了一项研究，以日本为智力障碍者提供工作开发机会的状况为题目。他们调研了 941 家公司后发现，大约 60% 的雇主表示没有雇用任何智力障碍者。即便是那些雇用了智力障碍者的公司，为残疾人安排的主要工作就是清扫办公室和工作场所以及保管员和流水线上的工人等。[①]

第四节　总结

日本的残疾人就业工作尽管起步早、成果较为显著，但也是经过一个长期的不断发展和完善过程。以《残疾人雇用促进法》中规定的按比例就业政策为例，1976 年该条款只适用于肢体残疾人。直到 1998 年该法案才将智力障碍残疾人纳入使用范围。我国残疾人数量远大于日本，残疾人就业工作难度更大，并且基础薄弱。我国残疾人就业促进工作要想迎头赶上国际社会的步伐，有必要借鉴包括日本在内的国际有益经验，并在此基础上按照我国实际国情，在残疾人就业工作上作出有益探索，不断完善我国的残疾人就业保障体系。

总结日本残疾人就业促进工作的优秀经验，主要体现在以下几个方面：一是日本政府对残疾人群体的就业扶持工作起步早，早在 1956 年日本政府就在冲绳设有职业康复工厂。二是日本在扶助残疾人就业方面建立了较为全面的法律体系。三是树立正确观念，残疾人也享有就业的权利，鼓励通过自己的努力和社会的帮助自立于社会。四是在发挥政府的主导作用的同时，调动全社会的力量共同参与到残疾人就业扶助工作中去。五是保护就业与开发就业相结合，通过缴纳金系统和各自补贴鼓励企业自愿雇用残疾人员，降低雇用残疾人企业的雇用成本，提高企业的积极性。六是注重残疾人职业技能的培训以及残疾人的康复训练。七是鼓励雇主采用弹性工作时间、居家办公等多种雇用方式，并且注重对工作场所进行福利设施改造。

我国涉及残疾人就业的法律法规不多。尽管我国在 2007 年颁布了《残疾人就业条例》，这部法律使得残疾人就业权利和促进工作有法可依，但建立一个较为健全的法律体系还需要一个漫长的过程，首先，我国需从立法角度努力，出台更

---

① 参见：《提升智力障碍者的培训和就业机会：国际的经验》，国际劳工组织就业司就业工作文件 103 号，2011。

多具有实际操作性的相关法律法规；其次，我国社会也应鼓励残疾人自力更生的观念，提高全社会对残疾人就业权利的认识，减少就业歧视，鼓励残疾人参与到劳动力市场中去。目前，我国残疾人的就业政策主要是按比例就业、集中就业和自主就业。仅靠保护性就业是不够的，在开放性市场中才能让残疾人独立，树立他们的信心，我国更多地应运用经济手段和政策，提高雇主自愿雇用残疾人员工的积极性，帮助残疾人进入开放性市场。此外，我国帮扶残疾人就业的专门机构和社会团体不多，建立成体系的专门机构是执行残疾人就业帮扶政策的载体，配合着社会团体的作用才能将残疾人就业促进工作做好。我国应增加相关专门机构，并对相关社会团体予以适当的扶持和资助，鼓励社会各界共同参与到此项工作中去。我国应加大力度发展残疾人职业技能培训项目和残疾人康复项目，让残疾人能够得到身体和工作技能的双重康复，在掌握一定的职业技能后，能够更加有竞争力地参与到劳动力市场竞争中去；最后，以就业保障为补充，为残疾人提供社会保险补贴、缩短残疾人每周工作时间、残疾人退休年龄提前、保留工作岗位，鼓励企业采用弹性工作时间、居家办公等多种雇用方式，并且注重对工作场所进行福利设施改造。

第十二章
瑞典残疾人的就业状况和就业政策

残疾人政策有两个目标，收入保障和经济融合，这两个目标有时是相互冲突的。收入保障，这是一个较简单的目标，可以通过提供现金和非现金福利的方式来实现。充足的食物、住房和医疗保险可以保障残疾人拥有体面的生活，免予受物质生活资料匮乏的困扰。比收入保障更高层次的目标是使残疾人完全融入经济和社会生活中，允许残疾人拥有广泛的机会全面地参与到经济和社会生活中。移除残疾人参与社会生活的壁垒，不仅提高了残疾人的生活质量，而且使全社会受益：提高了社会生产率、降低了失业率、降低了对政府转移支付的依赖。

实际上，很多影响残疾人在劳动力市场竞争结果的因素，包括：生产率的差别，由于歧视而导致的劳动力市场不完备，由残疾人福利系统带来的对残疾人参加劳动力市场活动的负向激励等。为了消除劳动力市场的不完备性并鼓励残疾人就业，许多国家颁布法律禁止歧视残疾人。实行反歧视法降低了残疾人进入正规劳动力市场的难度，增加了社会福利。许多国家也采取了较为具体的措施，比如雇用配额，旨在增加残疾人的就业机会。职业康复和就业服务（工作培训、提供建议、工作搜寻帮助以及安置就业）可以培养和恢复残疾人在劳动力市场中的竞争能力，促进他们融入劳动力市场。

在融入社会和保障收入两个目标之间，存在着内在的冲突。旨在促进残疾人全面参与社会生活的政策带来了更多的风险，那些没有成功融入社会生活中的人会承担这些风险。然而，收入保障计划对残疾人参与劳动力市场起抑制作用。在为促进残疾人全面参与到劳动力市场活动提供援助和激励的同时确保残疾人可以过上体面的生活是政策实施的难点。大多数OECD国家残疾人政策的重点已经从收入保障向经济融合转变。

第一节　瑞典残疾人的法律保障和就业政策概览

瑞典拥有9 500多万人口，其中大约有150万残疾人，残疾人在所有人口中的比例大约为 1.5%。长期以来，瑞典残疾人政策最主要的目标是保障这一群体对自己的日常生活拥有更多的主宰权和影响力。为了实现这一目标，残疾人政策的关注重点已经从社会和福利问题向民主和人权问题转变。在瑞典，残疾人与其他个体一样，拥有独立的生存权。瑞典人的残疾概念集中于人和环境的关系，而不是个人的特征。因此，在劳动力市场中经常会用到"职业残疾"这个词①，它指的是因为智力、身体、精神残疾以及疾病、事故等原因造成难以维持原有工作的求职者。

2011 年，瑞典政府开始执行一项有效期到 2016 年的新的规划。这项规划的目标是给予残疾人更多的机会以使他们和社会上的其他人一样参与到社会生活中。已经确定了十个优先发展的领域，其中三个领域值得特殊关注：司法系统、交通运输系统，以及 IT 行业。《残疾人政策实施计划：2011—2016》详述了政策重点，设定了社会努力的具体目标并规定了在这段时间内监察的方式。不同的人拥有不同的背景、不同的诉求，这是这项计划建立的基础。这项计划指出劳动力市场政策的导向是鼓励公有部门在解决残疾人就业问题上担负起更大的责任。在计划实施过程中，有 22 个政府机构被要求向政府提交年度报告详述它们如何达成政策目标。

>>一、反对歧视的法律<<

完善的法律体系为保障残疾人的基本权利提供了依据。瑞典政府颁布了一系列旨在保障残疾人权利的法律，比较具有代表性的包括《特定功能障碍人士援助服务法》、《反歧视法》等。《特定功能障碍人士援助服务法》从 1994 年开始实施。这是一部人权法，它的目的是为残疾人提供更多的机会以保障他们可以独立地进行生活，拥有同等的生存条件并可以全面参与到社会生活中。法律规定可以以如下形式对残疾人提供援助：日常生活的个人帮助、提供咨询、为特殊服务提供场所、为残疾子女的父母提供帮助。这部法律只保障患有特定功能障碍的残疾人士的权利。没有被这部法律覆盖的残障人士可以根据《社会服务法》，向其所在市寻求帮助。

《反歧视法》于 2009 年在瑞典实施。它的总体目的是加强残疾人的合法保护，帮助歧视受害者获得救济和经济赔偿。该部法律防止歧视性别、变性身份、种族、残疾、性取向或者年龄。该部法律分为两部分，主动预防部分规定了针对歧视采取积极行动是一项义务，涉及了工作生活和教育系统的歧视，回应部分则规定在工作生活、教育系统以及社会其他领域禁止歧视。

---

① 廖娟：《残疾人就业政策：国际经验及对我国的启示》，载《人口与经济》，2008(6)。

有大量研究可以证明，世界各地的残疾人均存在着进入劳动市场存在障碍的问题。研究表明通过立法来帮助上述人群的效果远不如改变个体雇主的态度的效果显著。在延雪平（瑞典城镇名），一个拥有 12 万人口的小镇，每年为学习存在障碍的残疾人和缺失部分就业能力的残疾人开办 100 场招聘会。尽管困难重重，当地劳动局在很大程度上成功地为残疾人找到了持久的工作。这种援助残疾人的方式在瑞典被称为特殊介绍及后续援助（SIUS）。

>>二、残疾人就业政策历史<<

瑞典的残疾人政策已经形成了超过 50 年，伴随着福利政策的飞速发展而发展。两者之间的关联意味着瑞典的残疾人政策与福利政策息息相关。这是因为社会保障福利和医药保健由公共财政拨款，所有公民都可以享有，当然功能障碍人士也包括在内。而且，残疾人接受到的援助来源于他们的需求，而不是根据他们的收入。尽管现代残疾人政策在过去的几十年间才形成，但援助残疾人的措施在更早之前就已经存在。早在 19 世纪，不同类别的残疾人机构的数量就开始增长。第一家专门针对残疾人的学校建于 1809 年，专门教育患有耳聋和失明的残疾人。

瑞典在第二次世界大战中保持中立，所以它的生产设备没有遭到破坏。技术和医疗的进步，与公共政策的发展一起为残疾人提供了很多机会。在 20 世纪 50 年代，由于技术的发展以及为残疾人在普通劳动力市场工作所做的努力，人们开始了对职业康复的关注。到 20 世纪 60 年代，颁布了积极的劳动力市场政策。上述政策发展的一个重要原因是劳动力市场政策与经济政策息息相关。劳动力市场政策与劳动力培训成为创造劳动力市场流动性的重要手段，同时将残疾人纳入政策范围。也正是从那时开始，在劳动力市场问题上，瑞典的残疾人组织开始相互合作。形成于 19 世纪的第一批残疾人组织的主要目标是为他们的成员创造机会从事工作并拥有自己的手工艺品公司。

>>三、政策概览<<[①]

OECD 国家通常使用的促进残疾人就业的政策工具包括：全部或部分伤残现金补助、职业康复和培训、扶持性的工作、保护性就业和公有部门就业、雇用配额、对雇主的税收激励、颁布反歧视法律等。所有的 OECD 国家都会向残疾人提供直接的现金补助。这类补助通过三类计划发放：全员计划为所有残疾人提供补

[①] 资料来源：Mont D. Disability Employment Policy，Gladnet Collection，2004-07-01，pp. 14-17。

助、养老金计划为向该计划缴纳过税的残疾人提供补助以及一般要经过经济情况调查并针对特殊群体的非养老金计划。瑞典只实行全员计划。一般来讲，一旦接受者参加了上述计划，他们很少退出该项计划进而继续工作。事实上，包括瑞典在内的大多数 OECD 国家的人员外流率仅为百分之一。两个原因可以解释如此低的退出率：第一，接受者患有严重的残疾，因而至少在目前他们可以获得的工作环境中无法进行工作。第二，这些计划在经济上对残疾的接受者去寻找工作产生了负向激励。重新寻找工作得到的报酬不足以激励人们做出这项努力。较低的计划退出率直接导致瑞典残疾人只有很低的比率参加职业康复和职业培训。

第二节　瑞典残疾人的就业计划

功能性损伤在许多国家的劳动力市场中占据着不可忽视的比例。根据 1998 年瑞典统计调查，大约 17％的工作人口认为自己患有某种工作能力障碍即由于某种残疾使工作能力降低。由于工作能力存在障碍的人群具有非常高的失业率，所以政府实施了专门针对这一群体的特殊劳动力市场计划。在 2000 年，有大约 20％的劳动力市场支出用于残疾人就业。而且，从 1970 年起，类似计划的相应支出呈现增长趋势。这种发展态势不仅仅在瑞典存在，世界上的许多其他国家也表现出了相同的态势。

在瑞典，主要有两个大型针对工作能力存在障碍的人群的计划：补贴性就业计划和保护性就业计划。在保护性就业计划中，国有公司 Samhall 是主要的服务提供商。另外，所有传统的劳动力市场计划同样对工作能力存在障碍的人群开放。比如：教育计划。根据全国劳动市场委员会的统计（AMS），在 1999 年，平均有 50 000 人参加了补贴性就业计划。在大约 33 000 为参加保护性就业计划的残疾人中，超过 80％被 Samhall 公司雇用。在解决工作能力存在障碍的人群就业问题上，瑞典是 OECD 国家中最依赖补贴性就业政策工具的国家，其他国家更多的关注培训以及非补贴性就业。

瑞典的补贴性就业有着非常高的就业参与率。在 1999 年，每 1 000 个人中有 11 个人是以就业补贴的方式参与劳动力市场的残疾人。在 OECD 国家中，紧随其后的是法国，为 6.3 人；其次是澳大利亚，为 3.6 人。瑞典就业补贴计划具有的高灵活性是其高就业率的原因之一。基于雇员的残疾程度来确定补贴水平，并根据工作能力减少程度的评定，随时调整补贴水平。最高的补贴为全部工资的 80％，平均补贴约为全部工资的 60％。补助金的支付期限为四年，但若残疾人从事了最短时间为 3 年的没有补贴的工作之后，便可以重新接受补贴。实际上，补贴性就业计划的实施为其他就业计划的实施创造了便利的条件，比如扶持性就业计划。扶持性就业被定义为在开放的劳动力市场的工作教练的帮助下完成工作的一种就业形式。在雇员进行劳动力市场活动时，除了得到雇主支付的工资外，通常还会得到诸如工资补贴、残疾养老金等额外收入。保护性工作通过为残疾人提供不同的工作场所，比如一家保护性的企业或者一家公司专门的部门，为那些不具备在公开劳动力市场工作的残疾人提供帮助。《残疾人权利公约》鼓励残疾人在公开的劳动力市场中工作。新西兰尝试使保护性就业更具专业性和竞争性以方便残疾人向公开劳动力市场流动。瑞典的 Samhall 公司同样如此。正如瑞典政府所宣称的，Samhall 的主要目标是为有严重工作能力障碍的人群创造有意义的就业。对患有精神残疾、智力残疾或多重残疾的人士应予以优先考虑。除此之外，Samhall 公司还有其他目标：盈利并减少对政府拨款的依赖。实际上，这两方面的目标是存在冲突的。下面我们将分别介绍瑞典政府的保护性就业和扶持性就业。

第三节　保护性就业的代表——Samhall 公司

Samhall 始建于 1980 年，是一家有限责任公司。根据雇员数量和分包商的规模，它同时又是瑞典第二大完全国有的企业。它是瑞典最重要的服务提供部门，覆盖 250 个地区，大约拥有 22 000 名员工。该公司通过生产产品和服务来创造就业，大约 40% 的雇员生产产品，另外 60% 的雇员从事服务业。工业产品包括：电子设备、家具、缆索、包装材料、电信元件以及机械工程设计产品。提供的服务包括：物业服务、保洁、信息技术支持、技术援助服务、家政服务以及餐饮服务。工作地点遍布全国有残疾人需要就业的地区。Samhall 的年营业收入超过了70 亿克朗。Samhall 公司的核心任务是为功能障碍人士创造工作，以促进他们个人发展。在竞争性的市场条件下，它成功地为不同的人分配了合适的工作，为瑞典残疾人就业发挥了非常积极的作用。2012 年，瑞典全国经济低迷，Samhall 公司提供了 6 000 个工作岗位和接受培训的机会，与 2011 年相比，增长了 20%。

政府为 Samhall 公司提供了大量的援助。1999 年，政府向 Samhall 援助了42.62 亿克朗，可以支付百分之九十残疾雇员的工资。雇用一名提供全日制工作的残疾人的平均成本是每月 21 000 克朗。与其他公司相比，政府会补贴 Samhall 公司的额外成本。额外的补偿成本主要覆盖工作模式的调整、适应工作的援助措施以及当 Samhall 的产品和服务的需求下降时，没有解雇患有功能性损伤的残疾人的引致成本。Samhall 公司的目标是为患有严重工作障碍的个体提供有意义的就业，协助这些雇员康复，使得他们可以在其他地方找到工作。招聘的目标群体是在劳动力市场就业存在障碍的残疾人。下面我们重点介绍一下 Samhall 的招聘。[1]

---

① 资料来源：Skedinger, P. and Widerstedt, B., Recruitment to Sheltered Employment: Evidence from Samhall, a Swedish State-owned Company, *International Journal of Manpower*, 2007, 28(8): pp. 694-714.

公共就业服务(PES)官员负责选择适合 Samhall 公司空缺职位的合适人员。PES 通常对个体及其工作能力做出评价，指导个体在 Samhall 就业、或者补贴性就业或者其他工作活动。这些就业的选择也会与失业者本人和可能的雇主进行讨论。然而，Samhall 是否有空缺职位取决于当地 Samhall 工作场所的岗位空缺数量。Samhall 公司不会扩大自己的劳动力规模，所以只有现有雇员离开公司才可能有新雇员进入。由于对保护性就业的需求要远比岗位空缺数量多，当地的 Samhall 公司不以就业为目标来选择一些有希望成为雇员的求职者。试用期有时用来培训和评估求职者是否适合在 Samhall 公司工作。同时在这段试用期中雇员的表现也可以被用作对雇员进行分类的依据。有时当地的 Samhall 公司会选择最适合空缺岗位的求职者，而不是由 PES 评估的最需要保护性就业的求职者。所以无法判断是 PES 还是 Samhall 公司本身对其雇用拥有更强的决策权。患有严重残疾的求职者可能会被优先考虑，但也需要满足 Samhall 公司对雇员的工作能力的最低要求。如果最低要求没有满足，雇员很快地离职是必然的选择。对于那些超过最低工作能力要求，但获得一份正规工作的机会十分渺茫的残疾工人，除了选择 Samhall 公司之外，还可以选择参加其他残疾人计划。而在市场需求下滑的时期，Samhall 也不会解雇雇员。这是 Samhall 有别于其他残疾人计划(比如：补贴性就业计划)的优势。虽然 Samhall 的平均工资略低于行业平均水平，但最富有生产率的员工的工资与行业水平相当。考虑到 Samhall 的工作模式更适合残疾人工作，最富有生产率的员工会发现在 Samhall 公司工作更具有吸引力。

第四节　扶持性就业①

扶持性就业计划旨在帮助残疾人融入竞争性的劳动力市场中，主要针对患有严重残疾的求职者，尤其是那些患有智力障碍和精神损伤的残疾求职者。它负责提供工作教练、专门的工作培训、专人监察、交通和辅助技术，以帮助残疾人在他们的工作岗位中表现得更好。在瑞典，主要的扶持性就业计划的参与者或组织包括：公共就业服务(PES)、特殊介绍及后续援助工作计划(SIUS)、市政中心、私营和公共服务提供商和非政府组织等。PES 由公共就业服务办公室提供服务，确保空缺岗位迅速恰当地被填补以及工作搜寻者迅速地找到工作。而市政中心的特别之处在于在开放的劳动力市场上安排就业方面，拥有一套专门的扶持性就业和工作计划。全国扶持性的就业计划由 PES(SIUS)运行，由公共财政支持。另外，地方及区域的拨款以及 ESF 的专款也被用于项目的运行。瑞典的扶持性就

---

① 资料来源：Supported Employment for People with Disabilities in the EU and EFTA-EEA, European Commission Study Report，2001，pp. 155-158。

业计划越来越多地关注患有精神疾病的残疾人。SIUS 是主要的全国性的就业扶持计划之一。下面我们将重点围绕 SIUS 计划来介绍瑞典的扶持性就业政策。

在瑞典的公共服务系统中，每一个失业的人（无论是否为残疾人）都必须在劳动局登记，SIUS 计划是公共服务系统的一部分。提供扶持性的就业服务的组织是以地方或区域政府组织和私营服务提供商为基础建立起来的，但是并不是所有的雇主参加了公共服务组织。公共服务系统不只为残疾人服务，也为其他人群服务。

2000—2008 年，残疾人参与全日制工作的比例从 73％下降到 65％。原则上，工作能力减弱的人在 PES 登记成为工作搜寻者后，便可以参加扶持性的就业计划。在 SIUS 系统中登记的残疾人主要是患有精神健康疾病、智力损伤或学习存在障碍的残疾人。有研究表明那些通过扶持性的就业计划找到工作的残疾人都曾长时间不参与劳动力市场活动、依靠福利补助生活并且依靠自己改善生活状态存在困难。总体来看，SIUS 计划的扶持效果比较理想。SIUS 计划的统计数据表明：SIUS 系统的工作教练每年新增 15 名客户。在 2009 年，SIUS 系统拥有 325 名工作教练，51％的客户在开放的劳动力市场中找到了有酬工作。

在全国 SIUS 计划中，没有固定的时间限制，但客户至少接受 12 个月的援助。在这期间，由 PES 为客户提供工资。在 SIUS 计划中，每位工作教练可以为 30 个客户服务。PES 拥有专门针对工作教练的培训计划。在 SIUS 系统中，工作教练同样可以为雇主服务，雇主在聘用了残疾雇员之后可以联系 SIUS 顾问。工作教练针对雇主与雇员，都会进行后续的访问，以稳定这种雇佣关系。PES 会进行调查以确定雇员是否需要额外的帮助。雇员的工资由雇主支付，通常还有其他收入来源，比如工资补贴、残疾养老金。

瑞典政府不仅为残疾人提供了种类齐全的扶助措施，而且为雇主同样提供了补偿措施，同时满足雇主和雇员的需求。为残疾人提供的扶助措施包括：交通资助、技术援助、特殊税款扣除或减免、个人工作援助、允许兼职工作的无能力伤残人士养老金、灵活的工作安排以及不同种类的工资津贴。传统上，在上述针对从事工作的残疾人的措施中，瑞典政府在工资津贴方面支出很高。与雇主相关的补偿措施包括：适应工作场所的经济援助、减少税收、灵活的工作安排等。瑞典广泛地使用工资补贴：一家公司可以接受最高额度为 13 360 克朗的补偿，但确切数额由残疾人的生产率水平决定。工资补贴的期限一般为四年。残疾雇员的劳动生产率决定了对雇主的补偿程度。扶持性的就业计划通过工作教练为残疾人提供了在开放的劳动力市场中获得长久的从事有酬工作的机会，同时也为求职者发现自己技能和工作偏好提供了帮助。除了扶助雇员、补偿雇主外，瑞典政府还提供 SIUS 管理顾问专门关注客户和雇主的关系。根据需要，雇主可以收到诸如特殊设备等由 SIUS 支付的对残疾雇员的救助。

　　总体上来看，在 PES 登记的残疾人的受教育程度低于其他求职者。这也是残疾人搜寻工作更加困难的原因，因为即使一个工作能力较低、一天或一周只能工作几个小时的正常人，搜寻工作同样很困难。如果残疾人的工作方式固定，那么他们将更容易找到工作。通过职业培训等方式进行终身学习对残疾人将会更加有利。

第五节　总结

　　如果说印度的残疾人就业政策为我国残疾人政策的制定敲响了警钟，那么瑞典的残疾人就业政策便为我国制定残疾人就业政策描绘了蓝图。作为 OECD 成员国之一，总体上看，瑞典的残疾人政策的关注重点是民主和人权，基本思想是残疾人应和其他社会中的个体一样，拥有相同的权利。政府的职能就是为残疾人行使权利扫除障碍。

　　无论印度还是瑞典，解决残疾人就业的途径是基本相同的。它们都是通过政府和公共部门、私有部门和非政府组织三条渠道来扶助残疾人。采用的政策工具也集中在现金补贴和提供岗位上。但是这两个国家有一个显著的不同，印度残疾人的就业问题主要通过自我雇用的方式解决，而瑞典政府则积极创造帮助残疾人顺利就业的条件，国有 Samhall 公司就是一个成功的案例。瑞典政府在保障收入的前提下，更加注重残疾人经济融合。

　　不可否认的是，瑞典政府的残疾人就业政策仍然存在一些问题。比如，在为残疾雇员提供特殊帮助时，提供哪些帮助是由不同残疾人组织的官员决定的，这种决策方式十分武断，而且会受到经济状况的影响。许多扶助计划都是由公共财政拨款，而拨款数额的不稳定也会对残疾人就业政策的顺利实施带来困难。另外，优厚的补贴一方面保障残疾人的基本生活，但同时也阻碍了残疾人的职业康复。

　　尽管如此，瑞典残疾人就业政策仍有许多值得我国借鉴的地方。（1）残疾人扶持政策应该更加细化。不同的残疾类型为残疾人就业带来不同的障碍，所以无论在制定法律政策还是在实施就业扶持计划中，都应该分类型地加以对待。（2）应采取积极的措施鼓励残疾人融入劳动力市场。一方面应做好残疾人基本生活保障工作，补贴性就业是十分必要的扶持手段；另一方面鼓励残疾人融入劳动力市场，只有这样才能彻底解决残疾人的就业问题，更重要的是为残疾人带来社会认同感，可以体面地生活。（3）残疾人就业政策应该具有连贯性和稳定性。偶尔的高额补贴不如连续的适度补贴，残疾人群体抵抗风险的能力很低，为他们提供一个稳定的收入来源有助于他们增加社会认同感。

第十三章
印度残疾人的就业状况和就业政策

近年，世界各国普遍采取了旨在促进残疾人全面均等地参与到社会生活中的权利保障政策，这也是对国际劳工组织第159条公约"残疾人的职业康复和就业(1983)"的响应。在引入立法以保障残疾人的机会均等方面，亚太国家已经取得巨大进步，尤其在亚太残疾人十年(1993—2002)期间。所以，亚太地区残疾人事业的发展是值得我们关注的。在亚太地区的众多国家中，12亿人口的印度拥有2100万残疾人，其促进残疾人就业和发展的政策和做法值得我们借鉴。

下面分部门、分类型地介绍印度残疾人的就业状况和就业政策。首先从立法的高度来审视印度残疾人事业的发展，重点分析了1995年颁布的《残疾人(机会均等、权利保护和全面参与)法》中对残疾人就业政策的保护条款。接着，从自我雇用式就业、公有企业残疾人的就业以及私有企业残疾人的就业三个维度，进一步分析了印度残疾人的就业状况。由于政策种类繁多，所以我们选取了世界银行提供的《印度的残疾人：从承诺到政策效果》报告、印度政府的"十一五规划"，以及劳动和就业部的年度报告等一批具有一定公正性和权威性的资料摘要来阐述印度的残疾人政策。最后，我们还关注了非政府组织在促进印度残疾人就业方面做的贡献。

第一节　印度残疾人的法律保障及组织管理

根据2001年人口普查结果，全印度拥有至少2100万残疾人，相当于总人口的2.1%。在全国所有残疾人中，女性残疾人有930万，占比42%～43%，男性残疾人有1260万，占比57%～58%。农村地区的残疾人数量多于城市地区。残疾率(每100 000人口中残疾人的数量)为2 130，男性的残疾率为2 369，女性的残疾率为1 874。在人口普查中包含的五类残疾中，视力损伤的残疾人占到了48.5%，居五类之首。其他四类依次是：运动损伤(27.9%)，精神损伤(10.3%)，言语损伤(7.5%)，听觉损伤(5.8%)。从性别的角度看，除了残疾女性在视觉与听觉损伤中占比更高以外，不同性别的残疾人在这五类残疾类型中的占比类似。全国来看，残疾人数量最多的州是北方邦（360万）。另外，比哈尔州（190万），孟加拉邦（180万），泰米尔纳德邦（160万）和马哈拉施特拉邦（160万）是残疾人数量比较多的州。整体来看，印度残疾人的就业趋势并不乐观。[①] 根据世界银行于2007年发布的《印度的残疾人：从承诺到政策效果》报告，印度残疾人的就业率已经从1991年的42.7%下降到2002年的37.6%。

表 13-1　印度残疾人数量及其种类

	人口	百分比（%）
总人口数	1 028 610 328	100.0
总残疾人人口数	21 906 769	2.1
残疾率（每10万人口）	2 130	—
残疾的类型		
（1）视力损伤	10 634 881	1.0
（2）言语损伤	1 640 868	0.2
（3）听觉损伤	1 261 722	0.1
（4）运动损伤	6 105 477	0.6
（5）精神损伤	2 263 821	0.2

数据来源：印度2001年人口普查。

>>一、法律保障<<

印度拥有比较完善的维护残疾人权利的法律体系。从宪法到各种专项法案，都为保障残疾人的合法权利提供了法律依据。宪法是国家的根本大法，所以我们首先关注印度宪法对残疾人基本权利的规定。印度宪法在两处提及残疾人的权利保障。其中一条是关于残疾人和失业人群的救济，另一条则规定政府应保障残疾人的基本权利。印度《宪法》的第41条规定：工作权、受教育权和一定条件的享有公共补助的权利——国家应在经济能力与经济发展之限度内，制定有效规定确保工作权、受教育权及在失业、年老、疾病、残疾及其他过分困难情形下享受公共补助之权利。

除了宪法之外，印度保护残疾人权利的立法框架由四部法案构成，分别为：1987年的《精神健康法案》、1992年的《印度康复委员会法案》、1995年的《残疾人（机会均等、权利保护和全面参与）法》以及1999年的《针对自闭症、大脑性麻痹、

---

① 印度政府国内事务部网站：http://censusindia.gov.in/Census_And_You/disabled_popula-tion.aspx。

智障以及多重残疾人群福利的国民托管法案》。考虑到颁布时间和影响范围，我们集中关注 1995 年颁布的《残疾人（机会均等、权利保护和全面参与）法》。该法案将以服务为导向和以权力为基础的立法原则结合在一起，基于以下四个原则：禁止在生活的任何方面歧视残疾人；支持给予残疾人正面差别待遇；为残疾人提供拨款，帮助他们克服自己的残疾；将残疾人纳入主流计划中。该法案对残疾人进行了准确的定义，并从教育、就业、反歧视等多个角度保障了残疾人的权利。我们重点关注残疾人的定义和法案中有关残疾人就业的条款。

（一）残疾人的定义

根据 1995 年《残疾人（机会均等、权利保护和全面参与）法》的规定，"残疾人"是指经医疗机构鉴定残疾程度不低于 40％的人。"残疾"被划分为以下七类：i. 失明；ii. 弱视；iii. 麻风病后遗症；iv. 听力受损；v. 行动障碍；vi. 智力障碍；vii. 精神疾病。表 13-2 对部分残疾类别及其定义进行了汇总。

表 13-2　残疾类别及定义

残疾类别	定义
麻风病后遗症	指一个人麻风病已经被治愈但是仍然具有下列状况：1. 手或足丧失感觉但没有明显变形、眼睛和眼睑丧失感觉并患有麻痹；2. 手足存在明显的变形和麻痹，但是仍然具有足够的从事正常的经济活动的行动能力；3. 像老年人一样，肢体存在严重的变形，不能从事任何获利性职业；对"麻风病后遗症"应根据具体情况进行解释。
听力受损	指在最佳状态下丧失了正常交谈范围所需的六十分贝或者六十分贝以上声音的听觉。
行动障碍	指骨、关节或者肌肉的功能丧失所导致肢体活动严重受限或者任何形式的脑部瘫痪。
智力障碍	指一个人的智力受到抑制或者不完全发育，这种状态以智商低于正常水平为特征。
精神疾病	指除了智力障碍之外的任何精神上的错乱。

（二）与残疾人就业有关条款的总结

1. 有组织的公共部门

（1）有关政府应在每个单位中，为下列三类残疾人指定不少于 3％的空缺职位，或者为下列每一类残疾人分别保留不少于 1％的空缺职位：a. 失明者或者低视力者；b. 听力受损者；c. 行动障碍者或脑瘫患者。

（2）有关政府应当：a. 对单位中为残疾人保留的职位进行鉴别；b. 根据技术

发展状况，定期并且间隔时间不得超过三年，对所鉴别的职位名单进行审查并更新。

（3）任何单位都不得因雇员在雇用期间患有残疾而将其辞退或降低其职位级别。

（4）任何单位都不得仅仅以残疾为由拒绝雇员升职。

（5）有关政府应发布公告，要求每一个单位的雇主按照规定的日期，用公告的形式向有关特别职业介绍所提交信息或报告，反映在该单位中已经存在的或可能出现的为残疾人指定的职位空缺情况；该单位应按照公告的内容行事。经特别职业介绍所书面授权的任何人，可以自由决定，在任何合理的时间，到任何他认为有关记录和文件应该存在的场所，查阅任何单位的有关记录或文件，并有权复制有关记录或文件，也可以为获得任何信息而进行必要的询问。

2. 有组织的私立部门

有关政府和地方机构应在其经济能力和发展允许的范围内，鼓励公有和私有企业在其全部工作人员中雇用残疾人员的比例不低于 5％。

3. 无组织部门

由于贫困是印度执政者最大的挑战，而且残疾的发生率在农村家庭和贫困家庭均非常高，该法案授权政府将残疾人纳入到所有主流的扶贫计划中来。但该法案没有授权任何当局或法院对违反法案中与培训和就业相关条款的行为征收罚款。

4. 自我雇用

无论是有组织部门还是无组织部门，就业机会的减少趋势明显。自我雇用是残疾人经济恢复的另一种方法。但在竞争性的市场中，残疾人的自我雇用需要政府更多的支持。因此，该法案规定了为特定目的分配土地的优惠方案。法案中规定，在分配土地时应当向残疾人提供优惠，满足残疾人在下列方面的需要：a. 居住；b. 从事商业经营；c. 建立特殊娱乐中心；d. 建立特殊学校；e. 建立研究中心；f. 残疾企业家开办工厂。

5. 赋权条文

法案中对技能培训、无障碍环境、辅助性装置的可利用性以及促进残疾人职业培训和就业的方式均做出了规定。

>>二、残疾人组织及管理部门<<

在印度，没有一个全国性的残疾人保护组织，但是在部分地区拥有区域性的残疾人组织。比如，残疾人权利联盟已经在德里、加尔各答、金奈、班加罗尔建立，而在古吉拉特邦、马哈拉施特拉邦、安德拉邦、卡纳塔克邦、泰米尔纳德邦、奥里萨邦、喀拉拉邦等地，也已经建立了有结合力的残疾网络。全国促进残疾人就业中心（NCPEDP）是一个比较有影响力的残疾人组织，总部设在德里。

中央层面负责就业的部门包括：劳动和就业部、住房和城市扶贫部、农村发展部等，其中，劳动部负责残疾人的职业培训和经济恢复，在促进残疾人就业方面发挥了非常积极的作用。在劳动部内部，由职业培训总局负责这项工作。职业培训全国委员会以及就业和培训总局为残疾人保留了一些工作岗位。另外，2 000个工业训练所为残疾人留出了3％的空缺职位。农村地区就业部管理的农村青年自我雇用培训计划同样保证为残疾人留出了3％的工作岗位。劳动部还管理着17个职业康复中心，这些康复中心可以评估残疾人的身体状况、精神状况和职业能力，为他们寻找合适的职业，帮助残疾人获得培训、就业以及自我雇用的许可。政府在1995年年初开始实施地区康复中心计划，该项计划帮助残疾人获得职业培训。四个区域性的康复培训中心已经被建立，这些区域性的康复中心通过培训、人力资源发展和指导培训计划来支持地区康复中心计划。在全印度，有43个特别职业介绍所专门帮助残疾人获得有报酬的职业，另外有1 000个左右介绍所帮助残疾人和没有特殊要求的普通人就业。

第二节　印度残疾人的就业政策及效果[①]

在印度政府的"十一五"规划中，政府向公众承诺将在"十一五"期间创造5 800万个工作岗位，进而将失业率控制在5％以下。2016—2017年，估计会额外创造1.16亿个工作岗位。到"十二五"计划结束时，失业率下降到接近1％。只有残疾人的就业问题得到解决，全社会的就业问题才有可能得到全面解决。下面我们将分部门介绍印度的残疾人政策。

>>一、自我雇用和扶贫计划<<

在相当长的一段时间内，自我雇用被认为是印度残疾人最适合的或者是唯一的就业选择，同时大多数非政府组织也旨在帮助残疾人实现自我雇用。在1998年由全国促进残疾人就业中心（NCPEDP）进行的非政府组织调查研究中，有51.85％的实现就业的残疾人实际上是以自我雇用的方式实现的。在就业的残疾人中，有47.5％的残疾人的月收入少于1 000卢比，有88％的残疾人的月收入少于2 000卢比。自我雇用是包括残疾人在内的待就业人群的一种重要的职业选

---

① DEOC，*Employment of Disabled People in India*，2009.

择。印度政府的社会公平和权利部、住房和城市扶贫部以及农村发展部负责管理残疾人的自我雇用。

不同的部门针对自我雇用实施了不同的扶持计划。社会公平和权利部的主要扶持项目是全国金融发展公司（NHFDC），该公司旨在促进残疾人的经济发展活动、自我雇用创业以及帮助残疾人接受高等教育等。住房和城市扶贫部的主要扶持项目是 SJSRY 计划和 USEP 计划。

SJSRY 计划是政府针对妇女、表列种族/部落的人群、残疾人以及其他弱势群体给予特别关注的计划。而在城市自我雇用计划（USEP）中，残疾人的受益率非常高。有数据显示在 USEP 计划中的 839 622 受益人中，有 22 105 名残疾人，相当于该计划所有受益人数的 2.6%。农村发展部的主要扶持计划包括 SGSY 计划和全国农村就业保障计划。SGSY 计划由印度政府发起，从 1999 年 4 月 1 日起开始实行。该计划旨在为生活在农村地区的贫穷人口提供可持续的收入，集中关注易受伤害的群体，其中包括残疾人。通过建立自我帮助小组帮助乡村居民实现自我雇用，由非政府组织、银行及金融机构资助。而全国农村就业保障计划（NREGS）则重点关注农村残疾人的就业问题。该计划可以确保任何一个农村家庭在家庭成员愿意去做无须技能的手工工作的前提下，每年得到 100 天的工作量。该计划于 2006 年 2 月 2 日在第一批挑选的 200 个地区实施，随后又于 2007—2008 年度添加了 130 个地区。有数据显示，在 2007—2008 年，受益的残疾人家庭占总受益家庭的 0.9%。另外，国民托管组织建立的非营利性的康复协会同样促进了残疾人的就业。该计划通过将国民托管法案下保护的残疾人所生产的产品市场化来为协会的会员谋取福利。国民托管组织还通过 Uddyam Prabha 计划，以利率补贴的方式，对患有自闭症、大脑性麻痹、智障以及多重残疾的残疾人的职业和经济活动给予帮助。

除了全国政府外，一些州的政府也实施了旨在改善残疾人生活环境的不同种类的计划。安德拉邦和泰米尔纳德邦在世界银行等国际组织的支持下，在提高农村地区人口的生活水平方面成效显著。其中泰米尔纳德邦实施的是 Vazhndhu Kaattuvom 计划。该计划从 2005 年 11 月开始实施，得到了世界银行的援助，由农村发展部和地方管理部门建立，总体目标是改善残疾人以及其他易受伤害的群体的生存环境、生活质量以及维护他们的尊严。安德拉邦实施了 Indira Kranthi Pathakam 计划。这项计划的目标是改善残疾人本身及其家庭的生活质量和就业状况，用最佳的方式利用残疾人余下的生活能力以及提高残疾人获得和利用政府提供的服务的能力。呼吁政府在政策制定中，更多地考虑到残疾人的利益。

有一些非政府组织也致力于提高残疾人的自我雇用能力，但影响范围有限。比如：社区康复组织（CBR），该组织分布在某些特定的州或地区，它通过帮助残疾人获得政府计划的信息及援助的方式来帮助残疾人。

尽管社会各界为改善残疾人的生存环境，提高残疾人的就业能力发起了各种计划，但效果并没有达到预期。《残疾人法》中规定在所有扶贫计划中，受益残疾人应占到总受益人的 3％，但没有一个计划可以满足上述标准。其中，SJSRY 计划、SGSY 计划和 NREGS 计划的受益率分别为 2.6％、1.81％和 0.90％。

>>二、政府部门和公共部门的就业<<

(一)概况

政府部门和公共部门是雇用残疾人的最大需求方。印度政府早在 1959 年便在孟买建立了第一个特别职业介绍所，在 1977 年开始实施为残疾人留出 3％的工作岗位这一政策。但此时保留的工作岗位只限于较低地位的 C 类和 D 类，1995 年《残疾人法》通过之后，保留的工作岗位类别扩展到 A 类和 B 类。尽管政府与公共部门一直在努力改善残疾人的就业环境，但收效甚微。可喜的是，印度政府也意识到这个问题的严重性，在"十一五"规划中就直接指出，"如今，适合残疾人的工作的认定方式随意，我们需要一个由残疾人组织参与的专业化小组来完成上述认定。无论在中央还是在各州，残疾人缺少合适的工作岗位的状况的严重程度不断加剧，我们应加以改善。一个合适的促进残疾人在私有部门就业的计划应当落实到位，正如在《残疾人(机会均等、权利保护和全面参与)法》中第 41 条的规定。"

劳动和就业部 2007—2008 的年度报告，为我们概述了公共部门和政府部门的残疾人就业状况。报告中提到，截至 2005 年 12 月，全印度共有 43 个特别职业介绍所。在 2005 年搜寻工作的残疾人中，找到工作的有 3 200 人，而登记在册的残疾人有 109 632 人。在 2007—2008 年，职业康复中心登记了 30 967 位残疾人，对 30 452 位残疾人进行了评估并帮助 10 518 位残疾人康复。由就业和培训总局建立的退役军人基层组织提供了退役残疾军人和边防安保部队的残疾人的就业信息。在 2007 年 9 月，有 242 名残疾士兵和 2 365 名家属需要退役军人基层组织的帮助。根据行业学徒计划的培训统计数据，可利用的培训席位共有 258 163 个，其中 185 224 个席位已经被利用，1 067 个席位被分配给肢体伤残人员，被利用率为 0.57％。根据毕业生、技术学徒的培训统计数据，可利用的培训席位共有 95 360 个，48 743 个已经被利用，其中 107 个席位被肢体伤残人员利用，被利用率为 0.22％。

为了对印度残疾人的状况进行更加公正的评估，印度政府邀请世界银行对印度的残疾人现状进行评估，世界银行做出了《印度的残疾人：从承诺到政策效果》

报告。报告中指出：在全印度，只有27％的残疾人向特别职业介绍所或常规职业介绍所的特别部门登记。共有661 000名残疾人出现在职业介绍所的登记中。1998—2003年，支持特别职业介绍所和常规介绍所特别部门的资金仅5 000多卢比。无论是特别职业介绍所还是常规职业介绍所，在促进残疾人就业方面所发挥的作用均微不足道。许多特别职业介绍所的成本、效力有待讨论。特别职业介绍所和其他职业介绍所的人员配置比率非常低，在2003年分别为0.9％和0.7％。在过去的十年间，在两种职业介绍所的人员配置比大概降低了一半，1994年二者的人员配置比分别为2％和1.2％。在部/局和公共部门的所有岗位中，只有10.2％的岗位被认为适合残疾人。表11-3对印度的残疾人在政府和公共部门的就业状况进行了汇总。

表11-3　分部门的残疾人就业状况

部门	部 & 局	公共部门
总岗位数	2 698 762	4 527 293
适合残疾人的岗位数	281 398	460 396
雇用的残疾人人数	9 975	20 053
适合残疾人的岗位中雇用残疾人的比例	3.54％	4.46％
所有岗位中雇用残疾人的比例	0.37％	0.44％

（二）出现的问题

事实上，印度的残疾人政策的起步并不晚，即使像瑞典这样以出色的福利制度闻名的国家，残疾人政策也只形成了50多年，而印度政府于1959年便建立了第一个特别职业介绍所。但是，无论是根据政府报告，还是世界银行的报告，我们都发现残疾人在政府部门和公共部门的就业情况并不理想。1995年的残疾人法案规定为残疾人保留不少于3％的空缺职位。这些职位在法案开始实施后便被确定，并且每三年更新一次。但中央政府最初的职位认定直到2001年才完成，并且没有正式的后续认定。根据世界银行的报告，依据2003年的可用数据，在部和局级单位及公共部门中，只有10.2％的工作岗位被认定为适合残疾人工作。在这10％的工作岗位中，3.5％的部和局级单位的工作岗位以及4.5％的公有单位的工作岗位是由残疾人从事的。尽管法案中3％的配额已经完成，但由残疾人从事的工作岗位在所有工作岗位中的比重只有微不足道的0.44％。而实际上，印度政府通过残疾人法规定的为残疾人保留3％的工作岗位，是相对于总职位数而言的，而非已识别的职位。

>>三、私有部门的就业<<

（一）概况

印度的私有部门的数量一直在增长。根据"十一五"规划，在 1999—2000 年到 2004—2005 年间，公共部门的总雇用量增长了 12.2％，而在同期，雇用人数少于十名工人的私有部门的总雇用量增长了 18.6％，雇用人数多于十名工人的私有部门的总雇用量几乎增长了 45.8％。若集中关注更大的私有部门中的正规雇员数量，增长幅度达到了 39.42％，但临时雇员数量增长得更快，涨幅为 58.9％。尽管私有部门为全社会创造了大量的工作岗位，但遗憾的是，残疾人在私有部门的就业状况并不理想。1999 年由全国促进残疾人就业中心（NCPEDP）进行的一次针对排名前 100 位的公司的调查中，私有部门残疾人的就业率为 0.28％，跨国公司为 0.05％。在 2001 年，全国促进残疾人就业中心（NCPEDP）针对排名前 100 位的 IT 公司进行调查，残疾人的就业率为 0.58％。2007 年，TCS-CII 进行了一项针对 IT 公司和 IT 科技化服务公司的残疾人就业状况的研究。这些公司中有 73％的公司没有实施和企业社会责任相关的政策或者雇用残疾人的其他指导方针。事实上，私有部门对残疾人的就业持中立态度。除了少数情况外，私有部门在相当长的一段时间内没有在帮助残疾人就业方面做出任何积极的努力。

尽管残疾人在私有部门的就业状况并不乐观，但印度政府有潜力解决好这一问题。在"十一五"规划中指出，为了满足二十个高增长、高就业部门的用人需求，印度政府将以技能发展为目标，培养一批技术熟练的工人，为新加入劳动力队伍中的人增加就业机会。劳动和就业部、住房和城市扶贫部、中小型产业部以及工业部均会提供报告来阐述他们在有组织部门和非组织部门的促进就业的措施，但这些部委并没有给出针对残疾人在私有部门就业政策及就业状况的专门报告。我们总结了政府报告中促进一般人群就业的相关政策。政府正在实施的促进就业的政策包括：（1）劳动和就业部实施了技能发展提案。在五年间，将对 100 万人进行培训并对其掌握的技能进行认证。劳动和就业部已经开展了基于专项就业技能的短期培训，这些专项就业技能主要针对学校辍学者和非正规部门的在职工人。224 个短期专项就业技能培训课程已经获得了支持。政府也已经成立委员会来指导该项计划。（2）为了确保非组织部门的工人福利，工会已经提议《社会安全议案 2007》。（3）政府自 2007 年 10 月 1 日起，开始实施一个名为 RSBY 的保障生活在贫困线以下的工人及其家庭的保险计划。

(二)出现的问题

　　残疾人的就业问题之所以在快速发展的私有部门仍没有得到解决的很大原因是私有部门对残疾人的歧视。通过与非政府组织和残疾人的讨论，许多公司公开地以残疾为借口拒绝残疾人。许多公司公开宣称他们不会雇用重度残疾和精神残疾人士。大多数公司不愿意投资改造基础设施或改变政策来符合残疾人的需求。即使新建的建筑也并不适合残疾人使用。另外由于缺乏残疾人的教育设施及残疾人本身的技能水平不足等原因，残疾人存在就业障碍。

　　针对上述情况，政府并没有坐以等待，而是实施了比较积极的鼓励残疾人就业的政策，比如对雇主雇用残疾人进行激励，但以失败告终。政府在2006—2007年的联合预算中宣布，在"十一五"期间，实施一个能够每年为残疾人提供十万个工作的中央部门计划，该计划建议花费180亿卢比。在该项计划实施的前三年，政府将代替雇主方对员工公积金和职工保险缴纳费用，作为以每个月25 000卢比雇用残疾人的回报。虽然有1.6亿卢比用来支持该计划四年的宣传费用，但印度财长齐丹巴兰在2008年10月18日的印度工商联合会的讲话中承认了这项计划的失败。

>>四、保护性就业<<

　　一些残疾人非政府组织拥有生产中心，残疾人在这些中心生产市场化的产品，包括：手工艺品、蜡烛、文具、慰问卡片等，这些产品通常是季节性的。若经营技巧得当，这些中心可以发展成为盈利性的公司，比如由国民托管组织建立的市场化康复协会(ARUNIM)。它是一个独立的市场化联盟，目标是帮助公司提供满足国内和国际需求的产品和服务，同时确保残疾人可以实现自给自足和社会地位的平等。ARUNIM生产的产品既环保又有质量保证。ARUNIM是印度在保护性和扶持性就业领域比较成功的案例。研究表明，大多数计划并没有成功提高残疾人收入。这些生产中心更像是职业培训中心，在这里工作的残疾人只能拿到微薄的薪金。而且被非政府组织运营的生产中心存在很多问题。比如：产品由于生产规模小，成本效力较低；产品质量参差不齐；非政府组织对市场需求的把握欠佳，工作在生产中心的残疾人收入微薄等。

第三节　总结

　　就业是民生之本，它不但可以使个体实现经济独立，而且帮助个体获得社会的认同和尊重。残疾人处在最贫穷的人群中，是穷人中最易受到伤害的群体。残疾人的就业问题敏感而紧迫，需要我们重点关注。与发达国家和地区相比，印度残疾人的就业体系发展状态并不理想。尽管比较早地关注残疾人的就业问题，也建立了帮助残疾人维权的法律体系，积极地实施了种类繁多的扶持计划，但残疾人的就业问题仍未得到解决。印度残疾人事业的发展经验为我国的残疾人事业的发展带来了警示。印度残疾人事业的发展存在很多问题，最为突出的就是执法不严。1995 年的残疾人法案规定为残疾人保留不少于百分之三的空缺职位，这里的百分之三是相对于总空缺职位，而非已识别的岗位，但在实际雇用中，极少有部门可以满足这一标准。另外，在就业过程中普遍存在的歧视残疾人问题也没有得到解决。

印度是金砖五国之一，近年经济发展迅猛，成果有目共睹。但快速的经济发展并没有帮助印度建立惠及全民的社会保障体系，残疾人的就业状况依然不乐观。而近年来，我国的残疾人就业中也存在着就业层次低、收入水平低和发展不平衡等问题，努力帮助残疾人就业，使残疾人分享经济发展成果，是我们应该努力的方向。

残疾人访谈录

　　2013 年 5 月 12 日，在中国残疾人联合会胡仲明博士的安排下，赖德胜教授带领研究团队在中国残疾人联合会会议室与五位残疾人朋友进行了面对面的访谈，他们分别是：残奥冠军平亚丽，北京青云兴业印刷有限公司总经理舒广琪，西城区社区工作者史克，钢琴调律师王亚柯和媒体速录员蔡聪。这次访谈让我们不仅对残疾人群体的就业问题有了更现实的认识，也再次证实了残疾人问题不仅仅是残疾人个人及家庭的问题，还是整个家族、整个社会的问题；残疾人就业问题不仅仅是就业问题，更是整个社会融合的问题。

　　每当说起实现奥运会奖牌"零突破"的时候，我们首先提及的是射击选手许海峰。但事实上，在 1984 年纽约第 7 届残奥会上，中国运动员——平亚丽就获得盲人跳远的金牌，为中国奥运史上夺得了"第一金"。脱下"盲跳女皇"的光环后，作为一名普通的残疾人，平亚丽在计划经济中的福利工厂工作过，在经济体制转轨中遭遇过下岗的冲击，在市场经济中经历过创业的失败；作为一位普通女性，平亚丽是令母亲无法安然离世的女儿，也是父亲最为挂心的孩子，更是一位培养了一名盲人调律师儿子的妈妈，她的生活不仅记录了我国残疾人就业宏观政策的转变，也表现出残疾人微观个体在劳动力市场中就业的转变。

　　在计划经济体制下，我国残疾人就业保护政策的发展与福利企业的政策发展是重合在一起的，通过残疾人集中就业的政策来发展福利企业，并明确把福利工厂或企业定性为保障残疾人的全日劳动就业而特别兴办的特殊生产经营单位，具有鲜明的社会福利性质。1982 年的平亚丽从盲校毕业后进入了北京一家福利性质的橡胶五金厂当学徒，享受到社会主义大家庭的优越。在访谈的过程中，平亚丽回忆起自己当年在福利工厂工作的经历，认为在那里尽管工资不高，但有份工作可干，工作不受歧视，过得很知足。随着经济体制的改革，福利企业开始市场化，政府曾经对福利企业的多项优惠政策也开始收窄。1994 年开始，改制的浪潮冲击到福利企业，政府部门不再直接承办企业，而是"抓大放小"，实行承包经营，同时，福利企业的残疾员工的保障与健全人并轨，实行无差别的"五险"社会保障制度。由于福利企业是一种典型的残疾人庇护式就业企业，长期以来，对其福利性主要体现在税收减免上，随着市场经济的确立，雇用大量残疾人的福利企业面临着运营成本高、生产率不高和技术含量较低的现实，退税政策无法保证企业产品占有一定的市场份额，激烈的竞争使得企业亏损经营甚至倒闭。在这种情况下，福利企业租赁土地带来的收益高于雇用残疾人劳动力生产带来的利润，这让很多残疾人只能待业在家。平亚丽也是这其中的一员，每月 280 多元的工资让她的生活变得异常窘迫。

"既残疾又下岗，还要和盲儿子相依为命，那个时候，我不知道自己的未来在哪里，不知道下个月的生活费够不够，我不知道能给儿子一个怎样的将来。"捉襟见肘的生活，迫使一向要强的平亚丽向居委会申请贫困补贴。拿着 300 元贫困生活补助的平亚丽意识到坐着领取社会的救济根本无法解决下岗待业和儿子眼疾的现实问题。为了给孩子树立目标和榜样，也为了把孩子培养成为一个自立自强、德才兼备、身心健康的人，1999 年 6 月，在亲戚朋友的帮助和支援下，她开始了第一次创业：凭着她在按摩学校学习的手艺开了一家"平亚丽按摩所"。视力不好的平亚丽收到过假钱，还把 100 元钱当作 10 元钱找给人家，第一次创业最终以 4 万元亏损的结果收场。不甘失败的平亚丽参加创业培训班之后，才知道自己光有按摩技术但是缺乏商业经营理念。2007 年她凭借运动员很好的心理素质和严密的商业逻辑获得了央视《点亮星空》创业比赛大奖，得到 200 万元的创业基金。平亚丽不但扩大按摩院的规模，还雇用了 40 个像她一样自强不息的盲人。奥运会上的冠军，在人生的道路上再次赢得生命的金牌。

和平亚丽一样选择创业的舒广琪，目前经营着一家占地 3 500 平方米、建筑面积达 2 200 平方米的印刷厂。但我们可能无法想象这个 1960 年出生，因小儿麻痹症不能站立，只能依靠双手托着脚蹲在地上行走的人，在求职就业的过程中，跨越了比常人多出多少难以逾越的障碍。改革开放以来，政府出台了支持自谋职业的政策，让奔波在求职路上的舒广琪看到了一丝光明，在母亲和哥哥的支持下，他申请了誉印社的营业执照，自筹资金，通过关系从上海买回了"中文打字机"、"油印机"等设备，开始了艰苦的创业之路。

让人难以想象的是这样一份需要到处联系业务、找客户的活儿落在依靠轮椅行走的舒广琪肩上，会是一种怎样的艰辛。他凭借着坚韧不拔的毅力和比别人更认真的做事态度，赢得了客户的信赖。他的敬业精神、工作理念、具有竞争力的服务价格和较高的服务质量证明了残疾人一样能自立自强，一样能为社会进步做贡献。1988 年誉印社的规模逐渐扩大，舒广琪从独自创办到和学校合作再到独立法人，从一个人摸爬滚打，到目前颇具规模的印刷公司。为了跟上时代的步伐，提高印刷品的档次和质量，他先后筹资 40 万元，更换和添置了新设备，使企业在技术更新的浪潮中不断前行。2007 年，他在北京市级政府采购印刷定点企业的招标活动中，以实力和信誉以及在业内的口碑，在 600 家同行中脱颖而出，一举中标，使他的北京青云兴业印刷有限公司成为北京市 50 家政府采购印刷定点企业之一。这使他由一个过去就业无门的重度肢体残疾人士迈进了为他人创造就业机会的企业家行列。

访谈的过程中，舒广琪先生告诉我们，作为一个残疾人创办的企业，从创业至今他从没有享受过政府的税收优惠，他认为税收是他为国家做的贡献，只要在自己的能力范围内，他愿意承担。他从不把自己当成残疾人，也不以此为借口而退缩和放弃，他始终拼搏在有障碍的路上。一个只能蹲着行走的人，能站立在人间创业，舒广琪比常人付出了更多的努力，也饱受了人间的冷暖，能有今天的成绩，他始终认为离不开国家改革开放的政策，离不开领导和周围好心人的帮助。

对于我们的报告，他以切身的感受提出相应的建议：根据《财政部 国家税务总局关于促进残疾人就业税收优惠政策的通知》的规定，安置残疾人的企业要享受到政府的税收优惠，需要达到平均实际安置的残疾人占在职职工总数的比例应高于25%（含25%），并且实际安置的残疾人人数多于10人（含10人）的标准。这个标准对于吸纳就业的重要力量——中小企业，在执行过程中有相当大的困难。中小企业雇员一般流动较频繁，因此企业很难时刻保持有10人以上的残疾人员工；另外，残疾人群体劳动生产率普遍低于非残疾人群体，对于中小企业，"10人"的门槛限定会增加用工成本而导致企业选择放弃雇用残疾人劳动力，反而不利于残疾人群体就业。他建议可以通过降低残疾人税收优惠政策门槛来扩大残疾人分散就业。另一方面，他建议可以通过立法，将政府采购企业招标项目划分比例配给残疾人开创的企业，帮助他们的企业成长，因为他相信，像他一样创业的这些残疾人企业不仅不会成为社会的负担，还会为社会承担很多责任。

舒广琪先生的自强之路，不但证明了自己的存在价值，同时为他获得了社会荣誉和人们对他的尊重，实现了人生的社会价值。他担任北京市残联委员、朝阳区残联肢协副主席，赴欧洲六国考察学习，为中国无障碍事业的发展和完善而努力；他为我们的报告提出宝贵的建议，为更多的残疾人群体就业而努力。舒总还告诉我们，在他的印刷厂区前，有一片高高的向日葵花，在阳光下金灿灿地开放，美极了。

史克是2000年成为西城区社区一名普通工作者的残疾人，和前两位就业经历并不相同；但与他们相同的是她本身也是一名残疾人。虽然幼年时的小儿麻痹夺取她行走的自由，但她凭借着坚强豁达的性格、凭借着一名社区工作者的职责，坚强地生活、快乐地工作着。在任职期间她走访了社区每个残疾人家庭，了解他们的需求，记录着他们的变化，凭借着自身对残疾人的了解帮助他们解决困难。

工作时的史克，忘却了自身的残疾，用一颗爱心温暖着社区的每一位和她打过交道的人，她用朴实的行动把政府的关怀送到社区的每一个角落，她用诚恳的拥抱温暖着每一个出现在她社区中的智障孩子。每每说到残疾人工作中的细节和需要改进的地方，她强烈的工作责任感就表现了出来。在访谈的过程中，她从一个基层工作者的角度告诉我们目前社区残疾人工作中的不足并提出改进意见：残疾人辅助用具设计生产由于缺乏对残疾需求的切身了解，制作出来的用具很不适合残疾人使用，一方面对残疾人没有帮助，另一方面浪费了生产资源。她建议让残疾人自己参与到辅助用具的设计生产中，这样不仅可以使辅助用具真正起到作用，还可以解决一部分残疾人群体的就业问题。要不是访谈结束后，史克拿起自己的双拐，我们仍沉浸在与一位社区工作者谈话的氛围中，完全忘记了这样一位社区工作者也是我们今年报告主题群体中的一员。我们再一次坚信残疾人群体不仅可以和非残疾人一样参与社会工作，更因为他们克服困难超越自我的韧性，他们甚至可以做得更好。

就在平亚丽赢得 200 万元创业基金的前一天，这位"盲人的盲人妈妈"培养的儿子被北京联合大学录取，学习"钢琴调律"专业。随着残疾人受教育水平的提高，青年残疾人，尤其是"80 后"，不再局限于按摩等残疾人就业的传统行业，钢琴调律师、速录、电商等新行业不断出现，这些新的就业方式一般对受教育水平和专业化技能要求比较高，就业岗位要求专业化人力资本。与之相应的是较高的收入水平和更加体面的就业方式，因此更符合青年残疾群体的就业倾向。

我们这次的访谈嘉宾中就有两位"80 后"：王亚柯，钢琴调律师；蔡聪，媒体速录员。他们告诉我们，在现实生活中，残疾人家庭经济水平普遍低于正常家庭水平，他们一方面非常渴求得到受教育、培训的机会，但另一方面他们对人力资本投资成本非常敏感。预算约束和需求之间的矛盾限制了残疾人就业能力的提高。目前，中国残疾人联合会所承担的就业培训主要在传统的盲人按摩和一些简单手工行业职业培训，这种定向培训成本分担的方式将残疾人专业人力资本固定在少数行业和较低收益的产业，使得残疾人即使就业，也不容易摆脱家庭贫困的处境，无法提高生活质量。而很多像王亚柯和蔡聪这样的"80 后"，接受过较高水平的教育，可以有条件选择新型的就业方式，但当他们可以真正从事自己选择的就业方式时，也有许多的困难。当他们学成之后又遇到与就业之间缺乏实习对接的问题。残疾人作为特殊群体，在接受培训后，比正常人更需要一个实习过渡平台，才能实现其就业。要实现残疾人就业，就必须使他们掌握劳动技能；要帮助残疾人家庭有效解决贫困问题，就要实现残疾人就业方式的转变。而这一切仅靠个人的努力和单个雇主的力量是无法解决的，最主要的是需要针对残疾人接受教育与培训的相关公共政策扶持，来实现残疾人群体受教育水平的提高、职业培训的多元化和实习就业的对接。

我们的访谈进行了整整四个小时，通过与残疾人朋友的交谈，我们不仅为他们的事迹所感动，而且更坚定了我们 2013 年劳动力市场报告的主题——"残疾人就业问题"，是正确的。歌德曾说过："失掉财富，你几乎没有失去什么；失去荣誉，你就失去许多；而失掉勇气，你就失去了一切"。这些曾经一直被我们界定为"弱势群体"的残疾人，以百折不挠的勇气顽强地生活、不屈地奋斗，有些不仅自食其力，还为其他人创造了就业机会，为社会承担了一份责任，为经济贡献了一份力量，成为我们社会经济发展中宝贵的人力资本财富。伤残侵蚀了他们正常的生活，却磨炼了百折不挠的精神。正是这种精神支撑着他们克服身体上的伤痛、生活中的困难，一次次地跨越自我，实现自我。残疾人想要取得一定成绩，得到一定认可并真正融入社会，需要比正常人付出更多的努力和汗水。盲人的世界朦朦胧胧甚至漆黑一片，聋哑人的世界寂静孤独，肢残人的道路坎坷崎岖，智力残疾人所受到的歧视与排斥，精神残疾人被迫扭曲的世界，这些或有形或无形挡在他们面前的障碍，使他们不幸的人生道路中充满更多的羁绊却又难以言表。他们需要更多人的理解、包容、关心和帮助。然而，我们也看到社会上对残疾人仍然存在着不同程度的歧视，他们参与社会生活也存在着不同程度的障碍，现代文明社会对残疾人的平等观念仍然需要很长的路要走。但今天的残疾人又是幸运的，因为他们生逢其时，他们的成长与奋斗是对我国改革开放以来残疾人事业发展最好的写照。改革开放以来，我国残疾人事业从无到有，从小到大，由单一的社会庇护型发展成为以残疾人"平等、参与、共享"为目标的综合性社会事业。从康复服务的推进、教育培养的多元化、就业扶持的力度不断加深、扶助贫困家庭的方式转变、维护残疾人群体权益的法律规则制定、无障碍社会的基础设施建设等，可以看出，政府不断从人性化角度对残疾人的政策制度进行修复与完善。学术理论界在借鉴先进国家经验的同时，从科学的角度分析探讨了我国残疾人群体的特征，为政府提出帮助我国残疾人群体的政策提供了科学的建议。残疾人生活质量明显提高，自身的素质也逐渐增强，而社会理解、尊重、关心、帮助残疾人的人文环境也日益形成。今天残疾人事业的发展与我国经济的发展、社会的进步同步前进，我们都相信残疾人"平等、参与、共享"的目标一定能够早日实现。

附　录

表1　国内生产总值(亿元)

[1980年以后国民总收入(原称国民生产总值)与国内生产总值的差额为国外净要素收入]

年份	国民总收入	国内生产总值	第一产业	第二产业			第三产业	人均国内生产总值(元)
				总值	工业	建筑业		
1978	3 645.2	3 645.2	1 027.5	1 745.2	1 607.0	138.2	872.5	381
1979	4 062.6	4 062.6	1 270.2	1 913.5	1 769.7	143.8	878.9	419
1980	4 545.6	4 545.6	1 371.6	2 192.0	1 996.5	195.5	982.0	463
1981	4 889.5	4 891.6	1 559.5	2 255.5	2 048.4	207.1	1 076.6	492
1982	5 330.5	5 323.4	1 777.4	2 383.0	2 162.3	220.7	1 163.0	528
1983	5 985.6	5 962.7	1 978.4	2 646.2	2 375.6	270.6	1 338.1	583
1984	7 243.8	7 208.1	2 316.1	3 105.7	2 789.0	316.7	1 786.3	695
1985	9 040.7	9 016.0	2 564.4	3 866.6	3 448.7	417.9	2 585.0	858
1986	10 274.4	10 275.2	2 788.7	4 492.7	3 967.0	525.7	2 993.8	963
1987	12 050.6	12 058.6	3 233.0	5 251.6	4 585.8	665.8	3 574.0	1 112
1988	15 036.8	15 042.8	3 865.4	6 587.2	5 777.2	810.0	4 590.3	1 366
1989	17 000.9	16 992.3	4 265.9	7 278.0	6 484.0	794.0	5 448.4	1 519
1990	18 718.3	18 667.8	5 062.0	7 717.4	6 858.0	859.4	5 888.4	1 644
1991	21 826.2	21 781.5	5 342.2	9 102.2	8 087.1	1 015.1	7 337.1	1 893
1992	26 937.3	26 923.5	5 866.6	11 699.5	10 284.5	1 415.0	9 357.4	2 311
1993	35 260.0	35 333.9	6 963.8	16 454.4	14 188.0	2 266.5	11 915.7	2 998
1994	48 108.5	48 197.9	9 572.7	22 445.4	19 480.7	2 964.7	16 179.8	4 044
1995	59 810.5	60 793.7	12 135.8	28 679.5	24 950.6	3 728.8	19 978.5	5 046
1996	70 142.5	71 176.6	14 015.4	33 835.0	29 447.6	4 387.4	23 326.2	5 846
1997	78 060.9	78 973.0	14 441.9	37 543.0	32 921.4	4 621.6	26 988.1	6 420
1998	83 024.3	84 402.3	14 817.6	39 004.2	34 018.4	4 985.8	30 580.5	6 796
1999	88 479.2	89 677.1	14 770.0	41 033.6	35 861.5	5 172.1	33 873.4	7 159
2000	98 000.5	99 214.6	14 944.7	45 555.9	40 033.6	5 522.3	38 714.0	7 858
2001	108 068.2	109 655.2	15 781.3	49 512.3	43 580.6	5 931.7	44 361.6	8 622
2002	119 095.7	120 332.7	16 537.0	53 896.8	47 431.3	6 465.5	49 898.9	9 398
2003	135 174.0	135 822.8	17 381.7	62 436.3	54 945.5	7 490.8	56 004.7	10 542
2004	159 586.8	159 878.3	21 412.7	73 904.3	65 210.0	8 694.3	64 561.3	12 336
2005	183 618.5	184 937.4	22 420.0	87 598.1	77 230.8	10 367.3	74 919.3	14 185
2006	215 883.9	216 314.4	24 040.0	103 719.5	91 310.9	12 408.6	88 554.9	16 500
2007	266 411.0	265 810.3	28 627.0	125 831.4	110 534.9	15 296.5	111 351.9	20 169
2008	315 274.7	314 045.4	33 702.0	149 003.4	130 260.2	18 743.2	131 340.0	23 708
2009	341 401.5	340 902.8	35 226.0	157 638.8	135 239.9	22 398.8	148 038.0	25 608
2010	403 260.0	401 202.0	40 533.6	187 581.4	160 867.0	26 714.4	173 087.0	29 992
2011	472 115.0	472 881.6	47 486.2	220 412.8	188 470.2	31 942.7	204 982.5	35 181

表 2　各地区国内生产总值(亿元)

地　区	2001	2002	2003	2004	2005	2006	2007	2008	2009	2010	2011
北京	3 710.52	4 330.40	5 023.77	6 060.28	6 886.31	8 117.78	9 846.81	11 115.00	12 153.03	14 113.58	16 251.93
天津	1 919.09	2 150.76	2 578.03	3 110.97	3 697.62	4 462.74	5 252.76	6 719.01	7 521.85	9 224.46	11 307.28
河北	5 516.76	6 018.28	6 921.29	8 477.63	10 096.11	11 467.60	13 607.32	16 011.97	17 235.48	20 394.26	24 515.76
山西	2 029.53	2 324.80	2 855.23	3 571.37	4 179.52	4 878.61	6 024.45	7 315.40	7 358.31	9 200.86	11 237.55
内蒙古	1 713.81	1 940.94	2 388.38	3 041.07	3 895.55	4 944.25	6 423.18	8 496.20	9 740.25	11 672.00	14 359.88
辽宁	5 033.08	5 458.22	6 002.54	6 672.00	8 009.01	9 304.52	11 164.30	13 668.58	15 212.49	18 457.27	22 226.70
吉林	2 120.35	2 348.54	2 662.08	3 122.01	3 620.27	4 275.12	5 284.69	6 426.10	7 278.75	8 667.58	10 568.83
黑龙江	3 390.13	3 637.20	4 057.40	4 750.60	5 511.50	6 211.80	7 104.00	8 314.37	8 587.00	10 368.60	12 582.00
上海	5 210.12	5 741.03	6 694.23	8 072.83	9 154.18	10 572.24	12 494.01	14 069.86	15 046.45	17 165.98	19 195.69
江苏	9 456.84	10 606.85	12 442.87	15 003.60	18 305.66	21 742.05	26 018.48	30 981.98	34 457.30	41 425.48	49 110.27
浙江	6 898.34	8 003.67	9 705.02	11 648.70	13 437.85	15 718.47	18 753.73	21 462.69	22 990.35	27 722.31	32 318.85
安徽	3 246.71	3 519.72	3 923.10	4 759.32	5 375.12	6 112.50	7 360.92	8 851.66	10 062.82	12 359.33	15 300.65
福建	4 072.85	4 467.55	4 983.67	5 763.35	6 568.93	7 583.85	9 248.53	10 823.01	12 236.53	14 737.12	17 560.18
江西	2 175.68	2 450.48	2 807.41	3 456.70	4 056.76	4 820.53	5 800.25	6 971.05	7 655.18	9 451.26	11 702.82
山东	9 195.04	10 275.50	12 078.15	15 021.84	18 516.87	21 900.19	25 776.91	30 933.28	33 896.65	39 169.92	45 361.85
河南	5 533.01	6 035.48	6 867.70	8 553.79	10 587.42	12 362.79	15 012.46	18 018.53	19 480.46	23 092.36	26 931.03
湖北	3 880.53	4 212.82	4 757.45	5 633.24	6 520.14	7 617.47	9 333.40	11 328.89	12 961.10	15 967.61	19 632.26

续表

地 区	2001	2002	2003	2004	2005	2006	2007	2008	2009	2010	2011
湖南	3 831.90	4 151.54	4 659.99	5 641.94	6 511.34	7 688.67	9 439.60	11 555.00	13 059.69	16 037.96	19 669.56
广东	12 039.25	13 502.42	15 844.64	18 864.62	22 366.54	26 587.76	31 777.01	36 796.71	39 482.56	46 013.06	53 210.28
广西	2 279.34	2 523.73	2 821.11	3 433.50	4 075.75	4 746.16	5 823.41	7 021.00	7 759.16	9 569.85	11 720.87
海南	558.41	621.97	693.20	798.90	894.57	1 044.91	1 254.17	1 503.06	1 654.21	2 064.50	2 522.66
重庆	1 765.68	1 990.01	2 272.82	2 692.81	3 070.49	3 907.23	4 676.13	5 793.66	6 530.01	7 925.58	10 011.37
四川	4 293.49	4 725.01	5 333.09	6 379.63	7 385.11	8 690.24	10 562.39	12 601.23	14 151.28	17 185.48	21 026.68
贵州	1 133.27	1 243.43	1 426.34	1 677.80	1 979.06	2 338.98	2 884.11	3 561.56	3 912.68	4 602.16	5 701.84
云南	2 138.31	2 312.82	2 556.02	3 081.91	3 472.89	3 988.14	4 772.52	5 692.12	6 169.75	7 224.18	8 893.12
西藏	146.04	166.56	189.09	220.34	251.21	290.76	341.43	394.85	441.36	507.46	605.83
陕西	2 010.62	2 253.39	2 587.72	3 175.58	3 675.66	4 743.61	5 757.29	7 314.58	8 169.80	10 123.48	12 512.30
甘肃	1 125.37	1 232.03	1 399.83	1 688.49	1 933.98	2 276.70	2 702.40	3 166.82	3 387.56	4 120.75	5 020.37
青海	300.13	340.65	390.20	466.10	543.32	648.50	797.35	1 018.62	1 081.27	1 350.43	1 670.44
宁夏	337.44	377.16	445.36	537.16	606.10	725.90	919.11	1 203.92	1 353.31	1 689.65	2 102.21
新疆	1 491.60	1 612.65	1 886.35	2 209.09	2 604.19	3 045.26	3 523.16	4 183.21	4 277.05	5 437.47	6 610.05

表3　地区生产总值指数(上年为100)

地　区	2001	2002	2003	2004	2005	2006	2007	2008	2009	2010	2011
北　京	111.7	111.5	111.0	114.1	111.8	113.0	114.5	109.1	110.2	110.3	108.1
天　津	112.0	112.7	114.8	115.8	114.7	114.7	115.5	116.5	116.5	117.4	116.4
河　北	108.7	109.6	111.6	112.9	113.4	113.4	112.8	110.1	110.0	112.2	111.3
山　西	110.1	112.9	114.9	115.2	112.6	112.8	115.9	108.5	105.4	113.9	113.0
内蒙古	110.6	113.2	117.6	120.9	123.8	119.1	119.2	117.8	116.9	115.0	114.3
辽　宁	109.0	110.2	111.5	112.8	112.3	114.2	115.0	113.4	113.1	114.2	112.2
吉　林	109.3	109.5	110.2	112.2	112.1	115.0	116.1	116.0	113.6	113.8	113.8
黑龙江	109.3	110.2	110.2	111.7	111.6	112.1	112.0	111.8	111.4	112.7	112.3
上　海	110.5	111.3	112.3	114.2	111.1	112.7	115.2	109.7	108.2	110.3	108.2
江　苏	110.2	111.7	113.6	114.8	114.5	114.9	114.9	112.7	112.4	112.7	111.0
浙　江	110.6	112.6	114.7	114.5	112.8	113.9	114.7	110.1	108.9	111.9	109.0
安　徽	108.9	109.6	109.4	113.3	111.6	112.5	114.2	112.7	112.9	114.6	113.5
福　建	108.7	110.2	111.5	111.8	111.6	114.8	115.2	113.0	112.3	113.9	112.3
江　西	108.8	110.5	113.0	113.2	112.8	112.3	113.2	113.2	113.1	114.0	112.5
山　东	110.0	111.7	113.4	115.4	115.2	114.7	114.2	112.0	112.2	112.3	110.9
河　南	109.0	109.5	110.7	113.7	114.2	114.4	114.6	112.1	110.9	112.5	111.9
湖　北	108.9	109.2	109.7	111.2	112.1	113.2	114.6	113.4	113.5	114.8	113.8
湖　南	109.0	109.0	109.6	112.1	111.6	112.8	115.0	113.9	113.7	114.6	112.8
广　东	110.5	112.4	114.8	114.8	113.8	114.8	114.9	110.4	109.7	112.4	110.0
广　西	108.3	110.6	110.2	111.8	113.2	113.6	115.1	112.8	113.9	114.2	112.3
海　南	109.1	109.6	110.6	110.7	110.2	113.2	115.8	110.3	111.7	116.0	112.0
重　庆	109.0	110.2	111.5	112.2	111.5	112.4	115.9	114.5	114.9	117.1	116.4
四　川	109.0	110.3	111.3	112.7	112.6	113.5	114.5	111.0	114.5	115.1	115.0
贵　州	108.8	109.1	110.1	111.4	111.6	112.8	114.8	111.3	111.4	112.8	115.0
云　南	106.8	109.0	108.8	111.3	109.0	111.6	112.2	110.6	112.1	112.3	113.7
西　藏	112.7	112.9	112.0	112.1	112.1	113.3	114.0	110.1	112.4	112.3	112.7
陕　西	109.8	111.1	111.8	112.9	112.6	113.9	115.8	116.4	113.6	114.6	113.9
甘　肃	109.8	109.9	110.7	111.5	111.8	111.5	112.3	110.1	110.3	111.8	112.5
青　海	111.7	112.1	111.9	112.3	112.2	113.3	113.5	113.5	110.1	115.3	113.5
宁　夏	110.1	110.2	112.7	111.2	110.9	112.7	112.7	112.6	111.9	113.5	112.1
新　疆	108.6	108.2	111.2	111.4	110.9	111.0	112.2	111.0	108.1	110.6	112.0

表 4　全国各地区按现住地统计的人口(万人)

地　区	2000	2001	2002	2003	2004	2005	2006	2007	2008	2009	2010	2011
北　京	1 382	1 383	1 423	1 456	1 493	1 538	1 581	1 633	1 695	1 755	1 962	2 019
天　津	1 001	1 004	1 007	1 011	1 024	1 043	1 075	1 115	1 176	1 228	1 299	1 355
河　北	6 744	6 699	6 735	6 769	6 809	6 851	6 898	6 943	6 989	7 034	7 194	7 241
山　西	3 297	3 272	3 294	3 314	3 335	3 355	3 375	3 393	3 411	3 427	3 574	3 593
内蒙古	2 376	2 377	2 379	2 380	2 384	2 386	2 397	2 405	2 414	2 422	2 472	2 482
辽　宁	4 238	4 194	4 203	4 210	4 217	4 221	4 271	4 298	4 315	4 319	4 375	4 383
吉　林	2 728	2 691	2 699	2 704	2 709	2 716	2 723	2 730	2 734	2 740	2 747	2 749
黑龙江	3 689	3 811	3 813	3 815	3 817	3 820	3 823	3 824	3 825	3 826	3 833	3 834
上　海	1 674	1 614	1 625	1 711	1 742	1 778	1 815	1 858	1 888	1 921	2 303	2 347
江　苏	7 438	7 355	7 381	7 406	7 433	7 475	7 550	7 625	7 677	7 725	7 869	7 899
浙　江	4 677	4 613	4 647	4 680	4 720	4 898	4 980	5 060	5 120	5 180	5 447	5 463
安　徽	5 986	6 328	6 338	6 410	6 461	6 120	6 110	6 118	6 135	6 131	5 957	5 968
福　建	3 471	3 440	3 466	3 488	3 511	3 535	3 558	3 581	3 604	3 627	3 693	3 720
江　西	4 140	4 186	4 222	4 254	4 284	4 311	4 339	4 368	4 400	4 432	4 462	4 488
山　东	9 079	9 041	9 082	9 125	9 180	9 248	9 309	9 367	9 417	9 470	9 588	9 637
河　南	9 256	9 555	9 613	9 667	9 717	9 380	9 392	9 360	9 429	9 487	9 405	9 388
湖　北	6 028	5 975	5 988	6 002	6 016	5 710	5 693	5 699	5 711	5 720	5 728	5 758
湖　南	6 440	6 596	6 629	6 663	6 698	6 326	6 342	6 355	6 380	6 406	6 570	6 596
广　东	8 642	7 783	7 859	7 954	8 304	9 194	9 304	9 449	9 544	9 638	10 441	10 505
广　西	4 489	4 788	4 822	4 857	4 889	4 660	4 719	4 768	4 816	4 856	4 610	4 645
海　南	787	796	803	811	818	828	836	845	854	864	869	877
重　庆	3 090	3 097	3 107	3 130	3 122	2 798	2 808	2 816	2 839	2 859	2 885	2 919
四　川	8 329	8 640	8 673	8 700	8 725	8 212	8 169	8 127	8 138	8 185	8 045	8 050
贵　州	3 525	3 799	3 837	3 870	3 904	3 730	3 757	3 762	3 793	3 798	3 479	3 469
云　南	4 288	4 287	4 333	4 376	4 415	4 450	4 483	4 514	4 543	4 571	4 602	4 631
西　藏	262	263	267	270	274	277	281	284	287	290	301	303
陕　西	3 605	3 659	3 674	3 690	3 705	3 720	3 735	3 748	3 762	3 772	3 735	3 743
甘　肃	2 562	2 575	2 593	2 603	2 619	2 594	2 606	2 617	2 628	2 635	2 560	2 564
青　海	518	523	529	534	539	543	548	552	554	557	563	568
宁　夏	562	563	572	580	588	596	604	610	618	625	633	639
新　疆	1 925	1 876	1 905	1 934	1 963	2 010	2 050	2 095	2 131	2 159	2 185	2 209

表5 全国各地区按户口登记地统计的人口(万人)

地 区	2000	2001	2002 (0.988‰)	2003 (0.982‰)	2004 (0.966‰)	2005 (1.325‰)	2006 (0.907‰)	2007 (0.900‰)	2008 (0.887‰)	2009 (0.873‰)	2010	2011
北 京	1 215	1 357	1 372	1 407	1 421	2 036	1 429	1 455	1 481	1 510	1 961	2 019
天 津	937	9 849	996	996	987	1 381	969	990	1 011	1 047	1 294	1 355
河 北	6 503	6 668	6 646	6 657	6 608	9 069	6 368	6 350	6 298	6 224	7 185	7 241
山 西	3 192	3 247	3 246	3 256	3 235	4 441	3 118	3 107	3 078	3 038	3 571	3 593
内蒙古	2 304	2 332	2 359	2 351	2 323	3 159	2 218	2 207	2 182	2 150	2 471	2 482
辽 宁	4 114	4 182	4 161	4 155	4 110	5 587	3 923	3 932	3 899	3 843	4 375	4 383
吉 林	2 654	2 680	2 669	2 668	2 640	3 595	2 524	2 507	2 476	2 435	2 746	2 749
黑龙江	3 610	3 624	3 781	3 769	3 724	5 056	3 550	3 519	3 469	3 407	3 831	3 834
上 海	1 508	1 641	1 601	1 606	1 670	2 354	1 653	1 671	1 685	1 681	2 302	2 347
江 苏	7 065	7 304	7 297	7 297	7 230	9 895	6 947	6 950	6 917	6 837	7 866	7 899
浙 江	4 322	4 593	4 577	4 593	4 568	6 483	4 552	4 584	4 590	4 547	5 443	5 463
安 徽	5 853	5 900	6 278	6 265	6 258	8 101	5 688	5 625	5 550	5 464	5 950	5 968
福 建	3 124	3 410	3 413	3 426	3 405	4 679	3 286	3 275	3 248	3 210	3 689	3 720
江 西	3 950	4 040	4 152	4 174	4 152	5 707	4 007	3 995	3 962	3 919	4 457	4 488
山 东	8 678	8 997	8 970	8 978	8 907	12 241	8 595	8 570	8 497	8 387	9 579	9 637
河 南	9 056	9 124	9 479	9 503	9 437	12 416	8 718	8 646	8 491	8 397	9 402	9 388
湖 北	5 587	5 951	5 927	5 918	5 851	7 558	5 307	5 241	5 170	5 086	5 724	5 758
湖 南	6 218	6 327	6 543	6 552	6 504	8 374	5 880	5 838	5 765	5 682	6 568	6 596

续表

地　区	2000	2001	2002 (0.988‰)	2003 (0.982‰)	2004 (0.966‰)	2005 (1.325‰)	2006 (0.907‰)	2007 (0.900‰)	2008 (0.887‰)	2009 (0.873‰)	2010	2011
广东	7 068	8 523	7 722	7 768	7 765	12 170	8 545	8 565	8 571	8 498	10 430	10 505
广西	4 349	4 385	4 750	4 766	4 741	6 168	4 331	4 344	4 325	4 289	4 603	4 645
海南	749	756	789	794	792	1 096	770	770	767	767	867	877
重庆	2 984	3 051	3 072	3 071	3 055	3 704	2 601	2 585	2 555	2 528	2 885	2 919
四川	7 976	8 235	8 570	8 574	8 492	10 870	7 632	7 520	7 372	7 247	8 042	8 050
贵州	3 459	3 525	3 769	3 793	3 778	4 937	3 467	3 459	3 413	3 378	3 475	3 469
云南	4 097	4 236	4 253	4 284	4 272	5 890	4 136	4 127	4 095	4 046	4 597	4 631
西藏	253	262	261	264	264	367	257	259	258	256	300	303
陕西	3 421	3 537	3 630	3 631	3 602	4 924	3 457	3 438	3 400	3 350	3 733	3 743
甘肃	2 474	2 512	2 555	2 563	2 541	3 434	2 411	2 399	2 374	2 341	2 558	2 564
青海	497	482	519	523	521	719	505	505	501	493	563	568
宁夏	547	549	559	565	566	789	554	556	553	550	630	639
新疆	1 852	1 846	1 980	1 883	1 888	2 658	1 868	1 887	1 900	1 898	2 181	2 209

表 6　各地区人口自然增长率(‰)

	2001	2002	2003	2004	2005	2006	2007	2008	2009	2010	2011
北　京	0.80	0.90	−0.10	0.70	1.09	1.29	3.40	3.42	3.50	3.07	4.02
天　津	1.64	1.45	1.10	1.34	1.43	1.60	2.05	2.19	2.60	2.60	2.50
河　北	4.98	5.28	5.16	5.79	6.09	6.23	6.55	6.55	6.50	6.81	6.50
山　西	7.16	6.72	6.22	6.25	6.02	5.75	5.33	5.31	4.89	5.30	4.86
内蒙古	4.98	3.68	3.07	3.55	4.62	3.96	4.48	4.27	3.96	3.76	3.51
辽　宁	1.64	1.34	1.07	0.91	0.97	1.10	1.53	1.10	0.97	0.42	−0.34
吉　林	3.38	3.19	1.61	1.76	2.57	2.67	2.50	1.61	1.95	2.03	1.02
黑龙江	2.99	2.54	2.03	1.82	2.67	2.39	2.49	2.23	2.06	2.32	1.07
上　海	−0.95	−0.54	−1.35	0.00	0.96	1.58	3.04	2.72	2.70	1.98	1.87
江　苏	2.41	2.18	2.01	2.25	2.21	2.28	2.30	2.30	2.56	2.85	2.61
浙　江	3.77	3.79	3.28	4.95	5.02	4.87	4.81	4.58	4.63	4.73	4.07
安　徽	6.61	6.03	5.95	6.12	6.20	6.30	6.35	6.45	6.47	6.75	6.32
福　建	6.04	5.78	5.85	5.96	5.98	6.25	6.00	6.30	6.20	6.11	6.21
江　西	9.38	8.72	8.09	7.62	7.83	7.79	7.87	7.91	7.89	7.66	7.50
山　东	4.88	4.55	4.78	6.01	5.83	5.50	5.00	5.09	5.62	5.39	5.10
河　南	6.94	6.03	5.64	5.20	5.25	5.32	4.94	4.97	4.99	4.95	4.94
湖　北	2.44	2.21	2.32	2.40	3.05	3.13	3.23	2.71	3.48	4.34	4.38
湖　南	5.08	4.86	4.95	5.09	5.15	5.19	5.25	5.40	6.11	6.40	6.55
广　东	8.83	8.21	8.35	8.01	7.02	7.29	7.30	7.25	7.26	6.97	6.10
广　西	7.73	7.00	7.29	7.20	8.16	8.34	8.20	8.70	8.53	8.65	7.67
海　南	9.47	9.48	9.16	8.98	8.93	8.86	8.91	8.99	8.96	8.98	8.97
重　庆	2.80	3.28	2.69	2.85	3.00	3.40	3.80	3.80	3.70	2.77	3.17
四　川	4.37	3.89	3.12	2.78	2.90	2.86	2.92	2.39	2.72	2.31	2.98
贵　州	11.33	10.75	9.04	8.73	7.38	7.26	6.68	6.72	6.96	7.41	6.38
云　南	10.94	10.60	9.80	9.00	7.97	6.90	6.86	6.32	6.08	6.54	6.35
西　藏	12.10	12.76	11.10	11.20	10.79	11.70	11.30	10.30	10.24	10.25	10.26
陕　西	4.16	4.12	4.29	4.26	4.01	4.04	4.05	4.08	4.00	3.72	3.69
甘　肃	7.15	6.71	6.12	5.91	6.02	6.24	6.49	6.54	6.61	6.03	6.05
青　海	12.62	11.70	10.85	9.87	9.49	8.97	8.80	8.35	8.32	8.63	8.31
宁　夏	11.71	11.56	10.95	11.18	10.98	10.69	9.76	9.69	9.68	9.04	8.97
新　疆	11.13	10.87	10.78	10.91	11.38	10.76	11.78	11.17	10.56	10.56	10.57

表 7　登记招聘人数（2000—2011，人）

	2000	2001	2002	2003	2004	2005	2006	2007	2008	2009	2010	2011
北京	825 000	659 050	582 000	582 000	582 482	550 000	638 584	851 689	1 172 429	1 222 457	1 811 089	1 783 262
天津	346 121	392 000	431 000	431 000	431 200	550 000	470 000	490 000	503 000	456 000	1 269 704	764 657
河北	493 272	1 047 553	1 022 000	1 199 000	1 544 538	1 893 000	1 750 338	1 567 429	1 592 295	1 431 692	2 171 966	2 609 930
山西	174 306	173 056	134 000	210 000	209 941	333 000	579 389	684 600	533 715	497 462	1 223 766	1 143 524
内蒙古	193 785	205 058	303 000	389 000	524 866	642 000	773 610	771187	699 797	738 945	963 659	956 092
辽宁	750 228	870 972	1 233 000	1 271 000	1 427 065	1 394 000	1 802 345	1 939 966	1 447 828	2 136 523	5 197 901	3 970 703
吉林	151 562	372 584	348 000	396 000	559 689	580 000	739 863	698 556	731 128	916 323	983 245	1 315 551
黑龙江	243 181	190 735	457 000	773 000	1 166 130	1 377 000	1 142 252	1 142 234	1 265 857	1 305 797	1 295 246	1 528 955
上海	231 425	1 245 226	1 326 000	1 326 000	1 325 771	1 602 000	1 491 300	1 563 100	1 541 303	1 686 661	1 682 496	1 569 117
江苏	726 092	975 258	1 586 000	1 194 000	2 600 293	2 589 000	3 293 349	4 131 597	4 455 757	5 315 832	5 801 115	8 617 899
浙江	2 060 979	2 540 517	2 945 000	3 353 000	5 254 342	5 097 000	6 915 269	7 492 422	7 394 207	7 778 480	5 872 109	6 257 409
安徽	239 267	355 427	498 000	936 000	1 156 913	1 173 000	1 221 495	1 359 801	1 569 731	1 959 489	2 470 030	2 604 445
福建	613 770	722 986	1 113 000	1 113 000	1 112 666	2 807 000	3 015 375	2 889 419	3 315 106	3 121 718	4 074 660	3 969 144
江西	327 477	407 533	601 000	558 000	1 156 024	1 604 000	1 550 376	1 577 634	1 725 782	1 816 231	1 791 722	1 704 337
山东	813 454	1 013 441	1 270 000	2 127 000	2 770 329	2 926 000	3 297 990	3 345 560	3 332 623	3 581 204	3 490 948	4 735 823
河南	569 874	601 255	607 000	1 071 000	1 132 536	1 133 000	1 132 536	1 132 536	1 132 536	1 156 390	1 333 152	1 021 190
湖北	705 375	781 289	993 000	1 087 000	1 239 640	1 465 000	1 600 368	1 794 829	1 604 318	1 961 537	2 364 222	2 409 017

续表

	2000	2001	2002	2003	2004	2005	2006	2007	2008	2009	2010	2011
湖　南	627 267	561 073	643 000	596 000	775 580	913 000	971 165	874 442	846 215	864 365	2 369 319	2 392 793
广　东	2 151 196	2 264 219	2 959 000	5 055 000	6 047 186	5 836 000	9 906 496	12 301 819	12 319 538	13 483 865	8 951 958	8 927 992
广　西	282 800	397 229	419 000	464 000	822 359	940 000	1 323 986	1 336 730	1 336 037	1 492 024	2 884 074	3 283 531
海　南	104 871	56 587	50 000	50 000	49 967	183 000	224 734	209 319	226 033	213 893	549 580	679 545
重　庆	224 561	252 631	273 000	304 000	303 734	328 000	459 868	596 275	672 864	834 654	810 778	1 104 566
四　川	630 136	736 822	880 000	1 011 000	1 024 357	1 251 000	1 540 673	1 630 669	1 662 824	1 830 243	1 894 053	1 813 938
贵　州	118 896	142 045	166 000	179 000	243 654	259 000	267 312	349 284	329 444	445 748	645 435	1 332 609
云　南	244 913	349 247	303 000	389 000	484 476	702 000	741 318	656 619	609 463	670 308	722 269	869 434
西　藏	70	1 203	3 000	6 000	17 683	22 000	35 809	30 455	28 036	25 414	28 259	23 925
陕　西	404 956	446 089	447 000	533 000	646 296	891 000	1 117 760	1 091 139	1 306 397	1 300 523	2 552 466	1 561 307
甘　肃	232 334	309 316	241 000	149 000	198 796	313 000	335 026	390 911	383 116	392 248	498 785	494 192
青　海	243 067	352 189	268 000	355 000	377 939	428 000	448 727	490 016	482 595	557 072	595 252	509 246
宁　夏	53 674	67 254	106 000	179 000	190 409	239 000	248 567	401 661	386 245	512 180	534 626	364 696
新　疆	310 280	277 804	294 000	287 000	275 288	370 000	476 219	614 193	463 955	751 803	578 940	747 868

表 8　登记求职人数（2000—2011，人）

	2000	2001	2002	2003	2004	2005	2006	2007	2008	2009	2010	2011
北 京	800 000	860 000	878 000	878 000	877 890	520 000	522 259	466 856	408 197	402 830	335 296	274 230
天 津	1 415 442	1 140 000	1 254 000	1 254 000	1 254 000	765 000	648 000	660 000	705 000	633 000	1 530 230	947 840
河 北	666 295	1 325 455	1 092 000	1 267 000	1 604 100	1 943 000	1 899 799	1 672 612	1 557 509	1 404 796	1 618 187	1 907 907
山 西	212 838	186 962	168 000	294 000	294 303	352 000	608 888	716 534	530 960	482 879	1 466 054	1 085 112
内蒙古	257 706	299 356	312 000	563 000	588 074	608 000	829 738	806 759	741 530	735 274	906 762	927 652
辽 宁	1 173 113	1 409 413	1 625 000	1 534 000	1 773 663	1 712 000	1 871 184	1 956 966	1 332 797	2 192 477	4 406 652	2 644 242
吉 林	206 498	439 414	396 000	469 000	652 942	637 000	885 336	882 973	918 345	964 331	981 360	1 030 700
黑龙江	466 460	328 242	914 000	935 000	1 370 046	1 478 000	1 317 076	1 184 384	1 335 422	1 380 614	1 459 037	1 583 301
上 海	202 386	905 955	1 106 000	1 106 000	1 106 059	1 357 000	1 683 600	1 618 700	5 226 762	5 478 401	1 810 600	1 628 770
江 苏	851 301	1 043 624	1 644 000	1 792 000	2 553 715	2 644 000	3 197 075	4 164 451	4 962 727	5 525 029	5 027 504	7 290 663
浙 江	2 366 130	2 929 949	3 438 000	3 056 000	3 910 356	3 770 000	4 969 587	4 596 962	5 876 872	4 910 104	2 991 497	2 755 162
安 徽	551 212	467 923	582 000	1 162 000	1 269 819	1 324 000	1 274 679	1 305 304	1 379 555	1 519 926	1 667 088	1 621 128
福 建	767 551	904 672	1 194 000	1 194 000	1 193 964	2 157 000	2 112 122	2 222 630	2 510 676	2 695 673	3 075 004	2 735 453
江 西	468 305	589 337	705 000	614 000	1 374 762	1 823 000	1 581 784	1 448 890	1 846 380	1 929 917	1 162 481	1 188 840
山 东	1 039 103	1 189 644	1 419 000	2 277 000	2 781 331	2 805 000	3 079 782	3 046 311	2 712 838	2 951 400	2 363 231	3 358 892
河 南	1 161 360	1 202 146	813 000	1 322 000	1 368 127	1 368 000	1 368 127	1 368 127	1 368 127	1 404 538	1 176 372	1 324 196
湖 北	813 776	901 392	1 180 000	1 162 000	1 218 920	1 331 000	1 638 518	1 617 916	1 542 966	1 822 957	1 905 709	1 772 259

续表

	2000	2001	2002	2003	2004	2005	2006	2007	2008	2009	2010	2011
湖南	811 768	870 256	882 000	903 000	1 056 264	1 379 000	1 499 047	1 516 328	1 323 460	1 203 840	1 886 895	1 965 820
广东	2 249 179	3 201 598	3 007 000	4 383 000	4 648 299	7 224 000	8 389 827	9 179 142	10 235 506	11 226 180	7 306 739	6 516 525
广西	410 337	638 998	504 000	687 000	802 479	955 000	1 031 069	1 226 129	1 458 582	1 399 853	1 686 118	1 482 168
海南	212 400	111 953	138 000	138 000	137 646	175 000	355 242	362 630	296 799	319 107	385 974	414 667
重庆	275 267	282 187	305 000	324 000	323 736	343 000	462 582	593 153	629 784	830 534	799 548	897 848
四川	711 456	758 818	909 000	981 000	912 958	1 085 000	1 407 031	1 720 498	1 555 995	1 753 289	1 379 583	1 273 189
贵州	137 762	156 795	197 000	199 000	213 496	195 000	251 588	327 520	310 755	348 800	530 519	621 019
云南	248 416	408 178	362 000	450 000	492 332	830 000	760 768	668 183	671 005	620 418	617 713	490 900
西藏	508	557	9 000	10 000	17 709	21 000	31 212	34 897	31 819	31 501	39 933	32 247
陕西	466 056	699 157	719 000	634 000	848 663	1 053 000	1 304 501	1 312 857	1 542 908	1 313 385	2 807 764	1 457 261
甘肃	281 505	336 128	290 000	178 000	189 672	287 000	421 124	461 293	504 181	472 252	417 784	417 261
青海	256 130	385 602	294 000	368 000	393 996	452 000	515 840	493 966	490 220	513 684	551 486	548 327
宁夏	105 102	143 881	220 000	110 000	211 612	327 000	346 395	502 844	466 290	565 888	954 891	430 263
新疆	331 328	277 310	285 000	357 000	387 060	369 000	1 095 185	1 249 741	845 699	1 024 109	510 852	542 686

表 9 各地区职业介绍机构本年登记招聘人数与求职人数(2011/2000)

	登记招聘人数变化				登记求职人数变化			
	人数变化	排名	增长比例	排名	人数变化	排名	增长比例	排名
北 京	958 262	3	1.162	29	−525 770	31	−0.657	31
天 津	418 536	20	1.209	20	−467 602	30	−0.330	30
河 北	2 116 658	21	4.291	13	1 241 612	7	1.863	17
山 西	969 218	25	5.560	8	872 274	14	4.098	20
内蒙古	762 307	4	3.934	23	669 946	17	2.600	9
辽 宁	3 220 475	6	4.293	16	1 471 129	5	1.254	20
吉 林	1 163 989	13	7.680	14	824 202	15	3.991	5
黑龙江	1 285 774	12	5.287	5	1 116 841	13	2.394	11
上 海	1 337 692	24	5.780	12	1 426 384	6	7.048	3
江 苏	7 891 807	11	10.869	27	6 439 362	1	7.564	2
浙 江	4 196 430	22	2.036	4	389 032	21	0.164	28
安 徽	2 365 178	14	9.885	17	1 069 916	11	1.941	15
福 建	3 355 374	15	5.467	24	1 967 902	4	2.564	10
江 西	1 376 860	8	4.204	31	720 535	16	1.539	18
山 东	3 922 369	18	4.822	11	2 319 789	3	2.232	13
河 南	451 316	23	0.792	26	162 836	27	0.140	29
湖 北	1 703 642	5	2.415	25	958 483	13	1.178	21
湖 南	1 765 526	17	2.815	10	1 154 052	8	1.422	19
广 东	6 776 796	1	3.150	19	4 267 346	2	1.897	16
广 西	3 000 731	11	10.611	15	1 071 831	10	2.612	8
海 南	574 674	2	5.480	2	202 267	26	0.952	24
重 庆	880 005	19	3.919	21	622 581	18	2.262	12
四 川	1 183 802	25	1.879	22	561 733	19	0.790	25
贵 州	1 213 713	27	10.208	9	483 257	20	3.508	6
云 南	624 521	16	2.550	18	242 484	24	0.976	23
西 藏	23 855	31	340.786	28	31 739	29	62.478	1
陕 西	1 156 351	7	2.855	3	991 205	12	2.127	14
甘 肃	261 858	30	1.127	30	135 756	28	0.482	26
青 海	266 179	29	1.095	7	292 197	23	1.141	27
宁 夏	311 022	28	5.795	6	325 161	23	3.094	7
新 疆	437 588	26	1.410	1	211 358	25	0.638	26

表10 分地区城镇登记失业人员数(年末数，万人)

地　区	2000	2001	2002	2003	2004	2005	2006	2007	2008	2009	2010	2011
北　京	33 000	52 000	60 000	69 579	65 000	106 000	104 000	106 275	103 000	81 550	77 255	8.1
天　津	105 000	114 000	129 000	120 264	118 000	117 000	117 000	149 942	130 000	149 966	160 983	20.1
河　北	174 000	195 000	222 000	256 917	280 000	278 000	287 000	292 987	322 000	345 006	351 365	36.0
山　西	97 000	122 000	145 000	130 514	137 000	143 000	156 000	161 049	175 000	216 466	203 868	21.1
内蒙古	126 000	145 000	163 000	175 889	185 000	177 000	180 000	184 572	199 000	201 428	208 110	21.8
辽　宁	412 000	555 000	756 000	720 049	701 000	604 000	541 000	445 249	417 000	416 188	389 317	39.4
吉　林	230 000	202 000	238 000	284 324	282 000	276 000	263 000	239 353	243 000	234 456	226 500	22.2
黑龙江	253 000	355 000	416 000	349 782	329 000	313 000	312 000	314 747	321 000	314 101	362 397	35.0
上　海	201 000	257 000	288 000	301 134	274 000	275 000	278 000	266 997	266 000	278 663	277 301	27.0
江　苏	304 000	361 000	422 000	418 448	429 000	416 000	404 000	392 631	411 000	407 443	406 482	41.4
浙　江	218 000	240 000	277 000	282 740	301 000	290 000	291 000	286 025	307 000	306 849	311 342	31.7
安　徽	165 000	199 000	226 000	251 477	261 000	278 000	282 000	271 738	293 000	300 765	268 631	33.1
福　建	91 000	132 000	150 000	146 218	145 000	149 000	151 000	148 521	150 000	151 902	144 929	14.6
江　西	167 000	173 000	178 000	216 198	224 000	228 000	253 000	243 446	260 000	272 984	262 577	24.6
山　东	375 000	354 000	397 000	412 792	423 000	429 000	437 000	434 729	607 000	451 237	595 139	45.0
河　南	214 000	231 000	254 000	263 070	312 000	330 000	354 000	330 714	365 000	384 594	381 571	38.4
湖　北	366 000	422 000	447 000	493 498	494 000	526 000	526 000	541 027	551 000	552 538	556 542	55.1

续表

地区	2000	2001	2002	2003	2004	2005	2006	2007	2008	2009	2010	2011
湖南	276 000	303 000	304 000	371 322	430 000	419 000	433 000	443 797	470 000	478 062	432 172	43.1
广东	302 000	345 000	365 000	354 611	359 000	345 000	362 000	362 227	381 000	395 093	393 029	38.8
广西	113 000	142 000	147 000	148 581	178 000	185 000	200 000	184 710	188 000	191 139	190 707	18.8
海南	37 000	38 000	40 000	36 452	47 000	51 000	52 000	54 098	56 000	52 971	47 738	2.9
重庆	101 000	137 000	162 000	161 583	168 000	169 000	154 000	141 256	130 000	134 412	130 166	13.0
四川	308 000	319 000	338 000	330 984	333 000	343 000	361 000	345 310	379 000	362 808	345 550	36.9
贵州	102 000	111 000	111 000	111 784	116 000	121 000	121 000	121 329	125 000	123 378	121 798	12.5
云南	68 000	80 000	98 000	121 156	119 000	130 000	138 000	140 226	148 000	153 987	156 899	16.0
西藏	10 000	0	13 000	0	12 000	0	0	0	0	20 158	20 789	1.0
陕西	114 000	140 000	135 000	139 490	185 000	215 000	215 000	209 546	208 000	214 757	214 206	20.9
甘肃	74 000	74 000	87 000	93 095	95 000	93 000	97 000	95 101	94 000	102 826	107 224	10.8
青海	18 000	24 000	29 000	30 743	35 000	36 000	37 000	37 248	39 000	40 646	42 424	4.4
宁夏	38 000	37 000	35 000	37 543	41 000	44 000	42 000	44 162	48 000	47 990	47 551	5.2
新疆	110 000	97 000	99 000	99 000	133 000	111 000	116 000	116 959	118 000	118 586	109 874	11.1

表 11　分地区城镇登记失业率(年末数,%)

地　区	2000	2001	2002	2003	2004	2005	2006	2007	2008	2009	2010	2011
北　京	0.80	1.20	1.40	1.40	1.30	2.10	2.00	1.84	1.82	1.44	1.37	1.4
天　津	3.20	3.60	3.90	3.80	3.80	3.70	3.60	3.59	3.60	3.60	3.60	3.6
河　北	2.80	3.20	3.60	3.90	4.00	3.90	3.80	3.83	3.96	3.93	3.86	3.8
山　西	2.20	2.60	3.40	3.00	3.10	3.00	3.20	3.24	3.29	3.86	3.58	3.5
内蒙古	3.30	3.70	4.10	4.50	4.60	4.30	4.10	3.99	4.10	3.97	3.90	3.8
辽　宁	3.70	3.20	6.50	6.50	6.50	5.60	5.10	4.28	3.90	3.87	3.63	3.7
吉　林	3.70	3.10	3.60	4.30	4.20	4.20	4.20	3.92	3.98	3.95	3.80	3.7
黑龙江	3.30	4.70	4.90	4.20	4.50	4.40	4.30	4.26	4.23	4.27	4.27	4.1
上　海	3.50		4.80	4.90	4.50		4.40	4.22	4.20	4.26	4.35	3.5
江　苏	3.20	3.60	4.20	4.10	3.80	3.60	3.40	3.17	3.25	3.22	3.16	3.2
浙　江	3.50	3.70	4.20	4.20	4.10	3.70	3.50	3.27	3.49	3.26	3.20	3.1
安　徽	3.30	3.70	4.00	4.10	4.20	4.40	4.20	4.06	3.92	3.92	3.66	3.7
福　建	2.60	3.80	4.20	4.10	4.00	4.00	3.90	3.89	3.86	3.90	3.77	3.7
江　西	2.90	3.30	3.40	3.60	3.60	3.50	3.60	3.37	3.42	3.44	3.31	3.0
山　东	3.20	3.30	3.60	3.60	3.40	3.30	3.30	3.21	3.70	3.40	3.36	3.4
河　南	2.60	2.80	2.90	3.10	3.40	3.50	3.50	3.41	3.40	3.50	3.38	3.4
湖　北	3.50	4.00	4.30	4.30	4.20	4.30	4.20	4.21	4.20	4.21	4.18	4.1
湖　南	3.70	4.00	4.00	4.50	4.40	4.30	4.30	4.25	4.20	4.14	4.16	4.2
广　东	2.50	2.90	3.10	2.90	2.70	2.60	2.60	2.51	2.56	2.60	2.52	2.5
广　西	3.20	3.50	3.70	3.60	4.10	4.20	4.10	3.79	3.75	3.74	3.66	3.5
海　南	3.20	3.40	3.10	3.40	3.40	3.60	3.60	3.49	3.72	3.48	3.00	1.7
重　庆	3.50	3.90	4.10	4.10	4.10	4.10	4.00	3.98	3.96	3.96	3.90	3.5
四　川	4.00	4.30	4.50	4.40	4.40	4.60	4.50	4.24	4.57	4.34	4.14	4.2
贵　州	3.80	4.00	4.10	4.00	4.10	4.20	4.10	3.97	3.98	3.81	3.64	3.6
云　南	2.60	3.30	4.00	4.10	4.30	4.20	4.30	4.18	4.21	4.26	4.21	4.1
西　藏	4.10		4.90		4.00					3.80	3.99	3.2
陕　西	2.70	3.20	3.30	3.50	3.80	4.20	4.00	4.02	3.91	3.94	3.85	3.6
甘　肃	2.70	2.80	3.20	3.40	3.40	3.30	3.60	3.34	3.23	3.25	3.21	3.1
青　海	2.40	3.50	3.60	3.80	3.90	3.90	3.90	3.75	3.80	3.80	3.80	3.8
宁　夏	4.60	4.40	4.40	4.40	4.50	4.50	4.30	4.28	4.35	4.40	4.35	4.4
新　疆	3.80	3.70	3.70	3.50	3.50	3.90	3.90	3.88	3.70	3.84	3.23	3.2

表 12　各地区登记失业率排名(2000 与 2011)

地区/年份	分地区城镇登记失业率		分地区城镇登记失业率排名		排名变化
	2000	2011	2000	2011	
北　京	0.80	1.4	31	31	0
天　津	3.20	3.6	16	14	−2
河　北	2.80	3.8	22	7	−15
山　西	2.20	3.5	30	17	−13
内蒙古	3.30	3.8	13	8	−5
辽　宁	3.70	3.7	6	10	4
吉　林	3.70	3.7	7	11	4
黑龙江	3.30	4.1	14	4	−10
上　海	3.50	3.5	9	18	9
江　苏	3.20	3.2	17	23	6
浙　江	3.50	3.1	10	26	16
安　徽	3.30	3.7	15	12	−3
福　建	2.60	3.7	25	13	−12
江　西	2.90	3	21	28	7
山　东	3.20	3.4	18	21	3
河　南	2.60	3.4	26	22	−4
湖　北	3.50	4.1	11	5	−6
湖　南	3.70	4.2	8	2	−6
广　东	2.50	2.5	28	29	1
广　西	3.20	3.5	19	19	0
海　南	3.20	1.7	20	30	10
重　庆	3.50	3.5	12	20	8
四　川	4.00	4.2	3	3	0
贵　州	3.80	3.6	4	15	11
云　南	2.60	4.1	27	6	−21
西　藏	4.10	3.2	2	24	22
陕　西	2.70	3.6	23	16	−7
甘　肃	2.70	3.1	24	27	3
青　海	2.40	3.8	29	9	−20
宁　夏	4.60	4.4	1	1	0
新　疆	3.80	3.2	5	25	20

表 13　各地区历年就业总人数（万人）

地区	1997	1998	1999	2001	2002	2003	2004	2005	2006	2007	2008	2009	2010	2011
北京	660.8	624.2	621.9	629.549	798.9	858.6	895	920.4	980.855	1 111.42	1 173.802	1 255.077 2	1 317.664	558.807
天津	491.6	427	421.1	410.507	403.1	419.7	422	426.9	430.809	432.736	503.136 3	507.257 2	520.784	145.349
河北	3 415	3 382.9	3 399.9	3 379.57	3 385.6	3 389.6	3 416.4	3 467.3	3 517.721 9	3 567.187 6	3 651.664 1	3 899.726 2	3 790.186	626.170
山西	1 483.2	1 429	1 434.3	1 412.912	1 417.3	1 469.5	1 474.6	1 476.4	1 495.724 5	1 550.097 8	1 583.455 8	1 599.649 1	1 665.078	317.902
内蒙古	1 050.3	1 006.8	1 017	1 013.337	1 010.1	1 005.2	1 019.1	1 041.1	1 062.208 5	1 081.533 9	1 103.283 7	1 142.467	1 184.676	301.528
辽宁	2 063.3	1 818.2	1 796.4	1 833.37	1 842	1 861.3	1 951.6	1 978.6	2 015.265 4	2 071.261 7	2 098.206 9	2 189.959 9	2 238.087	766.998
吉林	1 237.3	1 127.4	1 102.8	1 057.261	1 095.3	1 044.6	1 115.6	1 099.4	1 090.496 6	1 096.186 5	1 143.511 2	1 184.706 5	1 248.671	363.715
黑龙江	1 658.6	1 723	1 679.9	1 631.021	1 626.5	1622.3	1 623.3	1 625.8	1 635.565 5	1 659.862	1 670.156 4	1 687.467 6	1 743.390	442.618
上海	770.2	670	677.3	692.422	742.8	771.5	812.3	855.9	882.871 05	876.584 2	896.003 8	929.239 3	924.718	660.727
江苏	3 745.5	3 635	3 595.8	3 565.395	3 505.6	3 610.3	3 719.7	3 877.7	4 035.568	4 193.172	4 384.069 3	4 536.130 2	4 731.735	2 125.146
浙江	2 700.3	2 651.1	2 660.9	2 771.98	2 834.7	2 961.9	3 092	3 202.9	3 361.469 4	3 615.377 7	3 691.853 9	3 825.184	3 989.177	1 479.506
安徽	3 321.7	3 311	3 312.5	3 389.709	3 403.8	3 416	3 453.2	3 484.7	3 528.679 9	3 597.619 5	3 594.593 9	3 689.745 8	3 846.759	598.495
福建	1 613.4	1 621.9	1 630.9	1 677.754	1 711.3	1 756.7	1 817.5	1 868.5	1 926.591 9	1 998.867 4	2 079.784 3	2 168.852 2	2 181.325	583.290
江西	2 077.7	1 971.3	1 961.3	1 933.026	1 955.1	1 972.3	2 039.8	2 107.5	2 163.386 6	2 195.645 9	2 223.286 4	2 244.146 3	2 306.090	631.543
山东	4 707	4 657.2	4 698.6	4 671.672	4 751.9	4 850.6	4 939.7	5 110.8	5 234.199 3	5 262.197 1	5 352.497 2	5 449.766 3	5 654.673	1 280.724
河南	5 017	4 999.6	5 205	5 516.592	5 522	5 535.7	5 587.4	5 662.4	5 727.479 4	5 772.717 5	5 835.452 2	5 948.780 6	6 041.557	8 02.836
湖北	2 708.7	2 616.3	2 572.4	2 452.481	2 467.5	2 537.3	2 588.6	2 676.3	2 741.830 7	2 763.022 9	2 875.587 9	3 024.475 9	3 116.519	779.065

续表

地区	1997	1998	1999	2001	2002	2003	2004	2005	2006	2007	2008	2009	2010	2011
湖南	3 590.7	3 498.5	3 496.1	3 438.842	3 468.7	3 515.9	3 599.6	3 658.3	3 710.411 5	3 749.346	3 810.977	3 907.700 7	4 007.748	685.760
广东	3 784.3	3 737.4	3 760.5	3 962.85	3 966.7	4 119.5	4 316	4 702.1	5 042.835 7	5 292.842 8	5 478.003 3	5 643.341 6	5 776.927	1 670.846
广西	2 452.4	2 470.9	2 481.5	2 543.463	2 570.5	2 601.4	2 649.1	2 703.1	2 744.228 4	2 759.613 7	2 807.155 5	2 862.629 3	2 945.338	433.865
海南	330.9	320.8	326.2	339.724	341.7	353.8	366.5	377.7	392.577 63	414.810 5	412.091 5	431.447 6	445.725	103.923
重庆	1 689.9	1 645.1	1 639.4	1 624.026	1 640.2	1 659.5	1 689.5	1 720.8	1 753.629 4	1 789.517	1 837.090 3	1 878.482 3	1 912.132	443.796
四川	4 617.6	4 534.7	4 482.3	4 414.597	4 408.8	4 449.6	4 503.4	4 603.5	4 697.333 4	4 778.633 6	4 874.461 5	4 945.227	4 997.607	795.034
贵州	1 927.1	1 946.3	1 975.9	2 068.277	2 081.4	2 118.4	2 168.8	2 215.8	2 256.111 5	2 283.046	2 301.626 2	2 341.107 1	2 402.169	215.862
云南	2 247.6	2 270.3	2 273.4	2 322.554	2 341	2 349.6	2 401.4	2 461.3	2 526.129 3	2 600.817 1	2 679.498 3	2 730.204 8	2 814.107	514.122
西藏	120.3	118.4	122.2	124.6	128.8	130.7	134.8	140.4	146.515 48	153.661 9	160.409 8	169.072 1	175.029	46.013
陕西	1 811.9	1 802	1 780.9	1 784.559	1 873.1	1 911.3	1 884.7	1 882.9	1 891.775 8	1 922.003 2	1 946.559 4	1 919.480 1	1 952.026	388.270
甘肃	1 185.9	1 175.6	1 185.6	1 187.2	1 254.9	1 304	1 321.7	1 347.6	1 367.244	1 374.375 8	1 388.676 8	1 406.619 1	1 431.864	205.855
青海	235.4	230.4	241.2	240.336	247.3	254.3	263.1	267.6	272.021 3	276.285 2	276.792 6	285.539 3	294.102	64.466
宁夏	260.4	259.5	270.8	278.011	281.5	290.6	298.1	299.6	302.814 08	309.4563	303.9191	328.5056	325.985	95.136
新疆	690.7	678.3	669.6	685.354	701.5	721.3	744.5	764.3	783.335 13	800.840 5	813.695 2	829.171 1	852.592	171.528

表 14　各地区历年大专以上从业人员占就业总人数比例(%)

地　区	1997	1998	1999	2001	2002	2003	2004	2005	2006	2007	2008	2009	2010	2011
北　京	18	19.4	23	18.6	23.1	26.2	28.57	30.87	35.70	34.31	32.80	35.98	38.98	50.26
天　津	10.3	7.5	11.1	10.8	13.7	13.5	18.17	14.84	17.26	17.37	16.94	17.99	21.52	26.74
河　北	2.8	3.7	3.9	3.4	6.2	8.6	7.26	5.51	4.32	4.4	5.04	5.7	7.68	11.13
山　西	4.6	3.4	5.1	6.7	6.8	7.6	6.98	7.98	8.09	7.94	7.18	7.88	10.81	12.92
内蒙古	4.8	5.3	5.1	6.9	7.4	7.3	8.69	10.27	7.42	7.85	7.82	8.15	12.41	16.55
辽　宁	7.6	5.8	7	6.2	6.6	10.9	9.14	9.84	9.64	9.7	11.72	12.23	13.57	13.56
吉　林	6.1	6.1	5.9	6.9	8	7.7	7.92	8.20	6.46	7.46	7.63	8.55	10.64	12.36
黑龙江	6.6	5.3	4.9	6.4	6.4	6.3	5.69	8.57	7.31	7.49	6.47	7.11	10.26	9.49
上　海	11.6	12.9	15.1	17.1	16.2	20.3	24.36	21.90	28.39	27.68	29.20	31.32	28.31	32.13
江　苏	2.6	3.9	5	5.6	4.6	6.2	5.81	7.70	8.15	6.66	6.63	7.27	11.95	13.68
浙　江	3.2	3.6	3	3.8	7.9	8.2	10.45	6.47	8.74	8.03	8.90	10.38	11.56	15.92
安　徽	2.3	2.3	2	4.4	3	5.3	5.78	4.89	3.69	3.42	4.06	3.89	7.53	8.65
福　建	3.8	2.9	3.2	6.4	6.1	6.2	7.15	6.83	6.36	7.26	7.41	12.03	9.97	15.69
江　西	2.4	2.2	3.3	6.2	3.9	9.3	6.15	5.45	5.86	8.84	6.91	7.43	7.17	8.02
山　东	2.1	2	2.2	6.2	7.4	7.2	7.08	5.04	5.23	5.17	5.61	5.94	8.86	13.94
河　南	1.9	2.6	2.3	5.3	5.6	3.9	5.85	5.06	4.35	4.05	4.47	4.96	6.82	8.59
湖　北	4.6	3.8	4	5.8	4.9	5.5	5.88	5.97	7.57	6.82	7.05	7.87	9.20	14.09
湖　南	2.4	2.4	3.4	4.9	5.4	5.9	6.65	5.53	5.51	5.55	5.61	5.68	7.89	14.76
广　东	5.1	5.1	5	5.4	7.1	7.5	7.35	7.55	7.28	8.02	8.75	7.72	10.73	12.52
广　西	1.2	1.2	0.9	3.6	3.8	5.6	6.53	5.10	5.25	4.24	3.72	4.45	7.36	7.96
海　南	3.2	4.1	5.1	5.4	5.2	8.2	7.13	6.99	5.98	5.27	6.07	6.14	9.04	11.42
重　庆	2.3	1.4	2.7	5	5	3.7	4.37	5.52	5.08	4.12	3.93	5.46	10.38	11.36
四　川	2.5	2.6	2.2	5.5	4.7	4.6	4.25	4.21	3.72	4.07	3.31	5.46	7.01	8.84
贵　州	2.8	2.2	2.7	4.6	4.5	7.2	5.95	4.55	3.37	4.12	4.50	3.62	7.08	8.39
云　南	1.6	1.2	1.4	2.5	2.7	2	4.64	3.88	3.64	3.53	3.01	3.24	6.49	8.75
西　藏	0.5	0.2		0.2	0.4	0.6	0.7	0.87	0.49	0.3	0.34	0.3	7.10	18.51
陕　西	3.8	3.2	4.2	5.9	5.1	8.1	10.04	7.64	7.49	8.13	8.91	8.42	10.49	16.04
甘　肃	2.1	2.4	3.2	4.6	3.8	5.9	7.38	5.76	3.58	3.97	5.17	5.04	8.12	11.49
青　海	2.7	4.2	5.3	3.7	4.2	7.1	6.11	10.05	7.98	9.17	9.26	10.2	11.51	16.69
宁　夏	4.4	2.9	4.4	7.2	7.8	7.7	10.27	9.86	8.84	9.26	9.32	9.3	12.74	14.96
新　疆	7.8	8.2	10.5	10.8	14	13.6	13.55	12.29	11.18	10.6	11.26	11.29	13.86	15.95

表 15　各地区大专及以上受教育程度人口(每十万人，单位：人)

地　区	1990	2000	2010
东部平均	2 689	5 682	12 446
北　京	9 301	16 843	31 499
天　津	4 668	9 007	17 480.2
河　北	955	2 698	7 296.04
辽　宁	2 596	6 181.68	11 965
上　海	6 534	10 940	21 951.6
江　苏	1 474	3 917.02	10 814.7
浙　江	1 170	3 189	9 330
福　建	1 227	2 967	8 361
山　东	975	3 331.09	8 694.45
广　东	1 338	3 560	8 214
广　西	791	2 389	5 977
海　南	1 244	3 167	7 768
中部平均	1 398	3 480	8 328
山　西	1 384	3 423	8 721
内蒙古	1 475	3 803	10 207.7
吉　林	2 154	4 926	9 890
黑龙江	2 139	4 797	9 067
安　徽	883	2 297	6 697
江　西	991	2 576.05	6 847.41
河　南	848	2 674	6 398
湖　北	1 566	3 898	9 532.77
湖　南	1 138	2 927	7 594.87
西部平均	1 187	2 938	7 837
重　庆	1 070	2 802	8 642.56
四　川	925	2 470	6 675.41
贵　州	777	1 902	5 291.99
云　南	807	2 013.24	5 778
西　藏	574	1 262	5 507.09
陕　西	1 672	4 137.92	10 556.1
甘　肃	1 104	2 665	7 519.96
青　海	1 490	3 298.79	8 615.92
宁　夏	1 609	3 690	9 152
新　疆	1 845	5 141	10 635

表 16　按年龄分全国就业人员大专及以上受教育程度者占比（％）

	16～19	20～24	25～29	30～34	35～39	40～44	45～49	50～54	55～59	60～64	65＋	总计
2002	0.5	6.2	9.5	8.2	7.1	5.9	4.8	3.6	3.2	1.4	0.8	6
2003	6.8	0.4	7.3	11.1	9.5	8.0	7.4	5.5	3.9	3.1	1.1	0.7
2004	0.5	8.13	12.38	10.16	7.91	7.92	5.49	4.15	3.34	1.02	0.61	7.23
2005	0.5	8.4	12.9	10.2	7.6	7.2	5.1	3.7	2.5	0.8	0.6	6.8
2006	0.6	8.8	13.3	10.5	7.9	6.8	5.0	3.7	2.2	1.0	0.7	6.6
2007	0.7	8.4	13.8	11.0	8.1	6.6	5.3	3.7	2.1	0.7	0.4	6.6
2008	1.0	9.7	14.8	11.6	8.1	6.2	5.6	3.8	2.1	0.6	0.4	6.9
2009	1.1	9.2	15.2	12.3	9.2	7.0	6.5	4.6	2.9	0.7	0.6	7.3
2010	1.3	12.5	20.6	16.4	11.6	8.5	7.9	5.4	3.2	0.7	0.5	10.1

表 17　全国就业训练中心结业与就业人数（人）

年份	结业人数	就业人数	就业率（就业数/结业数，％）
2001	4 633 170	2 809 620	60.6
2002	5 034 090	3 181 555	63.2
2003	5 796 603	3 768 636	65.0
2004	7 155 655	4 662 924	65.2
2005	7 971 643	5 577 680	70.0
2006	8 896 578	6 488 160	72.9
2007	9 184 327	7 166 297	78.0
2008	8 632 205	7 044 980	81.6
2009	7 710 226	6 607 821	85.7
2010	7 257 643	5 995 558	82.6
2011	7 441 632	5 942 559	79.9

表 18　全国职业技能鉴定劳动者数量（人）

年份	获得证书人数	初级	中级	高级	技师	高级技师
1996	2 146 895	727 215	1 094 809	271 346	51 262	2 263
1997	2 786 360	949 828	1 439 046	364 024	30 506	2 956
1998	2 858 782	1 071 270	1 491 968	244 529	44 995	6 020

年份	获得证书人数	初级	中级	高级	技师	高级技师
1999	2 924 206	1 280 322	1 356 103	249 480	35 165	3 136
2000	3 726 619	1 553 035	1 743 885	393 201	34 175	2 323
2001	4 570 081	1 756 881	2 236 967	523 010	49 689	3 534
2002	5 562 607	2 036 748	2 712 382	761 195	48 852	3 430
2003	5 839 222	2 124 504	2 870 097	768 890	69 501	6 230
2004	7 360 975	2 691 946	3 516 786	975 155	140 816	36 272
2005	7 857 292	2 732 405	3 756 905	1 133 278	195 577	39 127
2006	9 252 416	3 124 130	4 390 924	1 440 591	260 830	35 384
2007	9 956 079	3 687 419	4 518 674	1 429 235	274 176	46 575
2008	11 372 105	4 492 273	4 891 989	1 606 473	318 047	63 323
2009	12 320 051	5 251 357	5 134 383	1 516 357	336 623	81 331
2010	13 929 377	5 899 097	5 544 598	2 097 432	316 663	71 587
2011	14 820 504	6 533 022	5 464 700	2 464 290	286 769	71 723

表 19　大专以上从业人员在城乡之间的配置状况

年份	全国		城镇		乡村	
	就业总人数（万人）	大专以上人员比重（%）	就业总人数（万人）	大专以上人员比重（%）	就业总人数（万人）	大专以上人员比重（%）
2002	73 740	6	24 780	15.9	48 960	0.99
2003	74 432	6.8	25 639	17.7	48 793	1.07
2004	75 200	7.2	26 576	18.2	48 624	1.19
2005	75 825	6.8	27 331	15.3	48 494	2.01
2006	76 400	6.7	28 310	15.8	48 090	1.34
2007	76 990	6.6	29 350	15.4	47 640	1.18
2008	77 480	6.7	30 210	15.3	47 270	1.28
2009	77 995	7.4	31 120	16.2	46 875	1.56

表 20 不同行业大专以上受教育程度者所占比例（%）

行业	2002	2003	2004	2005	2006	2007	2008	2009	2010
农林牧渔业	0.2	0.3	2	0.2	0.6	0.2	0.3	0.45	0.6
采矿业	4.3	6.3	11.1	6.9	12.1	6.95	6.1	7.6	13.1
制造业	6.3	6.4	10.3	6.4	10.5	7.22	7.8	8.6	9.8
电力、燃气及水的生产和供应业	18.5	18.78	21.9	25.6	33.3	28.94	27.8	27.9	34.3
建筑业	5	5.3	11.8	5.1	9.6	5.26	5.7	5.3	6.0
交通运输、仓储和邮政业	7.1	7.71	10.2	7.4	10.6	8.09	8.8	9.3	10.8
信息传输、计算机服务业和软件业	42.9	42.15	47.9	45.6	50.9	46.25	47.7	49.3	55.1
批发和零售业	5	5.47	6.2	7.9	9.9	8.4	9.1	9.4	12.4
住宿和餐饮业	3	3.11	4.6	4.1	5.9	4.61	4.7	5.2	6.3
金融业	46.5	49.5	60.3	55.1	61.1	56.02	56.2	59.7	62.6
房地产业	33.8	33.38	39.9	29.9	34.1	31.56	28.9	29.8	29.7
租赁和商务服务业	11.3	12.06	15.9	34.6	38.2	35.82	36.1	36.1	40.1
科学研究、技术服务和地质勘查业	49.1	48.75	55.3	57.7	60.9	54.45	56.5	50	65.3
水利、环境和公共设施管理业	22.2	27.05	29.8	21.4	25	20.68	20.8	23	23.0
居民服务和其他服务	4.1	4.25	6.4	3.4	5.1	5.05	5.9	6.2	5.7
教育	58.3	63.14	72.9	64.9	72.4	67.18	67.7	68.9	71.2
卫生、社会保障和社会福利	35.6	36.36	42.7	42.4	53.2	47.24	48.9	50.5	55.5
文化、体育和娱乐	37.4	36.41	39.9	34.7	38.9	33.96	32.3	34.4	37.8
公共管理和社会组织	51.9	52.46	59.7	54.2	59.8	54.79	55.5	57.8	58.4
国际组织	26.1	27.1	30.3	50.6	100.0	25.0	66.7	50.0	70.5

表 21 各地区每十万人拥有的各种受教育程度人口(人)

地 区	小 学		初 中		高中和中专		大专及以上	
	2000	2010	2000	2010	2000	2010	2000	2010
北 京	16 956	9 956	34 391	31 396	23 151	21 220	16 843	31 499
天 津	25 031	17 049	34 590	38 150	20 851	20 654	9 007	17 480
河 北	33 760	24 661	39 075	44 400	10 717	12 709	2 698	7 296
山 西	31 761	21 855	38 928	45 126	11 562	15 733	3 423	8 721
内蒙古	31 134	25 418	34 798	39 218	13 760	15 125	3 803	10 208
辽 宁	29 771	21 407	40 082	45 328	13 205	14 788	6 182	11 965
吉 林	33 598	24 059	35 687	42 069	15 076	16 866	4 926	9 890
黑龙江	31 253	24 078	38 863	45 081	13 866	14 991	4 797	9 067
上 海	18 934	13 535	36 803	36 461	23 018	20 966	10 940	21 952
江 苏	32 881	24 176	36 372	38 670	13 039	16 143	3 917	10 815
浙 江	36 622	28 819	33 336	36 681	10 758	13 562	3 189	9 330
安 徽	37 342	27 948	32 780	38 014	7 625	10 774	2 297	6 697
福 建	38 317	29 801	33 708	37 886	10 602	13 876	2 967	8 361
江 西	38 902	30 007	33 219	37 789	9 819	12 326	2 576	6 847
山 东	32 736	24 963	36 634	40 158	11 036	13 908	3 331	8 694
河 南	33 196	24 108	39 392	42 460	10 031	13 212	2 674	6 398
湖 北	35 416	22 871	34 311	39 618	12 595	16 602	3 898	9 533
湖 南	38 328	26 785	35 656	39 528	11 125	15 420	2 927	7 595
广 东	33 145	22 956	36 690	42 913	12 880	17 072	3 560	8 214
广 西	42 176	31 680	32 339	38 764	9 554	11 033	2 389	5 977
海 南	34 404	22 736	32 502	41 741	12 491	14 666	3 167	7 768
重 庆	43 386	33 790	29 413	32 982	8 596	13 213	2 802	8 643
四 川	42 960	34 627	29 358	34 889	7 587	11 247	2 470	6 675
贵 州	43 595	39 373	20 480	29 789	5 626	7 282	1 902	5 292
云 南	44 768	43 388	21 233	27 480	6 563	8 376	2 013	5 778
西 藏	30 615	36 589	6 136	12 850	3 395	4 364	1 262	5 507
陕 西	34 475	23 417	33 203	40 135	12 246	15 773	4 138	10 556
甘 肃	36 907	32 504	23 925	31 213	9 863	12 687	2 665	7 520
青 海	30 944	35 265	21 661	25 374	10 431	10 427	3 299	8 616
宁 夏	31 770	29 826	27 830	33 654	10 910	12 451	3 690	9 152
新 疆	37 950	30 075	27 528	36 096	12 089	11 582	5 141	10 635

表 22　各地区每十万人拥有的各种受教育程度人口增长（2010 与 2000 的差）

地　区	小　学		初　中		高中和中专		大专及以上	
	人数	比例	人数	比例	人数	比例	人数	比例
北　京	−7 000	−0.413	−2 995	−0.087	−1 931	−0.083	14 656	0.870
天　津	−7 982	−0.319	3 560	0.103	−197	−0.009	8 473	0.941
河　北	−9 099	−0.270	5 325	0.136	1 992	0.186	4 598	1.704
山　西	−9 906	−0.312	6 198	0.159	4 171	0.361	5 298	1.548
内蒙古	−5 716	−0.184	4 420	0.127	1 365	0.099	6 405	1.684
辽　宁	−8 364	−0.281	5 246	0.131	1 583	0.120	5 783	0.936
吉　林	−9 539	−0.284	6 382	0.179	1 790	0.119	4 964	1.008
黑龙江	−7 175	−0.230	6 218	0.160	1 125	0.081	4 270	0.890
上　海	−5 399	−0.285	−342	−0.009	−2 052	−0.089	11 012	1.007
江　苏	−8 705	−0.265	2 298	0.063	3 104	0.238	6 898	1.761
浙　江	−7 803	−0.213	3 345	0.100	2 804	0.261	6 141	1.926
安　徽	−9 394	−0.252	5 234	0.160	3 149	0.413	4 400	1.916
福　建	−8 516	−0.222	4 178	0.124	3 274	0.309	5 394	1.818
江　西	−8 895	−0.229	4 571	0.138	2 507	0.255	4 271	1.658
山　东	−7 773	−0.237	3 523	0.096	2 871	0.260	5 363	1.610
河　南	−9 088	−0.274	3 068	0.078	3 181	0.317	3 724	1.393
湖　北	−12 545	−0.354	5 307	0.155	4 007	0.318	5 635	1.446
湖　南	−11 543	−0.301	3 872	0.109	4 295	0.386	4 668	1.595
广　东	−10 189	−0.307	6 223	0.170	4 192	0.325	4 654	1.307
广　西	−10 496	−0.249	6 425	0.199	1 479	0.155	3 588	1.502
海　南	−11 668	−0.339	9 239	0.284	2 175	0.174	4 601	1.453
重　庆	−9 596	−0.221	3 569	0.121	4 617	0.537	5 841	2.084
四　川	−8 333	−0.194	5 531	0.188	3 660	0.482	4 205	1.703
贵　州	−4 222	−0.097	9 309	0.455	1 656	0.294	3 390	1.782
云　南	−1 380	−0.031	6 247	0.294	1 813	0.276	3 765	1.870
西　藏	5 974	0.195	6 714	1.094	969	0.286	4 245	3.364
陕　西	−11 058	−0.321	6 932	0.209	3 527	0.288	6 418	1.551
甘　肃	−4 403	−0.119	7 288	0.305	2 824	0.286	4 855	1.822
青　海	4 321	0.140	3 713	0.171	−3	0.000	5 317	1.612
宁　夏	−1 944	−0.061	5 824	0.209	1 541	0.141	5 462	1.480
新　疆	−7 875	−0.208	8 568	0.311	−507	−0.042	5 494	1.069

表 23　按学历结构分大学毕业生数(人)

	2000	2001	2002	2003	2004	2005	2006	2007	2008	2009	2010	2011
研究生	58 569	67 567	80 841	111 091	150 777	189 728	255 902	311 839	344 825	371 273	383 600	429 994
博　士	11 004	12 867	14 638	18 806	23 446	27 677	36 247	41 464	43 759	48 658	48 987	50 289
硕　士	47 565	54 700	66 203	92 285	127 331	162 051	219 655	270 375	301 066	322 615	334 613	379 705
普通本科、专科生	949 767	1 036 323	1 337 309	1 877 492	2 391 152	3 067 956	3 774 708	4 477 907	5 119 498	5 311 023	5 754 245	6 081 565
本　科	495 624	567 839	655 763	929 598	1 196 290	1 465 786	1 726 674	1 995 944	2 256 783	2 455 359	2 590 535	2 796 229
专　科	454 143	468 484	681 546	947 894	1 194 862	1 602 170	2 048 034	2 481 963	2 862 715	2 855 664	3 163 710	3 285 336
成人本科、专科生	880 437	930 610	1 174 979	1 174 979	1 896 152	1 667 889	815 163	1 764 400	1 690 944	1 943 893	1 972 873	1 906 640
本　科	124 888	143 984	229 072	229 072	540 356	555 799	218 303	674 890	684 506	865 421	803 915	755 402
专　科	755 549	786 626	945 907	945 907	1 355 796	1 112 090	596 860	1 089 510	1 006 438	1 078 472	1 168 958	1 151 238
网络本科、专科生	0		4 292	11 633	393 715	759 627	885 117	828 225	901 522	983 521	1 105 529	1 299 253
本　科	0	0	1 224	6 332	211 728	392 310	436 707	377 161	403 824	405 549	422 543	460 149
专　科	0	0	3 068	5 301	181 987	367 317	448 410	451 064	497 698	577 972	682 986	839 104

表 24　2000—2010 年各学历毕业生数变化情况

	增长人数	增长比例（%）
研究生	325 031	5.550
博　士	37 983	3.452
硕　士	287 048	6.035
普通本科、专科生	4 804 478	5.059
本　科	2 094 911	4.227
专　科	2 709 567	5.966
成人本科、专科生	1 092 436	1.241
本　科	679 027	5.437
专　科	413 409	0.547
网络本科、专科生	1 101 237	256.579
本　科	421 319	344.215
专　科	679 918	221.616

表 25　各年龄段就业人员受教育程度（%）

年龄	2006							
	就业人员	未上过学	小学	初中	高中	大学专科	大学本科	研究生及以上
合计	100.0	6.7	29.9	44.9	11.9	4.3	2.1	0.2
16～19	100.0	1.2	14.9	72.9	10.5	0.5	0.1	
20～24	100.0	1.2	11.8	62.6	15.5	6.0	2.7	0.1
25～29	100.0	1.6	14.5	54.7	15.9	8.2	4.6	0.5
30～34	100.0	2.1	20.8	53.6	13.1	6.7	3.4	0.4
35～39	100.0	2.7	26.3	52.1	11.0	4.8	2.8	0.3
40～44	100.0	3.4	25.8	49.6	14.4	4.3	2.2	0.3
45～49	100.0	6.4	32.6	37.8	18.2	3.5	1.4	0.2
50～54	100.0	10.6	46.3	30.3	9.1	2.6	0.9	0.1
55～59	100.0	15.2	56.9	21.4	4.2	1.7	0.6	
60～64	100.0	22.1	57.1	17.7	2.1	0.5	0.4	
65＋	100.0	37.1	51.9	8.9	1.4	0.3	0.3	
	2007							
	就业人员	未上过学	小学	初中	高中	大学专科	大学本科	研究生及以上
合计	100.0	6.0	28.3	46.9	12.2	4.3	2.1	0.2
16～19	100.0	1.1	12.2	73.9	12.0	0.6	0.2	
20～24	100.0	0.9	9.7	64.0	16.9	5.8	2.6	0.1

2007							
	就业人员	未上过学	小学	初中	高中	大学专科	大学本科	研究生及以上
25～29	100.0	1.2	11.8	56.5	16.8	8.5	4.9	0.5
30～34	100.0	1.7	17.7	55.7	13.9	7.1	3.6	0.4
35～39	100.0	2.1	22.7	55.2	12.0	5.1	2.7	0.3
40～44	100.0	2.7	25.3	52.7	12.8	4.2	2.2	0.2
45～49	100.0	4.8	29.4	42.1	18.5	3.7	1.4	0.1
50～54	100.0	8.9	43.8	33.3	10.3	2.7	1.0	0.1
55～59	100.0	13.6	55.9	23.8	4.6	1.5	0.5	
60～64	100.0	20.1	58.7	18.3	2.2	0.5	0.3	
65＋	100.0	35.1	53.2	9.7	1.5	0.2	0.2	

2008							
	就业人员	未上过学	小学	初中	高中	大学专科	大学本科	研究生及以上
合计	100.0	5.3	27.4	47.7	12.7	4.4	2.3	0.2
16～19	100.0	0.8	11.4	72.0	14.9	0.8	0.1	
20～24	100.0	0.8	9.1	61.5	19.0	6.7	3.0	0.1
25～29	100.0	0.9	10.6	56.2	17.5	8.8	5.4	0.6
30～34	100.0	1.4	16.0	56.0	14.9	7.3	3.9	0.4
35～39	100.0	1.8	21.2	56.3	12.7	5.1	2.8	0.3
40～44	100.0	2.5	25.0	54.7	11.7	3.9	2.1	0.2
45～49	100.0	3.5	26.5	46.3	18.0	3.7	1.8	0.2
50～54	100.0	7.3	41.7	35.8	11.4	2.7	1.0	0.1
55～59	100.0	11.7	54.4	26.7	5.1	1.5	0.6	
60～64	100.0	18.6	59.9	18.6	2.2	0.4	0.2	
65＋	100.0	31.7	55.0	11.2	1.6	0.3	0.1	

2009							
	就业人员	未上过学	小学	初中	高中	大学专科	大学本科	研究生及以上
合计	100.0	4.8	26.3	48.7	12.8	4.7	2.5	0.2
16～19	100.0	0.8	10.1	73.9	14.1	1.0	0.1	
20～24	100.0	0.8	8.0	62.9	19.2	6.4	2.7	0.1
25～29	100.0	0.9	9.4	57.1	17.3	8.8	5.9	0.5
30～34	100.0	1.3	14.6	56.4	15.4	7.5	4.3	0.5
35～39	100.0	1.6	20.0	56.3	12.8	5.7	3.2	0.3
40～44	100.0	2.2	25.0	54.6	11.1	4.3	2.5	0.2

2009							
	就业人员	未上过学	小学	初中	高中	大学专科	大学本科	研究生及以上
45~49	100.0	3.1	25.6	48.0	16.8	4.1	2.1	0.3
50~54	100.0	6.6	39.0	37.2	12.5	3.3	1.2	0.1
55~59	100.0	10.7	51.7	28.9	5.8	2.0	0.8	0.1
60~64	100.0	16.3	60.5	20.3	2.2	0.4	0.3	0.1
65+	100.0	29.0	56.3	12.5	1.6	0.3	0.2	0.0

2010							
	就业人员	未上过学	小学	初中	高中	大学专科	大学本科	研究生及以上
合计	100.0	3.4	23.9	48.8	13.9	6	3.7	0.4
16~19	100.0	0.5	9.7	71.9	16.6	1.2	0.1	0.0
20~24	100.0	0.4	7.4	59	20.7	8.8	3.6	0.1
25~29	100.0	0.6	8.5	53.4	16.8	11	8.8	0.9
30~34	100.0	0.9	13.1	53.4	13.4	9.1	6.5	0.9
35~39	100.0	1.3	18.7	55	13.4	6.8	4.3	0.5
40~44	100.0	1.8	24.3	53.8	11.6	4.9	3.2	0.3
45~49	100.0	2.4	24.8	49.1	15.8	4.8	2.8	0.3
50~54	100.0	5.1	36.1	38.2	15.2	3.6	1.6	0.2
55~59	100.0	8.7	50.7	30.4	7	2.2	0.9	0.1
60~64	100.0	13.8	62	20.9	2.6	0.5	0.2	0.0
65+	100.0	24.6	58.9	14.1	1.8	0.3	0.2	0.0

2011							
	就业人员	未上过学	小学	初中	高中	大学专科	大学本科	研究生及以上
合计	100.0	2.0	19.6	48.7	16.7	7.6	4.9	0.4
16~19	100.0	0.3	7.8	67.5	21.8	2.3	0.3	
20~24	100.0	0.3	4.7	50.6	25.7	13.0	5.7	0.1
25~29	100.0	0.2	5.4	48.2	20.3	13.9	11.1	0.9
30~34	100.0	0.4	8.5	50.2	19.8	11.2	8.8	1.1
35~39	100.0	0.6	12.5	55.4	16.8	8.6	5.6	0.6
40~44	100.0	0.8	18.0	56.0	14.9	6.0	4.0	0.4
45~49	100.0	1.1	19.7	53.2	17.1	5.3	3.2	0.3
50~54	100.0	2.3	29.4	43.3	18.4	4.5	2.0	0.1
55~59	100.0	4.8	46.3	37.0	8.3	2.6	1.0	0.1
60~64	100.0	8.6	60.3	26.8	3.4	0.6	0.3	0.0
65+	100.0	17.2	64.3	16.3	1.7	0.3	0.2	0.0

表 26   各年龄段就业人员受教育程度增长比例(2009/2006)

	未上过学	小学	初中	高中	大学专科	大学本科	研究生及以上
合计	−0.291	−0.121	0.085	0.079	0.105	0.190	0.017
16~19	−0.300	−0.321	0.015	0.341	0.973	−0.058	
20~24	−0.373	−0.322	0.004	0.235	0.070	−0.019	−0.124
25~29	−0.422	−0.352	0.045	0.087	0.078	0.281	0.098
30~34	−0.375	−0.300	0.053	0.178	0.127	0.280	0.153
35~39	−0.409	−0.239	0.082	0.162	0.190	0.166	−0.110
40~44	−0.349	−0.028	0.101	−0.230	0.008	0.116	−0.215
45~49	−0.519	−0.216	0.270	−0.075	0.197	0.562	0.604
50~54	−0.378	−0.158	0.230	0.372	0.242	0.317	0.412
55~59	−0.297	−0.091	0.349	0.396	0.201	0.401	
60~64	−0.265	0.060	0.148	0.066	−0.244	−0.426	
65+	−0.219	0.084	0.411	0.156	−0.057	−0.334	

表 27   男性各年龄段就业人员受教育程度(%)

年龄	就业人员	未上过学	小学	初中	高中	大学专科	大学本科	研究生及以上
				2006				
合计	100.0	3.8	26.7	48.6	13.8	4.5	2.4	0.3
16~19	100.0	0.8	14.4	74.2	10.1	0.5	0.1	
20~24	100.0	0.9	10.7	64.2	16.4	5.1	2.6	0.1
25~29	100.0	1.0	12.3	56.5	17.3	7.7	4.6	0.5
30~34	100.0	1.1	16.7	55.9	14.9	7.0	3.7	0.5
35~39	100.0	1.4	20.6	56.1	13.0	5.1	3.3	0.4
40~44	100.0	1.4	18.6	54.3	17.3	5.1	2.9	0.5
45~49	100.0	2.7	24.6	44.1	22.5	4.2	1.7	0.2
50~54	100.0	4.5	39.2	38.9	12.6	3.5	1.2	0.1
55~59	100.0	7.1	53.7	29.4	6.3	2.6	0.8	0.1
60~64	100.0	11.7	59.2	24.6	3.1	0.7	0.6	0.1
65+	100.0	24.5	60.4	12.2	2.0	0.4	0.4	
				2007				
年龄	就业人员	未上过学	小学	初中	高中	大学专科	大学本科	研究生及以上
合计	100.0	3.4	25.0	50.2	14.3	4.6	2.3	0.2
16~19	100.0	0.9	11.2	74.5	12.6	0.7	0.1	
20~24	100.0	0.6	8.7	64.8	18.5	5.0	2.3	0.1

				2007			
25～29	100.0	0.8	9.9	57.7	18.5	7.9	4.8	0.5
30～34	100.0	1.0	14.2	57.6	15.8	7.4	3.7	0.5
35～39	100.0	1.0	17.3	58.5	14.0	5.6	3.2	0.4
40～44	100.0	1.1	18.6	57.0	15.3	4.8	2.8	0.3
45～49	100.0	1.9	21.3	47.7	22.5	4.6	1.8	0.2
50～54	100.0	3.7	35.4	41.8	14.3	3.4	1.2	0.1
55～59	100.0	6.4	51.3	32.0	7.0	2.4	0.8	0.1
60～64	100.0	10.4	59.9	25.2	3.2	0.7	0.4	
65＋	100.0	23.1	60.9	13.3	2.2	0.3	0.2	

				2008			
	就业人员	未上过学	小学	初中	高中	大学专科	大学本科	研究生及以上
合计	100.0	3.0	24.0	50.9	14.7	4.6	2.5	0.2
16～19	100.0	0.7	10.7	72.5	15.3	0.7	0.1	
20～24	100.0	0.5	8.1	61.8	20.5	6.2	2.8	0.1
25～29	100.0	0.6	9.0	57.2	18.8	8.4	5.4	0.6
30～34	100.0	0.9	12.9	57.3	16.7	7.6	4.1	0.5
35～39	100.0	0.9	16.4	59.0	14.6	5.5	3.2	0.3
40～44	100.0	1.2	18.9	58.6	13.8	4.4	2.8	0.2
45～49	100.0	1.5	18.8	50.9	21.9	4.4	2.3	0.3
50～54	100.0	3.0	33.2	43.5	15.6	3.5	1.2	0.1
55～59	100.0	5.5	48.3	35.4	7.6	2.3	0.9	0.1
60～64	100.0	9.4	60.6	25.6	3.3	0.6	0.3	
65＋	100.0	20.7	60.9	15.5	2.3	0.4	0.2	

				2009			
	就业人员	未上过学	小学	初中	高中	大学专科	大学本科	研究生及以上
合计	100.0	2.8	23.0	51.6	14.7	4.9	2.7	0.3
16～19	100.0	0.7	9.9	75.0	13.5	0.8	0.0	
20～24	100.0	0.6	7.3	63.4	20.5	5.7	2.4	0.0
25～29	100.0	0.7	8.0	57.8	18.8	8.5	5.8	0.5
30～34	100.0	0.8	11.7	57.6	17.6	7.5	4.3	0.5
35～39	100.0	1.0	15.6	58.7	14.6	6.2	3.6	0.3
40～44	100.0	1.2	19.2	58.4	13.1	4.8	2.9	0.3
45～49	100.0	1.3	18.2	52.3	20.1	4.9	2.8	0.3

					2009			
50～54	100.0	2.8	30.3	44.1	16.9	4.1	1.6	0.2
55～59	100.0	5.0	45.1	37.0	8.6	3.0	1.2	0.1
60～64	100.0	8.5	60.0	27.0	3.4	0.6	0.3	0.1
65＋	100.0	18.8	61.7	16.5	2.3	0.4	0.3	0.0

					2010			
	就业人员	未上过学	小学	初中	高中	大学专科	大学本科	研究生及以上
合计	100.0	1.9	20.9	51.2	15.6	6.1	3.8	0.4
16～19	100.0	0.4	9.3	72.8	16.4	1	0.1	0.0
20～24	100.0	0.3	6.6	59.7	22	8	3.3	0.1
25～29	100.0	0.4	7.1	54.3	18.4	10.6	8.4	0.8
30～34	100.0	0.6	10.6	54.7	17.7	9	6.5	0.9
35～39	100.0	0.7	14.9	57	15.1	7.1	4.7	0.6
40～44	100.0	0.9	19.3	57	13.3	5.3	3.7	0.4
45～49	100.0	1.1	18.4	52.7	18.5	5.5	3.4	0.5
50～54	100.0	2.2	27.9	43.8	19.5	4.4	1.9	0.2
55～59	100.0	4	43.7	37.7	10	3.2	1.3	0.1
60～64	100.0	7.2	60.9	27.1	3.7	0.7	0.3	0.0
65＋	100.0	15.7	62.7	18.3	2.5	0.4	0.3	0.0

					2011			
	就业人员	未上过学	小学	初中	高中	大学专科	大学本科	研究生及以上
合计	100.0	1.0	16.9	50.3	18.6	7.7	5.1	0.5
16～19	100.0	0.3	7.7	68.1	21.9	1.9	0.1	
20～24	100.0	0.3	4.4	52.6	26.7	10.9	5.0	0.0
25～29	100.0	0.2	4.9	48.1	21.8	13.7	10.6	0.8
30～34	100.0	0.2	7.0	49.7	21.8	11.2	8.9	1.2
35～39	100.0	0.4	10.1	55.5	18.5	8.8	6.1	0.6
40～44	100.0	0.5	13.8	57.3	16.9	6.4	4.6	0.5
45～49	100.0	0.4	14.2	55.1	19.6	6.2	4.0	0.5
50～54	100.0	0.8	21.3	46.1	23.4	5.7	2.5	0.2
55～59	100.0	1.7	37.2	44.3	11.4	3.8	1.5	0.1
60～64	100.0	3.5	55.6	34.3	5.3	0.9	0.4	0.0
65＋	100.0	9.4	66.4	21.2	2.3	0.4	0.2	0.0

表 28　男性各年龄段就业人员受教育程度增长比例(2009/2006)

	未上过学	小学	初中	高中	大学专科	大学本科	研究生及以上
合计	−0.261	−0.138	0.062	0.067	0.092	0.141	−0.074
16～19	−0.107	−0.310	0.012	0.334	0.627	−0.410	
20～24	−0.280	−0.315	−0.013	0.249	0.129	−0.095	−0.336
25～29	−0.363	−0.346	0.023	0.083	0.096	0.252	−0.056
30～34	−0.288	−0.299	0.029	0.179	0.065	0.155	−0.021
35～39	−0.292	−0.243	0.047	0.119	0.196	0.092	−0.169
40～44	−0.137	0.032	0.077	−0.245	−0.052	0.024	−0.271
45～49	−0.500	−0.257	0.188	−0.109	0.170	0.596	0.427
50～54	−0.369	−0.225	0.132	0.342	0.177	0.322	0.560
55～59	−0.304	−0.161	0.261	0.369	0.166	0.467	0.297
60～64	−0.273	0.014	0.096	0.103	−0.165	−0.387	0.028
65+	−0.233	0.021	0.347	0.130	0.032	−0.243	

表 29　女性各年龄段就业人员受教育程度(%)

年龄	2006							
	就业人员	未上过学	小学	初中	高中	大学专科	大学本科	研究生及以上
合计	100.0	10.2	33.7	40.6	9.6	4.0	1.8	0.2
16～19	100.0	1.6	15.4	71.4	10.9	0.5	0.1	
20～24	100.0	1.6	13.0	60.9	14.6	7.0	2.8	0.1
25～29	100.0	2.3	16.9	52.8	14.3	8.7	4.6	0.4
30～34	100.0	3.1	25.2	51.0	11.1	6.3	3.0	0.3
35～39	100.0	4.2	32.4	47.8	8.8	4.5	2.2	0.2
40～44	100.0	5.6	33.4	44.6	11.3	3.5	1.5	0.1
45～49	100.0	10.7	42.1	30.5	13.1	2.6	0.9	0.1
50～54	100.0	18.6	55.4	19.1	4.6	1.6	0.6	0.1
55～59	100.0	26.3	61.3	10.5	1.3	0.4	0.2	
60～64	100.0	36.8	54.2	7.8	0.6	0.2	0.2	
65+	100.0	58.4	37.6	3.2	0.3	0.2	0.2	
	2007							
	就业人员	未上过学	小学	初中	高中	大学专科	大学本科	研究生及以上
合计	100.0	9.0	32.2	42.9	9.8	4.0	1.9	0.1
16～19	100.0	1.4	13.4	73.2	11.4	0.4	0.3	
20～24	100.0	1.2	10.8	63.3	15.1	6.5	2.9	0.1

			2007					
25～29	100.0	1.6	13.8	55.2	14.9	9.1	5.0	0.4
30～34	100.0	2.5	21.5	53.6	11.9	6.7	3.4	0.3
35～39	100.0	3.1	28.5	51.7	9.8	4.7	2.1	0.2
40～44	100.0	4.3	32.5	48.1	10.0	3.5	1.5	0.1
45～49	100.0	8.1	38.6	35.6	14.0	2.8	1.0	0.1
50～54	100.0	15.5	54.8	22.3	5.1	1.7	0.6	
55～59	100.0	23.4	62.0	12.7	1.3	0.4	0.1	
60～64	100.0	33.1	56.9	9.0	0.8	0.1	0.1	
65＋	100.0	55.4	40.2	3.8	0.4	0.1	0.1	

			2008					
	就业人员	未上过学	小学	初中	高中	大学专科	大学本科	研究生及以上
合计	100.0	7.9	31.3	44.1	10.4	4.1	2.0	0.2
16～19	100.0	0.9	12.2	71.3	14.5	0.9	0.2	
20～24	100.0	1.0	10.1	61.1	17.4	7.2	3.1	0.1
25～29	100.0	1.3	12.3	55.2	16.0	9.2	5.5	0.7
30～34	100.0	2.0	19.4	54.6	13.0	7.0	3.7	0.4
35～39	100.0	2.6	26.3	53.5	10.6	4.6	2.2	0.2
40～44	100.0	3.8	31.5	50.5	9.3	3.2	1.4	0.1
45～49	100.0	5.8	35.1	41.2	13.7	2.9	1.2	0.1
50～54	100.0	13.0	52.7	25.9	6.1	1.7	0.7	
55～59	100.0	20.2	62.6	15.0	1.6	0.4	0.2	
60～64	100.0	30.7	59.0	9.4	0.7	0.1	0.1	
65＋	100.0	49.2	45.8	4.5	0.5	0.1		

			2009					
	就业人员	未上过学	小学	初中	高中	大学专科	大学本科	研究生及以上
合计	100.0	7.1	30.2	45.3	10.5	4.5	2.3	0.2
16～19	100.0	1.0	10.3	72.7	14.7	1.2	0.1	
20～24	100.0	0.9	8.8	62.3	17.7	7.2	3.0	0.1
25～29	100.0	1.3	11.0	56.4	15.6	9.2	6.1	0.6
30～34	100.0	1.8	17.7	55.1	13.0	7.5	4.3	0.5
35～39	100.0	2.3	24.8	53.8	10.8	5.3	2.8	0.2
40～44	100.0	3.3	31.3	50.5	9.0	3.8	1.9	0.1
45～49	100.0	5.0	33.7	43.2	13.2	3.3	1.4	0.2

2009							
50～54	100.0	11.6	50.4	28.2	6.7	2.2	0.8	0.1
55～59	100.0	18.5	60.8	17.7	2.1	0.6	0.2	0.0
60～64	100.0	27.0	61.2	11.0	0.6	0.1	0.1	0.0
65＋	100.0	45.6	47.5	6.1	0.5	0.1	0.1	0.0

2010							
	就业人员	未上过学	小学	初中	高中	大学专科	大学本科	研究生及以上
合计	100.0	5.2	27.6	45.8	11.7	5.8	3.6	0.3
16～19	100.0	0.6	10.2	70.8	16.8	1.5	0.1	0.0
20～24	100.0	0.5	8.3	58.3	19.2	9.7	3.9	0.1
25～29	100.0	0.8	10.1	52.4	15	11.4	9.3	1
30～34	100.0	1.3	16	51.9	14.3	9.2	6.4	0.9
35～39	100.0	1.9	23.2	52.7	11.5	6.4	3.9	0.4
40～44	100.0	2.8	30.1	50.1	9.6	4.4	2.6	0.2
45～49	100.0	4	32.6	44.7	12.6	4	2	0.2
50～54	100.0	9.2	48.3	30.1	8.8	2.5	1.1	0.1
55～59	100.0	15.1	61.2	19.5	2.6	0.6	0.3	0.0
60～64	100.0	230.4	63.6	11.7	1	0.2	0.1	0.0
65＋	100.0	39.6	52.4	7	0.7	0.1	0.1	0.0

2011							
	就业人员	未上过学	小学	初中	高中	大学专科	大学本科	研究生及以上
合计	100.0	3.2	23.1	46.7	14.3	7.6	4.7	0.4
16～19	100.0	0.3	8.1	66.7	21.5	2.9	0.4	
20～24	100.0	0.2	5.0	48.5	24.5	15.3	6.4	0.1
25～29	100.0	0.2	5.9	48.5	18.5	14.1	11.8	1.1
30～34	100.0	0.6	10.2	50.8	17.4	11.1	8.8	1.1
35～39	100.0	0.8	15.4	55.3	14.8	8.3	4.9	0.5
40～44	100.0	1.2	22.8	54.5	12.6	5.5	3.2	0.2
45～49	100.0	2.0	26.5	50.9	13.9	4.3	2.2	0.2
50～54	100.0	4.5	41.3	39.1	11.0	2.7	1.4	0.0
55～59	100.0	9.2	59.5	26.4	3.7	0.8	0.3	0.0
60～64	100.0	15.5	66.7	16.6	0.7	0.3	0.1	0.0
65＋	100.0	29.0	61.0	9.0	0.7	0.1	0.1	0.0

表 30 女性各年龄段就业人员受教育程度增长比例(2009/2006)

	未上过学	小学	初中	高中	大学专科	大学本科	研究生及以上
合计	−0.300	−0.105	0.116	0.093	0.120	0.261	0.198
16~19	−0.400	−0.332	0.017	0.349	1.311	0.183	
20~24	−0.417	−0.323	0.022	0.212	0.035	0.060	0.124
25~29	−0.441	−0.351	0.068	0.085	0.064	0.315	0.297
30~34	−0.406	−0.300	0.081	0.173	0.201	0.450	0.431
35~39	−0.447	−0.234	0.126	0.228	0.181	0.282	−0.009
40~44	−0.405	−0.063	0.132	−0.206	0.101	0.305	−0.049
45~49	−0.535	−0.199	0.417	0.007	0.264	0.530	1.597
50~54	−0.373	−0.090	0.473	0.444	0.411	0.278	−0.035
55~59	−0.296	−0.008	0.692	0.577	0.518	0.045	
60~64	−0.268	0.130	0.410	−0.128	−0.554	−0.539	
65+	−0.219	0.263	0.886	0.562	−0.369	−0.623	

表 31 按行业就业人员受教育程度(%)

受教育程度	2006							
	总计	未上过学	小学	初中	高中	大学专科	大学本科	研究生及以上
就业人员(按行业)	100.0	6.7	29.9	44.9	11.8	4.3	2.1	0.2
农、林、牧、渔业	100.0	10.1	40.4	44.4	4.8	0.2		
采矿业	100.0	1.3	16.9	52.8	21.5	5.5	1.9	0.1
制造业	100.0	1.3	15.1	55.0	21.0	5.2	2.2	0.2
电力、燃气及水的生产和供应业	100.0	0.2	4.9	28.0	37.3	18.8	8.8	2.0
建筑业	100.0	1.7	21.6	55.6	15.2	4.4	1.5	0.1
交通运输、仓储和邮政业	100.0	1.0	11.4	53.9	25.5	6.2	2.0	0.1
信息传输、计算机服务和软件业	100.0	0.3	2.6	19.4	30.2	26.8	17.9	2.5
批发和零售业	100.0	1.4	13.8	49.6	26.8	6.1	2.1	0.1
住宿和餐饮业	100.0	1.4	13.7	57.1	22.9	3.9	1.0	0.1
金融业	100.0		1.2	12.6	28.1	37.0	19.7	1.4
房地产业	100.0	0.5	5.9	28.2	32.5	22.3	10.0	0.5
租赁和商务服务业	100.0	0.2	6.3	30.8	27.2	20.0	13.7	1.7
科学研究、技术服务和地质勘查业	100.0	0.2	2.0	13.5	25.0	25.5	28.1	5.6
水利、环境和公共设施管理业	100.0	1.6	9.9	34.2	30.9	15.5	7.2	0.6
居民服务和其他服务业	100.0	2.5	16.8	55.9	20.7	3.1	1.0	

受教育程度	总计	未上过学	小学	初中	高中	大学专科	大学本科	研究生及以上
				2006				
教育	100.0	0.2	1.3	8.7	22.9	37.7	25.0	4.3
卫生、社会保障和社会福利业	100.0	0.3	3.2	16.4	32.4	31.8	13.8	2.1
文化、体育和娱乐业	100.0	0.5	5.5	31.4	27.9	19.6	13.6	1.5
公共管理和社会组织	100.0	0.4	2.9	13.2	27.2	35.1	20.2	1.0
国际组织	100.0					20.0	80.0	

受教育程度	总计	未上过学	小学	初中	高中	大学专科	大学本科	研究生及以上
				2007				
就业人员（按行业）	100.0	6.0	28.3	46.9	12.2	4.3	2.1	0.2
农、林、牧、渔业	100.0	9.2	39.1	46.4	5.0	0.2		
采矿业	100.0	1.0	16.0	55.3	20.9	5.1	1.7	0.1
制造业	100.0	1.2	14.2	56.4	21.0	5.1	2.0	0.1
电力、燃气及水的生产和供应业	100.0	0.2	3.8	29.7	37.3	18.6	8.5	1.8
建筑业	100.0	1.4	20.3	58.8	14.2	3.8	1.4	0.1
交通运输、仓储和邮政业	100.0	0.5	10.6	55.8	25.0	5.9	2.0	0.1
信息传输、计算机服务和软件业	100.0	0.1	2.5	21.1	29.9	25.6	18.8	1.8
批发和零售业	100.0	1.3	12.8	51.2	26.3	6.2	2.1	0.1
住宿和餐饮业	100.0	1.0	12.2	59.7	22.4	3.8	0.8	
金融业	100.0	0.2	1.3	13.8	28.8	36.6	18.1	1.4
房地产业	100.0	0.4	6.5	30.2	31.4	21.0	9.9	0.6
租赁和商务服务业	100.0	0.5	5.2	31.2	27.3	19.9	14.4	1.5
科学研究、技术服务和地质勘查业	100.0	0.2	2.7	15.2	27.5	23.1	25.8	5.5
水利、环境和公共设施管理业	100.0	2.7	16.5	33.8	26.4	13.7	6.7	0.3
居民服务和其他服务业	100.0	1.8	14.6	57.5	21.0	3.6	1.4	0.1
教育	100.0	0.1	1.7	9.0	22.0	37.0	26.6	3.6
卫生、社会保障和社会福利业	100.0	0.5	2.9	16.0	33.4	32.4	13.4	1.4
文化、体育和娱乐业	100.0	0.4	5.7	32.3	27.6	19.7	13.4	0.9
公共管理和社会组织	100.0	0.3	2.5	14.8	27.7	35.6	18.3	0.9
国际组织	100.0			50.0	25.0		25.0	

续表

受教育程度	2008							
	总计	未上过学	小学	初中	高中	大学专科	大学本科	研究生及以上
就业人员（按行业）	100.0	5.3	27.7	47.8	12.5	4.3	2.3	0.2
农、林、牧、渔业	100.0	8.2	38.2	47.9	5.4	0.3	0.04	
采矿业	100.0	0.9	14.9	56.5	21.5	4.4	1.6	0.1
制造业	100.0	1.1	13.8	56.0	21.3	5.4	2.2	0.2
电力、燃气及水的生产和供应业	100.0	0.2	4.4	30.2	37.3	17.7	8.9	1.2
建筑业	100.0	1.5	19.3	60.0	13.5	4.0	1.6	0.1
交通运输、仓储和邮政业	100.0	0.6	10.0	55.4	25.1	6.4	2.3	0.2
信息传输、计算机服务和软件业	100.0	0.2	2.2	21.6	28.2	26.0	19.6	2.1
批发和零售业	100.0	1.2	12.2	50.7	26.7	6.7	2.3	0.1
住宿和餐饮业	100.0	1.1	12.4	59.5	22.3	3.7	1.0	0.1
金融业	100.0		1.5	13.8	28.5	33.3	20.8	2.1
房地产业	100.0	0.7	7.9	33.3	29.1	19.6	8.7	0.6
租赁和商务服务业	100.0	0.4	6.0	27.6	29.8	20.7	14.1	1.4
科学研究、技术服务和地质勘查业	100.0	0.6	2.9	16.8	23.3	22.2	28.1	6.2
水利、环境和公共设施管理业	100.0	2.2	14.4	37.6	25.0	13.3	6.8	0.7
居民服务和其他服务业	100.0	1.7	14.3	55.2	23.0	4.5	1.3	0.1
教育	100.0	0.2	2.0	9.7	20.4	35.2	29.1	3.4
卫生、社会保障和社会福利业	100.0	0.3	2.5	16.2	32.0	32.9	14.7	1.3
文化、体育和娱乐业	100.0	0.4	6.7	33.6	27.2	18.5	12.5	1.2
公共管理和社会组织	100.0	0.4	2.8	14.4	27.0	34.2	20.0	1.3
国际组织	100.0			33.3			66.7	

受教育程度	2009							
	总计	未上过学	小学	初中	高中	大学专科	大学本科	研究生及以上
就业人员（按行业）	100.0	4.8	26.3	48.7	12.8	4.7	2.5	0.2
农、林、牧、渔业	100.0	7.7	37.5	48.9	5.5	0.4	0.05	0.0
采矿业	100.0	0.7	14.8	58.5	18.4	5.0	2.4	0.2
制造业	100.0	0.9	13.1	56.8	20.6	5.9	2.5	0.2
电力、燃气及水的生产和供应业	100.0	0.3	4.6	29.8	37.5	20.0	7.3	0.6
建筑业	100.0	1.4	19.2	60.7	13.4	3.6	1.7	0.0
交通运输、仓储和邮政业	100.0	0.6	9.4	55.3	25.4	6.7	2.5	0.1

受教育程度	2009							
	总计	未上过学	小学	初中	高中	大学专科	大学本科	研究生及以上
信息传输、计算机服务和软件业	100.0	0.2	2.4	21.7	26.4	26.3	20.6	2.4
批发和零售业	100.0	1.0	11.4	51.7	26.5	7.0	2.3	0.1
住宿和餐饮业	100.0	1.1	12.0	58.9	22.8	4.2	1.0	0.0
金融业	100.0	0.1	1.3	12.3	26.7	34.2	23.6	1.9
房地产业	100.0	0.8	8.0	31.9	29.5	19.0	10.2	0.6
租赁和商务服务业	100.0	0.5	5.0	29.5	28.9	19.5	15.1	1.5
科学研究、技术服务和地质勘查业	100.0	0.5	3.5	24.2	22.0	20.6	25.3	4.1
水利、环境和公共设施管理业	100.0	1.7	13.3	38.1	23.8	13.2	8.9	0.9
居民服务和其他服务业	100.0	1.8	14.5	55.7	21.9	4.5	1.6	0.1
教育	100.0	0.2	1.9	9.6	19.4	34.8	29.5	4.6
卫生、社会保障和社会福利业	100.0	0.3	3.3	16.5	29.4	31.8	17.3	1.4
文化、体育和娱乐业	100.0	0.7	5.8	32.1	27.1	17.2	15.7	1.5
公共管理和社会组织	100.0	0.4	2.8	13.8	25.1	35.4	21.3	1.1
国际组织	100.0			25.0	25.0	50.0		
受教育程度	2010							
	总计	未上过学	小学	初中	高中	大学专科	大学本科	研究生及以上
就业人员（按行业）	100.0	3.4	23.9	48.8	13.9	6	3.7	0.4
农、林、牧、渔业	100.0	6.3	37.2	50.1	5.8	0.5	0.1	0.01
采矿业	100.0	0.7	13.1	50.1	2.3	8.7	4.1	0.3
制造业	100.0	0.7	13.1	56.3	20.1	6.4	3.1	0.3
电力、燃气及水的生产和供应业	100.0	0.2	4.2	28.3	33.1	22	11.5	0.8
建筑业	100.0	1.1	19.9	60.5	12.5	3.9	2.0	0.1
交通运输、仓储和邮政业	100.0	0.5	10	54.5	24.1	7.4	3.2	0.2
信息传输、计算机服务和软件业	100.0	0.1	2.2	18.2	24.3	27	24.6	3.4
批发和零售业	100.0	0.8	11	50	25.8	8.7	3.5	0.2
住宿和餐饮业	100.0	1	13	58.4	21.3	4.8	1.4	0.1
金融业	100.0	0.1	1.2	12	24.2	32.6	27.1	2.9
房地产业	100.0	0.7	8.5	33.7	27.4	18.3	10.6	0.8
租赁和商务服务业	100.0	0.4	5.7	29.5	24.3	20.7	17.1	2.3
科学研究、技术服务和地质勘查业	100.0	0.1	2.2	13.6	18.7	23.9	32.4	8.9

续表

受教育程度	总计	未上过学	小学	初中	高中	大学专科	大学本科	研究生及以上
				2010				
水利、环境和公共设施管理业	100.0	2.3	16.8	35.7	22.2	13.9	8.5	0.7
居民服务和其他服务业	100.0	1.6	15.2	57	20.4	4.4	1.3	0.1
教育	100.0	0.1	1.7	9	18	33.3	33.2	4.7
卫生、社会保障和社会福利业	100.0	0.2	2.5	14.3	27.5	33.9	19.3	2.3
文化、体育和娱乐业	100.0	0.3	5.2	31.5	25.2	18.6	17.4	1.9
公共管理和社会组织	100.0	0.5	3.4	14.7	23	31.6	34.9	1.9
国际组织	100.0	0.2	1.2	12.8	15.3	15	36.3	19.1

受教育程度	总计	未上过学	小学	初中	高中	大学专科	大学本科	研究生及以上
				2011				
就业人员（按行业）	100.0	2.0	19.6	48.7	16.7	7.6	4.9	0.4
农、林、牧、渔业	100.0	4.3	35.5	53.3	6.3	0.5	0.11	0.0
采矿业	100.0	0.6	12	48.9	23.5	10	4.6	0.4
制造业	100.0	0.5	10.6	54.1	23.3	7.9	3.4	0.2
电力、燃气及水的生产和供应业	100.0	0.3	3	28.4	31.6	22.3	13.1	1.2
建筑业	100.0	0.6	17.2	60.9	14.7	4.3	2.3	0.1
交通运输、仓储和邮政业	100.0	0.5	8.6	48.7	28.2	9.8	3.9	0.2
信息传输、计算机服务和软件业	100.0	0.4	8.4	49.9	25.9	10.8	4.6	0.2
批发和零售业	100.0	0.6	11.1	55.5	24.3	6.5	2.1	0.0
住宿和餐饮业	100.0	0.4	7.2	45.1	26.7	11.6	8.3	0.8
金融业	100.0	0.1	3.2	22.6	21.7	26.9	23.5	2.0
房地产业	100.0	0.3	4.8	29.7	29.5	20.4	14.4	0.8
租赁和商务服务业	100.0	0.3	4.2	27.1	26.4	22.5	17.5	2.0
科学研究、技术服务和地质勘查业	100.0	0.2	3.3	15.2	19.4	23.5	29.0	9.5
水利、环境和公共设施管理业	100.0	1.7	13.2	29.9	28.3	16.0	9.9	1.1
居民服务和其他服务业	100.0	1.2	12.2	54.3	23.6	6.0	2.5	0.1
教育	100.0	0.2	3.0	15.3	18.3	27.4	31.9	3.9
卫生、社会保障和社会福利业	100.0	0.2	3.7	16.1	22.1	31.8	23.4	2.7
文化、体育和娱乐业	100.0	0.2	3.7	22.3	25.4	26.4	20.1	2.0
公共管理和社会组织	100.0	0.2	2.1	12.3	22.9	32.4	28.1	1.9
国际组织	100.0		1.8	7.6	31.1	47.1	12.2	0.3

表 32 按职业就业人员受教育程度(%)

受教育程度	2006							
	总计	未上过学	小学	初中	高中	大学专科	大学本科	研究生及以上
就业人员(按职业)	100.0	6.7	29.9	44.9	11.8	4.3	2.1	0.2
单位负责人	100.0	0.3	5.0	28.9	29.4	21.6	13.3	1.5
专业技术人员	100.0	0.2	2.6	16.2	27.8	31.5	18.9	2.7
办事人员和有关人员	100.0	0.4	4.7	21.0	29.7	27.6	15.5	1.1
商业、服务业人员	100.0	1.6	13.9	51.4	25.5	5.7	1.8	0.1
农林牧渔水利业生产人员	100.0	10.1	40.4	44.5	4.8	0.2		
生产运输设备操作人员及有关人员	100.0	1.5	17.3	58.7	18.7	2.9	0.8	
其他	100.0	3.3	16.3	45.9	22.6	6.7	5.3	0.4

受教育程度	2007							
	总计	未上过学	小学	初中	高中	大学专科	大学本科	研究生及以上
就业人员(按职业)	100.0	6.0	28.3	46.9	12.2	4.3	2.1	0.2
单位负责人	100.0	0.3	5.0	30.9	29.2	20.5	12.6	1.5
专业技术人员	100.0	0.2	3.0	17.8	27.1	30.8	19.0	2.1
办事人员和有关人员	100.0	0.3	4.0	21.8	30.7	28.0	14.3	0.9
商业、服务业人员	100.0	1.4	13.1	53.1	25.0	5.6	1.8	0.1
农林牧渔水利业生产人员	100.0	9.2	39.1	46.4	5.0	0.2		
生产运输设备操作人员及有关人员	100.0	1.2	16.1	60.5	18.5	2.9	0.8	0.1
其他	100.0	2.3	20.6	50.7	19.0	5.1	1.9	0.4

受教育程度	2008							
	总计	未上过学	小学	初中	高中	大学专科	大学本科	研究生及以上
就业人员(按职业)	100.0	5.3	27.7	47.8	12.5	4.3	2.3	0.2
单位负责人	100.0	0.3	6.0	33.2	29.3	18.7	11.2	1.4
专业技术人员	100.0	0.2	2.6	17.5	26.0	30.3	21.1	2.3
办事人员和有关人员	100.0	0.4	4.7	22.2	29.7	27.0	14.9	1.2
商业、服务业人员	100.0	1.3	12.9	52.5	25.2	5.9	2.0	0.1
农林牧渔水利业生产人员	100.0	8.2	38.2	47.9	5.4	0.2		
生产运输设备操作人员及有关人员	100.0	1.2	15.3	60.1	19.1	3.3	0.9	0.1
其他	100.0	1.9	12.6	53.7	22.3	5.8	3.4	0.1

续表

受教育程度	总计	未上过学	小学	初中	高中	大学专科	大学本科	研究生及以上
				2009				
就业人员（按职业）	100.0	4.8	26.3	48.7	12.8	4.7	2.5	0.2
单位负责人	100.0	0.6	5.8	34.0	26.7	18.4	13.2	1.3
专业技术人员	100.0	0.3	3.0	18.8	25.2	29.1	21.1	2.5
办事人员和有关人员	100.0	0.3	4.0	21.8	28.3	27.5	16.8	1.2
商业、服务业人员	100.0	1.2	12.1	53.1	24.9	6.3	2.2	0.1
农林牧渔水利业生产人员	100.0	7.6	37.5	48.9	5.6	0.3	0.0	0.0
生产运输设备操作人员及有关人员	100.0	1.0	15.0	61.2	18.2	3.6	1.0	0.0
其他	100.0	1.7	14.5	51.9	21.0	7.8	3.1	0.1
				2010				
就业人员（按职业）	100.0	3.4	23.9	48.8	13.9	6	3.7	0.4
单位负责人	100.0	0.2	5.1	29.4	26	21.1	16.2	2.1
专业技术人员	100.0	0.1	2.1	13.9	22.6	31.3	26.5	3.5
办事人员和有关人员	100.0	0.3	4.6	22.1	25.6	26.1	19.6	1.7
商业、服务业人员	100.0	1	12.3	51.7	24.3	7.6	2.8	0.1
农林牧渔水利业生产人员	100.0	6.3	37.2	50.2	5.8	0.5	0.1	0.0
生产运输设备操作人员及有关人员	100.0	0.8	15.3	61	17.9	3.8	1.2	0.1
其他	100.0	1.6	16.3	50.3	20.5	7.4	3.7	0.3
				2011				
就业人员（按职业）	100.0	2.0	19.6	48.7	16.7	7.6	4.9	0.4
单位负责人	100.0	0.3	4.8	33.8	26.5	18.2	15.0	1.5
专业技术人员	100.0	0.2	3.8	21.1	22.3	26.3	23.6	2.8
办事人员和有关人员	100.0	0.3	4.1	20.0	26.1	27.3	20.7	1.5
商业、服务业人员	100.0	0.6	9.6	50.3	26.6	9.1	3.6	0.2
农林牧渔水利业生产人员	100.0	4.3	35.4	53.4	6.4	0.5	0.1	0.0
生产运输设备操作人员及有关人员	100.0	0.6	13.1	59.1	20.4	5.1	1.7	0.1
其他	100.0	1.2	12.8	44.7	23.7	11.9	5.4	0.3

表 33　农村居民家庭人均工资性收入（元）

| | 2000 | 2001 | 2002 | 2003 | 2004 | 2005 | 2006 | 2007 | 2008 | 2009 | 2010 | 2011 | 增长 | |
													比例	排名
全　国	702.3	771.9	840.22	918.38	998.46	1 174.53	1 374.80	1 596.22	1 853.73	2 061.25	2 431.05	2 963.43	3.219 6	—
北　京	2 819.06	3 312.84	3 429.68	3 480.30	3 698.74	4 524.25	5 047.39	5 605.65	6 389.31	7 326.19	8 229.19	9 578.85	2.397 9	29
天　津	1 638.28	1 797.67	2 060.23	2 152.55	2 358.69	2 720.85	3 247.92	3 582.67	4 064.95	4 408.33	5 261.97	6 829.24	3.168 5	20
河　北	949.25	978.38	1 043.67	1 072.33	1 110.92	1 293.50	1 514.68	1 754.33	1 979.52	2 251.01	2 653.42	3 423.95	2.607 0	26
山　西	726.05	789.84	866.47	897.50	987.52	1 177.94	1 374.34	1 520.95	1 713.55	1 789.93	2 108.60	2 684.87	2.697 9	24
内蒙古	287.63	300.11	320.03	344.60	394.79	504.46	590.70	716.86	806.48	900.42	1 036.78	1 310.86	3.557 5	10
辽　宁	882.96	914.6	1 020.62	1 056.59	1 075.86	1 212.20	1 499.47	1 719.74	2 035.53	2 239.75	2 649.97	3 179.75	2.601 2	27
吉　林	343.86	328.53	388.99	425.51	457.80	510.96	605.11	711.25	810.17	869.02	1 072.14	1 469.19	3.272 6	19
黑龙江	337.97	333.35	376.55	394.24	413.14	464.31	654.86	773.90	916.76	1 019.61	1 241.59	1 496.51	3.427 9	13
上　海	4 309.89	4 491.12	4 920.43	5 251.58	5 468.54	6 159.70	6 685.98	7 353.42	8 108.32	8 671.00	9 605.73	10 493.03	1.434 6	31
江　苏	1 663.11	1 819.79	1 993.74	2 189.06	2 443.35	2 786.11	3 104.77	3 443.03	3 895.50	4 238.54	4 896.39	5 969.02	2.589 1	28
浙　江	2 000.51	2 225.87	2 437.42	2 574.85	2 855.82	3 238.77	3 575.14	4 009.72	4 587.44	5 090.15	5 822.48	6 721.32	2.359 8	30
安　徽	547.83	610.65	707.68	818.92	884.62	1 010.05	1 184.11	1 470.05	1 737.84	1 882.42	2 203.94	2 723.17	3.970 8	7
福　建	1 069.01	1 163.2	1 246.01	1 353.79	1 488.47	1 650.65	1 855.53	2 099.92	2 421.46	2 678.35	3 094.60	3 889.54	2.638 5	25
江　西	744.47	805.09	927.35	1 022.14	1 017.51	1 227.94	1 441.34	1 611.45	1 842.36	2 018.98	2 394.62	2 994.49	3.022 3	22
山　东	850.56	965.67	1 056.7	1 095.45	1 178.32	1 437.57	1 671.54	1 950.78	2 263.46	2 496.57	2 958.06	3 715.25	3.368 0	16

续表

	2000	2001	2002	2003	2004	2005	2006	2007	2008	2009	2010	2011	增长比例	排名
河南	473.68	517.63	567.07	635.59	753.99	853.95	1 022.74	1 267.70	1 499.93	1 621.75	1 943.86	2 523.77	4.328 0	6
湖北	547.69	582.6	662.19	706.79	755.23	941.64	1 199.16	1 454.50	1 742.33	1 900.54	2 186.11	2 703.05	3.935 4	8
湖南	789.74	840.11	914.31	988.35	1 081.23	1 228.79	1 449.65	1 712.31	1 990.52	2 234.01	2 655.59	3 240.81	3.103 6	21
广东	1 362.16	1 527.17	1 714.11	1 965.78	2 173.21	2 562.39	2 906.15	3 202.13	3 684.47	4 089.69	4 799.52	5 854.68	3.298 1	18
广西	483.75	543.82	686.57	784.60	857.63	907.36	974.32	1 128.75	1 283.39	1 465.22	1 707.18	1 820.37	2.763 0	23
海南	151.38	199.99	304.81	329.87	397.32	473.06	555.72	665.16	808.63	972.68	1 261.86	2 004.63	12.242 4	1
重庆	623.32	696.5	783.12	858.50	931.69	1 088.80	1 309.91	1 559.30	1 764.64	1 919.68	2 335.23	2 894.53	3.643 7	9
四川	606.93	651.79	711.38	765.76	829.17	954.89	1 219.51	1 438.68	1 620.40	1 821.37	2 248.18	2 652.46	3.370 3	15
贵州	274.9	317.54	386.86	458.84	505.24	583.28	715.49	846.85	1 002.68	1 074.32	1 303.85	1 713.52	5.233 2	3
云南	263.58	283.36	286.17	318.22	325.86	348.31	441.81	521.63	617.47	684.95	930.00	1 138.55	3.319 6	17
西藏	227.63	133.52	205.61		530.33	565.18	568.39	635.11	759.72	914.08	1 108.84	1 008.03	3.428 4	12
陕西	445.97	498.02	550.51	615.92	690.38	756.71	848.26	1 036.18	1 243.57	1 428.46	1 734.48	2 395.45	4.371 3	5
甘肃	355.03	405.99	447.41	488.73	527.58	586.71	637.37	716.43	867.98	994.94	1 199.45	1 561.97	3.399 5	14
青海	312.3	351.34	401.51	454.06	460.90	560.52	653.30	790.88	983.16	1 081.59	1 269.81	1 775.39	4.684 9	4
宁夏	484.02	527.63	526.68	592.30	618.37	702.10	823.09	1 021.37	1 260.04	1 518.94	1 788.28	2 164.24	3.471 4	11
新疆	104.58	131.87	142.1	140.27	138.23	195.51	254.07	330.75	422.82	461.49	556.26	804.73	6.694 9	2

表 34　城镇居民家庭人均工资性收入（元）

	2000	2001	2002	2003	2004	2005	2006	2007	2008	2009	2010	2011	增长比例
全　国	3 500.63	3 745.98	5 739.96	6 410.22	7 152.76	7 797.54	8 766.96	10 234.76	11 298.96	12 382.11	13 707.68	15 411.91	3.402 6
北　京	5 678.55	6 239.26	8 999.40	10 152.14	11 590.45	13 666.34	16 284.17	17 318.72	18 738.96	21 105.61	23 099.09	25 161.22	3.430 9
天　津	3 920.84	4 152.18	6 050.76	6 663.54	7 508.72	8 174.64	9 259.72	10 882.24	12 849.73	14 389.10	16 780.41	18 794.08	3.793 4
河　北	3 378.50	3 456.85	4 497.24	4 924.32	5 589.89	6 346.53	7 065.29	8 325.67	8 891.50	9 830.57	10 566.30	11 686.60	2.459 1
山　西	2 728.86	3 140.95	4 704.72	5 527.89	6 338.80	7 103.45	7 877.30	9 057.81	9 019.35	9 741.38	10 784.74	13 146.47	3.817 6
内蒙古	2 989.50	3 392.55	4 552.32	5 235.96	5 893.79	6 669.48	7 552.68	9 300.62	10 284.43	11 267.40	12 614.46	14 779.08	3.943 7
辽　宁	2 541.51	2 809.88	4 692.60	5 204.18	5 806.05	6 103.41	6 611.44	8 213.06	9 494.59	10 420.60	11 712.68	13 093.86	4.152 0
吉　林	2 755.48	3 084.12	4 294.68	4 828.31	5 447.36	5 905.86	6 576.52	7 641.21	8 677.27	9 482.13	10 621.43	12 217.09	3.433 7
黑龙江	2 540.50	2 664.09	3 954.12	4 489.37	5 031.88	5 478.03	6 028.06	6 945.95	7 393.39	8 356.66	9 087.59	10 235.04	3.028 8
上　海	5 119.50	5 171.35	8 974.80	11 525.99	13 156.67	14 280.65	16 016.40	18 996.58	21 791.11	23 172.36	25 439.97	28 550.76	4.576 9
江　苏	3 307.85	3 472.64	5 494.32	6 091.04	6 869.00	8 397.15	9 501.35	10 791.22	12 319.86	13 480.72	14 816.87	17 761.58	4.369 5
浙　江	4 010.90	4 394.40	8 533.80	9 692.52	10 752.74	11 941.09	13 015.77	14 509.69	15 538.83	16 701.04	18 313.60	20 334.25	4.069 7
安　徽	2 672.86	2 859.25	4 438.56	4 878.30	5 583.71	6 425.54	7 430.86	8 683.96	9 302.38	10 362.39	11 442.43	12 915.97	3.832 3
福　建	4 225.45	4 622.20	6 869.28	7 499.01	7 996.08	8 791.56	10 164.49	11 175.25	12 668.82	14 211.49	15 682.48	17 438.81	3.127 1
江　西	3 362.29	3 685.09	4 598.64	5 108.21	5 541.74	6 222.55	6 897.94	8 411.73	9 105.96	9 789.79	10 613.83	11 654.36	2.466 2
山　东	4 631.85	4 982.71	6 702.72	7 418.42	8 327.11	9 026.55	10 442.06	11 814.19	12 940.62	13 985.83	15 731.23	17 629.40	2.806 1
河　南	2 641.47	2 791.00	4 288.80	4 757.86	5 322.07	6 095.49	6 861.49	8 058.81	9 043.52	9 910.46	10 804.88	12 039.24	3.557 8

续表

	2000	2001	2002	2003	2004	2005	2006	2007	2008	2009	2010	2011	增长比例
湖北	3 620.05	3 821.45	5 278.20	5 847.66	6 390.81	6 576.92	7 573.56	8 809.80	9 474.81	10 331.51	11 460.49	12 622.44	2.486 8
湖南	4 379.49	4 387.30	5 408.16	5 984.74	6 807.36	6 805.30	7 401.73	8 612.48	9 070.97	9 854.09	10 782.04	11 550.09	1.637 3
广东	5 045.97	5 132.82	9 284.16	10 413.47	11 646.42	12 265.04	13 031.33	14 659.44	15 188.39	16 898.88	18 902.43	21 092.14	3.180 0
广西	3 813.90	4 370.15	5 835.84	6 149.78	6 737.70	6 975.39	7 419.40	9 075.18	10 321.20	11 193.64	12 061.82	13 550.16	2.552 8
海南	3 314.25	3 726.38	4 930.68	5 020.58	5 599.27	6 071.20	6 954.45	8 113.01	8 999.75	9 678.65	10 957.92	12 876.92	2.885 3
重庆	3 897.32	4 130.22	5 190.96	6 288.55	7 162.69	7 848.52	9 266.42	9 717.48	10 957.62	11 824.00	12 738.20	13 827.72	2.548 0
四川	3 298.69	3 321.47	4 552.32	4 910.82	5 461.35	5 838.27	6 675.99	8 147.31	9 117.00	10 132.43	11 310.70	12 687.29	2.429
贵州	3 243.42	3 508.89	4 007.40	4 668.50	5 135.14	5 516.18	6 507.12	7 750.15	7 811.16	9 005.57	9 627.99	10 754.45	1.968
云南	4 181.53	4 192.21	5 446.68	5 854.39	6 138.33	6 170.93	6 881.39	8 019.69	8 596.88	9 641.68	10 845.21	12 416.17	1.594
西藏	6 667.54	6 958.30	8 300.04	9 466.39	10 204.52	10 401.71	7 512.25	10 370.42	12 314.69	13 326.40	14 707.14	15 854.97	1.206
陕西	2 944.74	3 347.05	4 684.56	5 170.32	5 725.33	6 347.81	6 958.23	8 292.38	9 794.82	10 775.37	12 078.35	14 051.28	3.102
甘肃	3 427.04	3645.29	4 866.00	5 269.23	6 087.37	6 486.84	7 008.40	8 140.72	8 354.63	9 182.24	9 882.50	11 195.26	1.884
青海	3 099.13	3 641.91	4 073.88	4 493.36	5 022.57	5 613.79	6 316.64	7 849.44	8 595.48	9 341.26	10 061.58	11 403.97	2.247
宁夏	2 925.15	3 242.54	4 366.80	4 670.76	5 166.44	5 771.58	6 450.79	7 667.77	8 793.54	9 597.11	10 821.22	12 396.71	2.699
新疆	3 846.07	4 614.02	5 665.44	6 219.72	6 394.50	6 553.47	7 490.69	9 012.19	9 422.22	10 232.91	11 327.91	12 653.43	1.945

表 35 2000 年和 2010 年农村居民家庭人均工资性收入排名

	收入		排名		排名变化
	2000	2010	2000	2010	
北 京	2 819.06	804.73	2	2	0
天 津	1 638.28	1 008.03	5	3	—2
河 北	949.25	1 138.55	8	9	1
山 西	726.05	1 310.86	13	16	3
内蒙古	287.63	1 469.19	26	28	2
辽 宁	882.96	1 496.51	9	11	2
吉 林	343.86	1 561.97	23	27	4
黑龙江	337.97	1 713.52	24	26	2
上 海	4 309.89	1 775.39	1	1	0
江 苏	1 663.11	1 820.37	4	5	1
浙 江	2 000.51	2 004.63	3	4	1
安 徽	547.83	2 164.24	16	14	—2
福 建	1 069.01	2 395.45	7	7	0
江 西	744.47	2 523.77	12	12	0
山 东	850.56	2 652.46	10	8	—2
河 南	473.68	2 684.87	20	18	—2
湖 北	547.69	2 703.05	17	15	—2
湖 南	789.74	2 723.17	11	10	—1
广 东	1 362.16	2 894.53	6	6	0
广 西	483.75	2 994.49	19	22	3
海 南	151.38	3 179.75	30	21	—9
重 庆	623.32	3 240.81	14	13	—1
四 川	606.93	3 423.95	15	17	2
贵 州	274.90	3 715.25	27	24	—3
云 南	263.58	3 889.54	28	29	1
西 藏	227.63	5 854.68	29	30	1
陕 西	445.97	5 969.02	21	19	—2
甘 肃	355.03	6 721.32	22	25	3
青 海	312.30	6 829.24	25	23	—2
宁 夏	484.02	9 578.85	18	20	2
新 疆	104.58	10 493.03	31	31	0

表 36　2000 年和 2010 年城镇居民家庭人均工资性收入排名

	收入		排名		排名变化
	2000	2010	2000	2010	
北　京	5 678.55	23 099.09	2	2	0
天　津	3 920.84	16 780.41	10	5	—5
河　北	3 378.50	10 566.30	16	25	9
山　西	2 728.86	10 784.74	27	14	—13
内蒙古	2 989.50	12 614.46	23	10	—13
辽　宁	2 541.51	11 712.68	30	15	—15
吉　林	2 755.48	10 621.43	26	23	—3
黑龙江	2 540.50	9 087.59	31	31	0
上　海	5 119.50	25 439.97	3	1	—2
江　苏	3 307.85	14 816.87	19	6	—13
浙　江	4 010.90	18 313.60	9	4	—5
安　徽	2 672.86	11 442.43	28	16	—12
福　建	4 225.45	15 682.48	7	8	1
江　西	3 362.29	10 613.83	17	26	9
山　东	4 631.85	15 731.23	5	7	2
河　南	2 641.47	10 804.88	29	24	—5
湖　北	3 620.05	11 460.49	14	20	6
湖　南	4 379.49	10 782.04	6	27	21
广　东	5 045.97	18 902.43	4	3	—1
广　西	3 813.90	12 061.82	13	13	0
海　南	3 314.25	10 957.92	18	17	—1
重　庆	3 897.32	12 738.20	11	12	1
四　川	3 298.69	11 310.70	20	18	—2
贵　州	3 243.42	9 627.99	21	30	9
云　南	4 181.53	10 845.21	8	21	13
西　藏	6 667.54	14 707.14	1	9	8
陕　西	2 944.74	12 078.35	24	11	—13
甘　肃	3 427.04	9 882.50	15	29	14
青　海	3 099.13	10 061.58	22	28	6
宁　夏	2 925.15	10 821.22	25	22	—3
新　疆	3 846.07	11 327.91	12	19	7

表 37　按行业分城镇单位就业人员平均工资（元）

	2003	2004	2005	2006	2007	2008	2009	2010	2011	2011 对 2003	
										增幅度	增长率
合计	13 969.00	15 920.00	18 200.00	20 856.00	24 721.00	28 898.00	32 244.00	36 539.00	41 799	27 830	1.992 3
农、林、牧、渔业	6 884.00	7 497.00	8 207.00	9 269.00	10 847.00	12 560.00	14 356.00	16 717.00	19 469	12 585	1.828 2
采矿业	13 627.00	16 774.00	20 449.00	24 125.00	28 185.00	34 233.00	38 038.00	44 196.00	52 230	38 603	2.832 8
制造业	12 671.00	14 251.00	15 934.00	18 225.00	21 144.00	24 404.00	26 810.00	30 916.00	36 665	23 994	1.893 6
电力、燃气及水的生产和供应业	18 574.00	21 543.00	24 750.00	28 424.00	33 470.00	38 515.00	41 869.00	47 309.00	52 723	34 149	1.838 5
建筑业	11 328.00	12 578.00	14 112.00	16 164.00	18 482.00	21 223.00	24 161.00	27 529.00	32 103	20 775	1.834 0
交通运输、仓储和邮政业	15 753.00	18 071.00	20 911.00	24 111.00	27 903.00	32 041.00	35 315.00	40 466.00	47 078	31 325	1.988 5
信息传输、计算机服务和软件业	30 897.00	33 449.00	38 799.00	43 435.00	47 700.00	54 906.00	58 154.00	64 436.00	70 918	40 021	1.295 3
批发和零售业	10 894.00	13 012.00	15 256.00	17 796.00	21 074.00	25 818.00	29 139.00	33 635.00	40 654	29 760	2.731 8
住宿和餐饮业	11 198.00	12 618.00	13 876.00	15 236.00	17 046.00	19 321.00	20 860.00	23 382.00	27 486	16 288	1.454 5
金融业	20 780.00	24 299.00	29 229.00	35 495.00	44 011.00	53 897.00	60 398.00	70 146.00	81 109	60 329	2.903 2
房地产业	17 085.00	18 467.00	20 253.00	22 238.00	26 085.00	30 118.00	32 242.00	35 870.00	42 837	25 752	1.507 3
租赁和商务服务业	17 020.00	18 723.00	21 233.00	24 510.00	27 807.00	32 915.00	35 494.00	39 566.00	46 976	29 956	1.760 0
科学研究、技术服务和地质勘查业	20 442.00	23 351.00	27 155.00	31 644.00	38 432.00	45 512.00	50 143.00	56 376.00	64 252	43 810	2.143 1
水利、环境和公共设施管理业	11 774.00	12 884.00	14 322.00	15 630.00	18 383.00	21 103.00	23 159.00	25 544.00	28 868	17 094	1.451 8
居民服务和其他服务业	12 665.00	13 680.00	15 747.00	18 030.00	20 370.00	22 858.00	25 172.00	28 206.00	33 169	20 504	1.618 9
教育	14 189.00	16 085.00	18 259.00	20 918.00	25 908.00	29 831.00	34 543.00	38 968.00	43 194	29 005	2.044 2
卫生、社会保障和社会福利业	16 185.00	18 386.00	20 808.00	23 590.00	27 892.00	32 185.00	35 662.00	40 232.00	46 206	30 021	1.854 9
文化、体育和娱乐业	17 098.00	20 522.00	22 670.00	25 847.00	30 430.00	34 158.00	37 755.00	41 428.00	47 878	30 780	1.800 2
公共管理和社会组织	15 355.00	17 372.00	20 234.00	22 546.00	27 731.00	32 296.00	35 326.00	38 242.00	42 062	26 707	1.739 3

表 38 按行业分城镇单位就业人员工资总额(亿元)

	2003	2004	2005	2006	2007	2008	2009	2010	2011	2011 对 2000 增长幅度	2011 对 2000 增长率
合计	15 329.64	17 615.00	20 627.07	24 262.32	29 471.51	35 289.50	40 288.16	47 269.89	59 954.66	44 625.02	2.911 0
农、林、牧、渔业	335.80	351.16	368.65	403.34	464.63	516.42	537.41	627.06	697.65	361.85	1.077 6
采矿业	662.86	831.84	1 031.25	1 259.57	1 500.48	1 847.29	2 089.12	2 458.84	3 174.24	2 511.38	3.788 7
制造业	3 772.66	4 316.44	5 056.63	6 035.77	7 241.15	8 498.91	9 302.20	11 140.79	15 031.37	11 258.71	2.984 3
电力、燃气及水的生产和供应业	551.99	646.78	741.82	858.00	1 012.73	1 180.36	1 283.45	1 468.28	1 755.73	1 203.74	2.180 7
建筑业	965.89	1 081.27	1 324.68	1 612.06	1 946.21	2 313.62	2 837.89	3 471.55	5 596.36	4 630.47	4.794 0
交通运输、仓储和邮政业	1 008.02	1 144.72	1 279.50	1 471.54	1 727.85	2 006.30	2 234.90	2 541.95	3 074.06	2 066.04	2.049 6
信息传输、计算机服务和软件业	355.97	404.32	491.83	587.41	699.08	862.83	996.23	1 171.65	1 475.59	1 119.62	3.145 3
批发和零售业	696.34	770.52	831.96	920.00	1 061.80	1 323.94	1 509.21	1 782.97	2 594.75	1 898.41	2.726 3
住宿和餐饮业	190.91	221.23	249.81	280.05	314.59	371.23	418.87	484.65	655.22	464.31	2.432 1
金融业	734.42	866.75	1 047.66	1 292.92	1 670.34	2 202.90	2 658.79	3 219.03	4 007.02	3 272.60	4.456 0
房地产业	202.72	243.25	293.01	338.37	426.18	520.84	607.78	745.58	1 052.54	849.82	4.192 1
租赁和商务服务业	305.23	351.38	449.79	565.56	668.90	893.68	1 021.39	1 198.45	1 325.28	1 020.05	3.341 9
科学研究、技术服务和地质勘查业	454.43	514.62	613.95	736.91	923.92	1 154.61	1 350.61	1 619.29	1 879.58	1 425.15	3.136 1
水利、环境和公共设施管理业	202.62	226.13	257.35	289.83	352.19	413.81	474.32	555.89	659.79	457.17	2.256 3
居民服务和其他服务业	66.40	71.84	85.13	102.50	115.82	132.11	146.78	168.44	197.89	131.49	1.980 3
教育	2 035.87	2 346.19	2 690.81	3 127.82	3 917.21	4 556.10	5 338.61	6 136.54	6 938.82	4 902.95	2.408 3
卫生、社会保障和社会福利业	782.08	902.27	1 047.81	1 226.09	1 496.57	1 789.26	2 095.30	2 506.41	3 078.65	2 296.57	2.936 5
文化、体育和娱乐业	217.88	251.55	275.81	314.85	378.12	429.31	488.51	543.74	642.07	424.19	1.946 9
公共管理和社会组织	1 787.56	2 072.73	2 489.63	2 839.73	3 553.75	4 275.97	4 896.80	5 428.79	6118.07	4 330.51	2.422 6

表 39 按所有制分城镇单位就业人员平均工资（元）

	2000	2001	2002	2003	2004	2005	2006	2007	2008	2009	2010	2011	2011 对 2000	
													增长幅度	增长率
合计	9 333	10 834	12 373	13 969	15 920	18 200	20 856	24 721	28 898	32 244	36 539	41 799	32 466	3.478 6
国有单位	9 441	11 045	12 701	14 358	16 445	18 978	21 706	26 100	30 287	34 130	38 359	43 483	34 042	3.605 8
城镇集体单位	6 241	6 851	7 636	8 627	9 723	11 176	12 866	15 444	18 103	20 607	24 010	28 791	22 550	3.613 2
股份合作单位	7 479	8 446	9 498	10 558	11 710	13 808	15 190	17 613	21 497	25 020	30 271	36 740	29 261	3.912 4
联营单位	10 608	11 882	12 438	13 556	15 218	17 476	19 883	23 746	27 576	29 474	33 939	36 142	25 534	2.407 1
有限责任公司	9 750	11 024	11 994	13 358	15 103	17 010	19 366	22 343	26 198	28 692	32 799	37 611	27 861	2.857 5
股份有限公司	11 105	12 333	13 815	15 738	18 136	20 272	24 383	28 587	34 026	38 417	44 118	49 978	38 873	3.500 5
其他内资	9 888	11 888	10 444	10 670	10 211	11 230	13 262	16 280	19 591	21 633	25 253	29 961	20 073	2.030 0
港、澳、台商投资单位	12 210	12 959	14 197	15 155	16 237	17 833	19 678	22 593	26 083	28 090	31 983	38 341	26 131	2.140 1
外商投资单位	15 692	17 553	19 409	21 016	22 250	23 625	26 552	29 594	34 250	37 101	41 739	48 869	33 177	2.114 3

表 40 城镇单位就业人员工资总额（亿元）

	2000	2001	2002	2003	2004	2005	2006	2007	2008	2009	2010	2011	2011 对 2000	
													增长幅度	增长率
合计	10 954.7	12 205.4	13 638.1	15 329.6	17 615.0	20 627.5	24 262.3	29 471.5	35 289.5	40 288.2	47 269.9	59 954.9	49 000	4.473 0
国有单位	7 744.9	8 515.2	9 138.0	9 911.9	11 038.0	12 291.7	13 920.6	16 689.1	19 487.9	21 862.7	24 886.4	28 954.8	21 209.9	2.738 6
城镇集体单位	950.7	898.5	863.9	867.1	876.2	906.4	983.8	1 108.1	1 203.2	1 273.3	1 433.7	1 737.4	786.7	0.827 5
其他单位	2 259.1	2 791.7	3 636.2	4 550.6	5 700.6	7 429.0	9 357.9	11 674.3	14 598.4	17 152.1	20 949.7	29 262.4	27 003.3	11.953 1

表 41 2003—2010 年按行业分城镇单位就业人员平均工资增长

行　业	增长幅度	增长率
合计	27 830	1.992 3
农、林、牧、渔业	12 585	1.828 2
采矿业	38 603	2.832 8
制造业	23 994	1.893 6
电力、燃气及水的生产和供应业	34 149	1.838 5
建筑业	20 775	1.834 0
交通运输、仓储和邮政业	31 325	1.988 5
信息传输、计算机服务和软件业	40 021	1.295 3
批发和零售业	29 760	2.731 8
住宿和餐饮业	16 288	1.454 5
金融业	60 329	2.903 2
房地产业	25 752	1.507 3
租赁和商务服务业	29 956	1.760 0
科学研究、技术服务和地质勘查业	43 810	2.143 1
水利、环境和公共设施管理业	17 094	1.451 8
居民服务和其他服务业	20 504	1.618 9
教育	29 005	2.044 2
卫生、社会保障和社会福利业	30 021	1.854 9
文化、体育和娱乐业	30 780	1.800 2
公共管理和社会组织	26 707	1.739 3

表 42 2003—2010 年按行业分城镇单位就业人员工资总额增长

行　业	增长幅度	增长率
合计	44 625.02	2.911 0
农、林、牧、渔业	361.85	1.077 6
采矿业	2 511.38	3.788 7
制造业	11 258.71	2.984 3
电力、燃气及水的生产和供应业	1 203.74	2.180 7
建筑业	4 630.47	4.794 0
交通运输、仓储和邮政业	2 066.04	2.049 6
信息传输、计算机服务和软件业	1 119.62	3.145 3
批发和零售业	1 898.41	2.726 3
住宿和餐饮业	464.31	2.432 1

行　业	增长幅度	增长率
金融业	3 272.60	4.456 0
房地产业	849.82	4.192 1
租赁和商务服务业	1 020.05	3.341 9
科学研究、技术服务和地质勘查业	1 425.15	3.136 1
水利、环境和公共设施管理业	457.17	2.256 3
居民服务和其他服务业	131.49	1.980 3
教育	4 902.95	2.408 3
卫生、社会保障和社会福利业	2 296.57	2.936 5
文化、体育和娱乐业	424.19	1.946 9
公共管理和社会组织	4 330.51	2.422 6

表 43　2000—2010 年按所有制分城镇单位就业人员平均工资增长

所有制	增长幅度	增长率
合计	32 466	3.478 6
国有单位	34 042	3.605 8
城镇集体单位	22 550	3.613 2
股份合作单位	29 261	3.912 4
联营单位	25 534	2.407 1
有限责任公司	27 861	2.857 5
股份有限公司	38 873	3.500 5
其他内资	20 073	2.030 0
港、澳、台商投资单位	26 131	2.140 1
外商投资单位	33 177	2.114 3

表 44　2000—2010 年城镇单位就业人员工资总额增长情况

单位类型	增长幅度	增长率
合计	49 000	4.473 0
国有单位	21 209.9	2.738 6
城镇集体单位	786.7	0.827 5
其他单位	27 003.3	11.953 1

表 45 城镇地区按收入等级分家庭人均可支配收入（元）

	2000	2001	2002	2003	2004	2005	2006	2007	2008	2009	2010	2011
最低收入户（10%）	2 653.02	2 802.83	2 408.6	2 590.17	2 862.39	3 134.88	3 568.73	4 210.06	4 753.59	5 253.23	5 948.11	6 876.09
（困难户）（5%）	2 325.05	2 464.8	1 957.46	2 098.92	2 312.50	2 495.75	2 838.87	3 357.91	3 734.35	4 197.58	4 739.15	5 398.17
低收入户（10%）	3 633.51	3 856.49	3 649.16	3 970.03	4 429.05	4 885.32	5 540.71	6 504.60	7 363.28	8 162.07	9 285.25	10 672.02
中等偏下户（20%）	4 623.54	4 946.6	4 931.96	5 377.25	6 024.10	6 710.58	7 554.16	8 900.51	10 195.56	11 243.55	12 702.08	14 498.26
中等收入户（20%）	5 897.92	6 366.24	6 656.81	7 278.75	8 166.54	9 190.05	10 269.70	12 042.32	13 984.23	15 399.92	17 224.01	19 544.94
中等偏上户（20%）	7 487.37	8 164.22	8 869.51	9 763.37	11 050.89	12 603.37	14 049.17	16 385.80	19 254.08	21 017.95	23 188.90	26 419.99
高收入户（10%）	9 434.21	10 374.92	11 772.82	13 123.08	14 970.91	17 202.93	19 068.95	22 233.56	26 250.1	28 386.47	31 044.04	35 579.24
最高收入户（10%）	13 311.02	15 114.85	18 995.85	21 837.32	25 377.17	28 773.11	31 967.34	36 784.51	43 613.75	46 826.05	51 431.57	58 841.87
高收入组与低收入组的比值	5.017 309	5.392 710	7.886 677	8.430 844	8.865 728	9.178 377	8.957 624	8.737 289	9.174 908	8.913 764	8.646 708	8.557 461

表 46　2000—2010 年城镇地区按收入等级分家庭人均可支配收入增长

等级	2011 对 2000		2010 对 2000	
	增长幅度	增长率	增长幅度	增长率
最低收入户（10%）	4 223.07	1.591 8	3 295.09	1.242
困难户（5%）	3 073.12	1.321 7	2 414.10	1.038
低收入户（10%）	7 038.51	1.937 1	5 651.74	1.555
中等偏下户（20%）	9 874.72	2.135 7	8 078.54	1.747
中等收入户（20%）	13 647.02	2.313 9	11 326.09	1.920
中等偏上户（20%）	18 932.62	2.528 6	15 701.53	2.097
高收入户（10%）	26 145.03	2.771 3	21 609.83	2.291
最高收入户（10%）	45 530.85	3.420 5	38 120.55	2.864
高收入组与低收入组的比值	10.78	2.148 83	11.57	2.306

表 47　农村地区按收入等级分家庭人均纯收入（元）

等级	2002	2003	2004	2005	2006	2007	2008	2009	2010	2011
低收入户	857.13	865.90	1 006.87	1 067.22	1 182.46	1 346.89	1 499.81	1 549.30	1 869.80	2 000.51
中低收入户	1 547.53	1 606.53	1 841.99	2 018.31	2 222.03	2 581.75	2 934.99	3 110.10	3 621.23	4 255.75
中等收入户	2 164.11	2 273.13	2 578.49	2 850.95	3 148.50	3 658.83	4 203.12	4 502.08	5 221.66	6 207.68
中高收入户	3 030.45	3 206.79	3 607.67	4 003.33	4 446.59	5 129.78	5 928.60	6 467.56	7 440.56	8 893.59
高收入户	5 895.63	6 346.86	6 930.65	7 747.35	8 474.79	9 790.68	11 290.20	12 319.05	14 049.69	16 783.06
高收入组与低收入组的比值	6.88	7.33	6.88	7.26	7.17	7.27	7.53	7.95	7.51	8.39

表 48 高等教育毛入学率(%)

年　份	毛入学率
2000	12.5
2001	13.3
2002	15
2003	17
2004	19
2005	21
2006	22
2007	23
2008	23.3
2009	24.2
2010	26.5
2011	26.9

表 49　高等教育本专科毕业生数（人）

地 区	2000	2001	2002	2003	2004	2005	2006	2007	2008	2009	2010	2011
北 京	51 931	56 221	67 958	82 828	100 130	120 016	135 490	141 990	152 179	155 142	152 659	153 663
天 津	20 112	19 103	27 295	40 221	51 666	69 211	81 983	92 288	101 728	101 369	105 354	108 723
河 北	43 473	45 871	62 910	113 442	143 148	180 377	221 049	240 674	271 335	282 705	297 092	311 141
山 西	20 657	21 938	31 906	40 779	51 118	88 344	108 431	132 101	141 214	153 422	165 545	152 680
内蒙古	12 218	12 317	15 608	24 919	31 075	39 474	55 653	67 204	73 554	75 805	94 704	95 957
辽 宁	53 353	60 271	72 791	98 908	115 889	144 984	154 970	169 576	202 312	206 211	219 564	236 341
吉 林	30 480	34 808	37 825	52 605	65 011	83 982	102 484	108 700	117 946	127 411	135 951	141 569
黑龙江	35 180	37 359	46 401	69 050	84 964	100 791	130 973	148 883	169 988	174 380	180 982	196 075
上 海	40 929	42 842	55 198	71 158	88 645	103 435	110 520	118 512	122 069	126 925	133 716	139 027
江 苏	75 643	79 838	104 079	137 048	197 423	229 679	257 296	309 593	380 924	412 672	478 868	477 137
浙 江	32 477	37 230	4 843	78 685	103 123	133 051	162 531	183 863	203 203	218 226	233 741	238 448
安 徽	29 830	34 388	44 318	65 685	88 440	116 958	144 183	181 209	191 120	205 749	232 225	256 135
福 建	24 307	28 449	36 775	47 792	52 818	64 792	94 979	114 073	130 379	142 814	153 449	173 702
江 西	25 903	27 602	35 047	47 167	65 386	97 781	141 085	218 965	264 549	213 303	225 943	225 802
山 东	58 355	69 583	94 697	117 253	166 959	224 611	268 384	355 735	411 143	431 598	444 003	472 882
河 南	45 709	46 120	71 226	108 975	134 293	165 159	202 144	267 225	302 492	334 115	382 486	432 994
湖 北	56 566	60 443	78 430	119 118	143 246	187 920	262 591	276 005	351 854	328 202	331 303	362 991

续表

地 区	2000	2001	2002	2003	2004	2005	2006	2007	2008	2009	2010	2011
湖 南	47 426	49 703	62 098	90 035	111 021	150 981	191 257	209 802	244 706	254 253	276 082	284 178
广 东	51 432	58 835	84 696	105 533	125 229	157 082	196 036	233 129	282 469	309 190	334 187	357 521
广 西	21 858	23 597	31 967	40 178	50 261	64 871	82 295	103 165	110 662	121 457	138 089	151 052
海 南	4 021	3 860	3 939	5 846	7 854	11 788	16 436	19 581	23 391	30 844	36 791	39 150
重 庆	22 187	24 316	30 712	42 653	50 599	59 381	76 512	89 962	99 747	114 515	122 811	130 702
四 川	42 672	44 602	52 405	74 307	100 998	139 328	173 287	228 028	247 707	252 214	278 577	289 165
贵 州	13 739	15 092	17 874	25 362	31 059	38 681	53 233	61 743	66 050	64 212	74 777	83 016
云 南	18 573	19 419	25 620	31 337	34 836	47 731	63 566	73 039	79 311	85 891	95 379	109 531
西 藏	764	1 050	1 686	1 745	2 108	3 172	3 846	4 346	5 840	8 454	8 266	8 159
陕 西	36 587	42 884	51 603	79 785	110 975	140 592	162 314	195 450	217 294	211 963	235 507	258 878
甘 肃	14 255	17 000	21 647	29 582	39 390	49 886	57 381	63 315	75 051	84 082	92 226	99 042
青 海	2 202	2 561	2 763	4 771	5 802	8 227	8 609	9 547	9 753	10 437	11 207	12 582
宁 夏	3 154	3 177	3 379	5 461	7 505	8 817	11 008	14 076	15 238	16 391	19 218	19 524
新 疆	13 774	15 844	16 025	25 264	30 181	36 854	44 182	46 128	54 290	57 071	63 543	63 798

表 50　劳动争议案件处理情况（件）

年　份	当期案件受理数	结案数
2001	154 621	150 279
2002	184 116	178 744
2003	226 391	223 503
2004	260 471	258 678
2005	313 773	306 027
2006	317 162	310 780
2007	350 182	340 030
2008	693 465	622 719
2009	684 379	689 714
2010	600 865	634 041
2011	589 244	592 823

后 记

我们完成的第三个报告《2013 中国劳动力市场发展报告——全面建成小康社会进程中的残疾人就业》马上就要出版了，照例，需要在"后记"中说一些报告背后的人和事。

我们对残疾人事业的关注，始于 2007 年。那年，基于"二抽"数据的研究项目对外招标，我们承担了"转型经济中的残疾人就业与发展研究"，最终成果以《中国残疾人就业与教育现状及发展研究》为名而出版。自此，我们团队对残疾人就业及相关问题的研究就一直没有停止过，我还被中国人民大学残疾人事业发展研究院聘为学术委员会委员，并当选中国残疾人事业发展研究会常务理事。更重要的是，随着研究的深入和与残疾人交往的增多，我们越来越觉得，残疾人事业需要得到更多的关注和更大程度的重视。有人说，残疾人事业体现一个国家的文明程度。对此，我十分认同。我国目前有 8 500 多万残疾人，涉及 2 亿多人口的家庭生活。如何使残疾人有业可就，并实现更高质量的就业，以过上更加体面的生活，更好地融入社会，是全面建成小康社会的重要内容。可以说，没有残疾人的小康，全面建成小康社会的目标就不能说圆满实现。基于此，我们将今年报告的主题聚焦于全面建成小康社会进程中的残疾人就业，希望通过我们的视角和努力，为推动残疾人事业的发展而添砖加瓦。

虽然已有一定的研究和资料基础，但本报告的写作过程仍然充满艰辛。李长安和孟大虎为此做了大量的组织协调工作，石丹淅为报告的顺利完成作出了突出贡献。各章的作者如下：

导　　论　　赖德胜、李长安
第一章　　　孟大虎、纪雯雯
第二章　　　石丹淅
第三章　　　周　凯、李　哲、胡仲明
第四章　　　乔尚奎、李　坤
第五章　　　卢连才
第六章　　　纪雯雯、赖德胜
第七章　　　赖德胜、胡仲明
第八章　　　李长安、王　琦、马　骈、王晓倩

第九章　　　廖　娟

第十章　　　廖　娟

第十一章　　常欣杨、李　耘

第十二章　　李欣怡、李　耘

第十三章　　李欣怡、李　耘

残疾人访谈录　纪雯雯、王　琦、石丹淅

附录　苏丽锋、孙丽君

中国劳动力市场发展报告能坚持下来，特别是本年度报告能顺利完成和出版，得到了很多领导、专家和朋友的指导、支持和帮助。中国社会科学院荣誉学部委员赵人伟研究员，作为报告的总顾问，虽已年届八十，仍始终关心和指导本报告的进展。全国政协委员、中国体制改革研究会会长宋晓梧，国家发改委政策研究室主任施子海，全国人大常委、中国社会科学院人口与劳动经济研究所所长蔡昉，中国社会科学院人口与劳动经济研究所党委书记兼副所长张车伟，全国政协委员、中国人事科学研究院院长吴江，国家发改委社会发展研究所所长杨宜勇，全国人大常委、中国人民大学残疾人事业发展研究院院长郑功成，教育部政策法规司副司长柯春晖，人力资源和社会保障部就业促进司副司长张莹，国务院研究室社会发展司副司长乔尚奎，国家统计局中国信息报社社长叶植材，首创集团党委副书记宋丰景等，通过不同方式，对本报告的研究和写作，提出了许多建设性意见，并给予了具体帮助。

中国残疾人联合会的有关领导对于本报告的完成，给予了多方位的指导和帮助。中国残疾人联合会程凯副理事长，一直关注本报告的进展，并在百忙中给本报告写序，不仅为报告增色，更为我们后面的研究指明了方向。中国残疾人联合会研究室主任陈新民、中国残疾人联合会教育就业部主任张新龙和副主任解宏德、中国残疾人联合会研究室副主任郭春宁，对报告主题、思路和大纲的确定，给予了具体而微的指导，特别是在有关数据使用上给予了无私的支持。中国残疾人联合会研究室胡仲明博士将我们团队引入残疾人事业的研究，并在本报告的写作过程中发挥了重要的组织协调作用。中国残联监测办的崔薤满在数据处理过程中发挥了不可替代的作用。河北省残联党组成员卢连才亲自为报告撰稿，使报告增色不少。残奥冠军平亚丽、北京青云兴业印刷有限公司总经理舒广琪、西城区社区工作者史克、钢琴调律师王亚柯和媒体速录员蔡聪等朋友，不仅对报告内容的完善提出了很好的意见和建议，而且使我们对残疾人世界有更加具体而丰富的了解。

本报告受到了国家社科基金重大项目"构建和谐劳动关系研究"、北京市哲学社会科学规划重点项目"北京市残疾人教育与贫困问题研究"、北京师范大学哲学社会科学数据资源建设与政策咨询项目、北京师范大学国家"985"工程专项的资助。今年，本报告还被评审入选为教育部哲学社会科学发展报告（培育项目）。国家社会科学基金规划办公室主任佘志远、教育部社会科学司司长张东刚、北京市哲学社会科学规划办公室主任王祥武、北京师范大学校长董奇、北京师范大学副校长曹卫东、北京师范大学副校长杨耕、北京师范大学"科学发展观与经济可持续发展"研究基地主任李晓西、北京师范大学政府管理学院院长唐任伍、北京师范大学中国收入分配研究院执行院长李实、北京师范大学首都教育经济研究院常务副院长孙志军、北京师范大学学科规划与建设处处长陈丽、北京师范大学社会科学处处长范立双等，对本报告的研究给予了诸多指导和帮助。北京师范大学出版社社长吕建生，总编辑叶子，高等教育分社马洪立、高玲等老师为本报告的出版做了大量耐心细致的工作，并表现出他们对于学术出版的远见。

北京师范大学经济与工商管理学院的同事们对本项目的研究给予了多方面的支持，苏丽锋、陈建伟、石丹淅、闫琦、夏小溪、纪雯雯、王琦、王晓倩、常欣杨、李欣怡、瞿思典等，在资料收集、数据处理和项目运行过程中做了大量工作。

对上述领导、专家、朋友的关心、指导和帮助，我们心存感激，并希望在未来的研究工作中，继续得到大家的关心、指导和帮助。我们深知，本报告还存在这样那样的问题，敬请各位读者批评指正。

赖德胜

2013 年 10 月 5 日

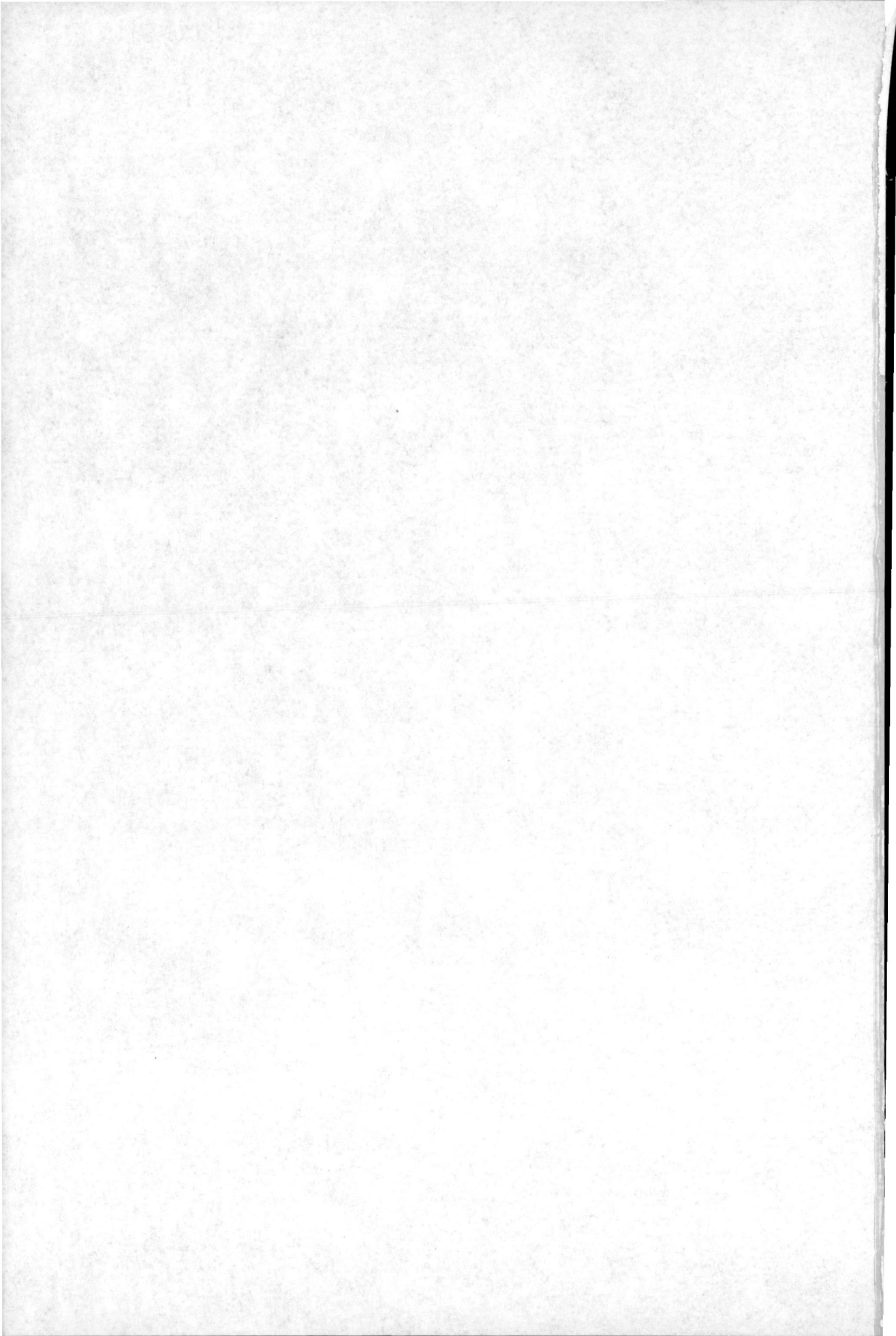